D1996507

Elementname — Wasserstoff
Dichte in g/cm³ (Gase in g/l) — 0,09
Schmelztemperatur in °C — −259
Siedetemperatur in °C — −253
Elementsymbol — H

kein Bild vorhanden

Metall
Halbmetall
Nichtmetall
Edelgas

VIII. Nebengruppe	I. Nebengruppe	II. Nebengruppe	III. Hauptgruppe	IV. Hauptgruppe	V. Hauptgruppe	VI. Hauptgruppe	VII. Hauptgruppe	VIII. Hauptgruppe
								Helium 0,18 −271 −269 He
			Bor 2,34 2300 2550 B	Kohlenstoff 3,51 (Diamant) 3547 4826 C	Stickstoff 1,25 −210 −196 N	Sauerstoff 1,43 (O_2) −219 −183 O	Fluor 1,70 −220 −188 F	Neon 0,90 −249 −246 Ne
			Aluminium 2,70 660 2467 Al	Silicium 2,33 1414 2477 Si	Phosphor 1,83 (weiß) 44 281 P	Schwefel 2,07 (α) 113 445 S	Chlor 3,21 −101 −34 Cl	Argon 1,66 −189 −186 Ar
Ni	Kupfer 8,93 1083 2595 Cu	Zink 7,13 419 907 Zn	Gallium 5,90 30 2403 Ga	Germanium 5,32 937 2830 Ge	Arsen 5,72 (grau) 613 (sublimiert) As	Selen 4,48 (rot) 217 685 Se	Brom 3,12 −7 59 Br	Krypton 3,73 −157 −153 Kr
dium Pd	Silber 10,5 962 2287 Ag	Cadmium 8,65 321 767 Cd	Indium 7,31 157 2080 In	Zinn 7,29 (β) 232 2625 Sn	Antimon 6,68 631 1753 Sb	Tellur 6,25 449 990 Te	Iod 4,93 114 185 I	Xenon 5,52 −112 −108 Xe
Pt	Gold 19,3 1064 3080 Au	Quecksilber 13,5 −39 357 Hg	Thallium 11,9 304 1457 Tl	Blei 11,3 328 1744 Pb	Bismut 9,79 271 1560 Bi	Polonium 9,20 254 962 Po	Astat 8,75 302 337 At	Radon 9,73 −71 −62 Rn
stadtium Ds	Roentgenium 19,3 – – Rg	Copernicium 13,5 – – Cn	Nihonium 11,9 – – Nh	Flerovium 11,3 – – Fl	Moscovium 9,81 – – Mc	Livermorium 9,32 – – Lv	Tenness – – – Ts	Oganesson – – 23 Og

ium Eu	Gadolinium 7,90 1312 3273 Gd	Terbium 8,22 1356 3230 Tb	Dysprosium 8,56 1407 2600 Dy	Holmium 8,80 1474 2700 Ho	Erbium 9,06 1497 2900 Er	Thulium 9,32 1545 1725 Tm	Ytterbium 7,00 824 1196 Yb	Lutetium 9,84 1652 3327 Lu
cium Am	Curium 13,5 1340 3110 Cm	Berkelium 14,8 986 – Bk	Californium 15,1 900 –	Einsteinium ~13,5 860 996 Es	Fermium ~13,6 – – Fm	Mendelevium – – – Md	Nobelium – – – No	Lawrencium 9,84 1627 – Lr

H_2O & Co 9 II/III

Realschule Bayern

Chemie

Herausgegeben von

Petra Kring, Katrin Sommer, Peter Pfeifer

Erarbeitet von

Christian Eiblmeier, Petra Kring, Matthias Niedermeier,

Peter Pfeifer, Susanne Schaffer, Katrin Sommer, Armin Thefeld

Cornelsen

Wegweiser durchs Buch

Liebe Schülerin, lieber Schüler,
so abwechslungsreich wie das Fach Chemie ist auch dieses Buch. Die verschiedenen Seiten unterstützen dich beim Lernen, Üben und Verstehen. Damit du dich gut zurechtfindest, erhältst du hier eine Übersicht über die verschiedenen Seitentypen.

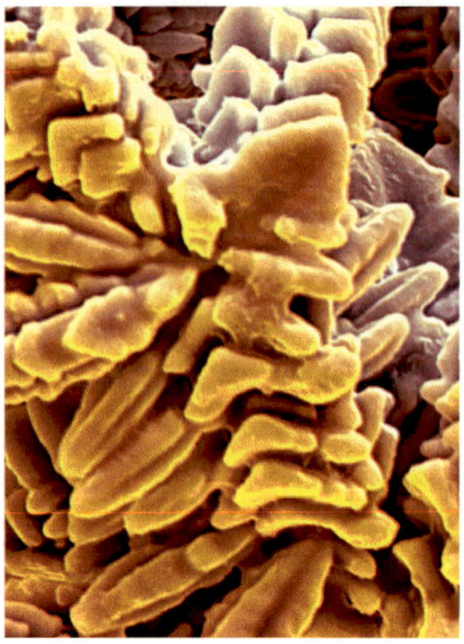

Das Cover zeigt die Aufnahme von Kupferoxidkristallen mit dem Rasterelektronenmikroskop (Vergrößerung etwa 7000fach, koloriert).

Der Einstieg ins Kapitel beginnt mit einem interessanten Foto aus dem Alltag und einem kurzen Text dazu.

Grundseiten vermitteln wichtige Inhalte zu jedem Thema.

Mit einer Aufgabe einen Zugang zum Thema erarbeiten

Auf Abbildungen wird so verwiesen:
↗ 1

Bilder, Merksätze und Aufgaben zum Verstehen, Lernen und Üben

Aufgaben gibt es in drei Schwierigkeitsgraden:
- □ einfach
- ◪ mittel
- ■ anspruchsvoll

Denkweisen – den Weg der Erkenntnisgewinnung beschreiten

Werkzeuge – Arbeitsweisen erlernen

Praktikum – Experimentieren einüben

Wie Chemiker arbeiten
Wichtige Kompetenzen in drei Rubriken

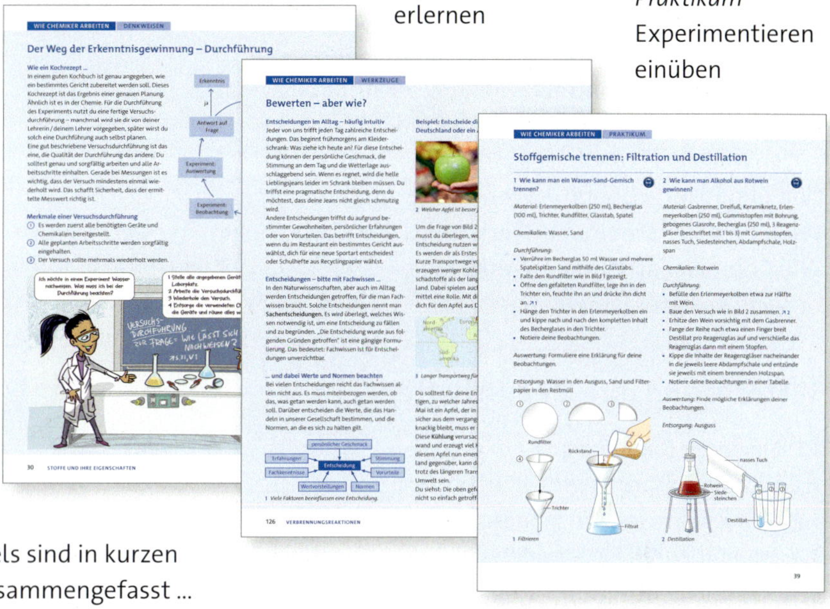

Rückblick
Alle Inhalte des Kapitels sind in kurzen Texten und Bildern zusammengefasst …

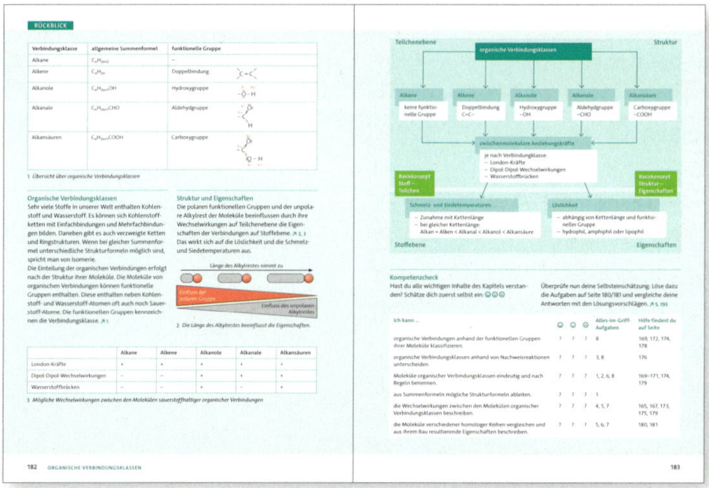

… und in Zusammenhang gebracht – eingeordnet in die Basiskonzepte der Chemie.

Der *Kompetenzcheck* führt alle wichtigen Kompetenzen auf, die im Kapitel erworben wurden, und hilft beim Überprüfen.

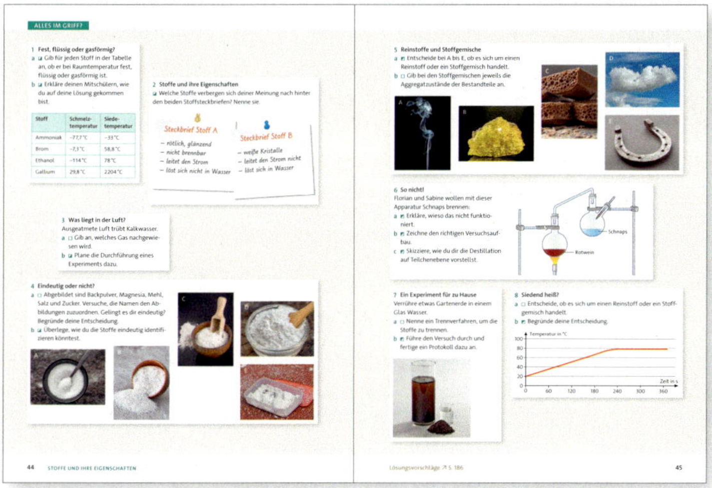

Alles im Griff?
Kompetenzen überprüfen leicht gemacht – zusammen mit dem Kompetenzcheck auf der Rückblick-Seite und abwechslungsreichen Aufgaben (Lösungsvorschläge dazu am Ende des Buchs)

Inhaltsverzeichnis

2

3

6

7

Vorwort

Liebe Schülerin, lieber Schüler,

dieses Jahr bekommst du ein neues Fach: CHEMIE. Es gibt dir Einblick in die Welt der Stoffe, die so vielfältig ist wie unser Leben. Denn unser Leben ist Chemie. Wenn wir Nahrung zu uns nehmen, dann sind das chemische **Stoffe** – egal wie sie hergestellt wurden; wenn wir uns kleiden, so sind das chemische Stoffe, aus denen die Kleidung produziert wird. Und wenn wir wohnen, so ist das durch chemische Stoffe möglich. Dieser Vielfalt liegt aber eine Ordnung zugrunde – die chemische Struktur dieser Stoffe. Hergestellt werden Stoffe durch **chemische Reaktionen.** All das Wissen haben Chemikerinnen und Chemiker in den vergangenen Jahrhunderten durch intensives Forschen und Experimentieren gewonnen.
Dieser Weg, wie Erkenntnisse in der Naturwissenschaft Chemie gewonnen werden, ist spannend und faszinierend zugleich. Das wirst du selbst erleben können. Die Seite „Denkweisen" wird dich Schritt für Schritt mit dem **Weg der Erkenntnisgewinnung** vertraut machen. Du lernst sozusagen die einzelnen Stationen des Weges nacheinander kennen. So erlangst du das Rüstzeug, diesen Weg mit Hilfe und später allein gehen zu können – und selbstständig Fragen zu beantworten und neue Erkenntnisse zu gewinnen.
Mit deinem so erworbenen Wissen über Chemie kannst du dich an Gesprächen über chemische Sachverhalte beteiligen, du kannst mitreden. Und du kannst dir eine Meinung bilden und diese vertreten. Denn Chemie spielt in unserem Leben eine herausragende Rolle.
Viel Freude beim Entdecken deines neuen Unterrichtsfaches wünscht dir das Autorenteam, das seine Begeisterung für Chemie in dieses Schulbuch gepackt hat.

Arbeitsaufträge verstehen

Im Unterricht und in schriftlichen Prüfungen bearbeitest du immer wieder Aufgaben. Jede **Aufgabe** enthält im Arbeitsauftrag ein Aufforderungsverb, der Fachausdruck dafür ist **Operator.**
Operatoren sind Signalwörter, die dir darüber Auskunft geben, was du bei einer Aufgabe tun musst. Wenn du die Bedeutung eines Operators kennst, kannst du die Aufgabe leichter lösen.

Operator	Was du tun sollst
Benenne	Bezeichne Strukturen, Sachverhalte oder Zusammenhänge fachsprachlich richtig.
Begründe	Gib Gründe oder Ursachen für einen Sachverhalt an.
Berechne	Komme durch Rechnung auf ein Ergebnis. Stelle den Rechenweg dar.
Beschreibe	Gib einen Sachverhalt oder Zusammenhang genau und in ganzen Sätzen wieder.
Bestimme **Ermittle**	Komme durch eine Rechnung, eine Zeichnung oder einen Versuch zu einem Ergebnis.
Bewerte **Nimm Stellung**	Entscheide, ob du einer Aussage oder Maßnahme zustimmst. Begründe deine Entscheidung mit im Chemieunterricht gewonnenen Erkenntnissen.
Diskutiere	Stelle Argumente zu einer Aussage einander gegenüber und wäge sie ab.
Erkläre	Führe einen Sachverhalt nachvollziehbar und verständlich auf allgemeine Gesetze oder Regeln zurück.
Erläutere	Mache die wesentlichen Seiten eines Sachverhalts an Beispielen verständlich.
Formuliere	Gib Sachverhalte oder Vorgänge mit Symbolen oder Wörtern wieder.
Gib an **Nenne**	Zähle Sachverhalte, Begriffe oder Daten in knapper Form auf.
Ordne **Ordne zu**	Teile Begriffe oder Gegenstände auf der Grundlage bestimmter Merkmale systematisch ein.
Skizziere	Erstelle eine einfache und grobe Zeichnung, die den Sachverhalt verständlich wiedergibt.
Untersuche	Erkunde Sachverhalte oder Gegenstände und arbeite Merkmale heraus.
Vergleiche	Ermittle Gemeinsamkeiten und Unterschiede und stelle sie übersichtlich dar, zum Beispiel in einer Tabelle.

Der Weg der Erkenntnisgewinnung – Einführung

Experimente und Erkenntnisgewinn

Das Experiment ist das Herzstück auf dem Weg der Erkenntnisgewinnung. Dieser Weg ist in bestimmte Schritte gegliedert, die durchlaufen werden, um neue Erkenntnisse zu gewinnen.

Am Anfang steht eine **Frage**. Sie soll genau formuliert sein, sodass klar ist, was mit dem Experiment herausgefunden werden soll. Lässt sich eine Idee, die auf eine Frage geäußert wird, mit chemischen Kenntnissen begründen, spricht man von einer **Hypothese**. Sie wird nun experimentell überprüft. Es kommt das **Experiment** zum Einsatz, das geplant und durchgeführt wird. Die **Beobachtungen** werden notiert und ausgewertet, sodass es am Ende die eingangs gestellte Frage zu beantworten ist – mit ja oder nein. Am Ende hast du neues Wissen erworben und damit eine Erkenntnis gewonnen.

Im Bild unten kannst du die Schritte an einem Beispiel nachvollziehen. Als Vorwissen benötigst du den bekannten Nachweis von Stärke mit Iod-Lösung (Iod-Kaliumiodid-Lösung).

1 *Stärkenachweis mit Iod-Kaliumiodid-Lösung*

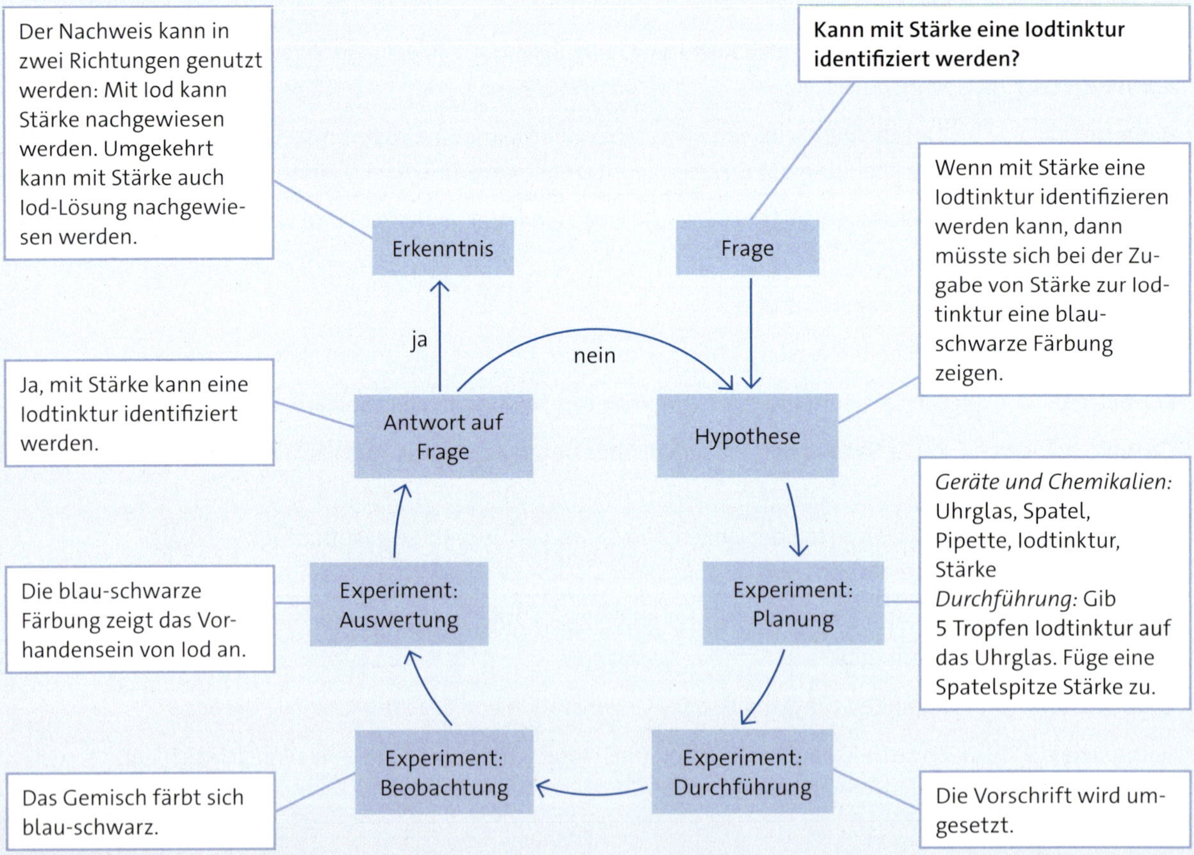

2 *Der Weg der Erkenntnisgewinnung*

Der Weg der Erkenntnisgewinnung – Frage

Warum man Fragen stellt ...

Du bekommst einen neuen Mitschüler und gleich entstehen bei dir Fragen: Wie heißt er? Wie alt ist er? Wo kommt er her? Nur wenn du die Fragen stellst, wirst du Antworten erhalten und etwas über deinen neuen Mitschüler erfahren.

Genauso ist das in der Naturwissenschaft Chemie: Fragen sind die Voraussetzung, dass man neue Informationen bekommt und daraus neues Wissen erhält. Fragen sind also der Motor im Erkenntnisprozess. Das Besondere naturwissenschaftlicher Fragen ist, dass sie mit Experimenten untersucht werden können.

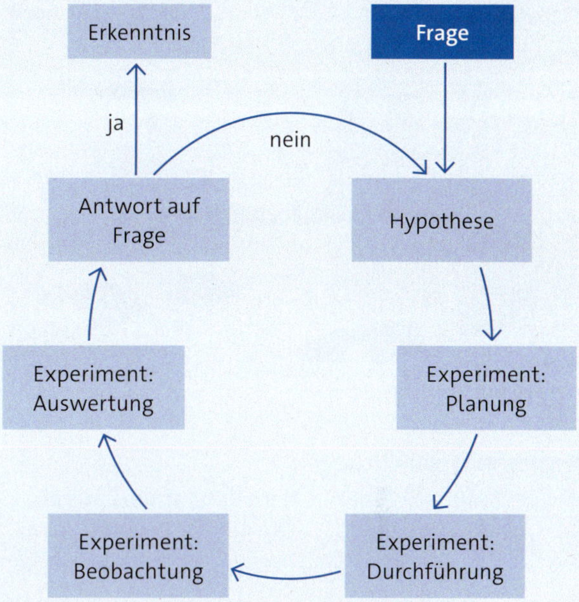

Merkmale einer naturwissenschaftlichen Frage

① Sie ist genau formuliert. Man weiß, was untersucht werden soll.

② Sie fragt nach einem Sachverhalt oder einem Zusammenhang.

③ Sie lässt sich mit naturwissenschaftlichen Methoden untersuchen.

④ Sie endet mit einem Fragezeichen.

Im Fachraum

1 *Fachraum für Chemie*

Sicherheitseinrichtungen

Ein Fachraum für Chemie sieht ganz anders aus als ein normales Klassenzimmer. Es gibt Anschlüsse für Strom und Wasser, Versuchstische und Schränke mit Laborgeräten. ↗ 1

Besonders wichtig sind die verschiedenen Sicherheitseinrichtungen. Mit dem Not-Aus-Schalter kannst du blitzschnell Strom und Gas im ganzen Fachraum ausschalten. Kleine Brände können mit dem Feuerlöscher, der Löschdecke oder mit Löschsand gelöscht werden. Bei Verletzungen ist der Erste-Hilfe-Kasten nützlich. Mit der Augendusche kannst du deine Augen spülen, wenn versehentlich etwas hineingeraten ist. Im Notfall kannst du mit dem Notruf-Telefon Hilfe holen. ↗ 2

2 *Sicherheitseinrichtungen*

Verhalten im Fachraum und beim Experimentieren

Für den Chemieunterricht gelten besondere Regeln. Die wichtigsten Regeln, die für ein sicheres Experimentieren eingehalten werden müssen, werden hier vorgestellt. ↗ 3

- Betritt den Fachraum nur unter Aufsicht einer Lehrkraft.
- Im Chemiesaal darfst du weder essen noch trinken.
- Trage beim Experimentieren grundsätzlich eine Schutzbrille.
- Binde lange Haare zusammen.
- Halte dich genau an die Versuchsvorschriften.
- Beginne erst mit dem Experimentieren, wenn dich die Lehrkraft dazu auffordert.
- Achte auf einen ordentlichen Arbeitsplatz.
- Wasche dir nach dem Experimentieren die Hände.
- Beachte die Gefahrenpiktogramme auf den Gefäßen und in der Versuchsvorschrift.

3 *Wichtige Experimentierregeln*

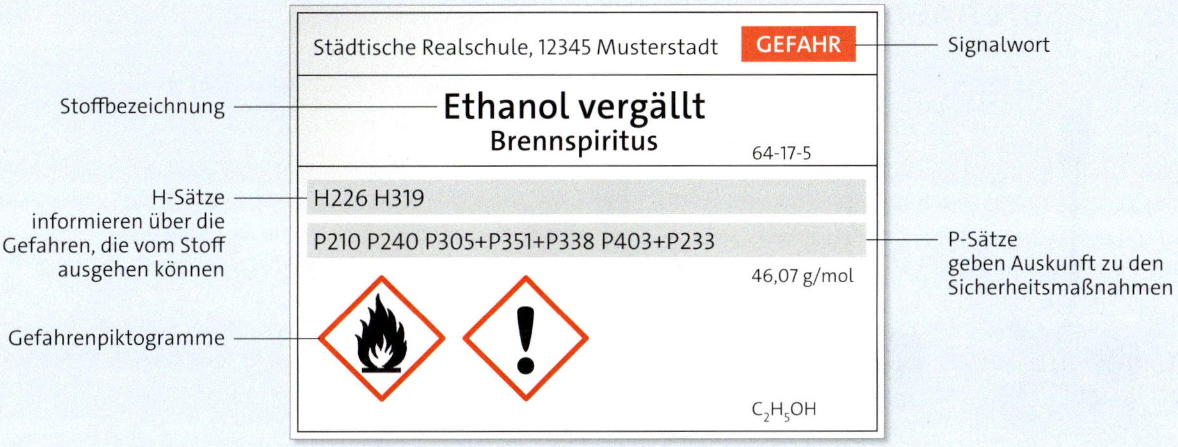

4 *Beispieletikett mit Kennzeichnung*

Kennzeichnung von Gefahrstoffen

Alle Chemikalien in der Schule sind gekennzeichnet. Bild 4 zeigt das Etikett einer Chemikalie mit einer kurzen Erläuterung. ↗ 4

Die Symbole mit dem roten Rand heißen **Gefahrenpiktogramme** oder kurz GHS-Symbole. Bild 5 zeigt die Gefahrenpiktogramme, die dir in der Schule und im Alltag begegnen können. ↗ 5

GHS steht für „Global Harmonisiertes System zur Einstufung und Kennzeichnung von Chemikalien". Es wurde eingeführt, um weltweit eine sichere Handhabung, den zuverlässigen Transport und eine gefahrlose Entsorgung zu gewährleisten. Nähere Informationen zu Gefahrenpiktogrammen, H-Sätzen und P-Sätzen findest du im Anhang ab Seite 196.

5 *GHS-Symbole im Überblick*

Entsorgung

In der Sammlung gibt es für die verschiedenen Abfälle, die nicht in den Abfluss gelangen dürfen, Entsorgungsgefäße. Frage stets deine Lehrkraft, wie du Chemikalienabfälle entsorgen sollst. ↗ 6

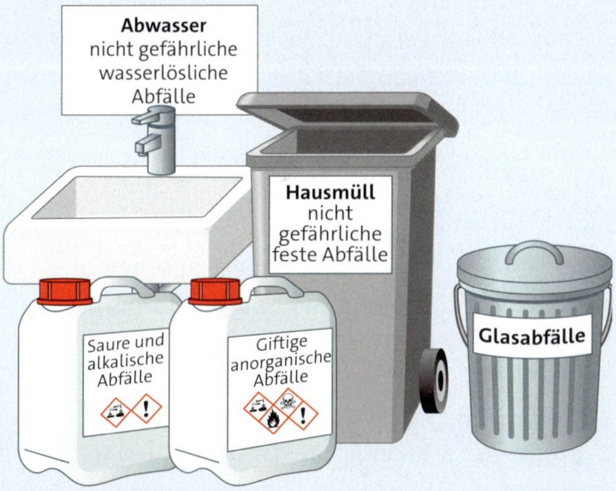

6 *Entsorgung von Chemikalien*

AUFGABEN

1 □ Finde zu Hause mindestens drei Putzmittel oder Kosmetika, auf denen Gefahrenpiktogramme zu sehen sind. Recherchiere die Bedeutung der Gefahrenpiktogramme, zum Beispiel im Anhang ab S. 196 oder im Internet, und notiere sie.

2 ◪ Erläutere mindestens fünf Punkte, die beim sicheren Experimentieren falsch gemacht werden können.

Der Gasbrenner

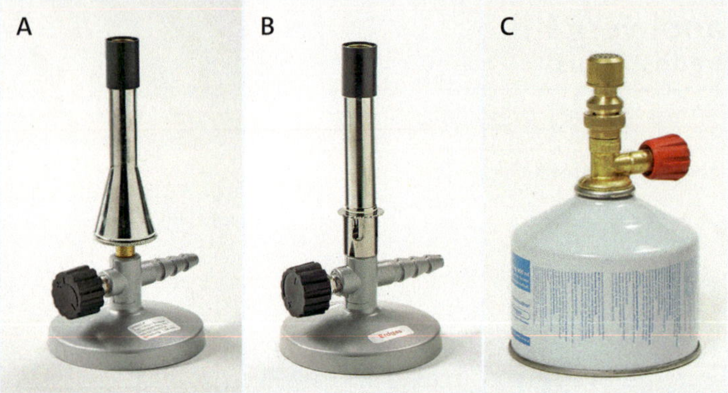

1 *Teclubrenner (A), Bunsenbrenner (B) und Kartuschenbrenner (C)*

Allgemeines zum Gasbrenner

Im Chemieunterricht werden Teclu-, Bunsen- oder Kartuschenbrenner verwendet, um hohe Temperaturen zu erzeugen. ↗ 1

Der am häufigsten in der Schule genutzte Gasbrenner ist der Teclubrenner. Aus diesem Grund werden der Aufbau und die Funktionsweise an ihm erklärt. ↗ 2

Ist der Luftregler komplett geschlossen, so erhält man die leuchtende Flamme. Bei halb geöffneter Luftzufuhr entsteht die nicht leuchtende Flamme und ist der Regler vollständig geöffnet, so erhält man die rauschende Flamme. In der rauschenden Flamme ist ein Innenkegel und ein Außenkegel zu sehen.

An der Spitze des Innenkegels befindet sich die heißeste Stelle der Flamme. ↗ 3

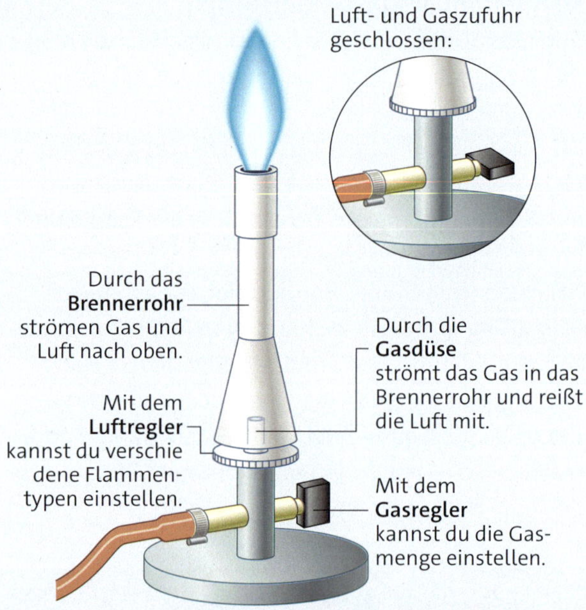

2 *Aufbau und Funktionsweise eines Teclubrenners*

Sicherer Umgang mit dem Gasbrenner

- Prüfe am Gasbrenner, ob die Luftzufuhr und die Gaszufuhr geschlossen sind.
- Schließe den Gasschlauch an die Gasleitung an.
- Halte die Zündquelle bereit.
- Öffne den Gashahn am Tisch.
- Öffne den Gasregler am Brenner, entzünde sofort das austretende Gas am oberen Ende des Brennerrohrs und reguliere die Flammenhöhe.
- Öffne je nach Flammentyp die Luftzufuhr.
- Wenn der Brenner nicht mehr benötigt wird, drehe zuerst die Luftzufuhr zu.
- Schließe die Gaszufuhr am Gasbrenner.
- Schließe den Gashahn am Experimentiertisch.

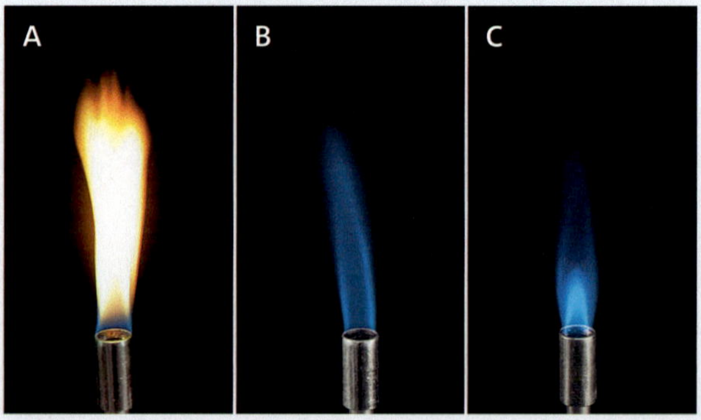

3 *Leuchtende (A), nicht leuchtende (B) und rauschende (C) Flamme*

Wichtige Laborgeräte

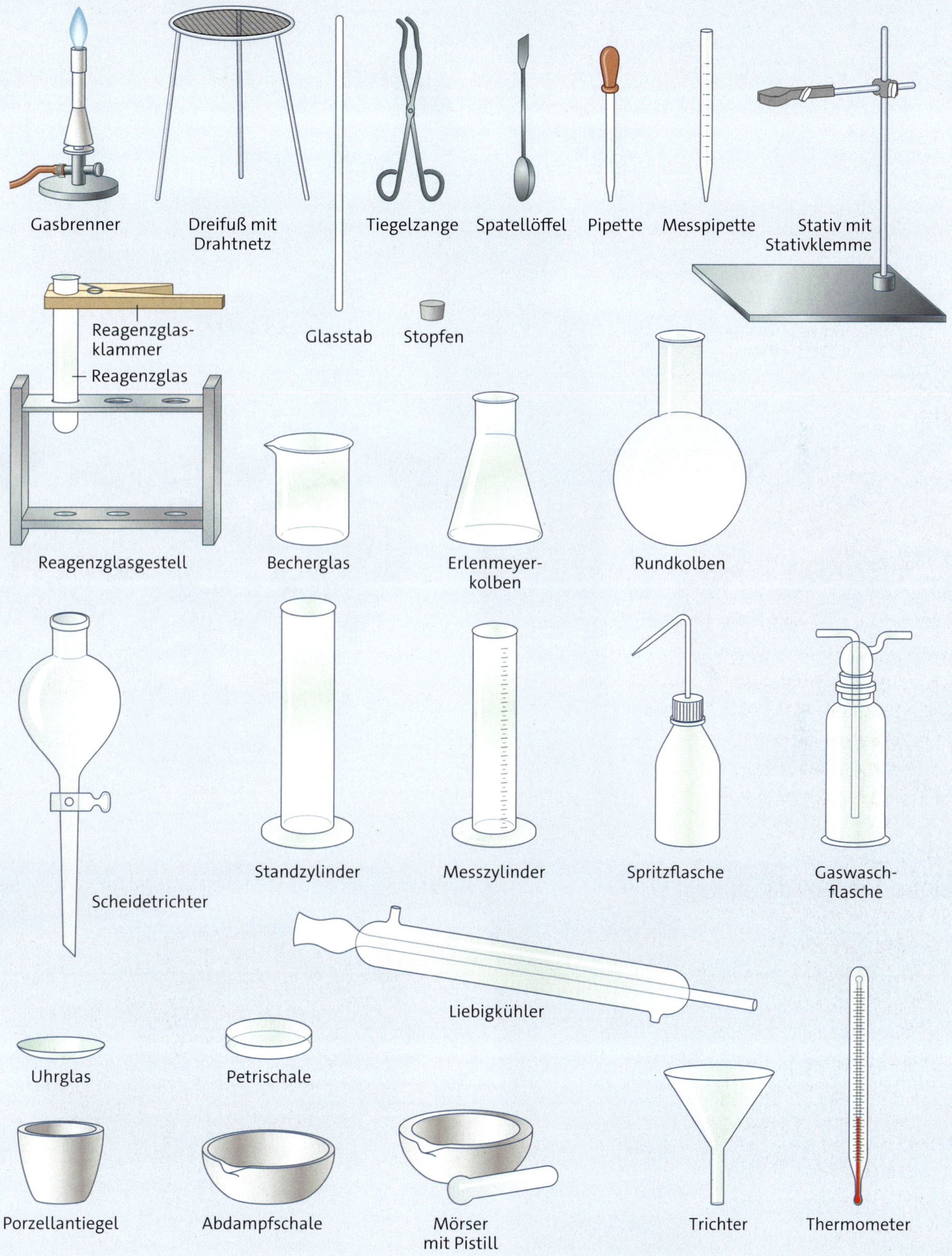

1

Stoffe und ihre Eigenschaften

Auf Mineralienbörsen werden Edelsteine und andere Mineralien gehandelt. Es gibt sie in unterschiedlichen Farben und Formen. An diesen und weiteren Eigenschaften können Fachleute sie erkennen.

Beim Fahrradfahren kommst du mit vielen Gegenständen in Berührung, die es ohne chemische Forschung nicht geben würde.

► *Nenne einige davon und beschreibe, was an ihnen besonders ist.*

1.1 Ein erster Blick in die Chemie

Chemie ist überall

Die Vielzahl chemischer Stoffe erleben wir über den Tagesablauf hinweg auf Schritt und Tritt. ↗ 1 Bereits nach dem Aufstehen kommst du mit Chemie in Kontakt, zum Beispiel bei der Verwendung von Zahnpasta, Duschbad oder Deo. Bei der Auswahl deiner Kleidung stehen dir eine Vielfalt an Farben und Materialien zur Verfügung. Weiter geht es mit dem Frühstück: Hier spielt Chemie bei der Herstellung und Verarbeitung von Lebensmitteln eine große Rolle. Auch dein Pausenbrot ist dank der Chemie gut verpackt in der Brotzeitbox, in Butterbrotpapier oder Frischhaltefolie.

Auf deinem Weg zur Schule, sei es mit dem Fahrrad oder mit dem Bus, geht ohne Chemie nichts. Beim Schwimmunterricht im Schwimmbad sind ebenfalls chemische Stoffe mit von der Partie: Mit ihnen wird das Wasser desinfiziert.

In deiner Freizeit kommst du ebenfalls mit chemischen Produkten in Berührung: Basketbälle und Fußbälle sind ebenso wie Computer, Tablets und Smartphones das Ergebnis moderner Materialforschung.

Wenn du krank wirst, können dir Medikamente helfen, die die chemische Forschung entwickelt hat.

1 *„Chemie“ begleitet uns rund um die Uhr.*

Naturwissenschaft Chemie

Chemie ist wie Biologie und Physik eine Naturwissenschaft. Allen Naturwissenschaften ist gemeinsam, wie Erkenntnisse gewonnen und überprüft werden. Sie verfolgen allerdings unterschiedliche Forschungsschwerpunkte. ↗ 2

Chemikerinnen und Chemiker untersuchen Aufbau und Eigenschaften von Stoffen und beschäftigen sich mit ihrer Veränderung. Von besonderer Bedeutung ist die Herstellung neuer Materialien und Substanzen, die für den Menschen nützlich sind.

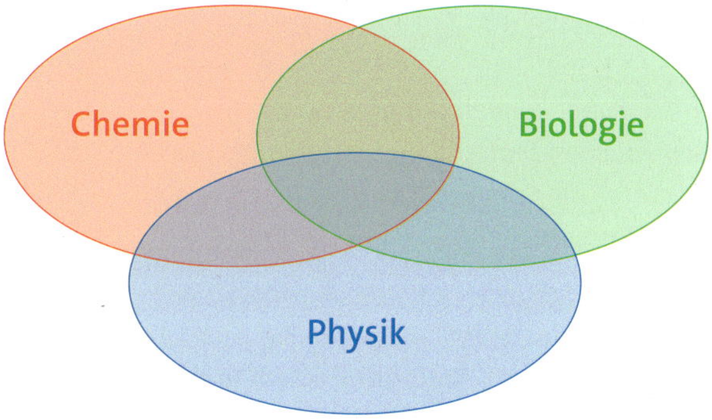

2 *Die Naturwissenschaften Biologie, Chemie und Physik überschneiden sich.*

Chemie – Wissenschaft und Industriezweig

Die Naturwissenschaft Chemie ist eng mit einem Industriezweig verbunden, der chemischen Industrie. Sie ist eine der wichtigsten Säulen unserer Volkswirtschaft. In der chemischen und der pharmazeutischen Industrie sind in Deutschland derzeit etwa 450 000 Personen beschäftigt.

Wie sich Forschung und chemische Industrie wechselseitig beeinflussen, zeigt die Geschichte des Farbstoffes Indigo, der zur Färbung von Jeans verwendet wird. Diesen Farbstoff gewann man zunächst aus der einheimischen Pflanze Färberwaid und später aus der Indigopflanze, die aus Indien importiert wurde. Ende des 19. Jahrhunderts konnte die Nachfrage allerdings so nicht mehr gedeckt werden.

Im Jahr 1878 gelang dem Chemiker Adolf von Baeyer die Herstellung von Indigo im Labor. Dafür wurde er mit dem Nobelpreis für Chemie geehrt. ↗ 3 Baeyers Forschungsergebnisse wurden von der chemischen Industrie aufgegriffen. Sie entwickelte ein technisches Verfahren, um den Farbstoff Indigo nun preiswert und in großen Mengen zu produzieren. ↗ 4

Das Beispiel Indigo verdeutlicht, wie Erkenntnisse aus der Wissenschaft in der Industrie umgesetzt werden und den Alltag der Menschen bereichern.

3 *Adolf von Baeyer (1835–1917) erhielt 1905 den Nobelpreis für Chemie.*

4 *Bluejeans werden auch heute noch mit Indigo gefärbt.*

Eine eigene Meinung bilden

Obwohl es eine Vielzahl positiver Errungenschaften der Naturwissenschaft Chemie gibt, stehen viele Menschen „der Chemie“ kritisch gegenüber. Die Gründe dafür können vielfältig sein. Chemisches Grundwissen hilft dir dabei, Chancen und Risiken zu bewerten. So kannst du dir eine eigene Meinung bilden und sie vertreten. Das nötige Wissen dafür erlangst du im Chemieunterricht.

Chemie ist die Wissenschaft von Stoffen, ihren Eigenschaften, ihrem Aufbau, ihren Veränderungen und ihrer Herstellung. Die Chemie hat eine große Bedeutung in unserem Leben.

AUFGABEN

1 □ Nenne fünf Produkte, die es ohne die chemische Industrie nicht geben würde.

2 □ Befrage Familie und Freunde zu ihrer Einstellung gegenüber „der Chemie“.

Trinkbecher können aus ganz unterschiedlichen Materialien bestehen.

- *Ordne die folgenden Materialien den rechts stehenden Bechern zu: Edelstahl, Glas, Holz, Kunststoff, Pappe, Porzellan, Waffel.*
- *Begründe, warum manche Materialien nicht für heiße Getränke geeignet sind.*

1.2 Stoffe und ihre Aggregatzustände

Stoff und Körper

Allgemein wird ein Gegenstand, der eine bestimmte Form besitzt, als **Körper** bezeichnet. Dieser Körper kann aus unterschiedlichen Materialien bestehen. Das Material, aus dem ein Körper ist, wird in der Chemie als **Stoff** bezeichnet. So kann ein Teller zum Beispiel aus Glas, Kunststoff oder Porzellan hergestellt werden. ↗ 1

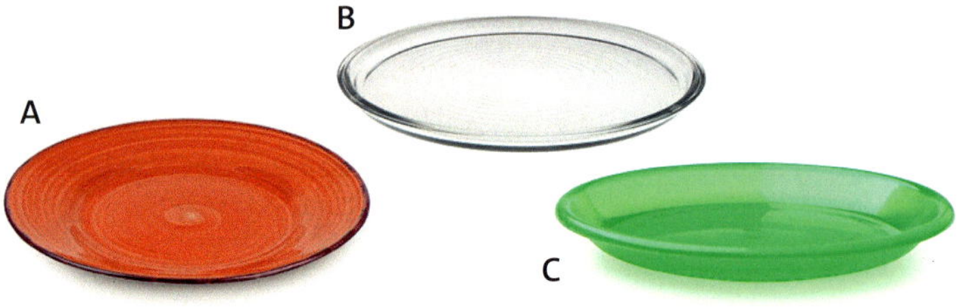

1 *Teller aus Porzellan (A), Glas (B) und Kunststoff (C)*

Im Labor wird mit verschiedenen Glasgeräten gearbeitet. Sie alle bestehen aus dem gleichen Stoff, nämlich Glas. Sie sind aber unterschiedlich geformt, das heißt, sie besitzen unterschiedliche Körper. ↗ 2

2 *Verschiedene Laborgeräte aus Glas*

Stoffe – von fest bis gasförmig

Verschiedene Stoffe können bei gleicher Temperatur, zum Beispiel bei Raumtemperatur, unterschiedliche Zustandsformen haben. Es gibt bei Raumtemperatur feste, flüssige und gasförmige Stoffe. Diese drei Zustandsformen nennt man **Aggregatzustände.**

Bei Raumtemperatur sind zum Beispiel Zucker, Glas und Aluminium Feststoffe. Wasser, Alkohol und Benzin sind Flüssigkeiten. Sauerstoff sowie Kohlenstoffdioxid sind Gase.

Ein Stoff – mal fest, mal flüssig, mal gasförmig

Viele Stoffe in deiner Umgebung können alle drei Aggregatzustände annehmen. Dabei spielt die Temperatur eine entscheidende Rolle. In Bild 3 sieht man einen Bergsee im Winter. Das Wasser des Sees ist an der Oberfläche gefroren, es liegt als Feststoff **Eis** vor. Man kann auf dem See Schlittschuh laufen. ↗ 3
Wenn die Temperaturen dauerhaft über 0 °C liegen, schmilzt das Eis, das **Wasser** ist flüssig. Im Sommer lädt der gleiche See darum zum Baden ein. ↗ 4
In der Nähe von Vulkanen steigt oft **Wasserdampf** aus Spalten im Boden auf. Temperaturen über 100 °C im Untergrund bringen das Wasser zum Sieden, sodass es gasförmig vorliegt.
Wasser kann somit alle drei Aggregatzustände annehmen: fest, flüssig und gasförmig. Dennoch handelt es sich immer um den gleichen chemischen Stoff. In der chemischen Fachsprache umfasst der Begriff Wasser alle drei Aggregatzustände. In der Alltagssprache verbindet man mit dem Begriff Wasser nur den flüssigen Aggregatzustand, also die Flüssigkeit.

3 *Bergsee im Winter*

4 *Bergsee im Sommer*

Änderung des Aggregatzustands

Zustandsänderungen lassen sich durch Temperaturänderungen erreichen. Für jede Zustandsänderung gibt es einen Fachbegriff. ↗ 5
Die Temperatur, bei der ein Feststoff schmilzt, heißt **Schmelztemperatur.** Die Temperatur, bei der eine Flüssigkeit siedet, nennt man **Siedetemperatur.** Schmelz- und Siedetemperatur sind wichtige Kenngrößen eines Stoffes. Unter Normalbedingungen beträgt die Schmelztemperatur von Wasser 0 °C, die Siedetemperatur 100 °C.

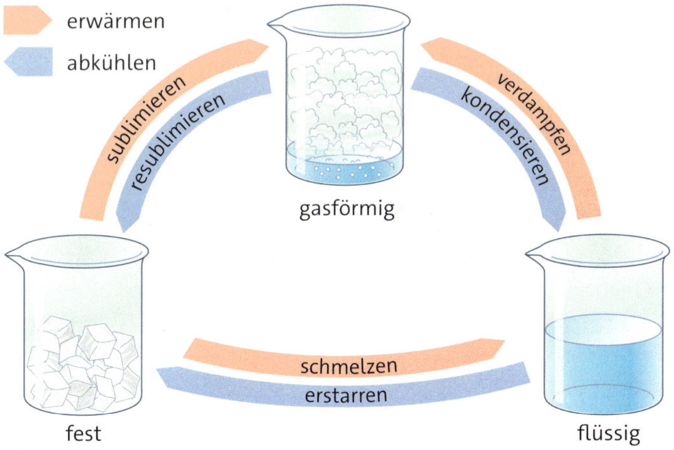

5 *Aggregatzustände und Zustandsänderungen*

Die Form eines Gegenstands bezeichnet man als Körper. Das Material, aus dem er besteht, wird Stoff genannt. Ein Stoff kann fest, flüssig oder gasförmig sein. Sein Aggregatzustand ist von der Temperatur abhängig.

AUFGABEN

1 □ Nenne die Schmelz- und die Siedetemperatur von Wasser.

2 ◪ Ordne jedem Aggregatzustand drei Stoffe zu, die dir aus dem Alltag bekannt sind.

3 ■ Kokosöl ist bei uns im Supermarkt fest, im Herkunftsland Indien flüssig. Recherchiere und begründe, warum das so ist.

4 ■ Nasse Wäsche kann an einem sonnigen, aber frostigen Wintertag im Freien trocknen. Erkläre mithilfe von Fachbegriffen.

Mineralien werden von vielen Menschen gesammelt, vielleicht auch aufgrund ihrer schönen Formen. Du wirst feststellen, dass sich typische geometrische Formen wiederfinden lassen.

▶ *Beschreibe die Formen der Mineralien im rechten Bild.*

1.3 Stofferkennung mit Sinnesorganen

Jeder Stoff hat bestimmte Eigenschaften

Stoffe geben sich durch bestimmte Eigenschaften zu erkennen. Zunächst versuchen wir, einige Eigenschaften von Stoffen auf direktem Weg über unsere Sinnesorgane zu bestimmen.

1 *Schwefelpulver im Labor (A) und in einem Gestein (B)*

Eine auffallende Eigenschaft – die Farbe

Die **Farbe** ist eine Eigenschaft von Stoffen, die uns ins Auge fällt. Der Stoff Schwefel ist gelb, man könnte sagen zitronengelb. Nun siehst du in einem Gestein einen gelben Stoff, eben mit einer zitronengelben Farbe. Diese Farbe könnte ein Hinweis sein, dass es sich bei dem Stoff in dem Gestein um Schwefel handelt. ↗ 1
Manche Stoffe sind noch leichter zu erkennen. So ist das Gelb des Goldes unverwechselbar. Das hat dazu geführt, dass der Name des Stoffes sogar in die Bezeichnung der Farbe integriert ist. Man bezeichnet die Farbe als goldgelb.
Zugleich wird deutlich, dass es eine ganze Reihe von gelben Farbtönen gibt. Das erschwert, die Farbe treffsicher und eindeutig zu beschreiben.

Der Geruch

Mit der Nase, einem weiteren Sinnesorgan, nehmen wir den **Geruch** wahr. Es gibt viele Stoffe, die einen unverwechselbaren Geruch haben, zum Beispiel Essig oder Benzin. Allerdings ist eine eindeutige Geruchsbeschreibung gar nicht so leicht.
In der Chemie gibt es eine bestimmte Art und Weise, wie der Geruch zur Nase gelangen soll. Man hält nicht den Kopf direkt über den Stoff, sondern man fächelt mit der Hand den Geruch zur Nase. ↗ 2 Es ist immer darauf zu achten, dass nur kleinste Mengen eingeatmet werden. Schließlich könnte es sich auch um einen stechend riechenden Stoff wie Ammoniak handeln.

2 *Chemisches Riechen: eine Geruchsprobe korrekt durchführen*

3 *Mit bloßem Auge schwer zu unterscheiden: Zucker (A) und Kochsalz (B)*

Von Natur aus – die Kristallform

Mit dem Auge und mit den Fingern können wir weitere Stoffeigenschaft erfassen: die Form von Kristallen. Manche festen Stoffe verfügen über eine typische **Kristallform.** Zucker und Kochsalz, beides weiße Feststoffe, lassen sich so mit einer Lupe gut voneinander unterscheiden. ↗ 3, 4

Es ist kaum vorstellbar, aber die Kristallform entsteht durch natürliches Wachstum. Manche Kristalle lassen sich sogar mit ein wenig Zeit und Geduld züchten.

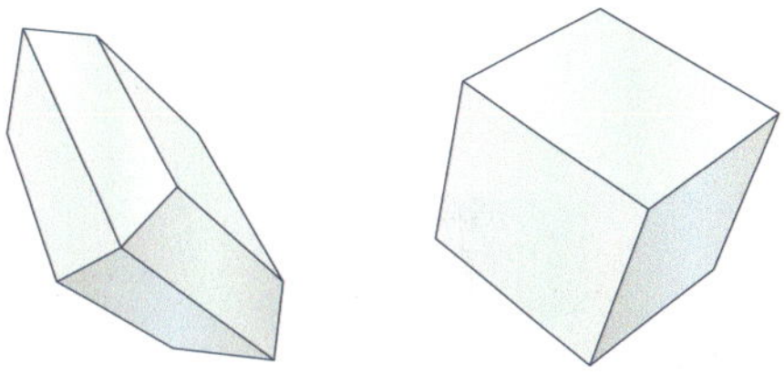

4 *Kristallformen von Zucker und Kochsalz (vergrößert)*

Geschmacksprobe – im Labor verboten

Aus dem Alltag wissen wir, dass bestimmte Stoffe auch einen typischen **Geschmack** aufweisen. Zucker schmeckt süß, Kochsalz aber salzig. Essig und Zitronensaft nehmen wir als sauer wahr. Hier wäre eine Geschmacksprobe unbedenklich.

Bei unbekannten Stoffen wissen wir nicht, ob wir uns durch eine Geschmacksprobe in Gefahr bringen. Schließlich sind viele Stoffe schon in kleinsten Mengen gefährlich für unsere Gesundheit. Im Labor sind aus Sicherheitsgründen Geschmacksproben generell untersagt.

Grenzen der Stofferkennung mit den Sinnesorganen

Es gibt typische Stoffeigenschaften, die mit den Sinnesorganen erkannt werden können, so wie die goldgelbe Farbe von Gold. Allerdings gibt es auch Farben, die nicht typisch für einen bestimmten Stoff sind. So gibt es mehrere Stoffe, die eine silbrige Farbe aufweisen. Das sind der namensgebende Stoff Silber, aber auch die Stoffe Aluminium, Platin und Zink. Deshalb kann man mit der Stoffeigenschaft Farbe einen Stoff nicht eindeutig bestimmen. ↗ 5

5 *Nicht immer ist die Farbe eine charakteristische Stoffeigenschaft.*

> **Jeder Stoff hat typische Eigenschaften. Einige dieser Eigenschaften lassen sich durch die Sinnesorgane erfassen. Das liefert nicht immer eindeutige Erkenntnisse.**

AUFGABEN

1 □ Erläutere die Grenze der Sinnesorgane bei der Stofferkennung an einem selbst gewählten Beispiel.

2 ◪ Jeder sieht Farben anders. Untersuche diese Aussage in deiner Klasse.

Du möchtest die Temperatur in deinem Aquarium mit Guppys messen. Guppys sind beliebte Zierfische, die sich bei Temperaturen zwischen 23 °C und 25 °C am wohlsten fühlen. In einem Experimentierkoffer findest du fünf Thermometer mit unterschiedlichen Skalen.

▶ *Wähle das am besten geeignete Thermometer aus und begründe deine Auswahl.*

1.4 Experimentelle Methoden der Stofferkennung

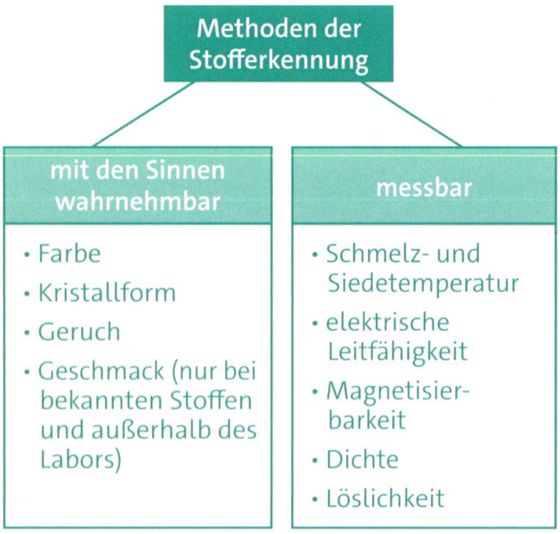

1 *Methoden der Stofferkennung*

Stoffeigenschaften durch Experimente erkennen

Wenn die Bestimmung der Stoffeigenschaften durch unsere Sinnesorgane nicht ausreicht, dann helfen uns Experimente weiter. Mit bestimmten Methoden und unter Zuhilfenahme spezieller Geräte untersuchen wir die Stoffe, genauer gesagt eine Probe des Stoffes. Wir erhalten Daten, die für die untersuchten Stoffe charakteristisch sind. Diese Daten kann man bei gleichen Bedingungen immer wieder ermitteln. Sie hängen nicht vom Sinneseindruck des Beobachters ab. Beispiele für **messbare Stoffeigenschaften** sind Schmelztemperatur und Siedetemperatur, elektrische Leitfähigkeit, Magnetisierbarkeit, Löslichkeit sowie Dichte. Die Gesamtheit der Eigenschaften ermöglicht es, einen Stoff eindeutig zu identifizieren. ↗ 1

Schmelz- und Siedetemperatur

Beim Erhitzen können mithilfe eines Thermometers die Schmelz- und die Siedetemperatur eines Stoffes bestimmt werden. Sie sind für jeden Stoff charakteristisch und unverwechselbar. ↗ 2, 3

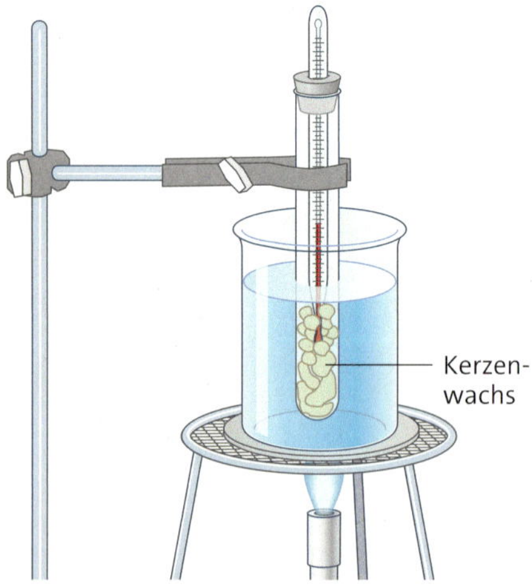

2 *So kann man die Schmelztemperatur von Kerzenwachs bestimmen.*

Stoff	Schmelztemperatur	Siedetemperatur
Wasser	0 °C	100 °C
Alkohol	–114 °C	78 °C
Essigsäure	17 °C	118 °C
Aluminium	660 °C	2467 °C
Kochsalz	801 °C	1400 °C
Eisen	1536 °C	3070 °C

3 *Schmelz- und Siedetemperaturen verschiedener Stoffe bei Normalbedingungen*

Löslichkeit

Kochsalz und Zucker lösen sich gut in Wasser, Wasser ist also ein **Lösungsmittel** für diese Stoffe. Dagegen lösen sie sich nicht in Benzin. Die Angabe löslich oder unlöslich verlangt darum immer die Angabe des Lösungsmittels. Ein Fettfleck auf dem T-Shirt lässt sich nicht mit Wasser entfernen, dagegen aber mit Benzin. Benzin ist also ein Lösungsmittel für Fett.

Die beim Lösen eines Stoffes erhaltene Flüssigkeit nennt man **Lösung.** Die **Löslichkeit** gibt an, wie viel Gramm eines Stoffes sich in 100 Gramm eines Lösungsmittels bei einer bestimmten Temperatur gerade noch lösen. ↗ 4

Stoff	Löslichkeit (in 100 g Wasser)
Zucker	203,9 g
Kochsalz	35,88 g
Gips	0,2036 g
Kalkstein	0,0015 g

4 *Löslichkeit verschiedener Stoffe in Wasser*

Elektrische Leitfähigkeit

Wir können auch untersuchen, ob ein Stoff elektrisch leitend ist. Dazu wird er in einen Stromkreis eingebaut. ↗ 5 So lassen sich Stoffe in **Leiter** und **Nichtleiter** einteilen. Typische elektrische Leiter sind Metalle, aber auch die Bleistiftmine aus Graphit. Mit einem Leitfähigkeitsprüfer lässt sich einfach feststellen, ob Lösungen den Strom leiten. ↗ Versuch 3, S. 26

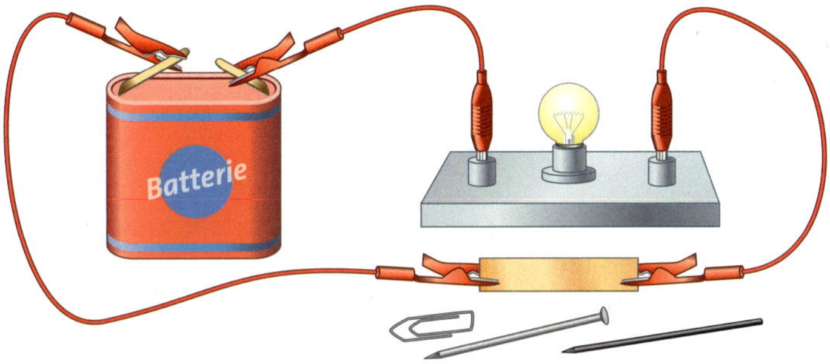

5 *Prüfung der elektrischen Leitfähigkeit bei Feststoffen*

Magnetisierbarkeit

Es gibt Stoffe, die von einem Magneten angezogen werden. Man bezeichnet diese Stoffeigenschaft als ferromagnetisch. Die Metalle Eisen, Nickel und Cobalt sind ferromagnetisch, alle anderen Metalle dagegen nicht.

Dichte

Eine Holz- und eine Eisenkugel sind trotz gleicher Größe unterschiedlich schwer. Sie haben eine unterschiedliche Dichte. Die Dichte ϱ (Rho) gibt an, welche Masse ein Kubikzentimeter eines Stoffes hat. Sie ist eine stoffspezifische Eigenschaft. So unterscheiden sich auch verschiedene Gase in ihrer Dichte. Bei Gasen wird die Dichte meist in g/l angegeben. ↗ 6

Zur Berechnung der Dichte benötigt man Angaben zur Masse und zum Volumen des Stoffes:

$$\text{Dichte} = \frac{\text{Masse}}{\text{Volumen}} \qquad \varrho = \frac{m}{V}\left[\frac{g}{cm^3}\right]$$

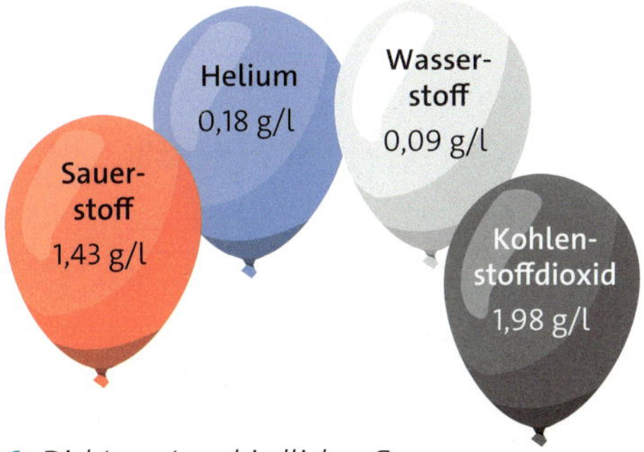

6 *Dichte unterschiedlicher Gase*

Mithilfe von Experimenten können Eigenschaften von Stoffen, wie Löslichkeit und elektrische Leitfähigkeit, zuverlässig ermittelt werden.
Jeder Stoff hat charakteristische Eigenschaften. Die Gesamtheit der Eigenschaften ermöglicht es, einen Stoff eindeutig zu identifizieren.

AUFGABEN

1 □ Nenne drei Stoffe, die den elektrischen Strom leiten.

2 ◪ Zähle Lösungsmittel auf, die du im Haushalt findest. Entdeckst du Gefahrenpiktogramme? Nenne ihre Bedeutung.

3 ◪ Entscheide und begründe, ob sich Gips gut, mittel oder schlecht in Wasser löst. ↗ 5

Eigenschaften von Zucker und Salz untersuchen

1 Wie sieht die Kristallstruktur aus?

Material: Lupe, 2 Uhrgläser, 2 Spatel

Chemikalien: Zucker, Kochsalz

Durchführung:
- Gib mit dem Spatel ein paar Körner Zucker auf ein Uhrglas.
- Gib mit einem zweiten Spatel ein paar Körner Kochsalz auf das zweite Uhrglas.
- Betrachte beide Proben mithilfe der Lupe.

Auswertung: Zeichne die Kristallstrukturen der beiden Stoffe und vergleiche diese.

Entsorgung: Hausmüll

2 Löst sich mehr Kochsalz oder mehr Zucker in Wasser?

Material: 2 Bechergläser (50 ml), 2 Glasstäbe, Spatel, Messzylinder (10 ml), Waage, Folienstift

Chemikalien: Zucker, Kochsalz, dest. Wasser

Durchführung:
- Beschrifte die Bechergläser und gib in jedes genau 10 ml dest. Wasser.
- Gib je 1 g des Stoffes in das entsprechende Becherglas. Rühre mit verschiedenen Glasstäben um.
- Wiederhole den 2. Schritt so lange, bis sich nicht mehr alles löst.

Auswertung: Fertige eine Tabelle an und notiere die zugegebene Menge an Zucker und Kochsalz. Finde eine mögliche Erklärung für deine Beobachtung.

Entsorgung: Ausguss

3 Leiten Lösungen Strom?

Material: 2 Bechergläser (50 ml), 2 Glasstäbe, Spatel, Folienstift, Leitfähigkeitsprüfer

Chemikalien: Zucker, Kochsalz, dest. Wasser

Durchführung:
- Beschrifte die Bechergläser und gib je eine Spatelspitze des Stoffes in das entsprechende Becherglas.
- Löse nun beide Feststoffe mit etwas dest. Wasser.
- Überprüfe, ob die beiden Lösungen Strom leiten.

Auswertung: Notiere deine Beobachtung und versuche sie zu erklären.

Entsorgung: Ausguss

4 Was passiert, wenn man eine Salzlösung stehen lässt?

Material: Becherglas, Bindfaden, Zahnstocher

Chemikalien: gesättigte Kochsalzlösung (aus V2)

Durchführung:
- Binde den Faden an den Zahnstocher, hänge ihn in die Lösung und stelle das Becherglas an einen sicheren Ort. ↗1
- Kontrolliere 2 Wochen lang täglich und notiere deine Beobachtung.

Auswertung: Erkläre deine Beobachtung.

Entsorgung: Ausguss, Hausmüll

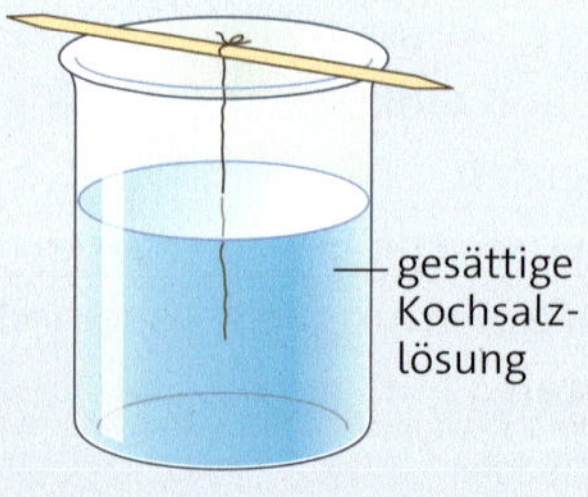

1 *Versuchsaufbau zu Versuch 4*

Der Weg der Erkenntnisgewinnung – Beobachtung

Warum Beobachten so wichtig ist ...

Im Sportunterricht macht ihr Weitsprung. Es gewinnt derjenige, der am weitesten springt. Deine Aufgabe ist es, zu überprüfen, ob die Sprünge gültig sind. Du konzentrierst dich darum nur auf den Absprungbalken und achtest darauf, ob die Springer übertreten. Du schaust nicht, wie weit die Sprünge gehen. Beobachten in der Chemie dient dazu, bestimmte Informationen (Daten) mithilfe eines Experiments zu gewinnen. Diese Informationen erhältst du nur, wenn du genau und gezielt beobachtest. Manchmal benötigst du für die Beobachtung zusätzlich bestimmte Geräte, wie Thermometer oder Lupe.

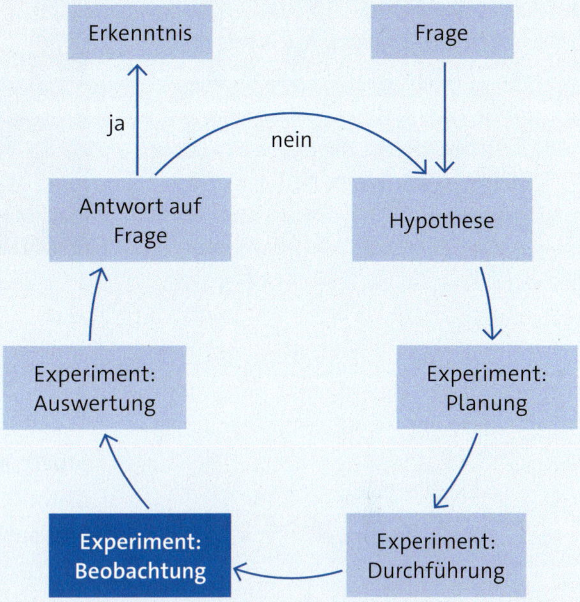

Merkmale einer Beobachtung

① Es wird beschrieben, was bei dem Experiment passiert, was man also sehen, riechen, fühlen, hören oder messen kann.

② Aus den Daten werden keine Schlussfolgerungen gezogen.

③ Betrachten verschiedene Personen ein und dasselbe Experiment, kommen sie zur gleichen Beobachtung.

Arsenik war in früheren Zeiten ein beliebtes Mordgift. Es wirkte bereits in winzigen Mengen und konnte nur schwer entdeckt werden. Erst nachdem der Chemiker James Marsh 1836 einen Nachweis dafür entwickelt hatte, sank die Anzahl der Mordfälle mit diesem Gift spürbar.

▶ *Nenne Nachweise, die du bereits kennst, zum Beispiel aus dem Biologieunterricht.*

1.5 Stoffe nachweisen

Stoffe eindeutig erkennen

Mithilfe der verschiedenen Stoffeigenschaften kann man Stoffe eindeutig erkennen; das ist aber sehr aufwendig. Für manche Stoffe gibt es die Möglichkeit, sie mit einem bestimmten Experiment einfach und schnell zu identifizieren. Das nennt man **Nachweisen.** Am Ende erhält man eine klare Aussage – der Nachweis war positiv oder negativ, der Stoff ist vorhanden oder eben nicht.

Blindprobe

Aber woher weißt du, ob der Nachweis positiv oder negativ war, wenn du ihn nicht kennst? Zu diesem Zweck führst du zunächst eine Blindprobe durch. Dabei verwendest du den Stoff, der nachgewiesen werden soll. So weißt du, wie der Nachweis durchgeführt werden muss und welche Beobachtungen bei einem positiven Verlauf gemacht werden können. Man nennt das **positive Blindprobe.** Zur Vertiefung kannst du die Blindprobe auch mit einer Stoffprobe durchführen, in welcher der Stoff, der nachgewiesen wird, auf keinen Fall enthalten ist. So kannst du die Beobachtung kennenlernen, wenn der Verlauf des Nachweises negativ ist. Man spricht dann von **negativer Blindprobe.** Am Beispiel des Stärkenachweises ist dieses Vorgehen erläutert. ↗ 1 Wenn du den positiven Nachweis kennst, kannst du auch unbekannte Substanzen auf Stärke testen.

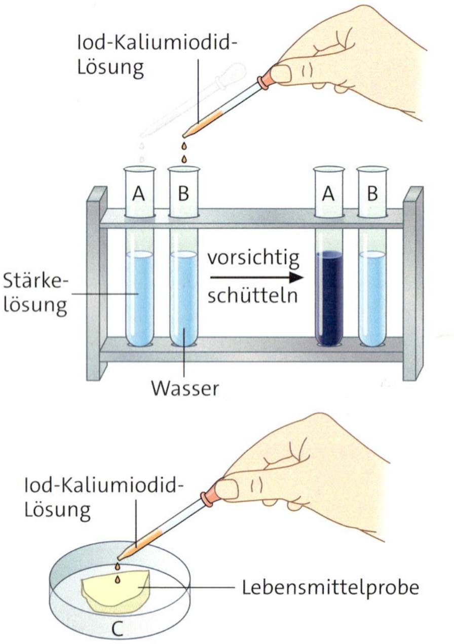

1 *Stärkenachweis: positive (A) und negative (B) Blindprobe, eigentlicher Nachweis (C)*

Nachweis von Wasser

Mit dem **Wassernachweispapier** lässt sich **Wasser** nachweisen. Gibt man einen Tropfen Wasser auf dieses Papier, so färbt es sich blau. Das ist die positive Blindprobe. Mit einem Tropfen Öl gibt es keine Farbänderung. Das ist die negative Blindprobe. Eine blaue Färbung des Nachweispapiers durch eine unbekannte Probe lässt auf das Vorhandensein von Wasser schließen. ↗ 2

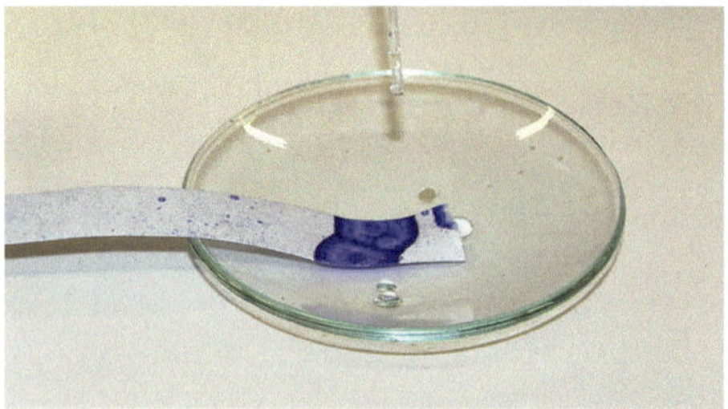

2 *Positiver Wassernachweis*

3 *Nachweis von Sauerstoff mit der Glimmspanprobe*

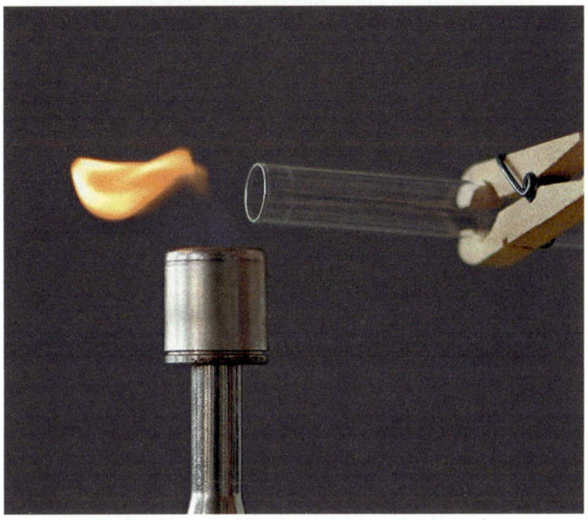

4 *Nachweis von Wasserstoff mit der Knallgasprobe*

Weitere Nachweise für Stoffe

Sauerstoff lässt sich mit der **Glimmspanprobe** nachweisen. Hält man einen glimmenden, aber nicht brennenden Holzspan in eine Probe Sauerstoff, so flammt der Holzspan wieder auf. Dieses Aufflammen wird als Nachweis für das Vorhandensein von Sauerstoff interpretiert. ↗ 3

Mit der **Knallgasprobe** kann man **Wasserstoff** nachweisen. Wird Wasserstoff in Anwesenheit von Luft an eine Flamme gebracht, so gibt es ein Zischen oder einen Knall. Dieses Geräusch lässt auf das Vorhandensein von Wasserstoff schließen. ↗ 4

Kohlenstoffdioxid gibt sich durch den positiven Verlauf der **Kalkwasserprobe** zu erkennen. Wenn man Kohlenstoffdioxid in ein Gefäß mit farblosem Kalkwasser leitet, so verändert sich nach kurzer Zeit die Farbe – von farblos nach weißlich trüb. Damit ist es ein Nachweis für Kohlenstoffdioxid. ↗ 5

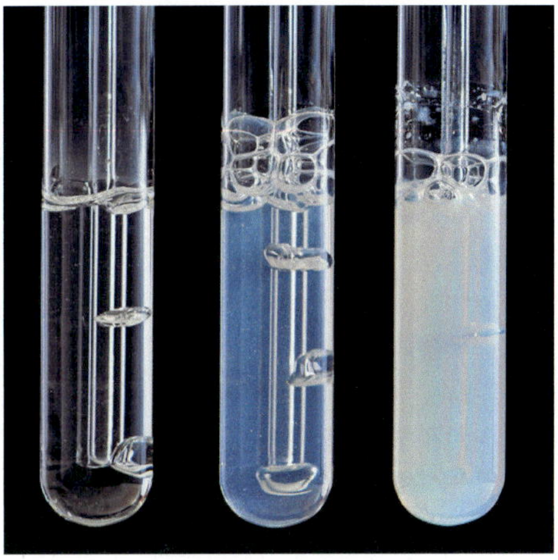

5 *Nachweis von Kohlenstoffdioxid mit der Kalkwasserprobe*

Hilfsmittel für Nachweise

Die beschriebenen Nachweise sind spezifische Methoden des Experimentierens, mit denen Stoffe zuverlässig nachgewiesen werden können. Für die Umsetzung der Methoden braucht es meistens ein bestimmtes **Gerät,** beispielsweise benötigt man für die Glimmspanprobe einen glimmenden Holzspan.

Andere Methoden erfordern ein spezifisches **Nachweismittel,** damit der Nachweis durchgeführt werden kann, zum Beispiel Kalkwasser für die Kalkwasserprobe. In manchen Fällen ist das Nachweismittel auch auf einem Papier aufgetragen, wie im Fall des Wassernachweispapiers.

Empfindlichkeit von Nachweisen

Nachweise können auch negativ verlaufen, obwohl der Stoff vorhanden ist. In dem Fall ist die Menge des Stoffes zu gering. Man sagt, dass die Menge des Stoffes unter der Nachweisgrenze liegt.

Ein Nachweis ist eine experimentelle Methode, mit der untersucht wird, ob ein Stoff vorhanden ist oder nicht.

AUFGABEN

1 □ Ergänze die Tabelle mit den vier kennengelernten Nachweisen.

Stoff	Nachweismethode	Hilfsmittel	Beobachtung
Sauerstoff	???	???	???
...	...	...	...

2 ◪ Erläutere die Begriffe positive und negative Blindprobe am Beispiel der Glimmspanprobe.

Der Weg der Erkenntnisgewinnung – Durchführung

Wie ein Kochrezept ...

In einem guten Kochbuch ist genau angegeben, wie ein bestimmtes Gericht zubereitet werden soll. Dieses Kochrezept ist das Ergebnis einer genauen Planung. Ähnlich ist es in der Chemie. Für die Durchführung des Experiments nutzt du eine fertige Versuchsdurchführung – manchmal wird sie dir von deiner Lehrerin / deinem Lehrer vorgegeben, später wirst du solch eine Durchführung auch selbst planen.
Eine gut beschriebene Versuchsdurchführung ist das eine, die Qualität der Durchführung das andere. Du solltest genau und sorgfältig arbeiten und alle Arbeitsschritte einhalten. Gerade bei Messungen ist es wichtig, dass der Versuch mindestens einmal wiederholt wird. Das schafft Sicherheit, dass der ermittelte Messwert richtig ist.

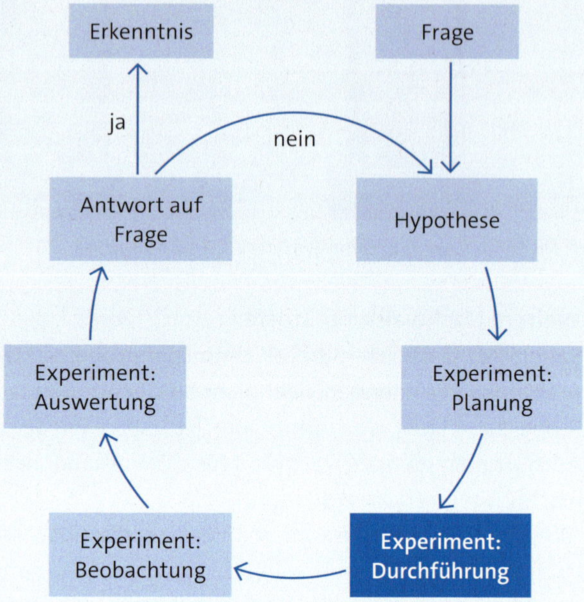

Merkmale einer Versuchsdurchführung

① Es werden zuerst alle benötigten Geräte und Chemikalien bereitgestellt.
② Alle geplanten Arbeitsschritte werden sorgfältig eingehalten.
③ Der Versuch sollte mehrmals wiederholt werden.

Stoffe nachweisen

1 Wie kann man Wasser nachweisen?

Material: 2 Uhrgläser, 2 Pipetten

Chemikalien: Wasser, Öl, Wassernachweispapier

Durchführung:
- Gib mit einer Pipette ein paar Tropfen Wasser auf ein Uhrglas.
- Gib mit der zweiten Pipette ein paar Tropfen Öl auf das zweite Uhrglas.
- Lege in beide Flüssigkeiten je einen Streifen Wassernachweispapier.

Auswertung: Notiere deine Beobachtungen. Welcher Versuch ist deiner Meinung nach eine Blindprobe? Begründe.

Entsorgung: Ausguss, Abfalleimer

2 Wie kann man Sauerstoff und Kohlenstoffdioxid nachweisen?

3 5

Material: Reagenzglasständer, 2 Reagenzgläser, passende Stopfen, Pipette, Holzspan, Kerze, Feuerzeug

Chemikalien: Sauerstoff (3), Kohlenstoffdioxid, Kalkwasser (5)

Durchführung:
- Entwickle einen Plan für die Durchführung eines Experimentes zum Nachweis der beiden Gase. Nutze dazu die Informationen von Seite 29.
- Führe die Versuche nach Rücksprache mit deiner Lehrerin / deinem Lehrer durch.

Auswertung: Notiere deine Beobachtungen.

Entsorgung: Ausguss

3 Wie kann man Wasserstoff nachweisen?

2 3

Material: Reagenzglasständer, 2 Reagenzgläser, passende Stopfen, Kerze, Feuerzeug

Chemikalien: Wasserstoff (2), Sauerstoff (3)

Durchführung:
- Beschrifte zwei Reagenzgläser.
- Befülle sie mit dem jeweiligen Gas und verschließe sie mit einem Stopfen.
- Nimm das erste Reagenzglas und entferne den Stopfen, halte es aber mit dem Daumen verschlossen.
- Führe das Reagenzglas nun wie im Bild an die brennende Kerze heran. ↗ 1
- Wiederhole die letzten beiden Schritte mit dem zweiten Reagenzglas.

Auswertung: Notiere deine Beobachtungen. Welcher Teil des Versuchs ist deiner Meinung nach eine Blindprobe? Begründe.

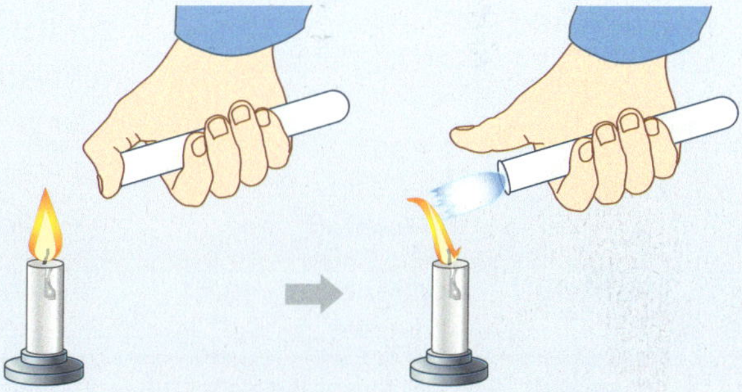

1 *Knallgasprobe durchführen*

Du begegnest tagtäglich vielen verschiedenen Gemischen.

- ▶ *Liste verschiedene Gemische aus dem Alltag auf.*
- ▶ *Notiere jeweils, aus welchen Bestandteilen sie bestehen.*

1.6 Stoffgemische und Reinstoffe

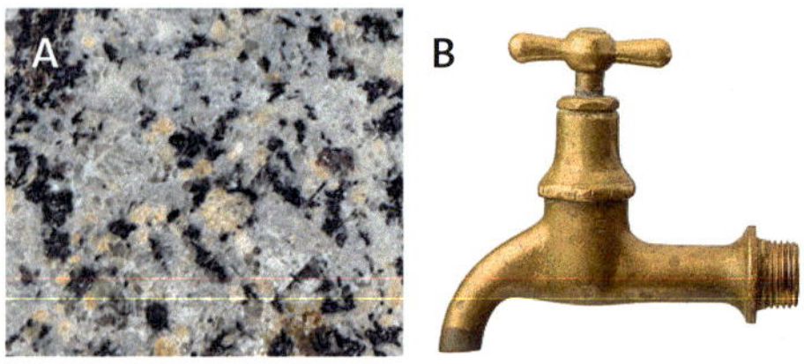

1 *Granit (A), Messinglegierung (B)*

Stoffgemische

In der Natur liegen fast nur Stoffgemische vor. Diese treten in unterschiedlichen Erscheinungsformen auf: Wenn man die Einzelbestandteile mit dem Auge unterscheiden kann, handelt es sich um ein **heterogenes Stoffgemisch.** Granit ist beispielsweise aus den Mineralien Feldspat, Quarz und Glimmer zusammengesetzt.
Bei **homogenen Stoffgemischen** sind die verschiedenen Bestandteile mit bloßem Auge nicht erkennbar. Ein Beispiel hierfür ist die Legierung Messing, ein Stoffgemisch aus den Metallen Kupfer und Zink. ↗ 1
Zusätzlich wird unterschieden, welchen Aggregatzustand die vermischten Bestandteile im Stoffgemisch haben: fest, flüssig oder gasförmig. ↗ 2

		in Feststoff	in Flüssigkeit	in Gas
heterogen	**Feststoff**	Gemenge z. B. Erde	Suspension z. B. Schlamm	Rauch z. B. Lagerfeuerrauch
	Flüssigkeit	z. B. feuchtes Katzenstreu	Emulsion z. B. Öl in Wasser	Nebel z. B. Wolken
	Gas	poröser Stoff z. B. Bauschaum	Schaum z. B. Seifenschaum	–
homogen	**Feststoff**	Legierung z. B. Messing	Lösung z. B. Zuckerwasser	–
	Flüssigkeit	–	Lösung z. B. Schnaps	–
	Gas	–	Lösung z. B. Mineralwasser	Gasgemisch z. B. Luft

2 *Heterogene und homogene Stoffgemische*

Reinstoffe

Kochsalz, Traubenzucker und destilliertes Wasser zählen zu den Reinstoffen. Alle Reinstoffe zeichnen sich durch charakteristische Stoffeigenschaften aus. Hierzu gehören unter anderem die Schmelztemperatur, die Siedetemperatur, die Dichte, die elektrische Leitfähigkeit und die Löslichkeit. Mithilfe seiner Stoffeigenschaften lässt sich ein Reinstoff eindeutig bestimmen.
Kochsalz beispielsweise ist weiß, geruchlos und weist meist würfelförmige Kristalle auf. Außerdem ist es gut in Wasser löslich.
Im Stoffgemisch behalten die einzelnen Reinstoffe ihre Eigenschaften. So kann man sie unverändert aus dem Stoffgemisch heraustrennen, wie zum Beispiel Kochsalz aus Salzwasser.

3 *Salzabbau im Bergwerk*

Gewinnung von Kochsalz

Kochsalz erhält man aus Steinsalz, das aus Bergwerken gefördert wird. ↗ 3 Das Salzgestein ist noch mit anderen Stoffen verunreinigt, es ist ein Stoffgemisch. Kochsalz ist allerdings ein Reinstoff. ↗ 4
Um das Steinsalz aus dem Bergwerk zu reinigen, wird das Salzgestein zunächst zerkleinert und in Wasser eingerührt. Ungelöste Bestandteile lassen sich so abtrennen, sie setzen sich ab. So gewinnt man Salzwasser, eine Lösung. Anschließend wird das Salzwasser erhitzt, bis es siedet. Dabei verdampft das Wasser und der Reinstoff Kochsalz bleibt zurück.

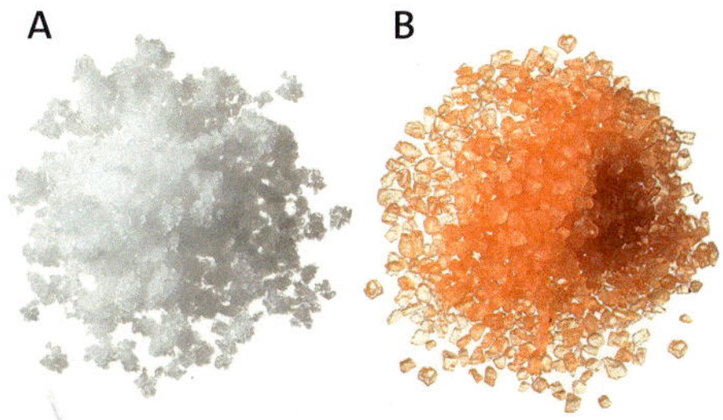

4 *Kochsalz (A) und Steinsalz (B)*

Konstante Siedetemperatur und Siedebereich

Erhitzt man reines, sogenanntes destilliertes Wasser, bleibt die Siedetemperatur konstant. Bei Salzwasser steigt die Temperatur während des Siedens ständig an. Dabei verdampft Wasser: Das Wasser wird weniger, die Kochsalzmenge bleibt dagegen gleich. Je weniger Wasser in der Lösung ist, desto höher ist die Siedetemperatur der Lösung. ↗ 5 Stoffgemische haben einen Siedebereich, Reinstoffe dagegen besitzen eine konstante Siedetemperatur.

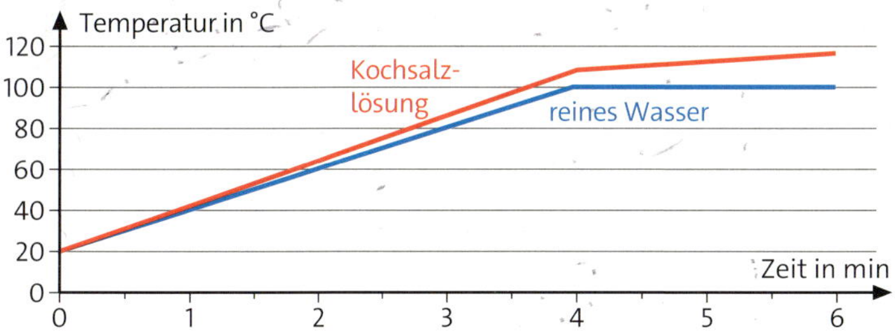

5 *Konstante Siedetemperatur und Siedebereich*

Stoffgemische bestehen aus verschiedenen Reinstoffen. Die Anteile der Reinstoffe im Stoffgemisch können unterschiedlich sein. Hieraus ergeben sich veränderliche Eigenschaften. Reinstoffe haben dagegen gleichbleibende Eigenschaften.

AUFGABEN

1 □ Nenne drei Reinstoffe und drei Stoffgemische aus dem Alltag.

2 ◪ Ordne folgende Stoffgemische den passenden Bereichen der Tabelle in Bild 2 zu: Salzwasser, Milch (↗ 6), Sand in Wasser, Alkohol in Wasser.

6 *Vollmilch (A) - unter dem Mikroskop vergrößert (B) sind die Fettkügelchen sichtbar.*

Bevor ein großes neues Gebäude wie beispielsweise die Münchner Fußballarena errichtet wird, erstellen die Architekten zunächst ein Modell.

- *Zähle Vorteile und Nachteile eines solchen vorab erstellten Modells auf.*
- *Nenne weitere Modelle aus dem Alltag.*

1.7 Modellvorstellung vom Feinbau der Stoffe

Modelle als Verständnishilfen

Damit Vorgänge in der Natur oder bei Experimenten leichter erfassbar werden, verwendet man in der Wissenschaft häufig Modelle. Ein wichtiges Modell in der Chemie ist das **Teilchenmodell.** Du kennst es bereits aus dem Physikunterricht. Zucker kann man immer kleiner zerteilen, die Würfel zu Körnern und weiter zu Puderzucker. Löst man ihn in Wasser, kann man ihn zwar noch schmecken, aber nicht mehr sehen.

So lässt sich im Gedankenexperiment jeder Stoff in immer kleinere Teilchen zerlegen. Alle Stoffe bestehen demnach aus kleinen Teilchen, die sich von Stoff zu Stoff jeweils in Größe, Form und Masse unterscheiden. Ohne bereits zu wissen, wie diese in Wirklichkeit aussehen, nutzen wir zum leichteren Arbeiten unterschiedliche Formen. ↗ 1

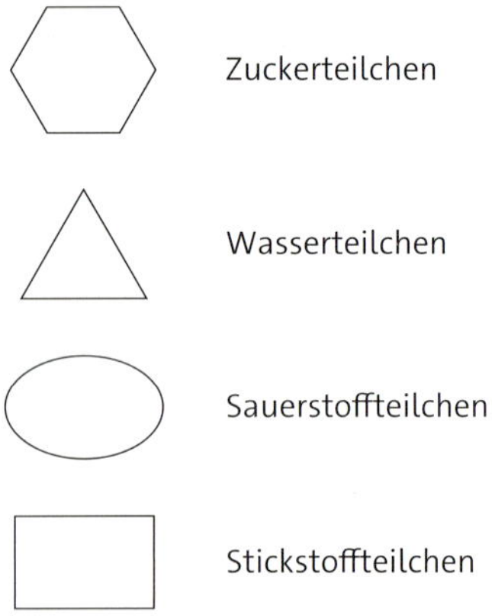

1 *Verschiedene Teilchen als Vorstellungshilfe*

Reinstoffe und Stoffgemische im Teilchenmodell

Destilliertes Wasser und Zucker weisen jeweils nur eine Sorte von Teilchen auf, es sind Reinstoffe. Beim Lösen verteilen sich die Zuckerteilchen im Wasser. Das Stoffgemisch Zuckerwasser enthält Zuckerteilchen und Wasserteilchen. Stoffgemische bestehen also aus verschiedenen Sorten von Teilchen. ↗ 2

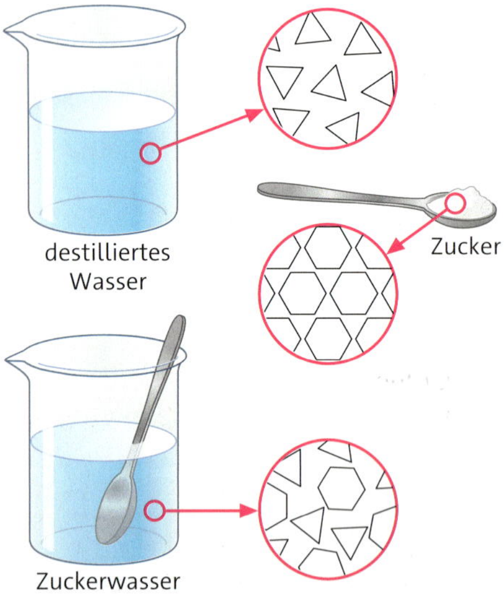

2 *Lösen von Zucker in destilliertem Wasser*

Grenzen des Teilchenmodells

Modelle sind nie mit der Wirklichkeit identisch. Das Teilchenmodell berücksichtigt nicht, wie groß die Teilchen tatsächlich sind oder wie sie real aussehen. Auch kann man damit nicht das Zustandekommen von typischen Stoffeigenschaften erklären. Manche Stoffe leiten den elektrischen Strom, andere nicht. Das lässt sich mit dem Teilchenmodell nicht erklären. Man muss nach einer anderen Vorstellungshilfe suchen.

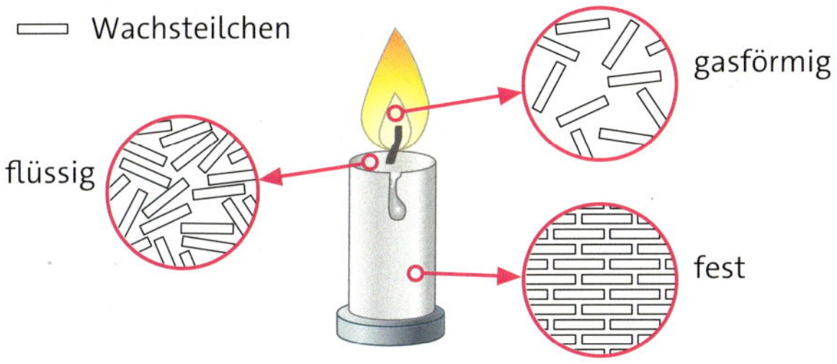

3 *Aggregatzustände im Teilchenmodell*

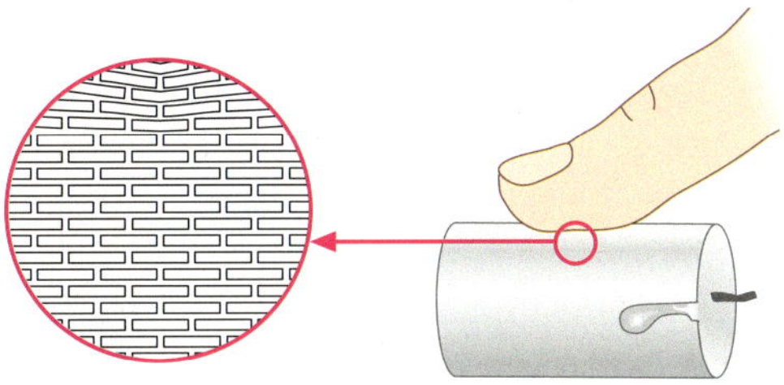

4 *Verformen von festem Wachs im Teilchenmodell*

Aggregatzustände im Teilchenmodell

Zwischen den einzelnen Teilchen eines Stoffes befindet sich nichts. Die Teilchen ziehen sich gegenseitig an. Je kleiner die Abstände zwischen den Teilchen sind, desto größer sind die Anziehungskräfte. Alle Teilchen sind ständig in Bewegung. Durch Erwärmen des Kerzenwachses nimmt die Bewegungsenergie der Teilchen zu und die Abstoßungskräfte werden stärker, sodass der Abstand zwischen den Teilchen größer wird. Mit zunehmendem Abstand der einzelnen Teilchen wird der Stoff zunächst flüssig und dann gasförmig. ↗ 3

Stoffebene und Teilchenebene

In der Chemie nehmen wir Sinneseindrücke auf der Stoffebene wahr. Festes Wachs lässt sich nur schwer verformen. Um dieses Phänomen zu erklären, benötigen wir die Teilchenebene. Die Wachsteilchen sind sehr dicht beieinander und lassen sich daher nur schlecht verschieben. ↗ 4

Eigenschaften wie etwa die Farbe des Wachses lassen sich auf der Stoffebene mit den Sinnen wahrnehmen. Die Teilchenebene dagegen ist mit unseren Sinnen nicht erfahrbar. Beobachtungen auf der Stoffebene lassen sich nicht direkt auf die Teilchenebene übertragen. Wachsteilchen sind nicht rot und Wasserteilchen nicht flüssig. Die Eigenschaften der Stoffe resultieren aus dem Zusammenwirken von unzählbar vielen Teilchen.

Basiskonzepte – die „roten Fäden“ durch die Chemie

Auch zahlreiche andere Beobachtungen, die du auf Stoffebene machst, lassen sich deuten, wenn du sie aus Sichtweise der Teilchenebene betrachtest. Du musst diese beiden Ebenen immer gleichzeitig im Blick haben und dennoch unterscheiden. Dieses wichtige Grundprinzip in der Chemie heißt Stoff-Teilchen-Konzept. Es gibt noch weitere übergreifende Prinzipien, mit deren Hilfe du Phänomene und Naturzusammenhänge deuten und erklären kannst. Man nennt sie Basiskonzepte. ↗ 5, 6

Alle Stoffe sind aus Teilchen aufgebaut. Modelle wie das Teilchenmodell dienen als Vorstellungshilfe. Jedes Modell kann nur innerhalb bestimmter Grenzen angewendet werden.

Stoff-Teilchen-Konzept
Die erfahrbaren Phänomene der Stoffebene können auf der Teilchenebene gedeutet werden. Stoffebene und Teilchenebene müssen aber konsequent unterschieden werden.

5 *Basiskonzept Stoff – Teilchen*

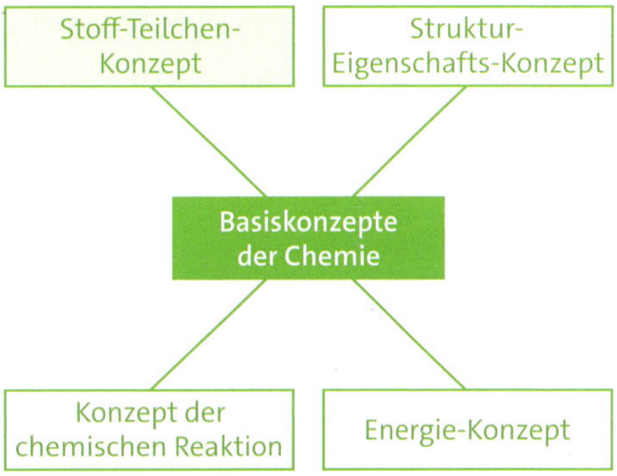

6 *Basiskonzepte der Chemie*

AUFGABEN

1 □ Zeichne ein Stoffgemisch von Sauerstoff und Wasser auf Teilchenebene. Verwende hierbei die Symbole aus Bild 1.

2 ◪ Ordne jeweils der Stoffebene oder Teilchenebene zu: „Wasser ist farblos und flüssig.“ „Im Wasserdampf ist der Teilchenabstand groß.“

3 ■ Begründe mithilfe des Teilchenmodells, warum eine Deodose im Sonnenlicht explodieren kann.

Im Jahr 2019 verursachte jeder Bundesbürger im Schnitt 457 Kilogramm Haushaltsabfälle. Über viele Jahrzehnte hinweg wurden diese Haushaltsabfälle auch in Deutschland zu Müllbergen aufgetürmt. Diese Bilder gibt es heute nicht mehr.

- ► *Nenne neben der Müllvermeidung und Müllverbrennung eine weitere Strategie, damit es nicht zu solchen Müllbergen kommt.*

1.8 Stoffgemische trennen

Warum Stoffe getrennt werden

In Müllverwertungsanlagen werden tagtäglich Stoffe voneinander getrennt. Eine solche Stofftrennung ist von großer Bedeutung, wenn man Rohstoffreserven verantwortungsbewusst nutzen will. Auch in der chemischen Industrie sind Verfahren zur Stofftrennung extrem wichtig.

Beim Trennen von Stoffgemischen nutzt man die unterschiedlichen Eigenschaften der einzelnen Bestandteile.

Magnetscheiden

1 *Magnetscheiden auf einem Schrottplatz*

Auf dem Schrottplatz werden eisenhaltige Bestandteile mithilfe von großen Elektromagneten herausgezogen. Das Alteisen wird dann eingeschmolzen und wiederverwertet. ↗1

Das Magnetscheiden ist geeignet, Feststoffgemische und Gemische von Feststoffen in Flüssigkeiten zu trennen. Voraussetzung dabei ist, dass nur der abzutrennende Feststoff **magnetisierbar** ist. Auch in Müllsortieranlagen findet dieses Trennverfahren Anwendung.

Extraktion

2 *Teeblätter geben Farb- und Aromastoffe in das Wasser ab.*

Gibt man Teeblätter in heißes Wasser, verfärbt sich das Wasser grün. ↗2 Auch der Geschmack des Wassers ändert sich. Die Farb- und Aromastoffe der Teeblätter lösen sich im Wasser, sie werden aus den Teeblättern extrahiert. Bei einer Extraktion nutzt man die **unterschiedliche Löslichkeit** der im Gemisch enthaltenen Stoffe.

Wichtige Lösungsmittel sind Wasser, Alkohol und Benzin. Löst sich der eine Stoff gut und der andere Stoff schlecht in einem Lösungsmittel, so lassen sich die Stoffe voneinander trennen. Mit der Extraktion gewinnt man beispielsweise Pflanzenöl aus Sonnenblumenkernen.

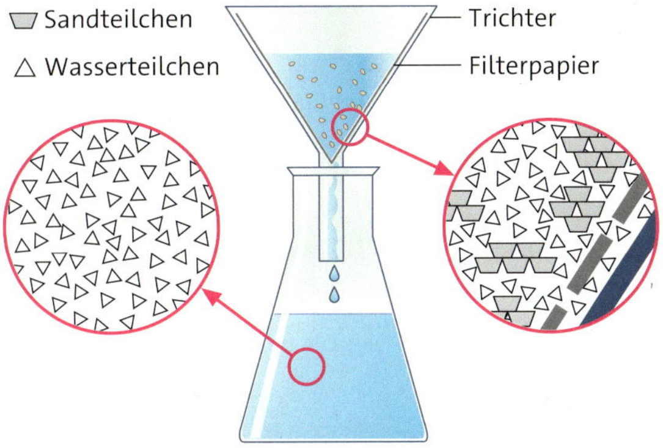

3 *Filtration*

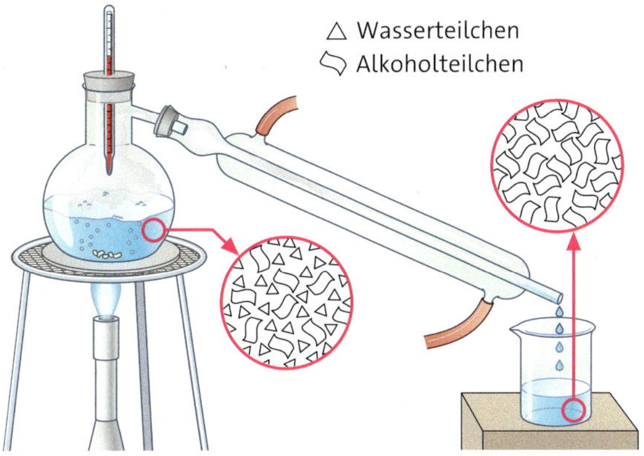

4 *Destillation*

Filtration

Ein Gemisch aus Wasser und Sand kann man durch Filtration trennen. Das Wasser besteht aus sehr kleinen Teilchen. Diese wandern ohne Probleme durch die Poren des Filterpapiers. Die Sandkörner bleiben im Filter zurück; sie bestehen aus vielen fest zusammenhängenden Sandteilchen. ↗ 3

Bei der Filtration werden Stoffgemische aufgrund der **unterschiedlichen Größe der Bestandteile** voneinander getrennt. Ein Filter im Staubsauger hält beispielsweise den Staub aus der eingesaugten Luft zurück.

Destillation

Wenn man ein Wasser-Alkohol-Gemisch wie zum Beispiel Wein in einer Destillationsapparatur erhitzt, verdampft zuerst der Alkohol aufgrund seiner niedrigeren Siedetemperatur. Am kühleren Glasrohr kondensiert der Alkoholdampf wieder. Der nun flüssige Alkohol wird in einem Gefäß aufgefangen. ↗ 4

Flüssige Stoffgemische lassen sich aufgrund **unterschiedlicher Siedetemperaturen** durch Destillation trennen. Aus Rohöl werden so etwa die Kraftstoffe Benzin und Diesel gewonnen.

Stofftrennung im menschlichen Körper

Im menschlichen Körper finden ebenfalls zahlreiche Vorgänge der Stofftrennung statt. Die Nieren etwa sind Ausscheidungsorgane, in denen dem Blut unter anderem Harnstoff und Salze entzogen werden. Dabei läuft eine besondere Form der Filtration ab. ↗ 5

Bei einem Nierenversagen kommt es zu einer lebensbedrohlichen Vergiftung. Abhilfe schafft hier ein Dialysegerät, eine sogenannte künstliche Niere. ↗ 6

Beim Trennen von Stoffgemischen nutzt man unterschiedliche Eigenschaften der Gemischbestandteile. Wichtige Trennverfahren sind Filtration, Destillation, Extraktion und Magnetscheiden.

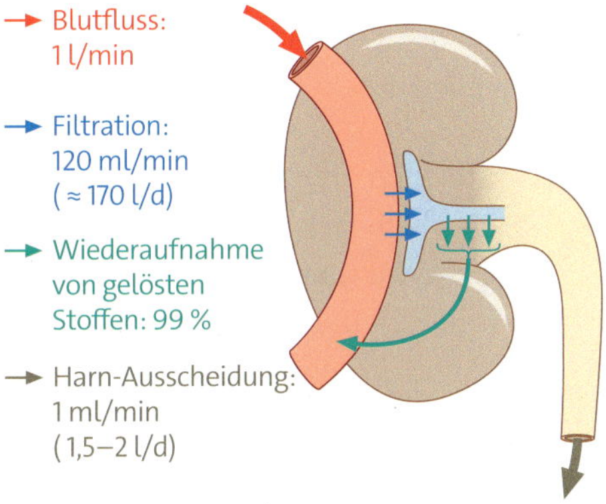

5 *Ausscheidungsorgan Niere*

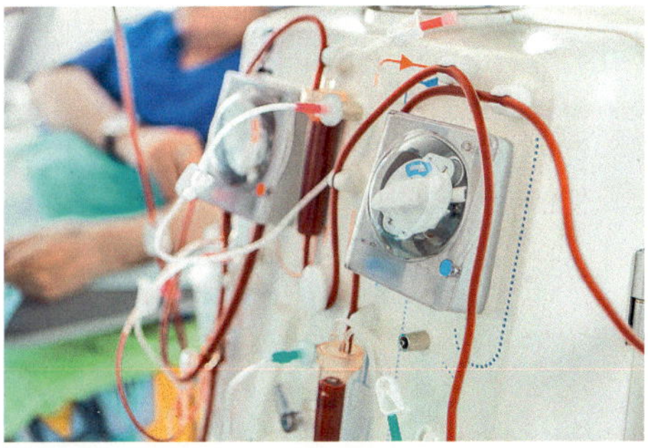

6 *Künstliche Niere zur Stofftrennung*

AUFGABEN

1 □ Erstelle eine Tabelle, in der du die kennengelernten Trennverfahren auflistest. Nenne in weiteren Spalten die genutzte Stoffeigenschaft und ein Beispiel.

2 ◪ Benutzt man bei der Teezubereitung einen Teebeutel, werden zwei verschiedene Trennverfahren angewandt. Nenne diese.

Der Weg der Erkenntnisgewinnung – Hypothese

Was Hypothesen ausmacht ...

Dir wird eine Frage gestellt und oft hast du eine erste Idee, also eine Vermutung. Dabei beziehst du in deine Überlegungen auch ein, was du über den Inhalt der Frage schon weißt. Du aktivierst dein Vorwissen und überlegst, ob du es für die Beantwortung der Frage nutzen kannst. Genauso ist das in der Naturwissenschaft Chemie.

Lässt sich die Idee, die auf eine Frage geäußert wird, mit chemischen Kenntnissen begründen, spricht man von einer Hypothese. Meist kann man sie als Wenn-dann-Beziehung formulieren. Sie lässt sich experimentell prüfen.

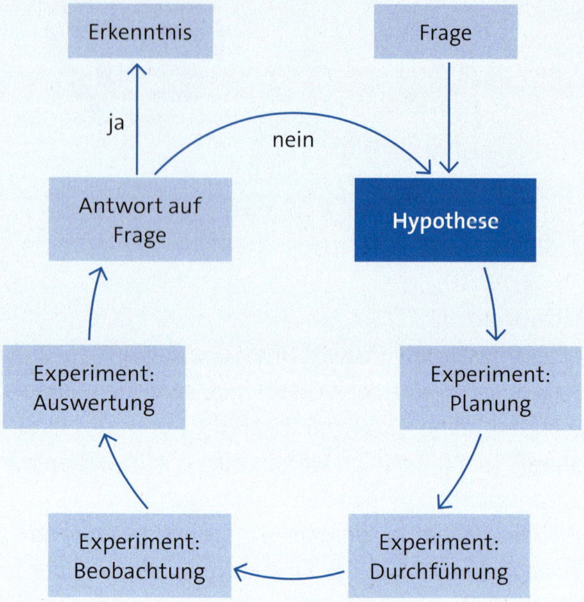

Merkmale einer Hypothese

1. Sie ist eine begründete Vermutung.
2. Sie ist genau (präzise) formuliert.
3. Sie lässt sich überprüfen, in der Chemie vor allem mit einem Experiment.

Stoffgemische trennen: Filtration und Destillation

1 Wie kann man ein Wasser-Sand-Gemisch trennen?

Material: Erlenmeyerkolben (250 ml), Becherglas (100 ml), Trichter, Rundfilter, Glasstab, Spatel

Chemikalien: Wasser, Sand

Durchführung:
- Verrühre im Becherglas 50 ml Wasser und mehrere Spatelspitzen Sand mithilfe des Glasstabs.
- Falte den Rundfilter wie in Bild 1 gezeigt.
- Öffne den gefalteten Rundfilter, lege ihn in den Trichter ein, feuchte ihn an und drücke ihn dicht an. ↗ 1
- Hänge den Trichter in den Erlenmeyerkolben ein und kippe nach und nach den kompletten Inhalt des Becherglases in den Trichter.
- Notiere deine Beobachtungen.

Auswertung: Formuliere eine Erklärung für deine Beobachtungen.

Entsorgung: Wasser in den Ausguss, Sand und Filterpapier in den Restmüll

1 *Filtrieren*

2 Wie kann man Alkohol aus Rotwein gewinnen?

Material: Gasbrenner, Dreifuß, Keramiknetz, Erlenmeyerkolben (250 ml), Gummistopfen mit Bohrung, gebogenes Glasrohr, Becherglas (250 ml), 3 Reagenzgläser (beschriftet mit 1 bis 3) mit Gummistopfen, nasses Tuch, Siedesteinchen, Abdampfschale, Holzspan

Chemikalien: Rotwein

Durchführung:
- Befülle den Erlenmeyerkolben etwa zur Hälfte mit Wein.
- Baue den Versuch wie in Bild 2 zusammen. ↗ 2
- Erhitze den Wein vorsichtig mit dem Gasbrenner.
- Fange der Reihe nach etwa einen Finger breit Destillat pro Reagenzglas auf und verschließe das Reagenzglas dann mit einem Stopfen.
- Kippe die Inhalte der Reagenzgläser nacheinander in die jeweils leere Abdampfschale und entzünde sie jeweils mit einem brennenden Holzspan.
- Notiere deine Beobachtungen in einer Tabelle.

Auswertung: Finde mögliche Erklärungen deiner Beobachtungen.

Entsorgung: Ausguss

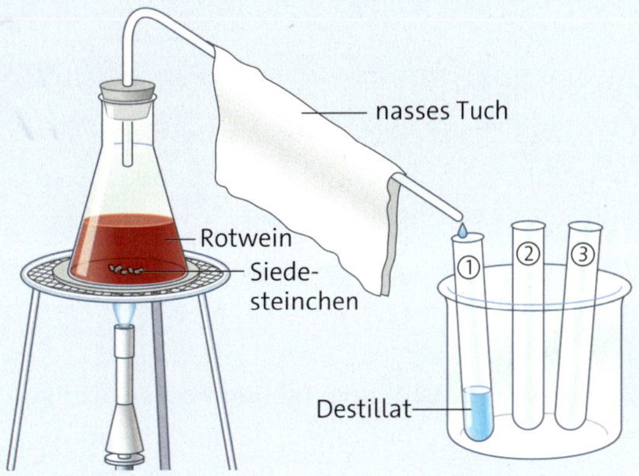

2 *Destillation*

Versuchsprotokoll

In Chemie werden viele Versuche durchgeführt. Um den Versuchsverlauf nachvollziehen und Beobachtungen richtig deuten zu können, muss exakt protokolliert werden.

Name und Datum

Notiere die Namen der Personen, die am Arbeitsablauf beteiligt sind, sowie das Datum der Durchführung.

Thema

Wähle eine aussagekräftige Überschrift. Häufig ist dies eine Frage.

Hypothese

Durch Überlegen hast du meist schon vor der Durchführung eine Lösungsvermutung, die Hypothese, im Kopf. Formuliere sie kurz.

Auflistung aller Hilfsmittel

Zunächst notierst du alle benötigten Materialien, danach die benötigten Chemikalien. Gehe auch auf Gefahrenpiktogramme und Sicherheitsvorschriften ein.

Versuchsaufbau

Beschreibe den Versuchsaufbau möglichst exakt. Gut eignen sich beschriftete Zeichnungen.

Versuchsdurchführung

Erläutere, wie und in welcher Reihenfolge der Versuch durchgeführt wurde.

Beobachtungen

Notiere, was du gesehen, gefühlt, gehört oder gerochen hast. Beschränke dich stets auf beobachtete Ergebnisse. Für Messungen eignen sich aussagekräftige Tabellen.

Auswertung

Versuche die Fragestellung mit den Beobachtungen zu erklären. Im Idealfall kannst du deine Vermutung bestätigen oder widerlegen. Sollte dir ein Fehler in deinen Arbeitsschritten auffallen, hältst du auch diesen hier schriftlich fest.

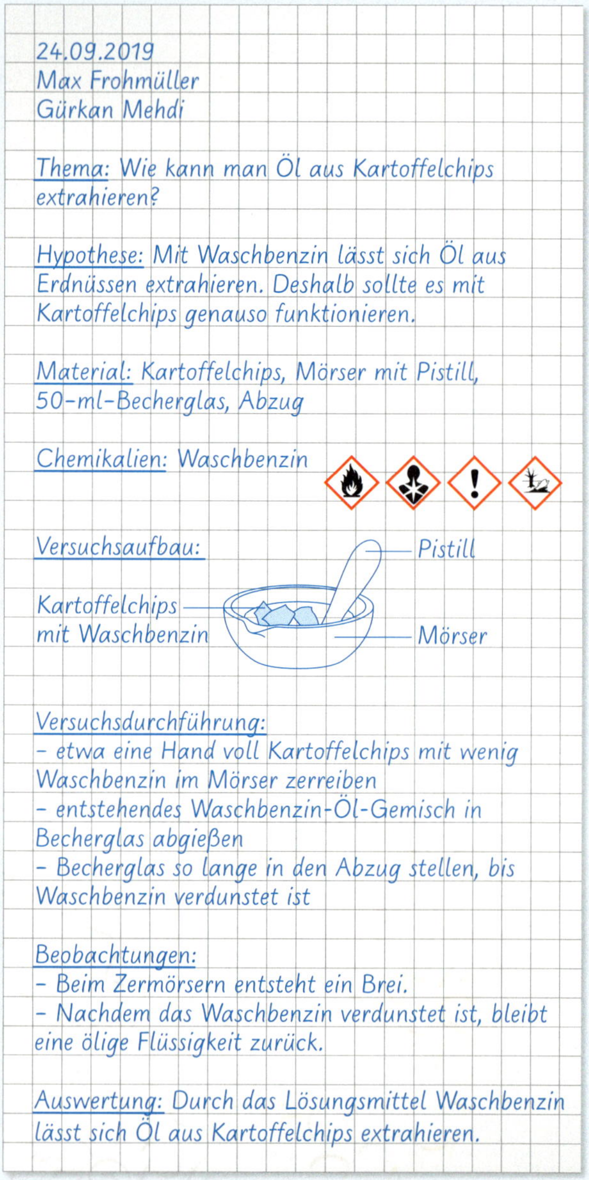
24.09.2019
Max Frohmüller
Gürkan Mehdi

Thema: Wie kann man Öl aus Kartoffelchips extrahieren?

Hypothese: Mit Waschbenzin lässt sich Öl aus Erdnüssen extrahieren. Deshalb sollte es mit Kartoffelchips genauso funktionieren.

Material: Kartoffelchips, Mörser mit Pistill, 50-ml-Becherglas, Abzug

Chemikalien: Waschbenzin

Versuchsaufbau:
Pistill
Kartoffelchips mit Waschbenzin
Mörser

Versuchsdurchführung:
- etwa eine Hand voll Kartoffelchips mit wenig Waschbenzin im Mörser zerreiben
- entstehendes Waschbenzin-Öl-Gemisch in Becherglas abgießen
- Becherglas so lange in den Abzug stellen, bis Waschbenzin verdunstet ist

Beobachtungen:
- Beim Zermörsern entsteht ein Brei.
- Nachdem das Waschbenzin verdunstet ist, bleibt eine ölige Flüssigkeit zurück.

Auswertung: Durch das Lösungsmittel Waschbenzin lässt sich Öl aus Kartoffelchips extrahieren.

1 *Beispiel für ein Versuchsprotokoll*

AUFGABEN

1 Führe den Versuch aus Bild 1 mit einem Lebensmittel deiner Wahl durch.

2 Fertige ein vollständiges Protokoll an.

Stoffgemische trennen: Extraktion und Magnetscheiden

1 Wie kann man aus Erdnüssen Öl gewinnen?

2 7 8 9

Material: Erdnüsse, Waage, Mörser mit Pistill, Becherglas (50 ml), Abzug

Chemikalien: Waschbenzin (2, 7, 8, 9)

Durchführung:
- Wiege 25 g Erdnüsse ein und übergieße sie im Mörser mit so viel Waschbenzin, dass sie gerade bedeckt sind. ↗ 1
- Zerreibe sie und gieße das entstehende Waschbenzin-Erdnussöl-Gemisch in ein Becherglas ab.
- Stelle das Becherglas in den Abzug, bis das Waschbenzin verdunstet ist.
- Führe an der übrig gebliebenen Flüssigkeit einen Geruchstest durch.
- Notiere deine Beobachtungen.

Auswertung: Gib an, welche Trenneigenschaft man bei der Extraktion des Erdnussöls nutzt.

Entsorgung: zerriebene Erdnüsse in Restmüll, Öl in halogenfreie organische Abfälle

1 *Erdnüsse werden mit Waschbenzin im Mörser zerkleinert.*

2 Wie kann man ein Eisen-Aluminium-Gemisch trennen?

2

Material: Petrischale, Magnet, Filterpapier

Chemikalien: Gemisch aus Eisenspänen und Aluminiumspänen (2)

Durchführung:
- Schlage den Magneten in eine Lage Filterpapier ein und führe ihn dann in kreisenden Bewegungen dicht über das Stoffgemisch. ↗ 2
- Notiere deine Beobachtungen.

Auswertung: Fertige ein vollständiges Protokoll an. Erkläre in dem Protokoll auch, weshalb man das Stoffgemisch mit einem Magneten trennen kann. Nenne mindestens ein Anwendungsbeispiel.

Entsorgung: Getrennte Stoffe können wiederverwendet werden.

2 *Trennung des Eisen-Aluminium-Gemischs*

Ein erster Blick in die Chemie

Chemie ist die Wissenschaft von Stoffen, ihren Eigenschaften, ihrem Aufbau, ihren Veränderungen und ihrer Herstellung. Die Chemie hat eine große Bedeutung in unserem Leben.

Stoffe und ihre Aggregatzustände

Die Form eines Gegenstands bezeichnet man als Körper. Das Material, aus dem er besteht, wird Stoff genannt. Ein Stoff kann fest, flüssig oder gasförmig sein. Der Aggregatzustand ist von der Temperatur abhängig. ↗ 1

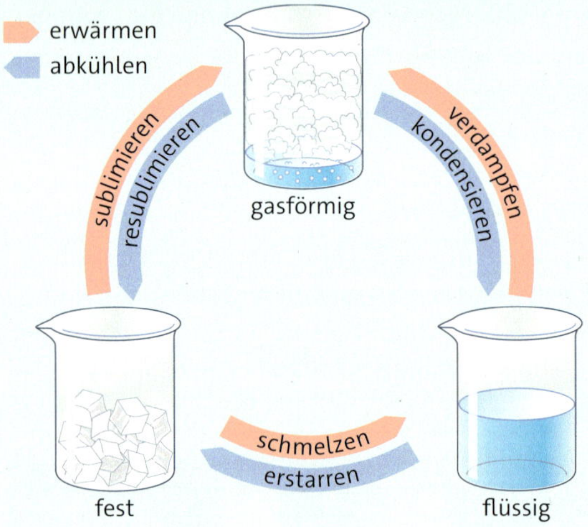

1 *Wasser: Aggregatzustände und Zustandsänderungen*

Methoden der Stofferkennung

Jeder Stoff hat typische Eigenschaften, die sich durch Sinnesorgane erfassen lassen oder die mithilfe von Experimenten ermittelt werden können. Die Gesamtheit der Eigenschaften ermöglicht es, einen Stoff eindeutig zu identifizieren. ↗ 2

Methoden der Stofferkennung

mit den Sinnen wahrnehmbar
- Farbe
- Kristallform
- Geruch
- Geschmack (nur bei bekannten Stoffen und außerhalb des Labors)

messbar
- Schmelz- und Siedetemperatur
- elektrische Leitfähigkeit
- Magnetisierbarkeit
- Dichte
- Löslichkeit

2 *Methoden der Stofferkennung*

Stoffe nachweisen

Ein Nachweis ist eine experimentelle Methode, mit der untersucht wird, ob ein Stoff vorhanden ist oder nicht. ↗ 3

Stoff	Nachweismethode
Sauerstoff	Glimmspanprobe
Wasserstoff	Knallgasprobe
Kohlenstoffdioxid	Kalkwasserprobe
Wasser	Wassernachweispapier

3 *Stoffe und ihre Nachweismethoden*

Stoffgemische und Reinstoffe

Stoffe sind entweder Reinstoffe oder Stoffgemische. Bei heterogenen Stoffgemischen lassen sich die Einzelbestandteile mit bloßem Auge unterscheiden, bei homogenen dagegen nicht. Je nach Aggregatzustand der vermischten Bestandteile ergeben sich unterschiedliche Stoffgemische.
Die Anteile der Reinstoffe im Stoffgemisch können unterschiedlich sein. Dies wirkt sich jeweils auf die Eigenschaften aus, wodurch sich diese ändern. Reinstoffe haben gleichbleibende Eigenschaften.

Trennung von Stoffgemischen

Beim Trennen von Stoffgemischen nutzt man unterschiedliche Eigenschaften der Gemischbestandteile. Wichtige Trennverfahren sind Filtration, Destillation, Extraktion und Magnetscheiden.

Modellvorstellung vom Feinbau der Stoffe

Alle Stoffe sind aus Teilchen aufgebaut. Modelle wie das Teilchenmodell dienen als Vorstellungshilfe. Jedes Modell kann nur innerhalb bestimmter Grenzen angewendet werden. ↗ 4

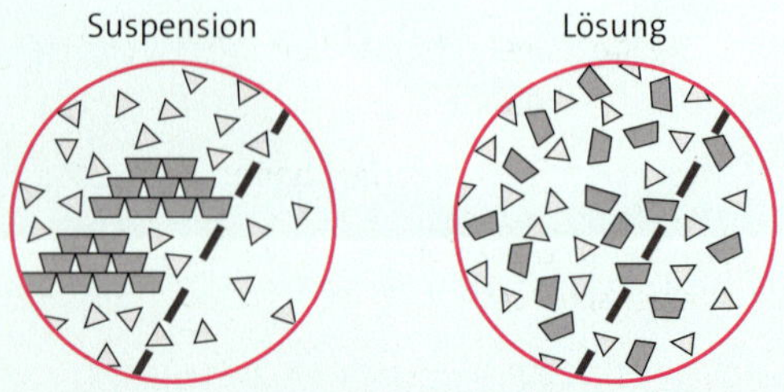

4 *Filtration im Teilchenmodell*

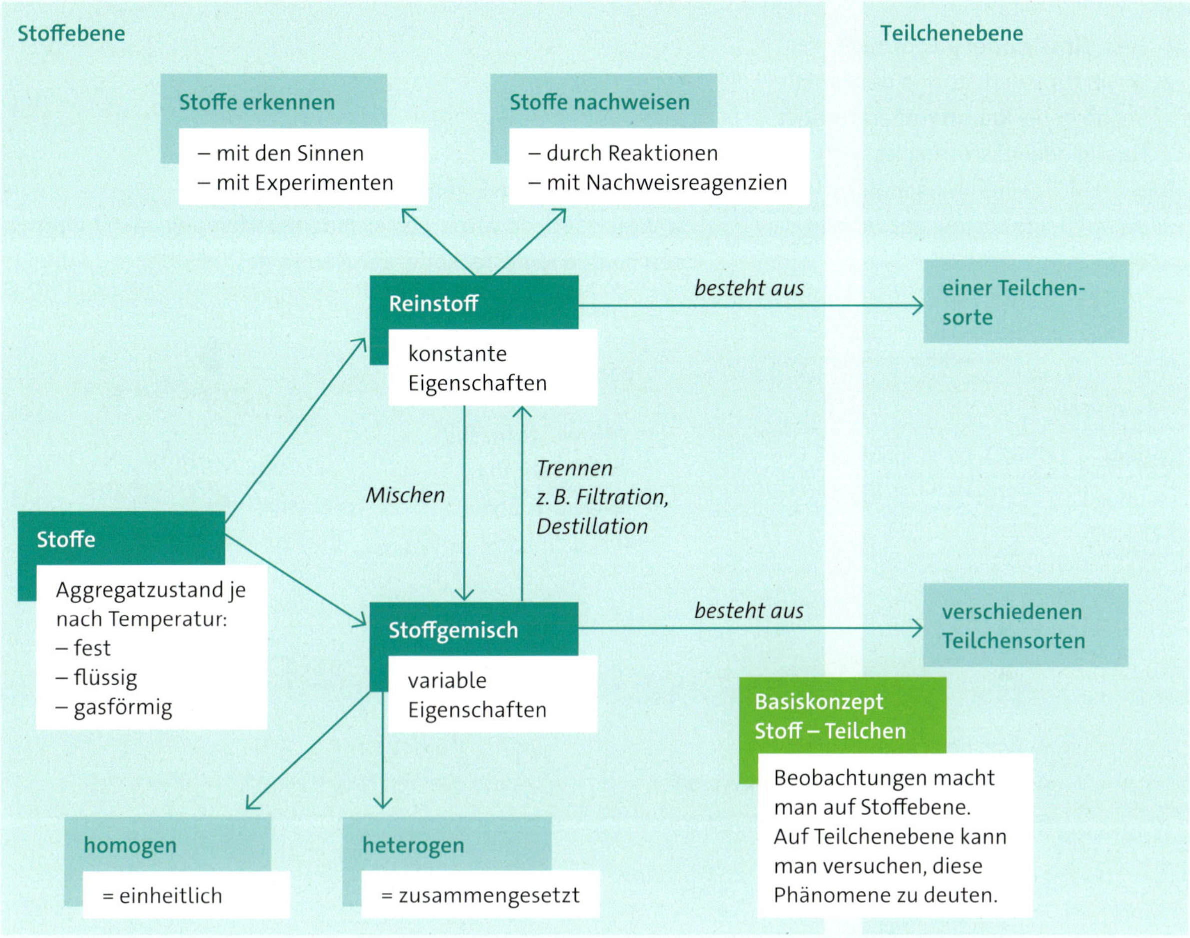

Kompetenzcheck

Hast du alle wichtigen Inhalte des Kapitels verstanden? Schätze dich zuerst selbst ein: ☺ 😐 ☹

Überprüfe nun deine Selbsteinschätzung: Löse dazu die Aufgaben auf Seite 44/45 und vergleiche deine Antworten mit den Lösungsvorschlägen. ↗ S. 186

Ich kann ...	☺	😐	☹	Alles-im-Griff-Aufgaben	Hilfe findest du auf Seite
Eigenschaften von Stoffen untersuchen, um Stoffe exakter zu beschreiben und zu unterscheiden.	?	?	?	1, 2, 4	22–26
Sauerstoff, Wasserstoff, Kohlenstoffdioxid und Wasser nachweisen und die Durchführung der Nachweismethoden beschreiben.	?	?	?	3	28–31
anhand von Stoffeigenschaften Reinstoffe von Stoffgemischen unterscheiden.	?	?	?	5, 8	32
Trennverfahren mithilfe des Teilchenmodells erklären.	?	?	?	6	37
Stoffgemische mithilfe von Trennverfahren unter Ausnutzung der Stoffeigenschaften trennen.	?	?	?	6, 7	36–40
Experimente durchführen und protokollieren.	?	?	?	3, 7	27, 30, 38, 40

1 Fest, flüssig oder gasförmig?

a ◪ Gib für jeden Stoff in der Tabelle an, ob er bei Raumtemperatur fest, flüssig oder gasförmig ist.

b ◪ Erkläre deinen Mitschülern, wie du auf deine Lösung gekommen bist.

Stoff	Schmelztemperatur	Siedetemperatur
Ammoniak	–77,7 °C	–33 °C
Brom	–7,3 °C	58,8 °C
Ethanol	–114 °C	78 °C
Gallium	29,8 °C	2204 °C

2 Stoffe und ihre Eigenschaften

◪ Welche Stoffe verbergen sich deiner Meinung nach hinter den beiden Stoffsteckbriefen? Nenne sie.

Steckbrief Stoff A

- rötlich, glänzend
- nicht brennbar
- leitet den Strom
- löst sich nicht in Wasser

Steckbrief Stoff B

- weiße Kristalle
- leitet den Strom nicht
- löst sich in Wasser

3 Was liegt in der Luft?

Ausgeatmete Luft trübt Kalkwasser.

a □ Gib an, welches Gas nachgewiesen wird.

b ◪ Plane die Durchführung eines Experiments dazu.

4 Eindeutig oder nicht?

a □ Abgebildet sind Backpulver, Magnesia, Mehl, Salz und Zucker. Versuche, die Namen den Abbildungen zuzuordnen. Gelingt es dir eindeutig? Begründe deine Entscheidung.

b ◪ Überlege, wie du die Stoffe eindeutig identifizieren könntest.

5 Reinstoffe und Stoffgemische

a ◩ Entscheide bei A bis E, ob es sich um einen Reinstoff oder ein Stoffgemisch handelt.

b □ Gib bei den Stoffgemischen jeweils die Aggregatzustände der Bestandteile an.

6 So nicht!

Florian und Sabine wollen mit dieser Apparatur Schnaps brennen:

a ◩ Erkläre, wieso das nicht funktioniert.

b ◩ Zeichne den richtigen Versuchsaufbau.

c ◩ Skizziere, wie du dir die Destillation auf Teilchenebene vorstellst.

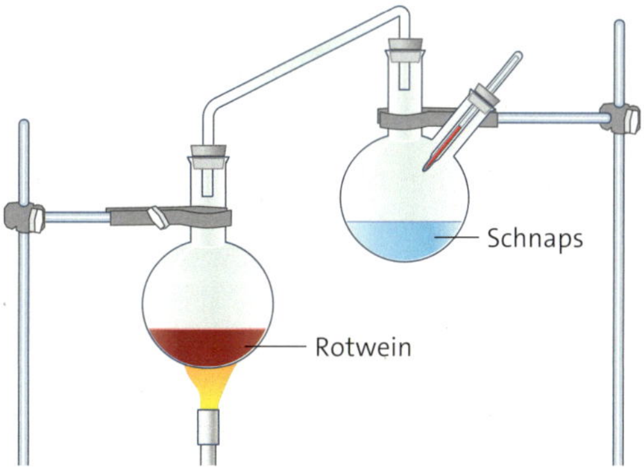

7 Ein Experiment für zu Hause

Verrühre etwas Gartenerde in einem Glas Wasser.

a □ Nenne ein Trennverfahren, um die Stoffe zu trennen.

b ◩ Führe den Versuch durch und fertige ein Protokoll dazu an.

8 Siedend heiß?

a □ Entscheide, ob es sich um einen Reinstoff oder ein Stoffgemisch handelt.

b ◩ Begründe deine Entscheidung.

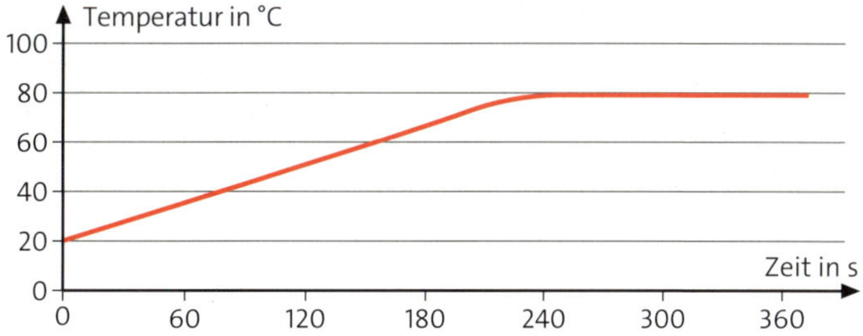

2

Aufbau der Materie

Die Hängeseilbrücke Geierlay im Hunsrück gehört zu den längsten Hängeseilbrücken Europas. Auf ihrer Gesamtlänge von 360 Metern können bis zu 600 Personen gleichzeitig stehen.
Ihre Stabilität erhält die Brückenkonstruktion durch die Verwendung verschiedener Materialien mit ihren spezifischen Eigenschaften: Starke Stahlseile tragen einen Laufsteg aus leichten, stabilen Holzplanken.

Mithilfe eines Rastertunnelmikroskops (RTM) kann man Metalloberflächen untersuchen. Bei einer 100 000 000fachen Vergrößerung sieht die für unser Auge glatte Oberfläche plötzlich körnig aus. Das Bild rechts zeigt die RTM-Aufnahme einer Goldoberfläche.

▶ *Stelle Vermutungen an, was die Körnchen im Bild sein könnten.*

2.1 Atome – Grundbausteine der Materie

1 *John Dalton (1766–1844)*

Sind Stoffe unendlich teilbar?

Bereits in der Antike vermuteten Philosophen, dass man beim Zerkleinern von Stoffen irgendwann ein nicht mehr teilbares Teilchen erhält. Demokrit (460–370 v. Chr.) nannte sie Atome, nach dem griechischen Wort „atomos" für unteilbar.

Atomtheorie von John Dalton

Der englische Naturforscher John Dalton griff diese Vorstellung auf und entwickelte im Einklang mit Befunden aus verschiedenen Experimenten seine Atomtheorie. ↗ 1 Diese Modellvorstellung besagt, dass alle Materie aus kleinsten, kugelförmigen Teilchen, den Atomen, besteht. Atome sind unveränderlich und unteilbar. Daltons Modellvorstellung lässt sich folgendermaßen zusammenfassen:

- Atome sind unvorstellbar klein, dennoch kann man ihnen eine Masse zuschreiben.
- Alle Atome einer Atomsorte (z. B. von Eisen) besitzen die gleiche Masse und Größe.
- Elemente sind Reinstoffe, die aus jeweils einer Atomsorte aufgebaut sind.
- Atome unterschiedlicher Elemente unterscheiden sich in Masse und Größe. ↗ 2

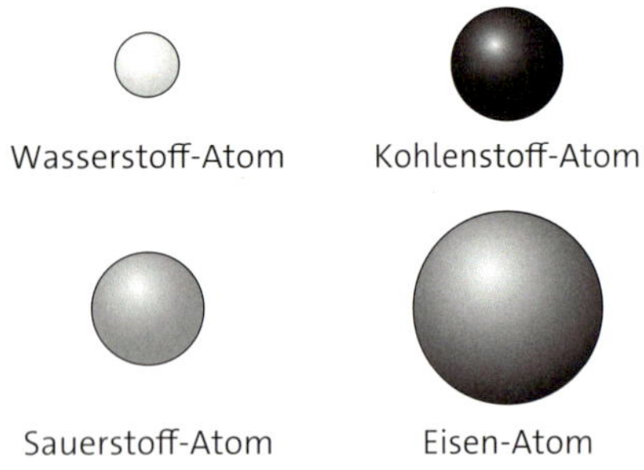

2 *Modelldarstellung: Verschiedene Atome nach dem Atommodell von Dalton*

Daltons Theorie wurde weiterentwickelt

An der Modellvorstellung vom atomaren Aufbau der Materie gibt es heute keine Zweifel mehr. Das **Atom** ist die kleinste Einheit eines Elements, das alleine existenzfähig ist. Jedoch liegen Atome nur in den seltensten Fällen isoliert vor, meist sind sie zu Atomverbänden kombiniert. Auch gelten Atome heute nicht mehr als unveränderlich.

Sprache der Chemie

Für jedes Element, damit für jede Atomsorte, schlug Dalton ein Symbol vor. ↗ 3 Der Wissenschaftler Jöns Jakob Berzelius (1779–1848) fand wenige Jahre später hierfür ein besseres System, das bis heute Gültigkeit hat. In diesem wird jedem Element eine Abkürzung zugeordnet, das international gültige **Elementsymbol.** Es besteht aus maximal zwei Buchstaben und leitet sich vom wissenschaftlichen Namen des Elements ab.

Die Elementnamen gehen zurück auf Himmelskörper, die Sagenwelt, die Geografie, Personen sowie auf griechische, lateinische und arabische Bezeichnungen. ↗ 4

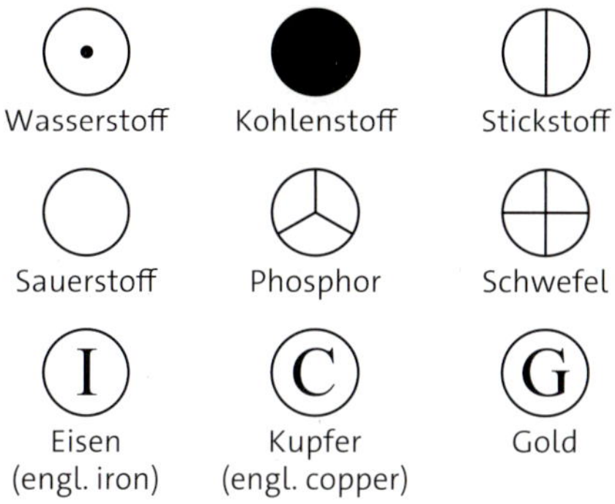

3 *Daltons Symbole für einige Elemente*

Elementname	Symbol	benannt nach
Selen	Se	der griechischen Mondgöttin Selene
Germanium	Ge	dem Heimatland des Entdeckers, Deutschland (lateinisch *germania*)
Einsteinium	Es	dem Nobelpreisträger Albert Einstein
Sauerstoff	O	griechisch *oxygenium* für sauer und erzeugen
Kalium	K	arabisch *al qalja* für Pflanzenasche
Eisen	Fe	lateinisch *ferrum* für Eisen
Uran	U	dem Planeten Uranus

4 *Chemische Elemente, ihre Symbole und die Herkunft des Namens*

Elemente – von zwei Seiten zu beschreiben

Die Leistungsfähigkeit der Atomtheorie zeigt sich in der Klärung des Elementbegriffs. Elemente im Sinne von **Elementsubstanzen** sind Reinstoffe mit charakteristischen Eigenschaften. Beispiele sind Eisen und Kohlenstoff.

Auf atomarer Ebene lassen sich Elemente ebenfalls eindeutig kennzeichnen, nämlich durch den Aufbau eines Elements aus einer **Atomsorte.** Eisen besteht demnach aus Eisen-Atomen.

Damit können wir ein Element auf zwei Ebenen beschreiben, nämlich auf Stoffebene als Elementsubstanz und auf Teilchenebene als Atomsorte. In beiden Fällen verwendet man das Elementsymbol. Ein einzelnes Atom besitzt keine Stoffeigenschaften wie Farbe und Schmelztemperatur, wohl aber eine Masse. Stoffeigenschaften ergeben sich erst aus Strukturen mit einer riesigen Anzahl an Atomen. ↗ 5, 6

Nach dem Atommodell von Dalton bestehen Stoffe aus kleinsten, unteilbaren Teilchen, den Atomen.
Ein Element besteht aus einer Atomsorte. Der Begriff Elementsubstanz bezeichnet eine Stoffportion eines Elements.

Stoffebene	Teilchenebene
Elementsubstanz	Elementatom
kann man anfassen	muss man sich vorstellen
silbriger Feststoff mit weiteren Eigenschaften 	Eisen-Atome im Atomverband 

5 *Bedeutung des Elementbegriffs am Beispiel Eisen*

Fe

1. Elementsubstanz Eisen
2. ein Eisen-Atom

6 *Was ein Elementsymbol aussagt*

AUFGABEN

1 □ Gib die wesentlichen Aussagen des Atommodells von Dalton mit eigenen Worten wieder.

2 □ Nenne zu folgenden Elementsymbolen die Namen der Elemente: C, H, N, S.

3 ◪ Beschreibe, was das Symbol Al aussagt.

Klassifizieren – eine Klasse bilden

Aluminium **Al**
- Aggregatzustand bei 20 °C: fest
- Schmelztemperatur: 660 °C
- Siedetemperatur: 2467 °C
- Dichte: 2,70 g/cm³
- Elektrische Leitfähigkeit bei 20 °C: hoch
- Weltproduktion: 20–25 Mio. t/Jahr
- Verwendung: Konstruktionsmaterial im Fahrzeug-, Schiff- und Flugzeugbau, Bauwesen

Germanium **Ge**
- Aggregatzustand bei 20 °C: fest
- Schmelztemperatur: 937 °C
- Siedetemperatur: 2830 °C
- Dichte: 5,32 g/cm³
- Elektrische Leitfähigkeit bei 20 °C: gering
- Weltproduktion: 100 t/Jahr
- Verwendung: Herstellung von Halbleitern

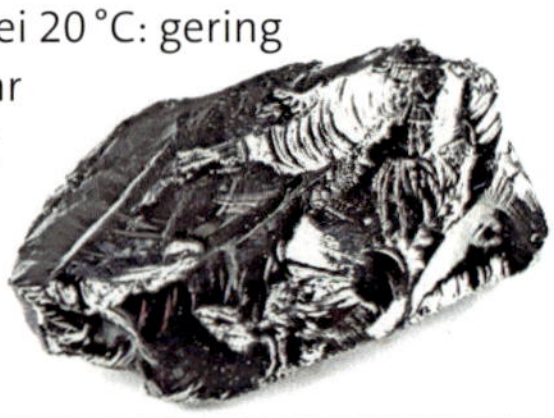

Argon **Ar**
- Aggregatzustand bei 20 °C: gasförmig
- Schmelztemperatur: –189 °C
- Siedetemperatur: –186 °C
- Dichte: 1,66 g/l
- Elektrische Leitfähigkeit bei 20 °C: keine
- Weltproduktion: 700 000 t/Jahr
- Verwendung: Schutzgas beim Schweißen, Füllgas bei Leuchtstoffröhren

Magnesium **Mg**
- Aggregatzustand bei 20 °C: fest
- Schmelztemperatur: 650 °C
- Siedetemperatur: 1107 °C
- Dichte: 1,74 g/cm³
- Elektrische Leitfähigkeit bei 20 °C: hoch
- Weltproduktion: 300 000–350 000 t/Jahr
- Verwendung: Legierungsbestandteil, vor allem mit Aluminium

1 *Stoffsteckbriefe verschiedener Elemente*

1. Merkmale vergleichen

In der Übersicht sind acht verschiedene chemische Elemente beschrieben. Die Steckbriefe der Elementsubstanzen enthalten wichtige Stoffeigenschaften, Aussagen zur Verwendung und zur wirtschaftlichen Bedeutung. ↗ 1
Ziel ist es zu untersuchen, ob diese acht Elemente irgendwelche Gemeinsamkeiten aufweisen. Du merkst schnell, dass sie sich über alle Merkmale hinweg unterscheiden. Vergleichst du aber ein bestimmtes Merkmal, zum Beispiel den Aggregatzustand, fällt dir folgendes auf: Aluminium ist fest und Argon ist gasförmig. Calcium weist den gleichen Aggregatzustand wie Aluminium auf.

2. Eine Klasse bilden

Aluminium und Calcium können in eine gemeinsame Klasse zusammengefasst werden. In dem Namen der Klasse spiegelt sich dieses Merkmal wider – nennen wir sie die Klasse der Feststoffe.

3. Einordnen oder nicht Einordnen

Wenn du nun das gasförmige Argon noch einmal in den Blick nimmst, so kannst du diese Elementsubstanz nicht in die Klasse der Feststoffe einordnen. Du ordnest es daneben. Es gehört demnach zu einer anderen Klasse.

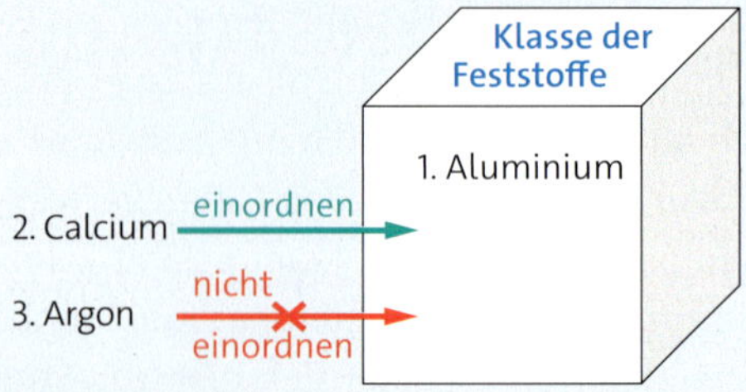

2 *Vorgehen beim Einordnen*

Diese Arbeitsweise – das Bilden von Klassen aufgrund eines gemeinsamen Merkmals – wird als Klassifizieren bezeichnet. Dabei nimmt das Ordnen eine zentrale Funktion ein.

Calcium **Ca**
- Aggregatzustand bei 20 °C: fest
- Schmelztemperatur: 841 °C
- Siedetemperatur: 1482 °C
- Dichte: 1,53 g/cm³
- Elektrische Leitfähigkeit bei 20 °C: hoch
- Weltproduktion: 2000–5000 t/Jahr
- Verwendung: Legierungsbestandteil

Schwefel **S**
- Aggregatzustand bei 20 °C: fest
- Schmelztemperatur: 113 °C
- Siedetemperatur: 445 °C
- Dichte: 2,07 g/cm³
- Elektrische Leitfähigkeit bei 20 °C: keine
- Weltproduktion: 55 Mio. t/Jahr
- Verwendung: Grundchemikalie für die chemische Industrie

Chlor **Cl**
- Aggregatzustand bei 20 °C: gasförmig
- Schmelztemperatur: –101 °C
- Siedetemperatur: –34 °C
- Dichte: 3,21 g/l
- Elektrische Leitfähigkeit bei 20 °C: keine
- Weltproduktion: 30 Mio. t/Jahr
- Verwendung: Grundchemikalie für die chemische Industrie

Zink **Zn**
- Aggregatzustand bei 20 °C: fest
- Schmelztemperatur: 419 °C
- Siedetemperatur: 907 °C
- Dichte: 7,13 g/cm³
- Elektrische Leitfähigkeit bei 20 °C: hoch
- Weltproduktion: 100–150 Mio. t/Jahr
- Verwendung: Verzinken von Eisen bzw. Stahl, Legierungsbestandteil (Messing)

Merkmal 1: Metallische Eigenschaften

Stoffe, die der Klasse der **Metalle** zugeordnet werden, weisen folgende Merkmale auf: metallischer Glanz, hohe elektrische Leitfähigkeit, gute Verformbarkeit sowie meist fester Aggregatzustand.
Von den acht Elementen sind Aluminium, Calcium, Magnesium und Zink Metalle.

Stoffe, die diese Eigenschaften nicht aufweisen, werden der Klasse der **Nichtmetalle** zugeordnet.
Von den acht Elementen zählen Argon, Chlor und Schwefel zu den Nichtmetallen.

Zwischen diesen beiden Klassen stehen die **Halbmetalle.** Sie weisen Eigenschaften der Metalle und der Nichtmetalle auf.
Unter den acht Elementen ist Germanium das einzige Halbmetall.

Merkmal 2: Dichte der Metalle

Die Klasse der Metalle kann hinsichtlich des Merkmals Dichte weiter unterteilt werden. Alle Metalle, deren Dichte unter 5 g/cm³ liegt, werden der Unterklasse der **Leichtmetalle** zugeordnet. Alle Metalle darüber bilden die Unterklasse der **Schwermetalle.**
Von den vier Metallen gehören Aluminium, Calcium und Magnesium zu den Leichtmetallen.

Merkmal 3: Weltproduktion

Werden Elemente im Millionen-Tonnen-Maßstab hergestellt, sind sie wirtschaftlich bedeutsam.
Von den acht Elementen sind das Aluminium, Chlor, Schwefel und Zink.

AUFGABEN

1 □ Entscheide, ob die Elemente Germanium, Magnesium, Chlor, Schwefel und Zink in die Klasse der Feststoffe eingeordnet werden können. ↗ 1, 2

2 □ Fasse, wenn möglich, die nicht eingeordneten Elemente zu einer eigenen Klasse zusammen.

3 ◪ Finde weitere Merkmale, nach denen diese acht Elemente klassifiziert werden können.

Beim Kartenspiel Solitaire ordnet man Spielkarten nach bestimmten Mustern, zum Beispiel nach ihrem Zahlenwert und ihrer Farbe.

- ▶ *Überlege dir, nach welchen Prinzipien man die chemischen Elemente ordnen könnte.*

2.2 Ein stoffbezogenes Ordnungssystem

Ordnung nach Atommassen und Eigenschaften

Bereits John Dalton vermutete, dass alle Atome eines Elements gleich schwer sind. Mitte des 19. Jahrhunderts war man dann auch in der Lage, die Atommassen der Elemente relativ zueinander zu bestimmen. In einem ersten Schritt ordnete man die Elemente nach aufsteigender Atommasse. Bezieht man die um 1900 entdeckten Edelgase mit ein, erhält man folgende Reihe: ↗1

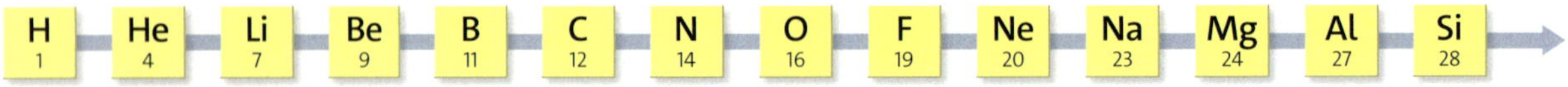

1 *Die Elemente wurden nach ihren Atommassen geordnet.*

Die Chemiker Lothar Meyer und Dmitri Mendelejew erkannten, dass sich die Eigenschaften der Elementsubstanzen mit der Abfolge der Elemente ändern. ↗2 So nehmen die metallischen Eigenschaften von Lithium über Beryllium und Bor bis zu Neon hin ab. Alle diese Elemente sind Mitglieder einer **Periode.**

Nach acht Elementen ändert sich das sprunghaft: Das neunte Element Natrium zeigt wieder ähnliche Eigenschaften wie Lithium und wird darunter notiert. Beryllium weist ähnliche Eigenschaften wie das acht Elemente später folgende Magnesium auf. ↗3

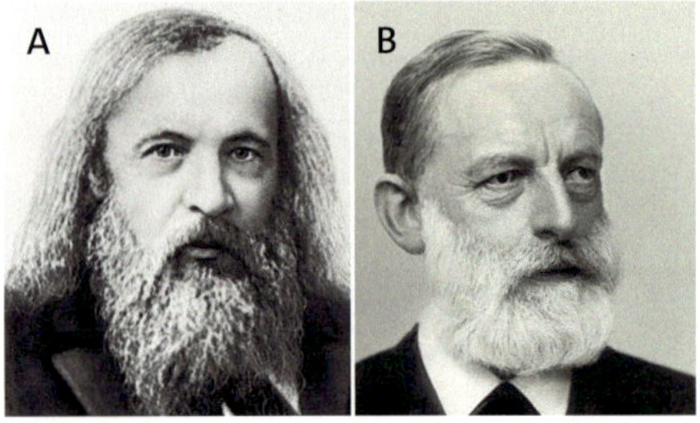

2 *Dmitri Mendelejew (1834–1907, links) und Lothar Meyer (1830–1895, rechts) entwickelten unabhängig voneinander ein Ordnungssystem für Elemente. Sie postulierten bereits vor 150 Jahren ein Periodensystem der Elemente, das heute noch gültig ist.*

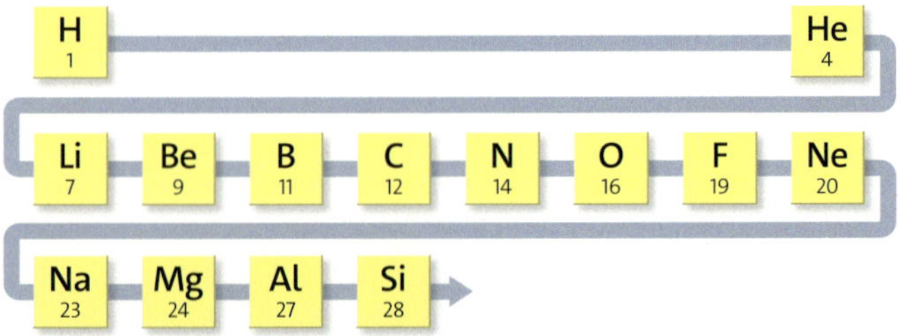

3 *Elementfamilien – sichtbar gemacht*

So erhalten wir senkrechte Abfolgen von Elementen ähnlicher Eigenschaften. Auf diese Weise ergeben sich acht Elementfamilien, die auch als **Hauptgruppen** bezeichnet werden.

Ordnungssystem der Elemente

Diese Ordnungsprinzipien führen zu einem stoffbezogenen Ordnungssystem, in dem sämtliche Elemente enthalten sind. Derzeit sind 118 Elemente bekannt. Sie lassen sich auf 18 Gruppen verteilen. Übersichtlicher ist ein **gekürztes Ordnungssystem,** in dem die acht genannten Hauptgruppen enthalten sind. Mendelejew und Meyer selbst waren es, die dieses Ordnungssystem als das **Periodensystem der Elemente** – kurz PSE – bezeichneten. ↗ 4
Ein vollständiges Periodensystem der Elemente findest du vorne im Umschlag.

Periode	I. Hauptgruppe	II. Hauptgruppe	III. Hauptgruppe	IV. Hauptgruppe	V. Hauptgruppe	VI. Hauptgruppe	VII. Hauptgruppe	VIII. Hauptgruppe
1	**Wasserstoff** 0,09 g/l −259 °C −253 °C		Elementname Dichte Schmelztemperatur Siedetemperatur		Metall Halbmetall	Nichtmetall Edelgas		**Helium** 0,18 g/l −271 °C −269 °C
2	**Lithium** 0,53 g/cm³ 181 °C 1342 °C	**Beryllium** 1,85 g/cm³ 1285 °C 2970 °C	**Bor** 2,34 g/cm³ 2300 °C 2550 °C	**Kohlenstoff** (Diamant) 3,51 g/cm³ 3547 °C 4826 °C	**Stickstoff** 1,25 g/l −210 °C −196 °C	**Sauerstoff** (O_2) 1,43 g/l −219 °C −183 °C	**Fluor** 1,70 g/l −220 °C −188 °C	**Neon** 0,90 g/l −249 °C −246 °C
3	**Natrium** 0,97 g/cm³ 98 °C 883 °C	**Magnesium** 1,74 g/cm³ 650 °C 1107 °C	**Aluminium** 2,70 g/cm³ 660 °C 2467 °C	**Silicium** 2,33 g/cm³ 1414 °C 2477 °C	**Phosphor** (weiß) 1,83 g/cm³ 44 °C 281 °C	**Schwefel** (α) 2,07 g/cm³ 113 °C 445 °C	**Chlor** 3,21 g/l −101 °C −34 °C	**Argon** 1,66 g/l −189 °C −186 °C
4	**Kalium** 0,86 g/cm³ 64 °C 774 °C	**Calcium** 1,53 g/cm³ 851 °C 1482 °C	**Gallium** 5,90 g/cm³ 30 °C 2403 °C	**Germanium** 5,32 g/cm³ 937 °C 2830 °C	**Arsen** (grau) 5,72 g/cm³ 613 °C (sublimiert)	**Selen** (rot) 4,80 g/cm³ 217 °C 685 °C	**Brom** 3,12 g/cm³ −7 °C 59 °C	**Krypton** 3,73 g/l −157 °C −153 °C
5	**Rubidium** 1,52 g/cm³ 39 °C 689 °C	**Strontium** 2,67 g/cm³ 769 °C 1384 °C	**Indium** 7,31 g/cm³ 157 °C 2080 °C	**Zinn** (β) 7,29 g/cm³ 232 °C 2625 °C	**Antimon** 6,68 g/cm³ 631 °C 1753 °C	**Tellur** 6,25 g/cm³ 449 °C 990 °C	**Iod** 4,93 g/cm³ 114 °C 185 °C	**Xenon** 5,52 g/l −112 °C −108 °C

4 *Ausschnitt aus dem gekürzten stoffbezogenen Periodensystem der Elemente*

Das Periodensystem regte zur gezielten Forschung nach noch unentdeckten Elementen an, von denen man aber schon Eigenschaften vorhersagen konnte. So wurden bei der Entdeckung des Germaniums dessen vorher bekannte Eigenschaften mit Experimenten bestätigt. Dieses geniale Ordnungssystem hat seine Leistungsfähigkeit bis heute immer wieder bewiesen.

Im Periodensystem der Elemente (PSE) sind alle Elemente nach ihrer Atommasse angeordnet. In Gruppen untereinander stehen Elemente mit ähnlichen Eigenschaften. Innerhalb einer Periode verändern sich die Eigenschaften der Elemente.

AUFGABEN

1 ☐ Nenne die zwei grundlegenden Ordnungsprinzipien des Periodensystems.

2 ◪ Richtig oder falsch? Korrigiere gegebenenfalls:
- Calcium ist in der IV. Hauptgruppe und in der 2. Periode.
- In der 3. Periode finden sich die Elemente Silicium, Chlor und Kalium.

3 ◪ Finde im Periodensystem ein Element, das bei Raumtemperatur flüssig ist, und begründe deine Wahl.

Metalle haben in der Menschheitsgeschichte und in verschiedenen Kulturen eine große Rolle gespielt. Das Bild rechts zeigt Werkzeuge und Waffen aus der Bronzezeit.

▶ *Nenne Metalle, die bereits in frühgeschichtlicher Zeit genutzt wurden, und beschreibe ihre Eigenschaften.*

2.3 Metalle näher betrachtet

1 *Metalle glänzen und lassen sich biegen, ohne zu brechen.*

Metalle – Elemente mit sehr ähnlichen Eigenschaften

Wie aus dem stoffbezogenen Periodensystem der Elemente zu entnehmen ist, sind drei Viertel der Elemente Metalle. Sie zeichnen sich durch charakteristische Merkmale aus und bilden eine Stoffklasse.

Mit Ausnahme des flüssigen Quecksilbers sind alle Metalle bei Raumtemperatur fest. An glatten Oberflächen weisen sie den typischen metallischen Glanz auf, weil das Licht stark reflektiert wird. Außerdem leiten sie den elektrischen Strom – hervorragende elektrische Leiter sind Gold, Silber, Kupfer und Aluminium. Metalle besitzen auch eine gute Wärmeleitfähigkeit und sind mechanisch verformbar durch Biegen, Walzen und Ziehen. ↗ 1, 2

Metall	Farbe	weitere Eigenschaften	Verwendung
Aluminium	silberweiß	geringe Dichte, guter elektrischer Leiter, beständig an trockener Luft	Flugzeugbau, Fahrzeugbau, Gebrauchsgegenstände, Leichtbau, Verpackungen, in der Elektrotechnik
Eisen	silbergrau	große Festigkeit, magnetisch, rostet	Maschinen, Bauwesen, Geräte, Fahrzeuge, Schiffe
Gold	gelb glänzend	sehr beständig, guter elektrischer Leiter	Schmuckgegenstände, in der Zahntechnik und Elektronik
Kupfer	rotbraun	dehnbar, sehr guter elektrischer Leiter und Wärmeleiter	Kabel für Elektrotechnik, Rohre für Wärmetechnik
Magnesium	silberweiß bis grau	geringe Dichte, leicht brennbar, wasserempfindlich	sehr leichte Bauteile, Unterwasserfackeln
Silber	silberweiß	luft- und wasserbeständig, bester elektrischer Leiter	Schmuck, elektrische Kontakte, Weihnachtskugeln
Zink	bläulich weiß	beständig an der Luft	Verzinken von Eisen, Batterien

2 *Eigenschaften und Verwendung wichtiger Metalle*

Dichte von Metallen

Mit der relativen Atommasse steigt die Dichte der Metallatome. Man unterscheidet zwischen Leichtmetallen und Schwermetallen. Das Metall mit der geringsten Dichte ist Lithium. Natrium, Magnesium und Aluminium sind ebenfalls Leichtmetalle. Bekannte Schwermetalle sind die Edelmetalle, sowie Eisen oder Blei. Schwermetalle besitzen eine größere Dichte als 5 g/cm³. Das Metall mit der höchsten Dichte ist Osmium.

Aufbau der Metalle und Verformbarkeit

Vor etwa 100 Jahren konnte gezeigt werden, dass die Atome in einem Metallkristall in Schichten übereinanderliegen. Sie nehmen eine regelmäßige räumliche Struktur ein, die man als **Metallgitter** bezeichnet. Modellhaft ausgedrückt: Kugelpackungen aus Atomen bauen ein stabiles Metallgitter auf. ↗ 3 Zwischen den einzelnen Metallatomen im Gitter herrschen **ungerichtete Anziehungskräfte**.

Der Zusammenhalt zwischen den Atomen ist stark. Bei Druckeinwirkung, zum Beispiel beim Auswalzen einer Alufolie aus einem Aluminiumblock, werden die Atomschichten gegeneinander verschoben, ohne dass die Ordnung innerhalb einer Ebene gestört wird – jedes Metallatom behält seinen Nachbarn. ↗ 4 Auf diese Weise können Bleche und hauchdünne Folien hergestellt werden, zum Beispiel Blattgold und Alufolie. Die Verformbarkeit der Metalle lässt sich also aus ihrer Struktur erklären.

Struktur und Eigenschaften hängen zusammen

Die leichte Verformbarkeit und auch weitere Eigenschaften der Metalle lassen sich aus ihrer Struktur erklären. Die Beziehung zwischen dem Aufbau eines Stoffes auf Teilchenebene und seinen stofflichen Eigenschaften ist ein weiteres **Basiskonzept,** das **Struktur-Eigenschafts-Konzept.** ↗ 5

Metalle lassen sich mischen

Geschmolzene Metalle mischen sich miteinander: Nach dem Abkühlen liegt ein festes homogenes Stoffgemisch vor, eine Legierung. Messing ist eine Legierung aus Kupfer und Zink. Kupfer- und Zink-Atome bilden ein gemeinsames Metallgitter. ↗ 6

Legierungen besitzen andere Eigenschaften als die elementaren Metalle. So lassen sich Werkstoffe für bestimmte Zwecke maßschneidern. Darum werden in Alltag und Technik meist Metalllegierungen eingesetzt. So ist Schmuckgold eine Legierung aus Gold und Kupfer, härter als Gold. Edelstahl ist eine nicht rostende Legierung des Eisens, die außer einem Kohlenstoffanteil noch Chrom und Nickel als Legierungsbestandteile enthält.

Metalle haben charakteristische Eigenschaften. Diese sind in ihrer Struktur begründet, dem Metallgitter.

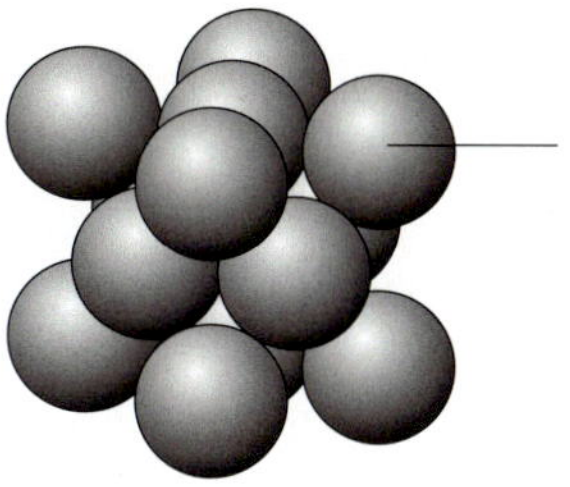

3 *Modelldarstellung: Anordnung der Atome im Kupfer*

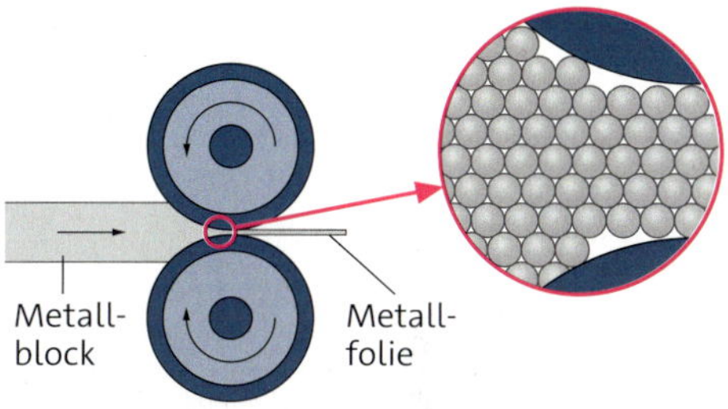

4 *Modelldarstellung: Atome beim Walzen zur Herstellung einer Folie*

Struktur-Eigenschafts-Konzept
Die Struktur eines Stoffes, also die Art, Anordnung und Wechselwirkung der Teilchen, aus denen er besteht, bestimmt seine Eigenschaften.

5 *Basiskonzept Struktur – Eigenschaft*

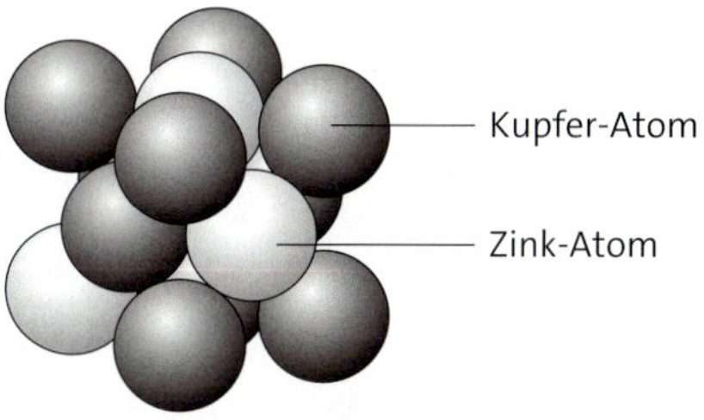

6 *Modelldarstellung: Anordnung der Atome in Messing*

AUFGABEN

1 □ Nenne wichtige Eigenschaften der Metalle.

2 ◪ Beschreibe, wie die Verformbarkeit von Gold zustande kommt.

3 ■ Zink und Kupfer findest du als Elemente im Periodensystem, Messing aber nicht. Erkläre.

Der Weg der Erkenntnisgewinnung – Planung

Gute Planung ist alles ...

Bei einer Urlaubsreise gibt es viel mitzunehmen, aber auch zu bedenken. Häufig hilft es, die Dinge auf einen Zettel zu schreiben und ihn dann Schritt für Schritt abzuarbeiten. Was erledigt oder eingepackt ist, wird auf dem Zettel durchgestrichen.
In der Chemie ist das ähnlich: Das geplante Experiment sollte geeignet sein, um die gestellte Frage zu untersuchen. Zugleich lassen sich daraus auch erste Ideen für die Planung des Experiments ableiten. Von der Genauigkeit der Planung hängt es ab, ob das Experiment zu aussagekräftigen Daten führt. Die Planung ist so zu formulieren, dass sie exakt in gleicher Weise wiederholt werden könnte.

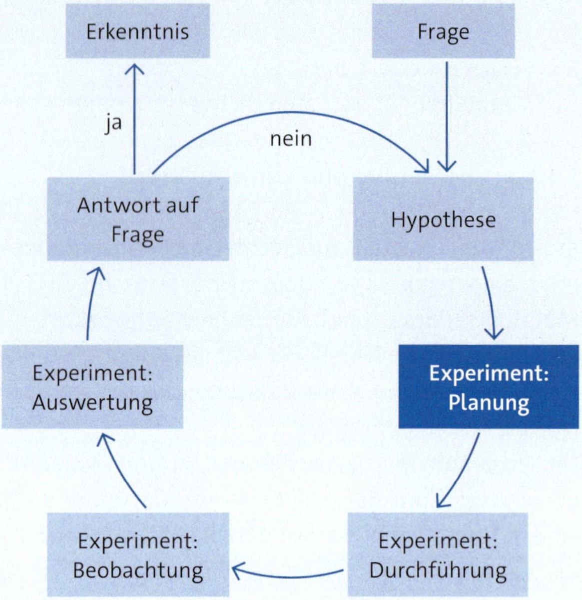

Merkmale einer Versuchsplanung

① Das geplante Experiment ist geeignet, die Frage zu untersuchen.
② Es wird geplant, welche Schritte in welcher Reihenfolge durchzuführen sind. Am Ende entsteht eine genaue Versuchsdurchführung.
③ Es wird geplant, welche Materialien und Chemikalien einschließlich der Menge benötigt werden.

Eigenschaften von Metallen untersuchen

1 Aus welchem Metall besteht der Bleistiftspitzer?

Material: Messzylinder (50 ml), Waage, Schraubenzieher, Metallspitzer

Durchführung:
- Schraube die Klinge des Spitzers ab. Wiege den Spitzer ohne Klinge und notiere die Masse.
- Fülle den Messzylinder mit Wasser auf genau 30 ml auf.
- Gib den Spitzer vorsichtig hinein und lies das Volumen ab. Berechne und notiere die Volumenzunahme.
- Hole den Spitzer wieder aus dem Messzylinder.
- Wiederhole die Volumenbestimmung zweimal.

Auswertung:
- Fertige ein Versuchsprotokoll an. Notiere deine Messwerte in einer Tabelle. Berechne pro Messung die ermittelte Dichte sowie abschließend die Mittelwerte für das Volumen und die Dichte. ↗ 1

Messung	Masse (g)	Volumenzunahme (ml)	Dichte (g/ml)
1	???	???	???
...	...	...	...
Mittelwert		???	???

1 *Tabelle für Messwerte*

- Vergleiche deinen Messwert mit der Dichte ausgewählter Metalle. ↗ 2 Beantworte die Untersuchungsfrage.

Metall	Natrium	Magnesium	Aluminium
Dichte (g/cm³)	0,97	1,74	2,70

2 *Dichte verschiedener Metalle*

Entsorgung: Spitzer wieder zusammenbauen und einsammeln, Wasser in den Ausguss

2 Welches Metall leitet die Wärme besser?

Material: Brenner, Dreifuß, Ceranplatte, Metallstreifen aus Aluminium und Eisen (10 cm × 2 cm × 0,2 cm), Streichhölzer

Durchführung:
- Lege die Ceranplatte auf den Dreifuß.
- Lege nun den Aluminium- und den Eisenstreifen im gleichen Abstand von der Mitte auf die Ceranplatte.
- Lege im gleichen Abstand auf beide Metallstreifen ein Streichholz, wobei der Streichholzkopf in die Mitte zeigt. ↗ 3
- Entzünde den Brenner und stelle ihn unter die Ceranplatte, sodass die Flamme beide Metallstreifen gleich intensiv erwärmt. Nach einer gewissen Zeit werden sich die Streichhölzer entzünden.

Auswertung:
- Notiere deine Beobachtung und beantworte die Untersuchungsfrage.
- Überlege, wie du herausfinden könntest, ob Kupfer die Wärme noch besser leitet als Eisen oder Aluminium.

Entsorgung: Hausmüll

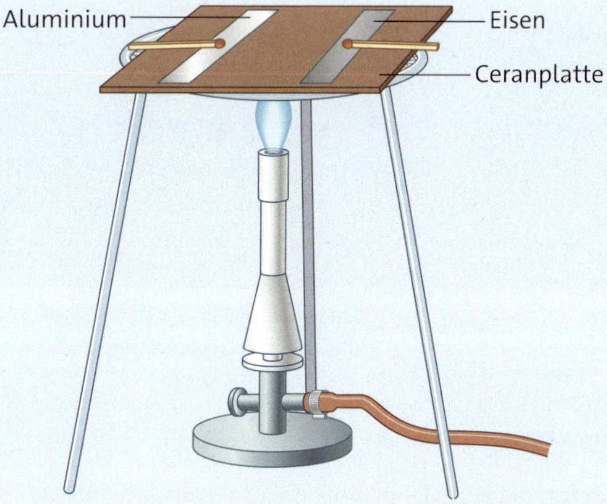

3 *Versuchsaufbau zur Untersuchung der Wärmeleitfähigkeit*

Das Bild rechts zeigt verschiedene Elementsubstanzen.

- *Ordne den Elementsubstanzen jeweils das chemische Symbol zu.*
- *Gib an, wo diese Elemente im Periodensystem gehäuft auftreten.*

2.4 Nichtmetalle näher betrachtet

Hauptgruppen

Periode	I.	II.	III.	IV.	V.	VI.	VII.	VIII.
1	H							He
2	Li	Be	B	C	N	O	F	Ne
3	Na	Mg	Al	Si	P	S	Cl	Ar
4	K	Ca	Ga	Ge	As	Se	Br	Kr
5	Rb	Sr	In	Sn	Sb	Te	I	Xe
6	Cs	Ba	Tl	Pb	Bi	Po	At	Rn
7	Fr	Ra	Nh	Fl	Mc	Lv	Ts	Og

1 *Stellung der Nichtmetallelemente im Periodensystem: Wasserstoff hat eine Sonderstellung.*

Nichtmetalle – Elemente mit unterschiedlichen Eigenschaften

Elementsubstanzen, denen die Metalleigenschaften fehlen, werden als Nichtmetalle bezeichnet. Im Periodensystem finden sie sich mit Ausnahme von Wasserstoff auf der rechten Seite. ↗1
Sie unterscheiden sich in ihren Eigenschaften deutlich voneinander. Nichtmetallelemente gibt es bei Raumtemperatur in allen Aggregatzuständen. Gasförmig sind zum Beispiel Wasserstoff und Chlor. Brom ist das einzige Nichtmetall, das flüssig ist. Schwefel, Iod und Kohlenstoff sind Beispiele für feste Nichtmetalle. ↗2
Andere Eigenschaften wie die Dichte oder die Löslichkeit in Wasser sind von Nichtmetall zu Nichtmetall ebenfalls sehr unterschiedlich. Brom ist beispielsweise recht gut in Wasser löslich, Schwefel nicht.

Element	 Schwefel	 Brom	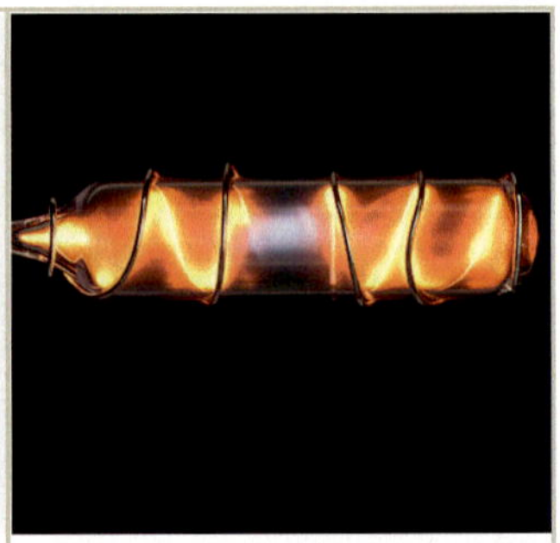 Neon
Schmelztemperatur	115 °C	–7 °C	–249 °C
Siedetemperatur	445 °C	59 °C	–246 °C
Dichte	2,07 g/cm³	3,12 g/cm³	0,90 g/cm³

2 *Verschiedene Nichtmetallelementsubstanzen mit ausgewählten Kenngrößen*

Edelgase – Elementsubstanzen ohne Atomverbände

Eine wichtige Gruppe der Nichtmetalle sind die Edelgase Helium, Neon, Argon, Krypton, Xenon und Radon. Sie bilden die VIII. Hauptgruppe des gekürzten Periodensystems. Edelgase sind Bestandteile der Luft und werden durch Destillation aus verflüssigter Luft gewonnen.

Die Bausteine bzw. Teilchen eines Edelgases sind einzelne Atome. Zwischen den Atomen wirken bei Raumtemperatur kaum Anziehungskräfte, das heißt, die Atome sind im gasförmigen Zustand isoliert voneinander. Sie bewegen sich, stoßen zusammen und ändern ständig ihre Richtung. ↗ 3

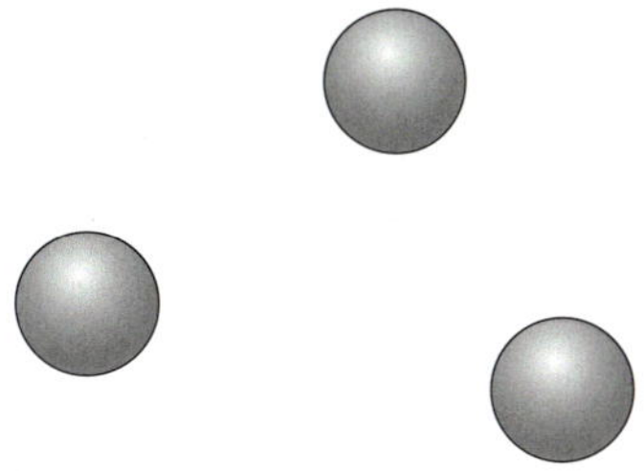

3 *Modelldarstellung: Edelgas-Atome*

Kleine Atomverbände – Moleküle

Gibt es bei Nichtmetallen auch charakteristische Atomverbände? Diese Frage kann durch Experimentalbefunde und deren Deutung durch die Atomtheorie beantwortet werden. Viele Nichtmetalle sind aus Teilchen aufgebaut, die aus einer bestimmten Anzahl von Atomen bestehen. Diese Atomverbände nennt man **Moleküle.**

Zwischen den Atomen eines Moleküls herrschen starke Anziehungskräfte. Man nennt sie **gerichtete Anziehungskräfte**. Dagegen sind die Anziehungskräfte zwischen den Molekülen weit geringer.

Im einfachsten Fall sind zwei Atome der gleichen Atomsorte in einem Molekül miteinander verbunden. Elementsubstanzen wie Wasserstoff, Sauerstoff und Chlor sind bei Raumtemperatur Gase. Sie sind aus **zweiatomigen Molekülen** aufgebaut.

Größere Atomverbände liegen beispielsweise bei den Nichtmetallen Phosphor und Schwefel vor. Weißer Phosphor besteht aus **vieratomigen Molekülen,** Schwefel aus **achtatomigen Molekülen** mit Ringstruktur. Phosphor und Schwefel sind bei Raumtemperatur Feststoffe. ↗ 4

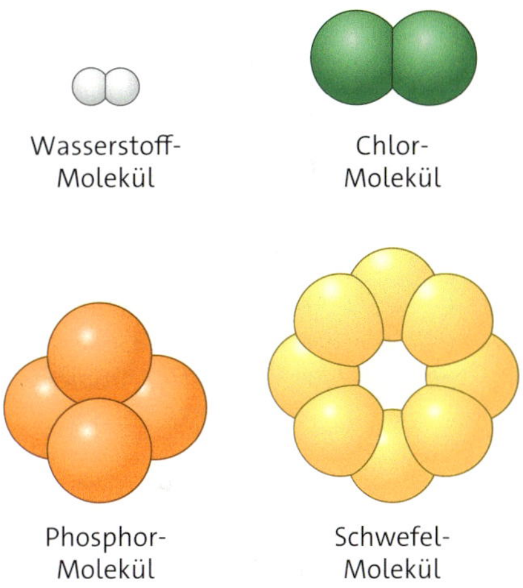

4 *Modelldarstellung verschiedener Moleküle (zur besseren Unterscheidung farbig dargestellt)*

Große Atomverbände – Atomgitter

Die Elementsubstanz **Diamant** ist aus Kohlenstoff-Atomen aufgebaut. Zwischen den Kohlenstoff-Atomen wirken starke, gerichtete Anziehungskräfte. Dabei ist jedes Kohlenstoff-Atom gleichmäßig von vier weiteren Kohlenstoff-Atomen umgeben. Diese Baueinheit setzt sich nach allen Richtungen fort. Dadurch entsteht ein dreidimensionales, festes Netzwerk. Man nennt dieses Netzwerk **Atomgitter.** ↗ 5

Kohlenstoff-Atome können auch noch andere Atomverbände bilden. So sind beim **Graphit** die Atome in ebenen Schichten angeordnet. Die unterschiedlichen Strukturen bewirken unterschiedliche Eigenschaften: Diamant ist das härteste Mineral. Darum wird er nicht nur als Schmuckstein verwendet, sondern auf Bohrköpfen und als Schleifmittel eingesetzt. Der weiche Graphit findet Verwendung als Mine in Bleistiften, als Schmierstoff oder als Werkstoff für selbstschmierende Lager und Dichtungen.

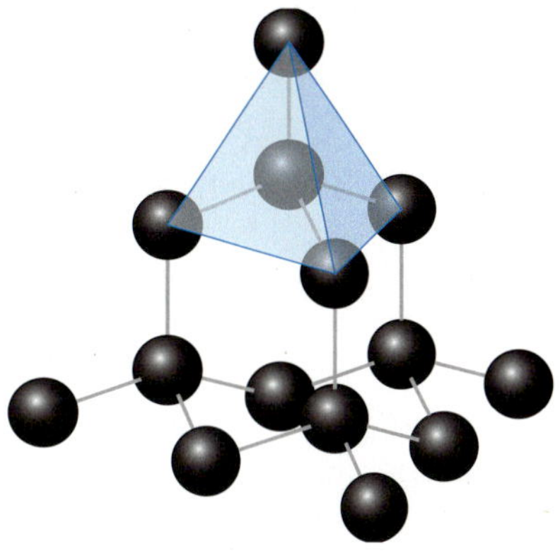

5 *Modelldarstellung des Diamantgitters*

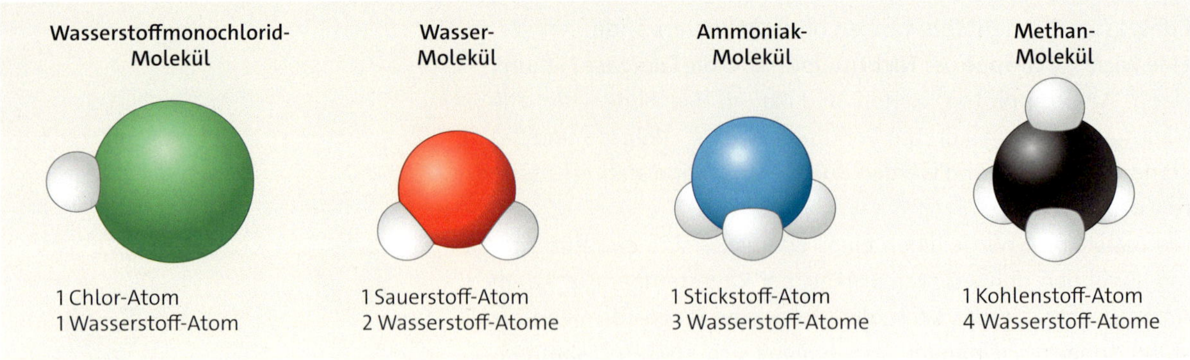

6 *Wichtige Nichtmetallatome und ihre Bindigkeit gegenüber Wasserstoff-Atomen*

Moleküle aus Atomen verschiedener Elemente

Auch Atome verschiedener Elemente können sich zu Molekülen verbinden. Derartige Atomverbände lassen sich am Beispiel des Wasser-Moleküls veranschaulichen. Dessen Zusammensetzung aus einem Sauerstoff-Atom und zwei Wasserstoff-Atomen ist weithin bekannt. Das Molekül besteht somit aus drei Atomen. Das Sauerstoff-Atom bindet zwei Wasserstoff-Atome, es besitzt damit die **Bindigkeit** 2. Umgekehrt können wir jedem Wasserstoff-Atom die Bindigkeit 1 zusprechen. Auch andere Nichtmetallatome lassen sich mit Wasserstoff-Atomen zu Molekülen kombinieren. Je nach der Bindigkeit des Nichtmetallatoms ist die Anzahl der Wasserstoff-Atome im Molekül unterschiedlich. ↗ 6, 7

Element	Symbol	Bindigkeit
Wasserstoff	H	1
Kohlenstoff	C	4
Stickstoff	N	3
Sauerstoff	O	2
Chlor	Cl	1

7 *Wichtige Nichtmetallatome und ihre Bindigkeit gegenüber Wasserstoff-Atomen*

Molekülaufbau und Formelsprache

Der Aufbau eines Moleküls aus Atomen lässt sich nicht nur bildhaft wiedergeben, sondern auch als **Molekülformel.** In der Formel werden die **Elementsymbole** mit der Anzahl der jeweiligen Atomsorte kombiniert. Die Anzahl der Atome einer Atomsorte wird als tiefgestellte Zahl nach dem Elementsymbol ausgedrückt: **Index.** Die Indexzahl 1 wird weggelassen. Somit lautet die Formel für ein Wasser-Molekül H_2O, denn es besteht aus zwei Wasserstoff-Atomen und einem Sauerstoff-Atom. ↗ 8

8 *Molekülformel der chemischen Verbindung Wasser*

Einige Elementsubstanzen sind aus zweiatomigen Molekülen aufgebaut, zum Beispiel Wasserstoff und Sauerstoff. Du kannst sie dir mithilfe ihrer Anfangsbuchstaben merken: **HONClBrIF.** Wasserstoff hat die Formel H_2, Sauerstoff O_2 usw.

Wie man die Molekülformeln von Molekülverbindungen aufstellt und diese nach der Fachsprache korrekt benennt, lernst du auf den Werkzeug-Seiten 66 und 67.

Nichtmetalle unterscheiden sich in ihren Eigenschaften. Diese haben ihre Ursache im Aufbau der Stoffe. Nichtmetalle können aus einzelnen Atomen bestehen oder aus Atomverbänden aufgebaut sein. Kleinere Atomverbände heißen Moleküle. Sie können gleiche oder verschiedene Atomsorten enthalten.

AUFGABEN

1 □ Nenne drei gasförmige Elemente und zeichne ihren Aufbau auf Teilchenebene.

2 ◪ Leite die Molekülformeln für Wasserstoffmonochlorid, Ammoniak und Methan aus Bild 6 ab.

Eigenschaften von Schwefel untersuchen

1 Wie verändert sich Schwefel beim Erhitzen?

Material: Reagenzglasständer, Reagenzglas, Spatel, Brenner, Reagenzglasklammer, feuerfeste Unterlage, Infrarotthermometer

Chemikalien: Schwefelpulver (7)

Durchführung:
Vorsicht: Versuch im Abzug durchführen.
- Gib das Schwefelpulver etwa 2–3 cm hoch in das Reagenzglas.
- Halte das Reagenzglas mit einer Reagenzglasklammer in die kleine Brennerflamme und erhitze dadurch den Schwefel. Bewege das Reagenzglas leicht hin und her.
- Nutze das Temperaturmessgerät, um die Temperaturzunahme verfolgen zu können.

Auswertung:
- Fertige eine Zeichnung an wie in Bild 1. ↗ 1
- Markiere in deinem Diagramm den Schmelzpunkt von Schwefel auf der Temperaturachse. Trage deine weiteren Beobachtungen bei etwa 200 °C, 300 °C und 400 °C in die Temperaturachse ein.

Entsorgung: anorganische Feststoffe (oder für V2 verwenden)

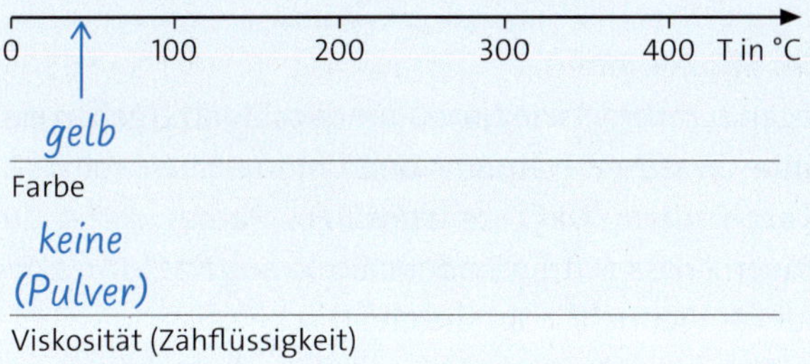

1 *Diagramm zu Versuch 1*

2 Wie verhält sich Schwefelschmelze beim Guss in kaltes Wasser?

Material: Reagenzglasständer, Reagenzglas, Spatel, Brenner, Reagenzglasklammer, feuerfeste Unterlage, Becherglas (400 ml), Pinzette

Chemikalien: Schwefelpulver (7)

Durchführung:
Vorsicht: Versuch im Abzug durchführen.
- Fülle das Becherglas halbvoll mit kaltem Wasser.
- Gib das Schwefelpulver etwa 2–3 cm hoch in das Reagenzglas.
- Halte das Reagenzglas mit einer Reagenzglasklammer in die kleine Brennerflamme. Erhitze den Schwefel bis eine braune, leicht flüssige Schmelze entsteht bzw. der Schwefel zu sieden beginnt.
- Gieße die Schmelze mit einem Guss in das kalte Wasser. ↗ 2
- Nimm die Schwefelmasse mit der Pinzette aus dem Wasser und prüfe das Dehnungsverhalten.

Auswertung: Notiere deine Beobachtung und beantworte die Untersuchungsfrage. Erkläre das Verhalten des Schwefels auf Teilchenebene.

Entsorgung: anorganische Feststoffe

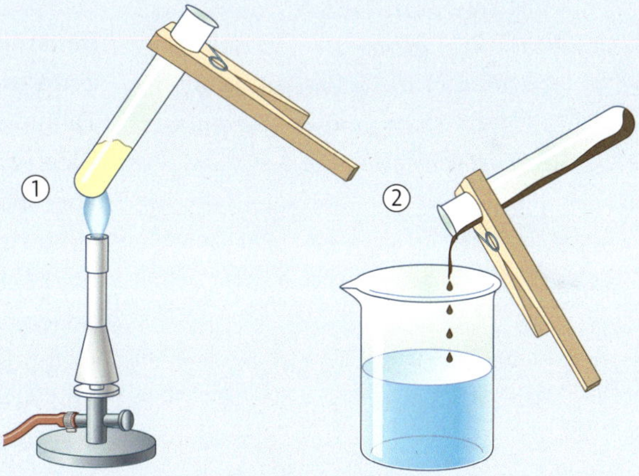

2 *Versuchsaufbau zu Versuch 2*

Schau dir eine Salzstange näher an. Das Salz darauf ist in kleinen Würfeln kristallisiert. Kochsalz bildet oft würfelförmige Kristalle.

▶ *Überlege dir, wie solche regelmäßigen Muster zustande kommen können.*

2.5 Salze näher betrachtet

1 *Salzgärten im Mittelmeer*

2 *Der Steckbrief von Kochsalz*

Kochsalz – das bekannteste Salz

Riesige Massen von Kochsalz sind in den Meeren gelöst. Es lässt sich in sogenannten Salzgärten aus dem Meerwasser gewinnen. ↗ 1 In unterirdischen Salzlagerstätten, wie in Berchtesgaden, ist das Salz bereits vor Jahrmillionen aus Meerwasser auskristallisiert. Es wurde von anderen Schichten abgedeckt und ist so über einen langen Zeitraum erhalten geblieben: Steinsalz.

Kochsalz ist gleich Natriummonochlorid?

Schon zu Beginn des 19. Jahrhunderts konnten Humphry Davy und Michael Faraday mithilfe von Gleichstrom aus einer Schmelze von Kochsalz die Elementsubstanzen Natrium und Chlor gewinnen. Daraus kann man umgekehrt schließen, dass Kochsalz aus diesen Elementsubstanzen hergestellt werden kann. Die wissenschaftliche Bezeichnung für die Verbindung Kochsalz lautet Natriummonochlorid. ↗ 2

Bausteine der Salze – Ionen

Untersuchungen zur Formel von Natriummonochlorid ergeben ein Zahlenverhältnis zwischen Natrium- und Chlorteilchen von 1 : 1. Dies würde der Formel „NaCl“ entsprechen. Daraus darfst du aber nicht folgern, dass Natriummonochlorid aus NaCl-Molekülen aufgebaut ist. Vielmehr zeigt die elektrische Leitfähigkeit einer Kochsalzschmelze, dass darin bewegliche Ladungsträger vorliegen. Diese geladenen Teilchen nennt man Ionen. Kationen sind positiv geladen, Anionen sind negativ geladen. Die Anzahl und Art der Ladungen eines Ions gibt man durch eine hochgestellte Zahl an: Kochsalz besteht aus einfach positiv geladenen Natrium-Ionen (Na^+) und einfach negativ geladenen Chlorid-Ionen (Cl^-). Verbindungen, die aus Ionen aufgebaut sind, werden als **Salze** bezeichnet.

Vom Ion zum Kristall

Zwischen den positiv und negativ geladenen Ionen im Salzkristall wirken starke Anziehungskräfte in alle Richtungen. Man spricht daher von **ungerichteter Anziehung.** Das unterscheidet Salze von molekular gebauten Verbindungen: Moleküle werden durch gerichtete Anziehungskräfte zusammengehalten, die nur zwischen den Atomen des Moleküls wirken.

Im Kristall ist jedes Natrium-Ion von sechs Chlorid-Ionen umgeben und jedes Chlorid-Ion von sechs Natrium-Ionen. So entsteht ein dreidimensionales **Ionengitter.** Die regelmäßige Anordnung der Ionen führt zu typisch geformten Kristallen. Kochsalz kristallisiert meist in Würfeln. ↗ 3, 4

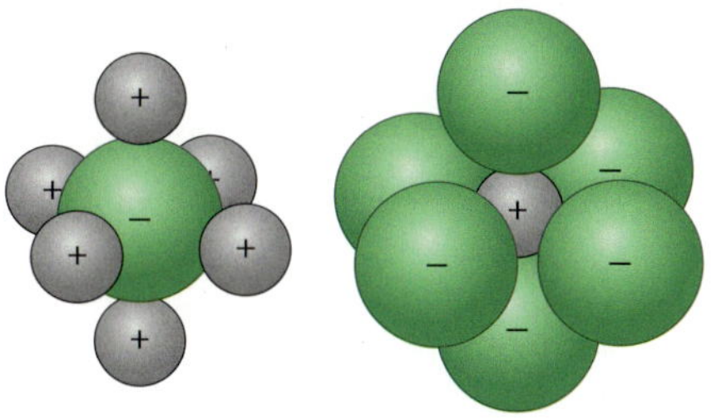

3 *Modelldarstellung: Anordnung der Natrium- und Chlorid-Ionen im Natriummonochlorid*

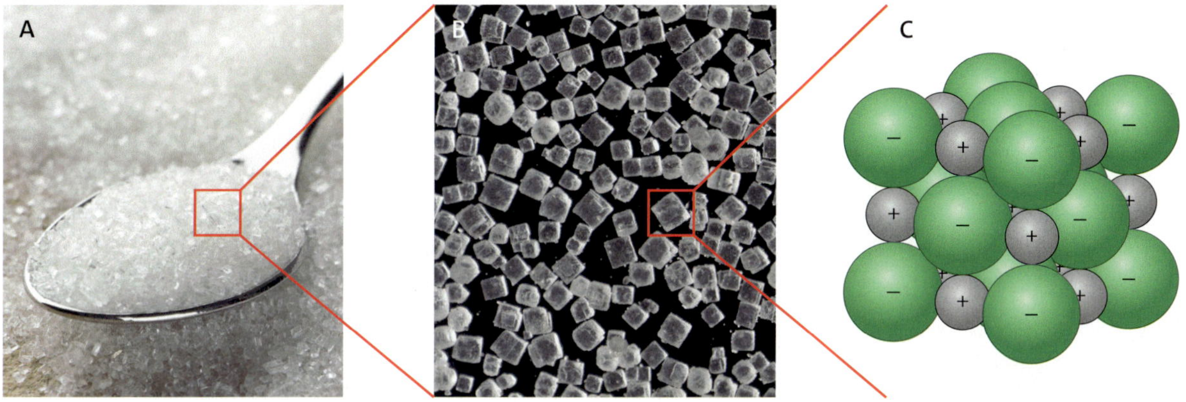

4 *Natriummonochlorid (A), Kristalle vergrößert im Lichtmikroskop (B), Modelldarstellung: Ionen im Ionengitter (C)*

Struktur und Eigenschaften hängen zusammen

Salze sind hart und spröde, bei stärkerer Krafteinwirkung zersplittern sie. Das lässt sich aus ihrem Aufbau leicht verstehen: Ihre Bausteine, die Ionen, werden auf den Gitterplätzen durch starke Anziehungskräfte festgehalten. Wird in einem Ionenkristall gewaltsam eine Schicht von Ionen gegenüber einer anderen verschoben, so stehen sich Ionen mit gleichnamiger Ladung gegenüber. Die Folge ist Abstoßung und Zerbrechen des Kristalls. ↗ 5

Auch die hohen Schmelz- und Siedetemperaturen der Salze ergeben sich aus dem starken Zusammenhalt der Ionen, die an die Gitterplätze gebunden sind.

Ebenso lässt sich die elektrische Leitfähigkeit durch den Aufbau der Salze erklären: Beim Schmelzen einer Ionenverbindung können sich die Ionen in der **Schmelze** frei bewegen und stehen für den **Stromtransport** zur Verfügung. Auch beim Lösen in Wasser liegen frei bewegliche Ionen vor und ermöglichen den Stromtransport.

Diese enge Verbindung von Struktur und Eigenschaften eines Reinstoffs spiegelt sich im **Struktur-Eigenschafts-Konzept** wieder. ↗ S. 55

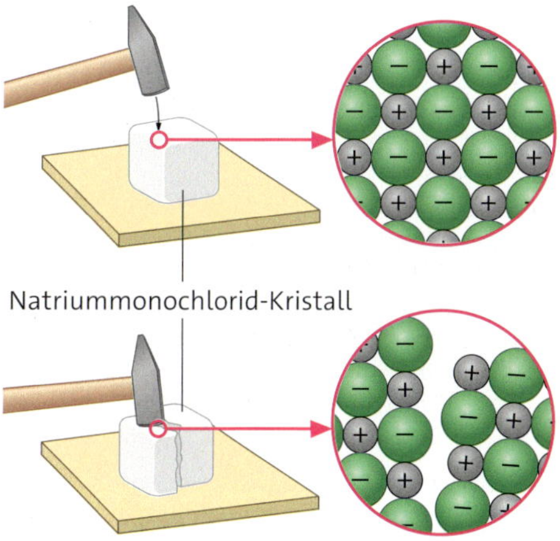

5 *Modelldarstellung: Gleich geladene Ionen stoßen sich ab.*

Hauptgruppen

Periode	I.	II.	III.	IV.	V.	VI.	VII.	VIII.
1	H H^-							He
2	Li Li^+	Be Be^{2+}	B	C	N N^{3-}	O O^{2-}	F F^-	Ne
3	Na Na^+	Mg Mg^{2+}	Al Al^{3+}	Si Si^{4+}	P P^{3-}	S S^{2-}	Cl Cl^-	Ar
4	K K^+	Ca Ca^{2+}	Ga Ga^{3+}	Ge Ge^{4+}	As As^{3-}	Se Se^{2-}	Br Br^-	Kr
5	Rb Rb^+	Sr Sr^{2+}	In In^{3+}	Sn Sn^{4+}	Sb	Te Te^{2-}	I I^-	Xe
6	Cs Cs^+	Ba Ba^{2+}	Tl Tl^{3+}	Pb Pb^{2+} Pb^{4+}	Bi Bi^{3+}	Po	At	Rn

6 *Elemente und ihre Ionen*

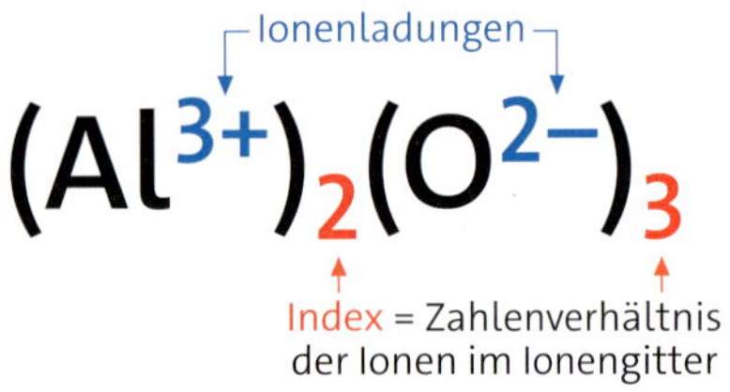

7 *Verhältnisformel von Dialuminiumtrioxid*

AUFGABEN

1 □ Nenne wichtige Eigenschaften von Salzen.

2 □ Nenne die Teilchen, die in einer Salzlösung für die elektrische Leitfähigkeit verantwortlich sind.

3 ◪ Auf jeder Mineralwasserflasche ist angegeben, welche Ionen in dem Wasser gelöst sind. Nenne vier Salze und deren Formeln, die sich aus den angegebenen Ionen zusammensetzen lassen. ↗ 8

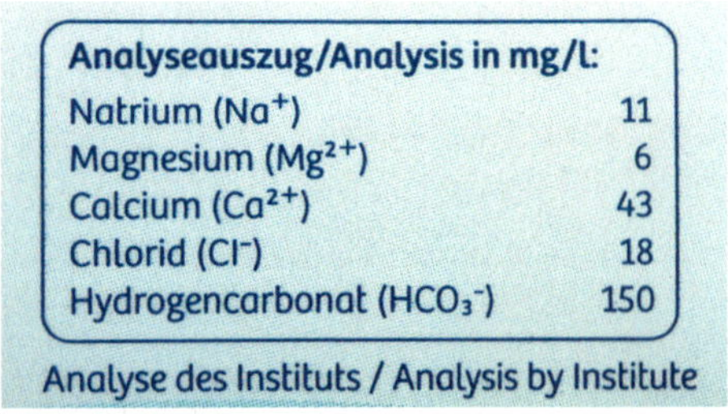

9 *Mineralwasseretikett*

Vom Natriummonochlorid zur Stoffklasse der Salze

Die Erkenntnisse zum Aufbau eines Natriummonochlorid-Kristalls lassen sich auf weitere **Metall-Nichtmetall-Verbindungen** übertragen. Ihre Kristalle zeigen die Struktur eines Ionengitters und Eigenschaften, die damit zusammenhängen. Verbindungen, die diese Struktur-Eigenschafts-Beziehungen aufweisen, heißen **Salze.** In der Fachsprache kennzeichnet der Begriff Salz eine gesamte **Stoffklasse** und nicht nur das Salz aus dem Salzstreuer.

Die Ladung der Ionen lässt sich aus dem Periodensystem ermitteln: Die Anzahl der positiven Ladungen eines Metall-Ions entspricht fast immer der Nummer der Hauptgruppe, in der das Element steht. Die Ladung des negativen Nichtmetall-Ions ergibt sich aus der Differenz von 8 minus der Nummer der Hauptgruppe, in der das Nichtmetall steht. ↗ 6

Formeln von Ionenverbindungen

Natriummonochlorid hat die Formel $(Na^+)(Cl^-)$. Damit drückt man aus, dass sich im Ionengitter Na^+-Ionen und Cl^--Ionen im Zahlenverhältnis 1 : 1 verbunden haben. Entsprechend wird durch die Formel $(Ca^{2+})(Cl^-)_2$ symbolisiert, dass im Gitter des Calciumdichlorids Ca^{2+}-Ionen und Cl^--Ionen im Zahlenverhältnis 1 : 2 vorhanden sind. Die entsprechende Formel ist folglich eine **Verhältnisformel.** In einer Ionenverbindung ist die Summe der Anzahl der positiven Ladungen gleich der Summe der Anzahl der negativen Ladungen. ↗ 7, 8

Salz	Kation	Anion	Kleinstmögliches Zahlenverhältnis der Ionen	Verhältnisformel
Kalium-monochlorid	K^+	Cl^-	1 : 1	$(K^+)(Cl^-)$
Calcium-dichlorid	Ca^{2+}	Cl^-	1 : 2	$(Ca^{2+})(Cl^-)_2$
Aluminium-trichlorid	Al^{3+}	Cl^-	1 : 3	$(Al^{3+})(Cl^-)_3$
Dialuminium-trioxid	Al^{3+}	O^{2-}	2 : 3	$(Al^{3+})_2(O^{2-})_3$

8 *Verschiedene Salze und ihre Verhältnisformeln*

Wie man die Verhältnisformeln von Salzen aufstellt und diese nach der Fachsprache korrekt benennt, lernst du auf den Werkzeug-Seiten 66 und 67.

Salze haben charakteristische Eigenschaften. Diese folgen aus der Struktur der Salze, dem Ionengitter. Die Verhältnisformel gibt das Zahlenverhältnis zwischen Metall-Kationen und Nichtmetall-Anionen an.

Eigenschaften von Salzen untersuchen

1 Wie viel Gramm Kaliummonochlorid lösen sich in 5 ml Wasser?

Material: Reagenzglas, Reagenzglasständer, Spatel, Glasstab, Messzylinder (10 ml), Waage

Chemikalien: Kaliummonochlorid, Wasser

Durchführung:
- Plane einen Versuch, um die Frage beantworten zu können.
- Führe den Versuch nach Rücksprache mit deiner Lehrerin / deinem Lehrer durch.

Auswertung: Kannst du die Frage beantworten? Falls nicht, überlege, wie du weiter vorgehen könntest.

Entsorgung: Ausguss

2 Leitet eine Shampoolösung den elektrischen Strom?

Material: 2 Bechergläser (250 ml), 2 Leitfähigkeitsprüfer, Spatel, 2 Glasstäbe

Chemikalien: Natriummonochlorid, Shampoo, dest. Wasser

Durchführung:
- Fülle beide Bechergläser zur Hälfte mit dest. Wasser. Tauche den Leitfähigkeitsprüfer in eines der Bechergläser, schalte das Gerät ein und beobachte.
- Gib in das eine Becherglas eine Spatelspitze Natriummonochlorid, rühre um und beobachte.
- Gib in das andere Becherglas zwei Tropfen Shampoo, rühre um und beobachte.

Auswertung: Informiere dich anhand der Zutatenliste des Shampoos, welcher Inhaltsstoff für die Eigenschaftsänderung verantwortlich sein kann.

Entsorgung: Ausguss

3 Hängt die Löslichkeit eines Salzes von der Temperatur ab?

Material: 2 Reagenzgläser, Reagenzglasständer, Reagenzglasklammer, Spatel, Glasstab, Thermometer, Messzylinder (10 ml), Gasbrenner, Waage

Chemikalien: Kaliummonochlorid, Natriummonochlorid, Wasser

Durchführung:
- Beschrifte die Reagenzgläser und gib je 2 g des entsprechenden Salzes hinein. ↗1
- Füge in jedes Reagenzglas 5 ml Wasser hinzu und rühre um.
- Erwärme den Inhalt der Reagenzgläser in der Brennerflamme auf etwa 50 °C und beobachte.
- Kühle nun die Lösungen in den Reagenzgläsern wieder auf etwa 20 °C ab.

Auswertung: Notiere deine Beobachtung tabellarisch und beantworte die Frage. Vergleiche die Löslichkeiten der beiden Salze bei den verschiedenen Temperaturen.

Entsorgung: Ausguss

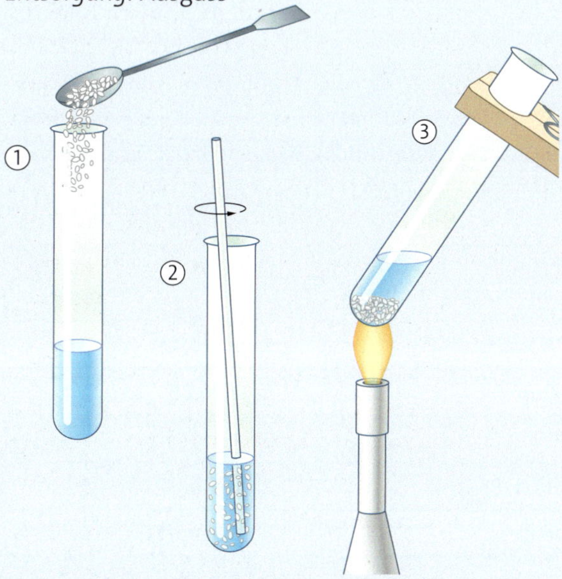

1 *Versuchsaufbau zu Versuch 2*

Chemische Fachsprache

Molekülformeln aufstellen

Beim Aufstellen von Molekülformeln kannst du nach folgendem Schema vorgehen:

Verbindung aus Stickstoff und Wasserstoff
1 Elementsymbole der Nichtmetalle aufschreiben (Elementsymbole: ↗ PSE; Reihenfolge: ↗ 1)
N H
2 Bindigkeit der Atome ermitteln (↗ 2)
N: Bindigkeit 3 H: Bindigkeit 1
3 Berechnen des kleinsten gemeinsamen Vielfachen (kgV) der Bindigkeiten
kgV(3; 1) = 3
4 kgV geteilt durch Bindigkeit ergibt den Index für das Elementsymbol (Index 1 entfällt)
N 3 : 3 = 1 H 3 : 1 = 3
5 Aufstellen der Molekülformel
NH_3

B – Si – C – P – N – H – S – I – Br – Cl – O – F

1 *Reihenfolge ausgewählter Elementsymbole in der Formel (was weiter links steht, kommt zuerst)*

Element	Bindigkeit	Element	Bindigkeit
Wasserstoff H	1	Sauerstoff O	2
Fluor F	1	Schwefel S	2
Chlor Cl	1	Stickstoff N	3
Brom Br	1	Phosphor P	3
Iod I	1	Kohlenstoff C	4

2 *Nichtmetallelemente und die Bindigkeit ihrer Atome gegenüber Wasserstoff-Atomen*

Verhältnisformeln für Salze aufstellen

Beim Aufstellen von Verhältnisformeln kannst du nach folgendem Schema vorgehen:

Verbindung aus Aluminium und Sauerstoff
1 Elementsymbole aufschreiben, das Nichtmetall steht rechts (Elementsymbole: ↗ PSE)
Al O
2 Ionenladung ermitteln (↗ 3)
Al: Ionenladung 3+ O: Ionenladung 2–
3 Ionen notieren
Al^{3+} O^{2-}
4 Berechnen des kleinsten gemeinsamen Vielfachen (kgV) der Ionenladungen
kgV(3; 2) = 6
5 kgV geteilt durch Ionenladung ergibt den Index (Index 1 entfällt)
Al 6 : 3 = 2 O 6 : 2 = 3
6 Aufstellen der Verhältnisformel, Ionen in Klammern schreiben
$(Al^{3+})_2(O^{2-})_3$

Metall-Ion:
Anzahl positiver Ladungen ≙ Nummer der Hauptgruppe

Nichtmetall-Ion:
Anzahl negativer Ladungen ≙ 8 minus Nummer der Hauptgruppe

3 *Ionenladungen mithilfe des PSE ermitteln*

Moleküle benennen

Moleküle werden nach folgendem Schema benannt: Molekülname = Name Nichtmetall 1 + Name Nichtmetall 2 (Wortstamm mit Endung -id). ↗ 4

- Atomzahlverhältnisse werden mit griechischen Zahlwörtern angegeben; *mono* am Anfang des Namens kann weggelassen werden. Das Zahlwort im Verbindungsnamen bezieht sich immer auf das nachfolgende Element. ↗ 5
- Für häufig vorkommende Verbindungen gibt es Alltagsbezeichnungen, sogenannte Trivialnamen. ↗ 6

Beispiele:

Cl_2O → Dichlormonooxid

CO_2 → Kohlenstoffdioxid

Fluor	-fluorid	Sauerstoff	-oxid
Chlor	-chlorid	Schwefel	-sulfid
Brom	-bromid	Stickstoff	-nitrid
Iod	-iodid	Phosphor	-phosphid
Wasserstoff	-hydrid	Kohlenstoff	-carbid

4 *Nichtmetalle: Wortstamm mit Endung „-id"*

1	mono	6	hexa
2	di	7	hepta
3	tri	8	octa
4	tetra	9	nona
5	penta	10	deca

5 *Wichtige griechische Zahlwörter*

Trivialname	Formel
Ammoniak	NH_3
Methan	CH_4
Wasser	H_2O
Wasserstoffperoxid	H_2O_2

6 *Trivialnamen bei Molekülverbindungen*

Salze benennen

Salze werden nach folgendem Schema benannt: Salzname = Name Metall + Name Nichtmetall (Wortstamm mit Endung -id).

- Ionenverhältnisse werden mit griechischen Zahlwörtern angegeben; *mono* am Anfang des Namens kann weggelassen werden. Das Zahlwort im Verbindungsnamen bezieht sich immer auf das nachfolgende Element. ↗ 5
- Für häufig vorkommende Salze gibt es Trivialnamen. Natriummonochlorid ist beispielsweise unter Kochsalz bekannt.

Beispiele:

$(Na^+)_3(N^{3-})$ → Trinatriummononitrid

$(Fe^{3+})(Cl^-)_3$ → (Mono)eisentrichlorid

AUFGABEN

1 Stelle die Molekülformel für eine Verbindung aus Schwefel und Wasserstoff auf und benenne sie.

2 Notiere die Molekülformel von Siliciumtetrabromid und Phosphorpentachlorid.

3 Benenne folgende Molekülverbindungen: N_2O, NO und NO_2.

4 Benenne alle Molekülverbindungen aus Bild 6 mit ihrem offiziellen Verbindungsnamen.

5 Stelle die Verhältnisformel für ein Salz aus Natrium- und Sulfid-Ionen auf und benenne es.

6 Notiere die Verhältnisformel von Bleitetrachlorid.

7 Benenne folgende Salze: $(Ba^{2+})_3(N^{3-})_2$ und $(Ba^{2+})(S^{2-})$.

Atome – Grundbausteine der Materie

Nach dem Atommodell von Dalton bestehen Stoffe aus kleinsten, unteilbaren Teilchen, den Atomen. Ein Element ist aus einer Atomsorte aufgebaut. Der Begriff Elementsubstanz bezeichnet eine Stoffportion eines Elements. ↗ 1

1 *Was das Elementsymbol Fe aussagt.*

Metalle näher betrachtet

Metalle haben charakteristische Eigenschaften wie gute Verformbarkeit oder metallischen Glanz. Sie leiten die Wärme und elektrischen Strom. Diese Eigenschaften sind in ihrer Struktur begründet, dem Metallgitter.

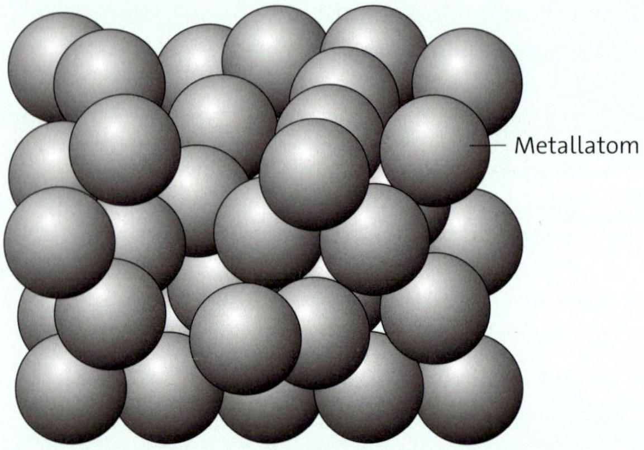

3 *Anordnung der Atome im Metallgitter*

Ein stoffbezogenes Ordnungssystem

Im Periodensystem der Elemente (PSE) sind alle Elemente nach ihrer Atommasse angeordnet. In Gruppen untereinander stehen Elemente mit ähnlichen Eigenschaften. Innerhalb einer Periode verändern sich die Eigenschaften der Elemente. ↗ 2

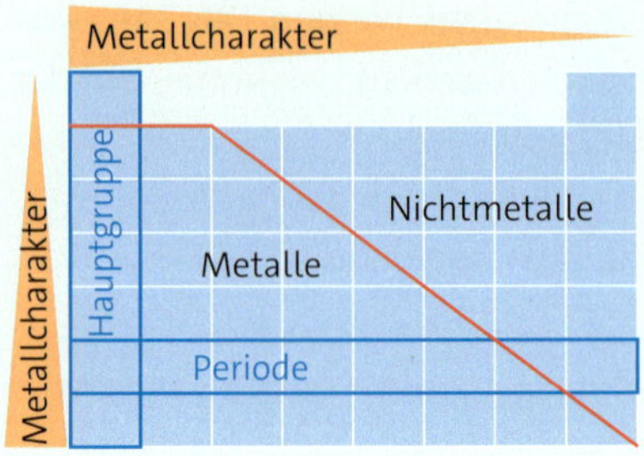

2 *Der Metallcharakter der Elemente nimmt von links nach rechts ab und von oben nach unten zu.*

Nichtmetalle näher betrachtet

Nichtmetalle unterscheiden sich in ihren Eigenschaften. Diese haben ihre Ursache im Aufbau der Stoffe. Nichtmetalle können aus einzelnen Atomen bestehen oder aus Atomverbänden aufgebaut sein. Zwischen den Atomen eines Atomverbands wirken starke, gerichtete Anziehungskräfte.
Kleine Atomverbände heißen Moleküle. Sie können gleiche oder verschiedene Atomsorten enthalten. Die Molekülformel gibt die Anzahl der beteiligten Atomsorten an. ↗ 4

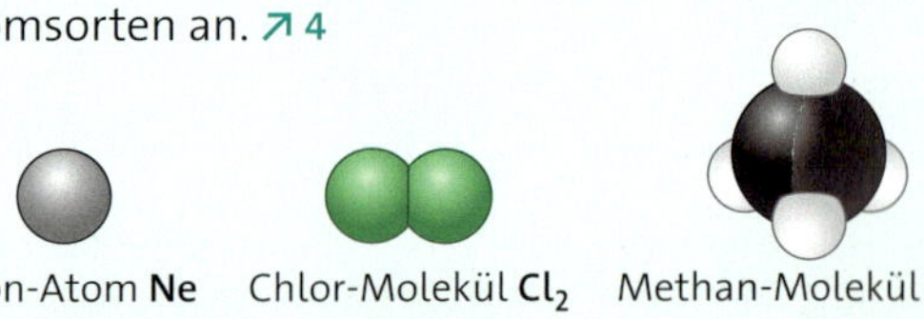

4 *Nichtmetalle und Nichtmetallverbindungen – Bausteine und Molekülformeln*

Salze näher betrachtet

Salze haben charakteristische Eigenschaften, wie hohe Schmelz- und Siedetemperaturen und Sprödigkeit. Diese folgen aus ihrer Struktur, dem Ionengitter. Zwischen den Ionen wirken starke ungerichtete Anziehungskräfte. ↗ 5
Die Formel für ein Salz ist eine Verhältnisformel. Sie gibt das kleinste Zahlenverhältnis zwischen Metall-Kationen und Nichtmetall-Anionen in ganzen Zahlen an.

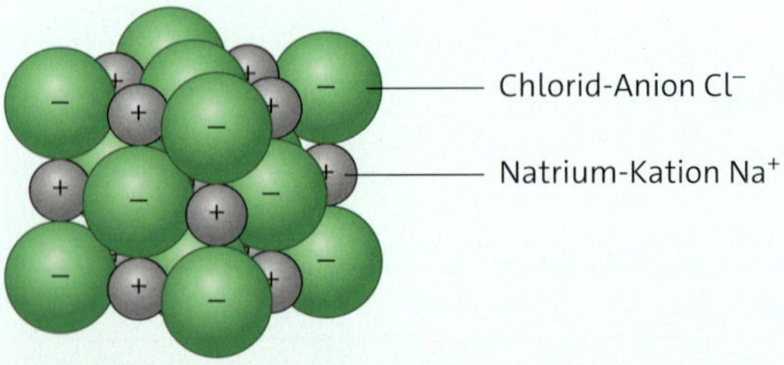

5 *Modelldarstellung des Ionengitters von Natriummonochlorid $(Na^+)(Cl^-)$*

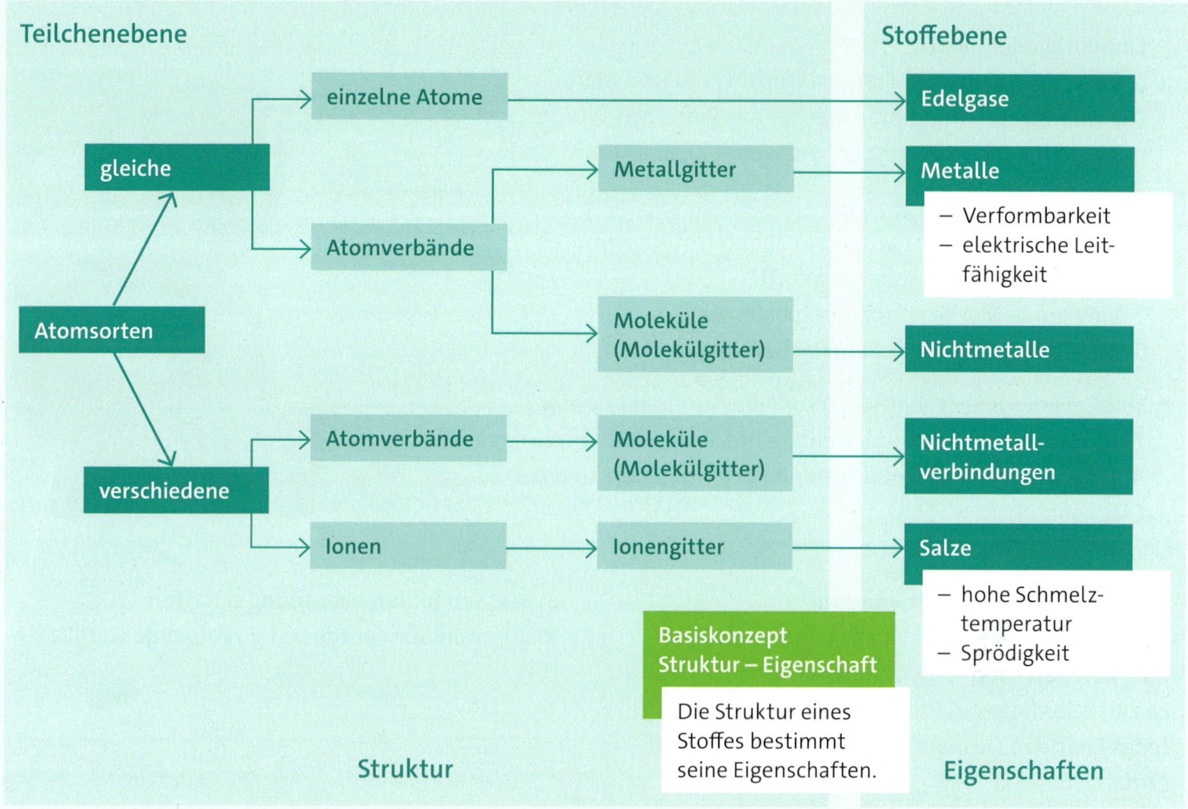

Kompetenzcheck

Hast du alle wichtigen Inhalte des Kapitels verstanden? Schätze dich zuerst selbst ein: ☺ 😐 ☹

Überprüfe nun deine Selbsteinschätzung: Löse dazu die Aufgaben auf Seite 70/71 und vergleiche deine Antworten mit den Lösungsvorschlägen. ↗ S. 187

Ich kann …	☺	😐	☹	Alles-im-Griff-Aufgaben	Hilfe findest du auf Seite
das Atommodell von Dalton anwenden und die Atome verschiedener Elemente unterscheiden.	?	?	?	1	48, 49
Stoffeigenschaften von Elementen aus ihrer Stellung im Periodensystem erschließen.	?	?	?	2	52, 53
Atome, Moleküle und Ionen als Grundbausteine der Materie benennen und sie den Stoffklassen zuordnen.	?	?	?	8	54, 55, 58–60, 62–64
die Eigenschaften von Metallen beschreiben, untersuchen und mithilfe ihrer Struktur erklären.	?	?	?	1	54–57
die Eigenschaften von Molekülverbindungen beschreiben, untersuchen und mithilfe ihrer Struktur erklären.	?	?	?	6	58–61
die Eigenschaften von Salzen beschreiben, untersuchen und mithilfe ihrer Struktur erklären.	?	?	?	5, 7	62–65
diese verschiedenen Stoffklassen voneinander abgrenzen.	?	?	?	3, 8	
einfache Verbindungen benennen und ihre Formeln aufstellen.	?	?	?	3, 4, 7	66, 67

1 Eindeutig oder nicht?

a □ Bei einer Hochzeit in Franken trinken Frau und Mann traditionell aus einem Brautbecher aus Zinn. Was würde mit dem Brautbecher geschehen, wenn du alle Atome entfernen würdest?

A Er sähe unverändert aus, wäre aber leichter geworden.
B Es findet keine Veränderung statt.
C Eine graue Masse würde übrig bleiben.
D Es würde nichts mehr vom Becher übrig bleiben.

b ◪ Glockenbronze ist eine Legierung aus Zinn und Kupfer. Zeichne in einer Modelldarstellung auf Teilchenebene einen Ausschnitt aus dem Metallgitter des Zinn-Bechers und der Glockenbronze.

2 Lithium und seine Verwandten

Kaum ein Element eignet sich so gut zur Herstellung von Batterien wie Lithium.
Es gibt allerdings ein Problem: Lithium ist ein seltenes Element. Deshalb suchen Forscher nach Alternativen.
□ Schlage Elemente vor, die in ihren Eigenschaften dem Lithium sehr nahekommen – nimm das PSE zu Hilfe. Begründe deinen Vorschlag.

3 Klassen bilden – Ordnung schaffen

Im Chemieraum entdeckst du folgende Gefäße:

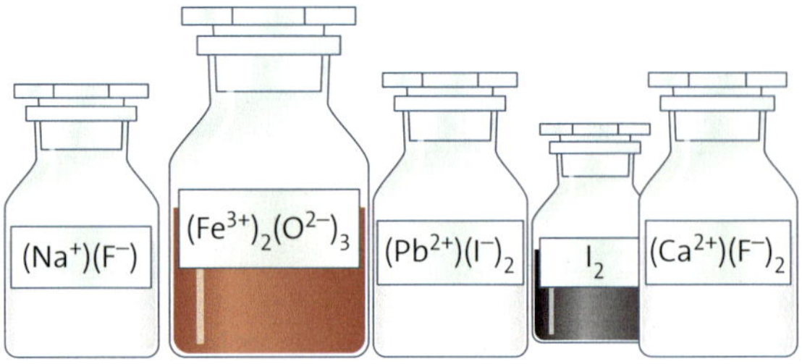

a □ Benenne die Stoffe.
b ◪ Klassifiziere die Stoffe und begründe deine Entscheidung.

4 Ein Quartett – selbst gebastelt

Karte	Feld	Angabe
1 A	Name	?
1 B	Bindigkeit	N: 3
1 C	Bindigkeit	H: ?
1 D	Formel	?
3 A	Name	?
3 B	Bindigkeit	S: ?
3 C	Bindigkeit	O: ?
3 D	Formel	SO_2
2 A	Name	?
2 B	Bindigkeit	H: ?
2 C	Bindigkeit	Br: 1
2 D	Formel	?
4 A	Name	Kohlenstofftetrachlorid
4 B	Bindigkeit	C: ?
4 C	Bindigkeit	Cl: ?
4 D	Formel	?

a ◪ Übertrage die Quartettkarten auf Kärtchen und ergänze die fehlenden Angaben, sodass es spielbereit ist.

b ◪ Erweitere dein Quartett um eine weitere Molekülverbindung mit vier passenden Karten. Viel Spaß beim Ausprobieren!

5 Kristalle aus dem Nichts?

Eine Hobbychemikerin hat einige Kochsalzkristalle zu einem Pulver fein verrieben. Nun hätte sie doch lieber wieder schön kristallisiertes Kochsalz. Sie hat überlegt, wie sie vorgehen könnte, und hofft nun auf deine Hilfe.

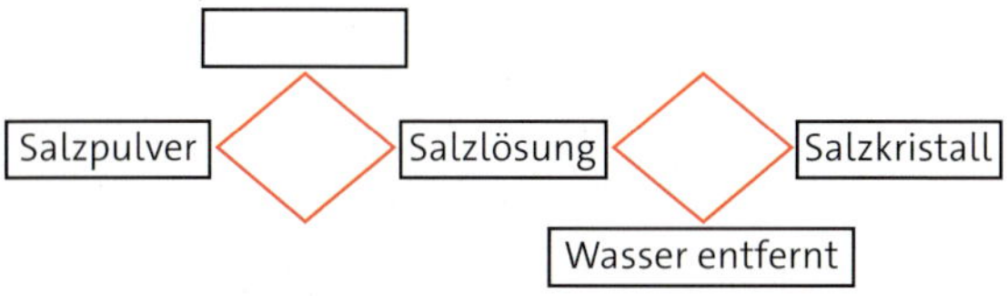

a □ Übertrage das Fließdiagramm in dein Heft und ergänze es.

b ◪ Äußere eine begründete Vermutung, ob sich die vorgeschlagene Problemlösung auch auf die Aufgabe „Vom Staubzucker zum Kristallzucker" übertragen lässt.

6 Rund ums Iod

a □ Iod ist bei Raumtemperatur ein Feststoff aus schwarzbraun glänzenden Kristallen. Bei Temperaturen um 100 °C sublimiert Iod. Beschreibe diese Aggregatzustandsänderung auf Teilchenebene.

b ◪ Als bei Matthias eine Schürfwunde mit einer orangeroten Lösung behandelt wurde, sprach die Arzthelferin von „Iod". Er ist verwundert, da er Iod als schwarzbraun glänzende Kristalle kennengelernt hat. Kläre diesen Widerspruch auf. Verwende die entsprechenden Fachbegriffe.

7 Salze – Namen und Formeln

□ Übertrage die Tabelle in dein Heft und fülle die Lücken.

Name	Kation	Anion	Verhältnisformel
Magnesiummonooxid	?	?	?
Trilithiummonophosphid	?	?	?
?	Sr^{2+}	Br^{-}	?
?	Na^{+}	S^{2-}	?
?	?	?	$(Al^{3+})(F^{-})_3$
?	?	?	$(Ba^{2+})_3(N^{3-})_2$

8 Stoffe und ihre Grundbausteine

□ Stoffe sind aus unterschiedlichen Grundbausteinen aufgebaut und lassen sich deshalb verschiedenen Klassen zuordnen. Lege in deinem Heft eine Tabelle an. Notiere darin zu jedem Stoff (grüner Kasten) dessen Grundbausteine (grauer Kasten) und die Klasse (roter Kasten).

Beispiel: Chlor – Moleküle – molekular aufgebaute Stoffe

Stoffe

- Helium
- Sauerstoff
- Kaliummonochlorid
- Aluminium
- Neon
- Chlor
- Ammoniak
- Calciumdichlorid
- Kohlenstoffdioxid

Klassen

- atomar aufgebaute Stoffe
- molekular aufgebaute Stoffe
- Metalle
- Salze

Grundbausteine

- Atome
- Moleküle
- Ionen

3

Atombau und Periodensystem

Jedes Jahr an Silvester erstrahlt der Nachthimmel. Abertausende Raketen explodieren und ziehen ihre bunten Leuchtspuren am Himmel. Die Feuerwerkskörper enthalten Gemische aus Metallen und Salzen. Der unterschiedliche Bau ihrer kleinsten Teilchen verursacht die vielen prächtigen Farben.

Das Bild rechts zeigt einen Modellversuch: Die Luftballons stellen Atome dar, die Darts Teilchen, mit denen die Atome beschossen werden.

- *Beschreibe das zu erwartende Versuchsergebnis.*
- *Ändere den Versuch so ab, dass möglichst wenig Luftballons getroffen werden.*

3.1 Kern-Hülle-Modell

1 *Ernest Rutherford (1871–1937)*

Atommodelle im Wandel

Nach der Atomhypothese von John Dalton aus dem Jahr 1808 bestehen alle Elemente aus winzig kleinen, massiven und unteilbaren Kugeln, den Atomen. ↗ S. 48 Allerdings ließ sich mit diesem Modell nicht erklären, warum Metalle und Salzlösungen elektrisch leitfähig sind.

Etwa hundert Jahre später fand der neuseeländische Physiker Ernest Rutherford die Erklärung dafür, als er den inneren Aufbau der Atome erforschte. ↗ 1

Streuversuch von Rutherford

Rutherford und sein deutscher Mitarbeiter Hans Geiger schossen mit einem Strahl aus positiv geladenen α-Teilchen auf eine extrem dünne Goldfolie. Die Folie bestand aus etwa 2000 übereinanderliegenden Schichten von Gold-Atomen, sie war aber nur 0,0005 Millimeter dick. α-Teilchen sind deutlich kleiner als Gold-Atome. Rund um den Versuchsaufbau brachte Rutherford einen Filmstreifen an. Damit konnte er aufzeichnen, wo die α-Teilchen auftrafen. ↗ 2

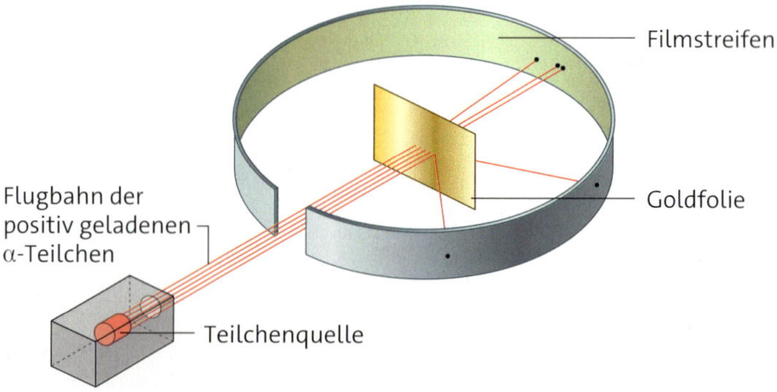

2 *Streuversuch: Versuchsaufbau*

Rutherfords Beobachtungen

Rutherford stellte fest, dass fast alle α-Teilchen die Goldfolie ungehindert durchdrangen. Sie trafen geradewegs auf die gegenüberliegende Seite und schwärzten den Filmstreifen in der Mitte. Nur wenige Teilchen wurden abgelenkt und schwärzten den Filmstreifen links und rechts davon. Noch weniger α-Teilchen wurden zurückgeworfen. ↗ 2, 3

Vom Versuch zum Atommodell

Aus der Tatsache, dass fast alle α-Teilchen ungehindert durch die Folie flogen, schloss Rutherford, dass die Gold-Atome keine massiven Kugeln sein können. Dass wenige der positiv geladenen α-Teilchen abgelenkt oder zurückgeworfen wurden, erklärte Rutherford so: In der Mitte des Atoms befindet sich ein kompaktes Massezentrum. Dieses Zentrum bezeichnete er als **Atomkern.** Weiter folgerte er, dass der Atomkern eine positive Ladung trägt, weil sich gleichnamige Ladungen abstoßen. Da Atome nach außen elektrisch neutral sind, muss die weit ausgedehnte, fast masselose **Atomhülle** negativ geladen sein.
Aus seinen Beobachtungen und Schlussfolgerungen entwickelte Rutherford das **Kern-Hülle-Modell.** ↗ 4, 5

Beobachtung	Deutung	Modell
Nur sehr wenige der positiv geladenen α-Teilchen werden abgelenkt oder vollständig zurückgeworfen.	Im Inneren befindet sich ein positiv geladenes Massezentrum, das sehr klein ist.	Atomkern: – winzig – positiv geladen – enthält über 99,9 % der Atommasse
Die meisten der positiv geladenen α-Teilchen fliegen ungehindert durch die Folie.	Der größte Teil des Atoms ist leer. Da Atome nach außen elektrisch neutral sind, muss sich im leeren Raum negative Ladung befinden.	Atomhülle: – weit ausgedehnt – negativ geladen – ist fast masselos

5 *Streuversuch: Beobachtung, Deutung und Modell*

Größenverhältnisse im Atom

Fast die gesamte Masse des Atoms ist auf kleinstem Raum konzentriert, dem Atomkern. Sein Durchmesser beträgt nur ungefähr ein Zehntausendstel des Atomdurchmessers: Wenn der Atomkern die Größe einer Erbse hätte, wäre das ganze Atom so groß wie ein Fußballstadion. ↗ 6

Nach dem Kern-Hülle-Modell bestehen Atome aus einem winzigen, positiv geladenen Atomkern. Er ist von einer weit ausgedehnten, negativ geladenen Atomhülle umgeben.

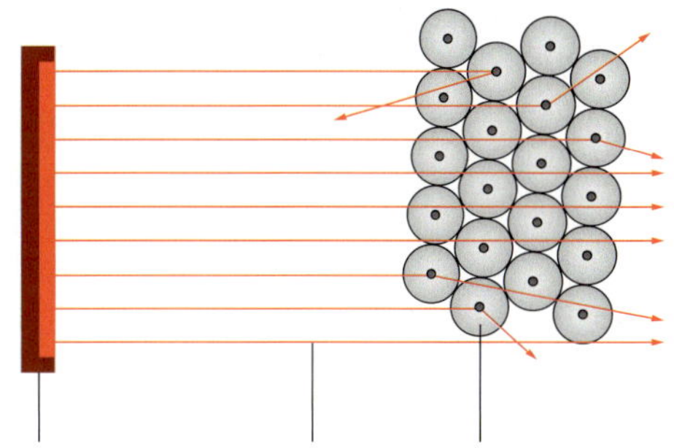

3 *Goldfolie in der Deutung von Rutherford*

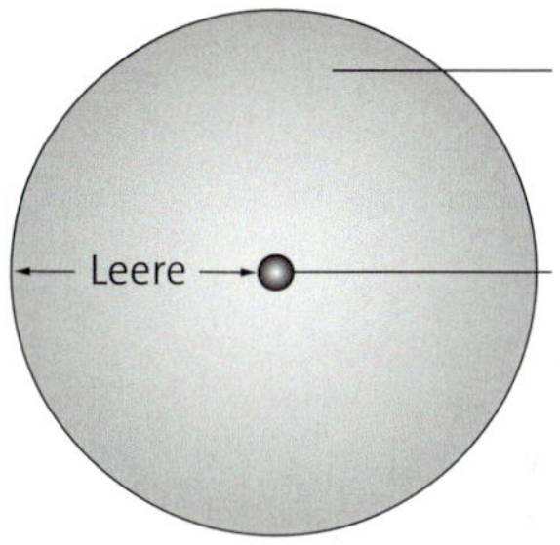

4 *Kern-Hülle-Modell nach Rutherford*

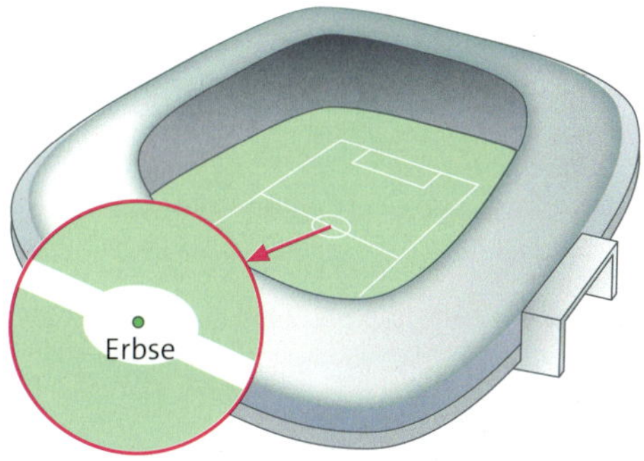

6 *Vergleich Fußballstadion – Erbse*

AUFGABEN

1 □ Beschreibe Rutherfords Atommodell.

2 ◪ Erkläre, wie Rutherford zu der Annahme kam, dass der Atomkern positiv und die Atomhülle negativ geladen sind.

3 ■ Stelle dir vor, der Atomkern würde das Atom zur Hälfte ausfüllen. Beschreibe, welches Versuchsergebnis beim Streuversuch zu erwarten ist.

Elementarteilchen

Rutherford erkannte, dass elektrische Ladungen beim Aufbau der Atome eine Rolle spielen. Der Atomkern enthält die positiv geladenen **Protonen** und die ungeladenen **Neutronen.** Zusammen werden sie auch als Kernteilchen oder **Nukleonen** bezeichnet. In der Atomhülle befinden sich negativ geladene **Elektronen.** Protonen, Neutronen und Elektronen fasst man unter dem Begriff **Elementarteilchen** zusammen. Proton und Neutron besitzen ungefähr die gleiche Masse. Das Elektron wiegt nur etwa 1/2000 davon, weshalb seine Masse vernachlässigt werden kann. Somit bestimmt die Gesamtheit der Protonen und Neutronen die Masse eines Atoms. ↗ 7

Elementarteilchen	Symbol	relative Ladung	relative Masse	Ort
Proton	p^+	+1	1	Kern
Neutron	n	0	1	Kern
Elektron	e^-	−1	0	Hülle

7 *Elementarteilchen*

Symbolschreibweise

Der Symbolschreibweise kann man entnehmen, aus welchen Elementarteilchen ein Element aufgebaut ist. Die Zahl links unten verrät die Anzahl der Protonen und bestimmt die Ladung im Kern. Sie wird Kernladungszahl oder **Ordnungszahl** genannt. Da ein Atom nach außen elektrisch neutral ist, entspricht die **Anzahl der Elektronen** der Protonenzahl. Die Zahl links oben gibt die Anzahl der Nukleonen an, also die Summe der Protonen und Neutronen. Sie heißt **Nukleonenzahl** oder Massenzahl. ↗ 8

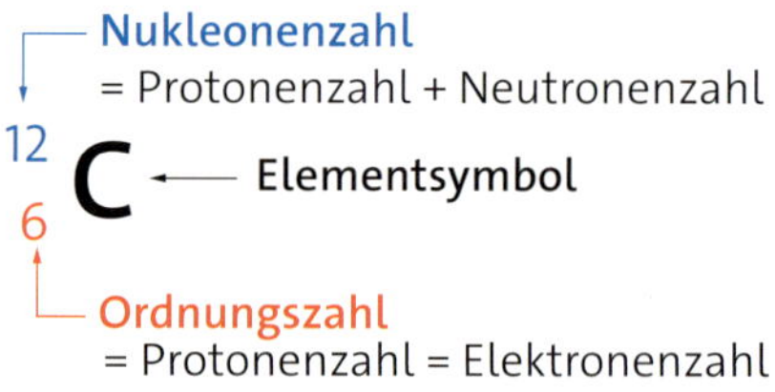

8 *Symbolschreibweise für Atome*

Elemente und Protonenzahl

An der Protonenzahl erkennt man, um welches Element es sich handelt. Wasserstoff-Atome enthalten ein Proton, Helium-Atome zwei Protonen, Lithium-Atome drei Protonen und so weiter. ↗ 9

Die Bausteine der Atome sind die Elementarteilchen: Protonen, Neutronen und Elektronen.
Ein chemisches Element besteht aus Atomen gleicher Protonenzahl.

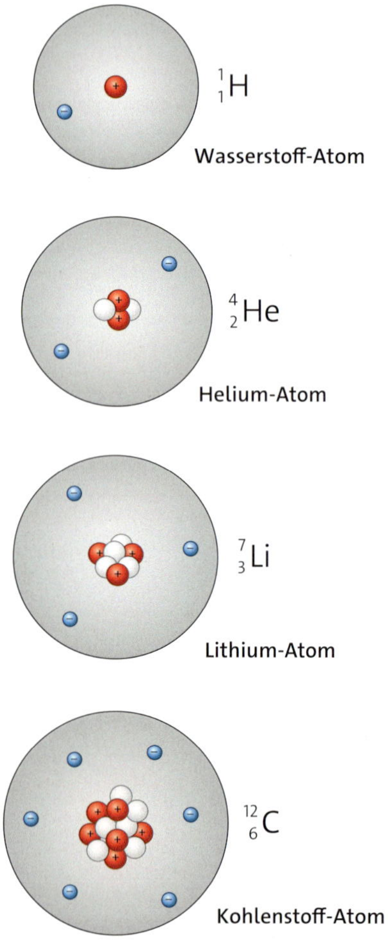

9 *Verschiedene Atome im Kern-Hülle-Modell*

AUFGABEN

4 □ Nenne die Elementarteilchen und ihre relative Ladung.

5 ◪ Erkläre die Bedeutung folgender Schreibweise: $^{14}_{7}N$.

6 ◪ Ermittle jeweils die Anzahl der Protonen und Elektronen: $^{16}_{8}O$, $^{20}_{10}Ne$, $^{31}_{15}P$, $^{238}_{92}U$.

Flammenfärbung

Welche Elemente stecken hinter den Farben im Feuerwerk?

5 6 7 9

Material: Schutzbrille, 6 Uhrgläser, Spatel, Folienstift, Brenner, Feuerzeug, 6 Magnesiastäbchen

Chemikalien: Lithiummonochlorid (7), Natriummonochlorid, Calciumdichlorid (7), Bariumdichlorid (6), Strontiumdichlorid (5, 7), Kupferdichlorid (5, 7, 9)

Durchführung:
- Beschrifte die Uhrgläser mit dem jeweiligen Salznamen und gib eine Spatelspitze des Salzes darauf.
- Erhitze ein Magnesiastäbchen in der Brennerflamme, bis es glüht. Nimm mit dem Stäbchen etwas Salz auf, halte es in die Flamme und beobachte die Flamme. ↗1
- Führe das Experiment anschließend mit den anderen Salzen durch.

Auswertung: Fertige ein Versuchsprotokoll an. Notiere in einer Tabelle die Namen der Salze und die entsprechende Flammenfarbe. Vergleiche deine Beobachtungen mit Bild 2. Beanworte nun die Frage in der Versuchsüberschrift.

Entsorgung: Reste von Lithium-, Strontium- und Kupfersalzen in Behälter für Schwermetallsalze geben.

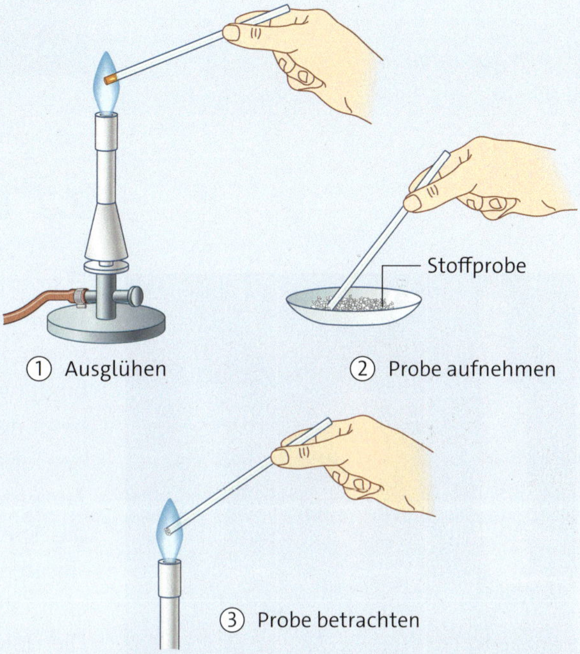

1 *Flammenprobe durchführen*

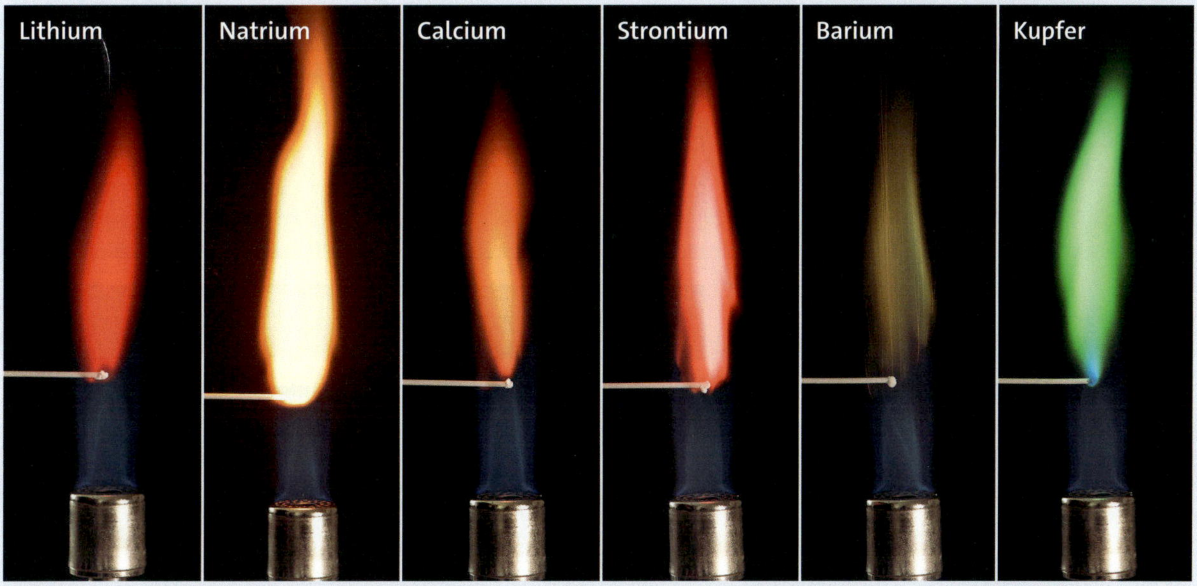

2 *Elemente und ihre Färbung in der Brennerflamme*

Eine Plasmalampe enthält Edelgase wie Neon oder Argon. Durch das Anlegen einer Wechselspannung werden aus den Atomhüllen der Gasatome Elektronen entfernt. Aus den ungeladenen Atomen entstehen auf diese Weise Ionen. Die Bewegung der geladenen Teilchen im elektrischen Feld erzeugt das Leuchten.

- ▶ *Stelle eine Vermutung an, warum man Energie aufwenden muss, um Elektronen abzuspalten.*

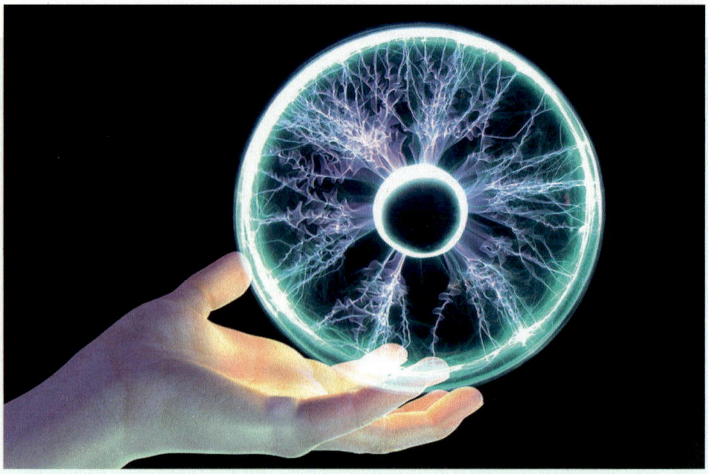

3.2 Energiestufenmodell

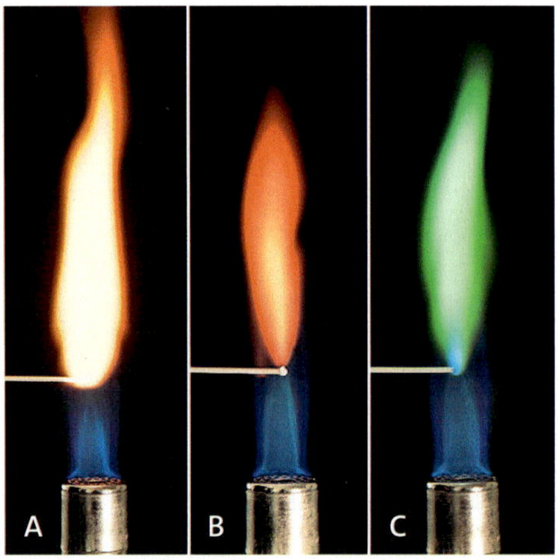

1 *Flammenfärbung: Natriumsalz (A), Calciumsalz (B), Kupfersalz (C)*

Flammenfarben und Linienspektren

Wenn man Natriummonochlorid-Körnchen in eine Gasflamme bringt, färbt sich diese leuchtend gelb. Auch andere Natriumverbindungen verursachen eine gelbe **Flammenfarbe,** Calciumverbindungen dagegen eine rote und Kupferverbindungen eine grüne Flamme. ↗ 1

Zur genaueren Untersuchung dieser Erscheinung benutzt man das Spektroskop. ↗ 2 Betrachtet man damit die gelbe Natriumflamme, so zeigt sich eine gelbe Linie. Andere Elemente liefern ebenfalls ein für sie jeweils typisches **Linienspektrum.** ↗ 3

Die Linie im Spektrum entspricht einer gewissen Energiemenge. Bereits im Jahr 1900 beschrieb der Physiker Max Planck, dass Elektronen nur bestimmte Energiestufen besetzen. Zwischen diesen Energiestufen können die Elektronen unter Energieaufnahme oder Energieabgabe wechseln. Der Abstand zwischen den Energiestufen lässt sich aus der Lage der Spektrallinien berechnen.

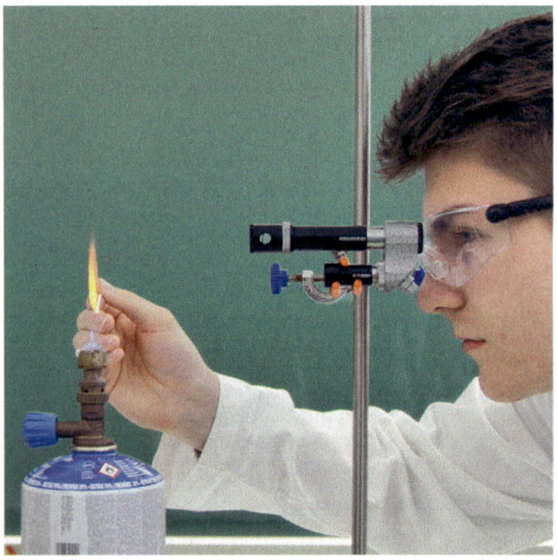

2 *Spektroskopieren*

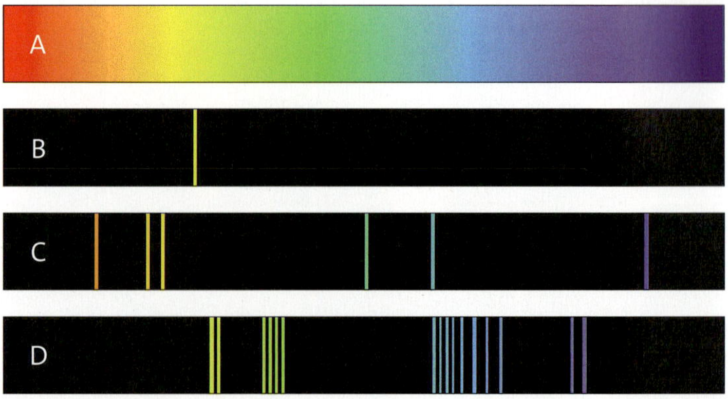

3 *Spektrum: Tageslicht (A), Natriumsalz (B), Calciumsalz (C) und Kupfersalz (D)*

Sprünge bei der Ionisierungsenergie

Die Energie, die notwendig ist, um ein Elektron aus der Hülle eines Atoms zu entfernen, heißt **Ionisierungsenergie.** Dabei wird aus dem Atom ein Ion. Ein Natrium-Atom besitzt insgesamt elf Elektronen. Zum Abspalten des ersten Elektrons muss man nur wenig Energie aufwenden, für die folgenden acht Elektronen deutlich mehr und für die beiden letzten extrem viel. Somit steigen die Ionisierungsenergien nach dem neunten Elektron sprunghaft an. ↗ 4

Die für eine Elektronenabspaltung benötigte Energie wird mit dem unterschiedlichen Abstand der Elektronen vom Atomkern erklärt. Je weiter weg ein Elektron vom Atomkern ist, desto weniger wird es vom Atomkern angezogen und desto leichter lässt es sich abtrennen.

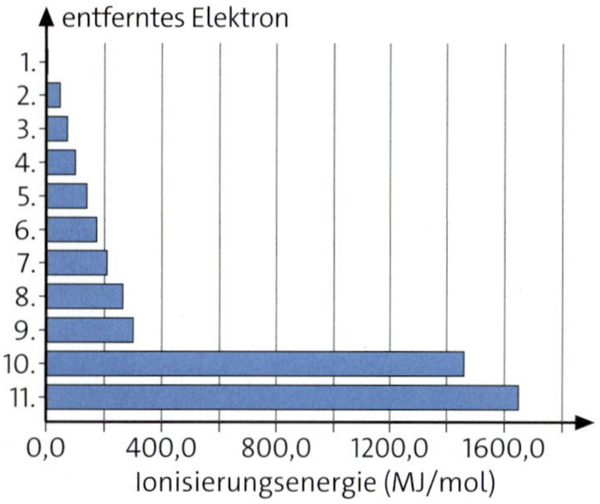

4 Natrium: Ionisierungsenergien für die Abspaltung aller Elektronen

Elektronen nehmen Energiestufen ein

Elektronen, für deren Abspaltung ähnliche Ionisierungsenergien nötig sind, fasst man zu sogenannten **Energiestufen** zusammen. Darum spricht man vom **Energiestufenmodell** der Atomhülle.

Für das Natrium-Atom ergeben sich drei Energiestufen. Zwei Elektronen befinden sich auf der ersten Energiestufe. Sie halten sich nah am Atomkern auf, ihre Abspaltung erfordert deshalb besonders hohe Ionisierungsenergien. Acht Elektronen sind auf der zweiten Energiestufe. Das einzelne Elektron auf der dritten Energiestufe ist am weitesten vom Atomkern entfernt. Für seine Abspaltung benötigt man eine geringe Ionisierungsenergie. Deshalb ist es das Elektron, das als erstes abgespalten wird. Elektronen auf der obersten Energiestufe heißen Valenzelektronen, Natrium hat ein Valenzelektron. ↗ 5

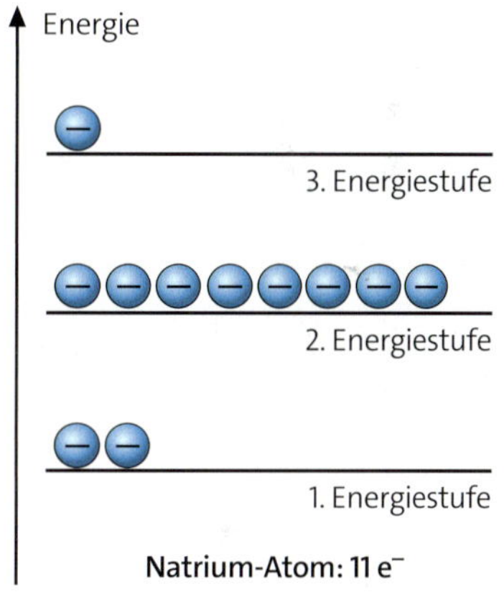

5 Energiestufenmodell des Natrium-Atoms

Verteilung der Elektronen auf Energiestufen

Die maximale Anzahl von Elektronen pro Energiestufe n beträgt $2 \cdot n^2$. ↗ 6 Das Auffüllen erfolgt von unten nach oben. In den Hauptgruppen wird jede Energiestufe zunächst vollständig mit Elektronen besetzt. Erst dann findet man Elektronen in der nächsthöheren Energiestufe. Die jeweils oberste Energiestufe darf mit maximal acht **Valenzelektronen** gefüllt sein.

Die Verteilung der Elektronen auf die Energiestufen bezeichnet man als **Elektronenkonfiguration.** Wasserstoff besitzt 1 Elektron in der 1. Energiestufe, man schreibt dafür 1^1. Für Stickstoff mit 2 Elektronen in der 1. Energiestufe und 5 Elektronen in der 2. Energiestufe ergibt sich $1^2\ 2^5$.

n-te Energiestufe	maximale Elektronenzahl
n = 1	$2 \cdot 1^2 = 2$
n = 2	$2 \cdot 2^2 = 8$
n = 3	$2 \cdot 3^2 = 18$
n = 4	$2 \cdot 4^2 = 32$

6 Energiestufe und maximale Elektronenzahl

Nach dem Energiestufenmodell stehen den Elektronen in der Atomhülle nur ganz bestimmte Energiestufen zur Verfügung. Valenzelektronen sind die Elektronen der jeweils obersten Energiestufe. Die Verteilung der Elektronen auf die Energiestufen heißt Elektronenkonfiguration.

AUFGABEN

1 □ Das Argon-Atom hat 18 Elektronen. Zeichne sein Energiestufenmodell und notiere die Elektronenkonfiguration.

2 ◪ Das Magnesium-Atom hat 12 Elektronen. Ermittle seine Elektronenkonfiguration und nenne die Anzahl der Valenzelektronen.

Vier Luftballons werden aufgeblasen, zugeknotet und an den Enden zusammengebunden.

- *Lege sie flach auf den Tisch wie im nebenstehenden Bild.*
- *Schüttle sie und beschreibe, wie sie sich anordnen.*

3.3 Kugelwolkenmodell

1 *Hubschrauber beim Starten*

Elektronen bewegen sich

Das Energiestufenmodell macht keine Aussagen über den räumlichen Bau von Molekülen. Dazu muss man feststellen, wo sich die Elektronen gerade in der Atomhülle befinden. Da sich die Elektronen mit einer sehr hohen Geschwindigkeit um den Kern bewegen, kann man ihre genaue Position nicht feststellen. Ähnlich ist es bei einem Hubschrauber: Anfangs kann man die Rotorblätter noch unterscheiden, ab einer bestimmten Drehgeschwindigkeit nicht mehr. ↗ 1

Verteilung der Elektronen

Elektronen sind nicht gleichmäßig in der Atomhülle verteilt. Naturwissenschaftler können die Wahrscheinlichkeit berechnen, mit der sich Elektronen in bestimmten Bereichen der Atomhülle aufhalten. Im **Kugelwolkenmodell** stellt man diese Bereiche vereinfacht als kugelförmige Elektronenwolken dar.
Mithilfe des Kugelwolkenmodells kann man das Zustandekommen von Bindungen erklären. Es liefert somit wertvolle Informationen zum räumlichen Bau von Molekülen.

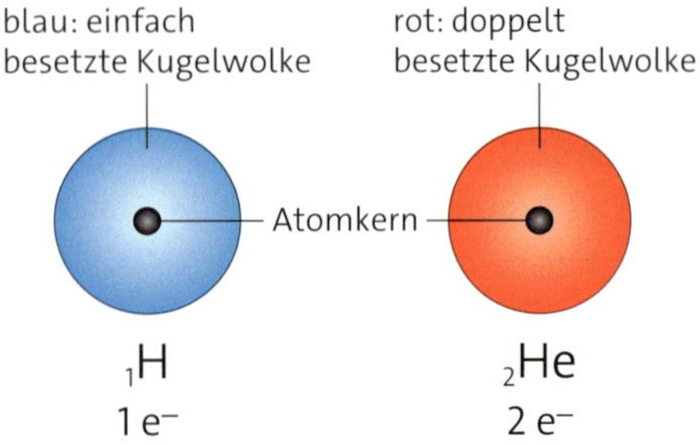

2 *Elemente der 1. Periode im Kugelwolkenmodell*

Elemente der 1. Periode im Kugelwolkenmodell

Die Kugelwolken werden als Kreise dargestellt. In jeder Kugelwolke haben maximal zwei Elektronen Platz. Blau steht dabei für eine einfach besetzte Kugelwolke, rot für eine doppelt besetzte. Die Elektronen werden meist nicht eingezeichnet.
Das Wasserstoff-Atom verfügt über ein Elektron in der 1. Energiestufe. Das entspricht einer Kugelwolke, in deren Mittelpunkt sich der Atomkern befindet. Auch das zweite Elektron des Helium-Atoms hat noch in dieser Kugelwolke Platz. ↗ 2
Bei allen weiteren Elementen ist die innerste Kugelwolke immer voll besetzt.

Weitere Elemente im Kugelwolkenmodell

Die 2. Energiestufe enthält maximal acht Elektronen und wird mit bis zu vier Kugelwolken dargestellt. Aufgrund der Abstoßung durch die negative Ladung nehmen die Kugelwolken den größtmöglichen Abstand zueinander ein. Dadurch ergibt sich ab dem Kohlenstoff-Atom eine tetraedrische Anordnung. ↗ 3

Die Besetzung der vier Kugelwolken erfolgt zunächst nur einfach. Erst ab fünf Elektronen werden die Kugelwolken doppelt besetzt. ↗ 4

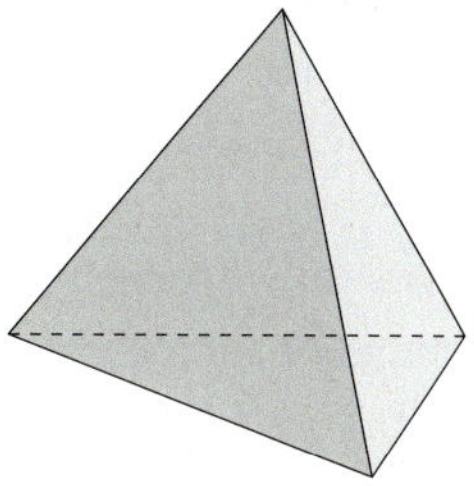

3 *Tetraeder: Körper mit vier Ecken*

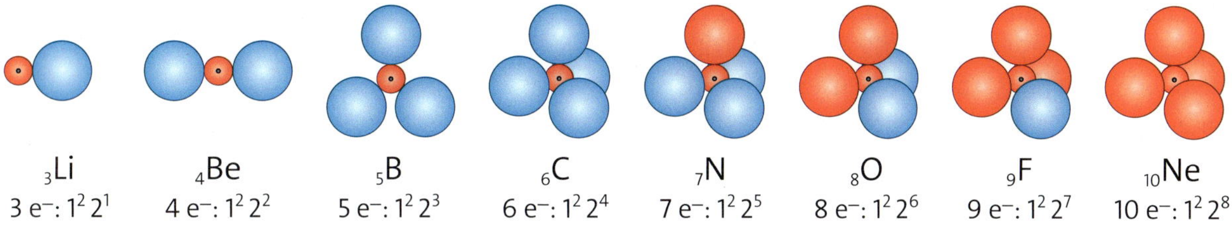

4 *Elemente der 2. Periode im Kugelwolkenmodell*

Für Elemente der 3. Periode werden bis zu vier weitere Kugelwolken ergänzt. Es gelten die gleichen Regeln für die Besetzung wie bei den Elementen der 2. Periode. ↗ 5

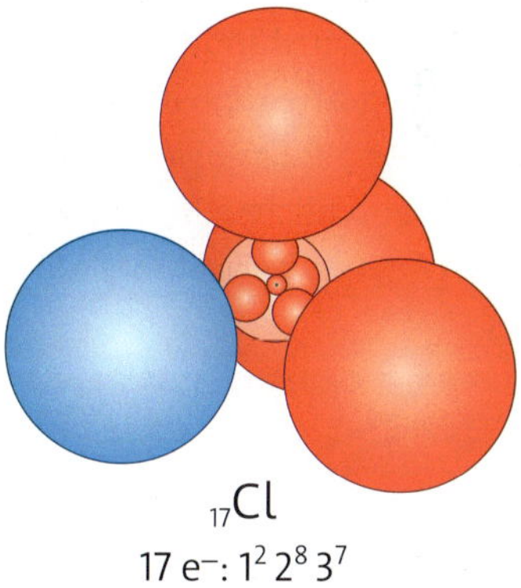

5 *Chlor-Atom im Kugelwolkenmodell*

Energiestufenmodell und Kugelwolkenmodell

Wie Energiestufenmodell und Kugelwolkenmodell zusammenhängen, lässt sich am Stickstoff-Atom verdeutlichen. Das Stickstoff-Atom hat sieben Elektronen. Zwei Elektronen besetzen die 1. Energiestufe, fünf Elektronen die 2. Energiestufe. In der 2. Energiestufe sind drei Kugelwolken mit jeweils einem Elektron einfach besetzt und eine Kugelwolke ist mit zwei Elektronen doppelt besetzt. ↗ 6

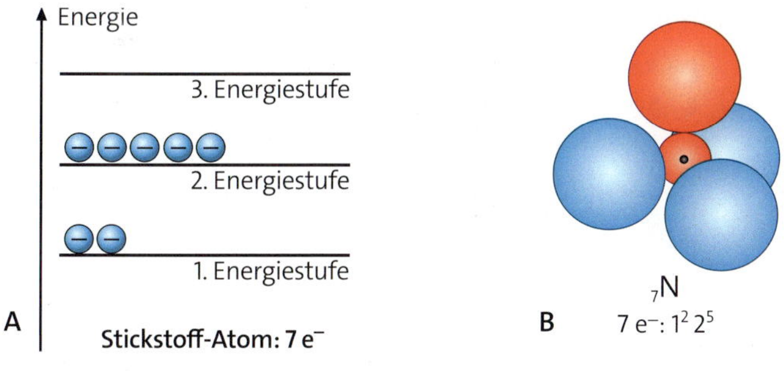

6 *Stickstoff-Atom: Energiestufenmodell (A), Kugelwolkenmodell (B)*

Das Kugelwolkenmodell verdeutlicht den Aufenthaltsbereich der Elektronen in der Atomhülle. Jede Kugelwolke enthält maximal zwei Elektronen.
Die 1. Energiestufe wird als eine Kugelwolke rund um den Atomkern dargestellt. Ab der 2. Energiestufe gibt es jeweils maximal vier Kugelwolken, die sich in Form eines Tetraeders anordnen.

AUFGABEN

1 □ Nenne drei wichtige Regeln für die Besetzung der Kugelwolken mit Elektronen.

2 ◪ Zeichne für das Sauerstoff-Atom mit acht Elektronen das Energiestufenmodell und das Kugelwolkenmodell.

Eigenschaften und Grenzen von Modellen

Wozu brauchen wir im Unterricht Modelle?

Im Fach Chemie begegnen wir vielen Vorgängen, die wir nur auf kleinster Ebene erklären können. Dazu stellen wir uns vor, dass ausgedehnte Körper nur aus Teilchen bestehen. Als Teilchen dieser Art wurden die Atome identifiziert.

Um uns das Zusammenwirken von Teilchen zu veranschaulichen, verwenden wir Modelle. Das Teilchenmodell zeigt uns, dass z. B. Reinstoffe nur aus lauter gleichen Teilchen bestehen, während sich Gemische aus mindestens zwei unterschiedlichen Teilchensorten zusammensetzen.

Arten von Modellen

Sachmodelle sind gegenständlich, du kannst sie anfassen. Aus der Geografie kennst du den Globus als Modell der Erde, aus der Biologie den Torso als Modell für den menschlichen Körper. ↗1 Im Physikunterricht begegnest du dem Modell des Verbrennungsmotors.

A

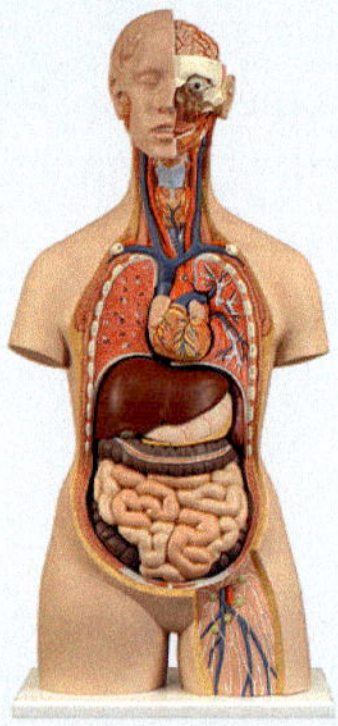

B

1 *Sachmodelle im Unterricht*

Ein Modell kann aber auch theoretisch sein, dann spricht man von einem **Denkmodell**. Ein Denkmodell aus der Physik ist der Lichtstrahl als Modell für die Ausbreitung des Lichts. Modelle aus der Chemie sind das Teilchenmodell und alle Modelle zum Aufbau der Materie.

Häufig werden aber die Denkmodelle in Sachmodelle umgesetzt, wie beispielsweise eine Kugel als Beispiel für das daltonsche Atommodell oder das Modell zur Veranschaulichung der Massenspektrometrie. Damit werden Denkmodelle visualisiert.

Merkmale eines Modells

Ein Modell ist ein Stellvertreter des Originals. Der Mensch will nun durch Untersuchung des Modells Informationen über das Original erhalten. Es liefert Informationen über das Original, die man nicht direkt erhalten kann. Ein Modell sollte

- in bestimmten Teilen die Wirklichkeit (das Original) nachbilden,
- möglichst einfach sein,
- genau genug sein, um in dem abgegrenzten Bereich Vorhersagen zu ermöglichen und
- sich weiterentwickeln lassen.

Beispiele: Bei der Konzeption der Modelleisenbahn wird versucht, das Original so genau wie möglich nachzubilden – nur in einem kleineren Maßstab. Möglichst viele Details sollen dem Original entsprechen. Man spricht auch von originalgetreu.

Bei der Entwicklung von Modellen in der Chemie ist das nicht der Fall. In den Modellen sind nur die Dinge berücksichtigt, die wichtig sind für die Gewinnung neuer Erkenntnisse über das Original.

Modelle – Grenzen und Weiterentwicklung

Die Aussagekraft eines Modells ist stets begrenzt, da es nur einen bestimmten Bereich der Wirklichkeit nachbildet. So kann man mit dem einfachen Teilchenmodell das Zustandekommen der einzelnen Aggregatzustände erklären. Stoffeigenschaften wie Löslichkeit oder Leitfähigkeit kann man damit nicht deuten. Es wird dann notwendig, ein Modell zu verbessern, zu verändern oder sogar vorherige Modelle als ungültig zu erklären. So ist es bei den Modellen zum Aufbau der Materie eingetreten. ↗ S. 83

AUFGABE

1 ◪ Zur Unfallforschung werden den Crashtest-Dummys eingesetzt. ↗2
Beschreibe, welche Eigenschaften des Menschen bei der Konstruktion eines Dummys berücksichtig werden müssen.

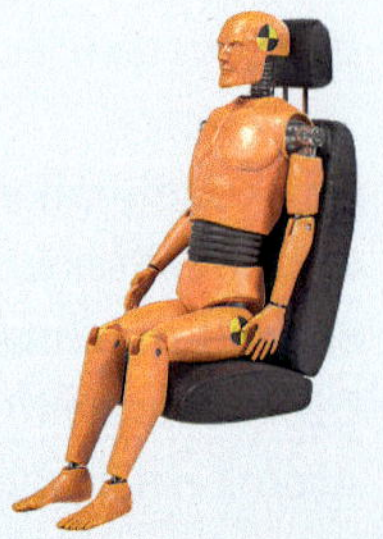

2 *Crashtest-Dummy*

Zum Aufbau der Materie hast du bisher einige Modelle kennengelernt. ↗ 3 Diese wollen wir nun nacheinander genauer unter die Lupe nehmen:

- Was kann man mit diesem Modell erklären?
- Was sind die Grenzen des Modells, was kann es also nicht erklären?

	Beschreibung	Beispiel
1 Einfaches Teilchenmodell	Alle Gegenstände bestehen aus unteilbaren kleinen Teilchen, die sich in Größe und Form unterscheiden.	 Lithiumteilchen
2 Atommodell von Dalton	Die Materie ist aus kleinsten unteilbaren Kugeln, den Atomen, aufgebaut. Atome eines Elements haben die gleiche Masse und Größe. Atome verschiedener Elemente unterscheiden sich in Masse und Größe.	 Lithium-Atom
3 Kern-Hülle-Modell von Rutherford	Atome bestehen aus einem winzigen, positiv geladenen massiven Atomkern. Er ist von einer weit ausgedehnten, negativ geladenen Atomhülle umgeben. Der Atomkern enthält Protonen und Neutronen, die Atomhülle Elektronen.	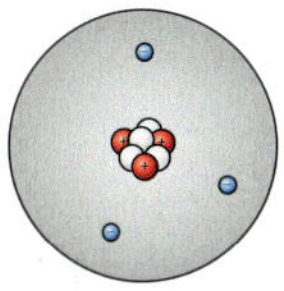 Lithium-Atom
4 Energiestufenmodell	Die Elektronen der Atomhülle nehmen verschiedene Energiestufen ein.	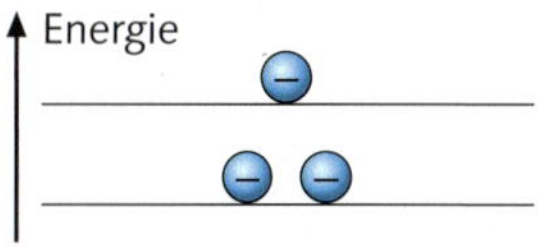 Lithium-Atom
5 Kugelwolkenmodell	Maximal zwei Elektronen befinden sich in Kugelwolken. Die erste Kugelwolke ist zentrisch um den Kern angeordnet. Dann folgen immer vier Kugelwolken, die den größtmöglichen Abstand voneinander einnehmen.	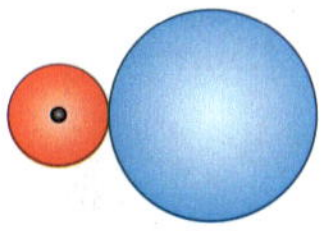 Lithium-Atom

3 *Modelle zum Aufbau der Materie*

AUFGABEN

Lege eine Tabelle mit drei Spalten an und trage in der 1. Spalte die Modelle ein. ↗ 4

2 ◪ In Bild 5 sind verschiedene Sachverhalte aufgeführt. ↗ 5 Überlege dir, welches Modell welchen Sachverhalt erklären kann, und ergänze deine Tabelle.

3 ◪ Ergänze in der 3. Spalte die Grenzen des jeweiligen Modells.

Modell	erklärt	erklärt nicht
Teilchenmodell	2	1, 3, ...
...	...	...

4 *Tabelle zu den Aufgaben 2 und 3, Lösungen* ↗ **S. 188**

1 *räumlicher Bau von Molekülen*

2 *Zustandekommen verschiedener Aggregatzustände*

3 *Stoffeigenschaften wie Leitfähigkeit*

4 *Reaktionsfähigkeit*

5 *Vorgänge bei einer chemischen Reaktion*

6 *Stabilität der Edelgase*

7 *unterschiedlicher Energiegehalt der Elektronen*

5 *Sachverhalte*

Die Elemente Lithium, Natrium und Kalium stehen aufgrund ihrer ähnlichen Eigenschaften in der I. Hauptgruppe des Periodensystems untereinander.

- ► *Vergleiche die Anordnung der Elektronen auf den Energiestufen dieser Elemente miteinander.*

3.4 Vom Atombau zum Periodensystem der Elemente

Periodensystem der Atomsorten

Mendelejew und Meyer ordneten die verschiedenen Elemente in ihrem Periodensystem nach ihren Massen. ↗ S. 52 Gleichzeitig ist das auch eine Ordnung nach ihrer **Protonenzahl.** Daher wird diese auch Ordnungszahl genannt.

Hauptgruppen und Valenzelektronen

Beim Vergleich der Elektronenhülle der Elemente fällt Folgendes auf: Alle Elemente mit gleicher Anzahl an Valenzelektronen sind im Periodensystem nach steigender Ordnungszahl in einer Spalte von oben nach unten angeordnet. Die **Hauptgruppennummer** gibt die **Anzahl der Valenzelektronen** eines Elements an: Elemente der I. Hauptgruppe haben ein Valenzelektron. ↗ 1 Elemente der II. Hauptgruppe zwei Valenzelektronen und so weiter. Die Elemente innerhalb einer Hauptgruppe gehören zu einer Elementfamilie und zeigen ein ähnliches chemisches Verhalten. Das lässt den Rückschluss zu, dass für das chemische Verhalten eines Elements die Zahl der Valenzelektronen verantwortlich ist.

Element	Anzahl der Elektronen in der Energiestufe					
	1.	2.	3.	4.	5.	6.
Li	2	1				
Na	2	8	1			
K	2	8	8	1		
Rb	2	8	18	8	1	
Cs	2	8	18	18	8	1

1 *Elektronenverteilung der Elemente der I. Hauptgruppe*

Perioden und Energiestufen

Elemente mit gleicher Anzahl an Energiestufen sind im Periodensystem nebeneinander angeordnet. So umfasst die zweite Periode die Elemente Lithium bis Neon. Die Atome dieser Elemente besitzen alle zwei Energiestufen. ↗ 2

Die **Periodennummer** gibt also die **Anzahl der Energiestufen** an: Elemente der 1. Periode haben eine Energiestufe, Elemente der 2. Periode zwei und so weiter. Die Zahl ihrer Valenzelektronen ist allerdings unterschiedlich. Die Elemente einer Periode weisen deshalb im Gegensatz zu den Elementen einer Hauptgruppe in ihren Eigenschaften starke Unterschiede auf.

Element		Li	Be	B	C	N	O	F	Ne
Anzahl der Elektronen in der Energiestufe	1.	2	2	2	2	2	2	2	2
	2.	1	2	3	4	5	6	7	8
	3.								
	4.								
	5.								
	6.								

2 *Elektronenverteilung der Elemente der 2. Periode*

Periode	I. Hauptgruppe	II. Hauptgruppe	III. Hauptgruppe	IV. Hauptgruppe	V. Hauptgruppe	VI. Hauptgruppe	VII. Hauptgruppe	VIII. Hauptgruppe
1	$^{1}_{1}\text{H}$ Wasserstoff							$^{4}_{2}\text{He}$ Helium
2	$^{7}_{3}\text{Li}$ Lithium	$^{9}_{4}\text{Be}$ Beryllium	$^{11}_{5}\text{B}$ Bor	$^{12}_{6}\text{C}$ Kohlenstoff	$^{14}_{7}\text{N}$ Stickstoff	$^{16}_{8}\text{O}$ Sauerstoff	$^{19}_{9}\text{F}$ Fluor	$^{20}_{10}\text{Ne}$ Neon
3	$^{23}_{11}\text{Na}$ Natrium	$^{24}_{12}\text{Mg}$ Magnesium	$^{27}_{13}\text{Al}$ Aluminium	$^{28}_{14}\text{Si}$ Silicium	$^{31}_{15}\text{P}$ Phosphor	$^{32}_{16}\text{S}$ Schwefel	$^{35}_{17}\text{Cl}$ Chlor	$^{40}_{18}\text{Ar}$ Argon
4	$^{39}_{19}\text{K}$ Kalium	$^{40}_{20}\text{Ca}$ Calcium	$^{69}_{31}\text{Ga}$ Gallium	$^{74}_{32}\text{Ge}$ Germanium	$^{75}_{33}\text{As}$ Arsen	$^{80}_{34}\text{Se}$ Selen	$^{79}_{35}\text{Br}$ Brom	$^{84}_{36}\text{Kr}$ Krypton
5	$^{85}_{37}\text{Rb}$ Rubidium	$^{88}_{38}\text{Sr}$ Strontium	$^{115}_{49}\text{In}$ Indium	$^{120}_{50}\text{Sn}$ Zinn	$^{121}_{51}\text{Sb}$ Antimon	$^{130}_{52}\text{Te}$ Tellur	$^{127}_{53}\text{I}$ Iod	$^{132}_{54}\text{Xe}$ Xenon
6	$^{133}_{55}\text{Cs}$ Caesium	$^{138}_{56}\text{Ba}$ Barium	$^{205}_{81}\text{Tl}$ Thallium	$^{208}_{82}\text{Pb}$ Blei	$^{209}_{83}\text{Bi}$ Bismut	$^{(209)*}_{84}\text{Po}$ Polonium	$^{(210)*}_{85}\text{At}$ Astat	$^{(222)*}_{86}\text{Rn}$ Radon
7	$^{(223)*}_{87}\text{Fr}$ Francium	$^{(226)*}_{88}\text{Ra}$ Radium	$^{(286)*}_{113}\text{Nh}$ Nihonium	$^{(289)*}_{114}\text{Fl}$ Flerovium	$^{(289)*}_{115}\text{Mc}$ Moscovium	$^{(293)*}_{116}\text{Lv}$ Livermorium	$^{(293)*}_{117}\text{Ts}$ Teness	$^{(294)*}_{118}\text{Og}$ Oganesson

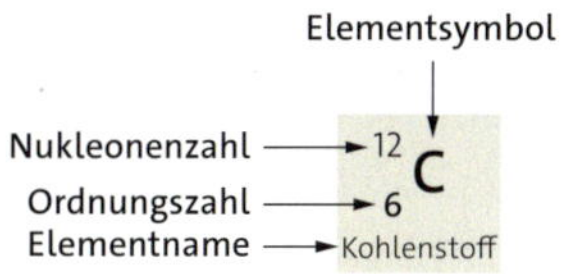

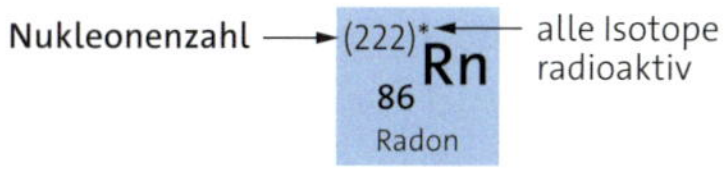

3 *Teilchenbezogenes Periodensystem der Elemente (Hauptgruppen)*

Informationen aus dem Periodensystem entnehmen

Das teilchenbezogene Periodensystem, kurz PSE, liefert dir zahlreiche Informationen zu den Atomen eines Elements. ↗ 3 Dafür betrachtest du

- die Symbolschreibweise,
- die Stellung in der Hauptgruppe und
- die Stellung in der Periode.

Mithilfe dieser Informationen kannst du weitere Angaben herleiten. Aus der Nukleonenzahl und der Ordnungszahl lässt sich die **Neutronenzahl** berechnen. ↗ 4

Oft enthält das PSE zusätzliche Angaben, zum Beispiel zur Radioaktivität.

Neutronenzahl = Nukleonenzahl – Protonenzahl

Neutronenzahl F = Nukleonenzahl F – Protonenzahl F

Neutronenzahl F = 19 – 9 = 10

4 *Neutronenzahl von Fluor berechnen*

Nebengruppen

Viele metallische Elemente, die du aus dem Alltag kennst – zum Beispiel Eisen, Kupfer, Silber und Gold –, sind in diesem PSE nicht zu finden. Wirfst du einen Blick auf die Ordnungszahlen, so fällt auf, dass es in der 4. Periode zwischen der II. und der III. Hauptgruppe einen Sprung in der Ordnungszahl gibt. Hier verbergen sich die Elemente der sogenannten **Nebengruppen.** Alle Nebengruppenelemente sind Metalle. In der hinteren Umschlagseite ist das vollständige Periodensystem der Elemente abgebildet.

Im Periodensystem sind die Elemente nach ihrem Atombau geordnet. Die Nummer der Periode entspricht der Anzahl der Energiestufen. Die Nummer der Hauptgruppe entspricht der Anzahl der Valenzelektronen.

AUFGABEN

1 □ Gib die Anzahl der Valenzelektronen für die Elemente der 5. Periode an.

2 □ Nenne die Anzahl der Protonen, Elektronen und Neutronen des Aluminium-Atoms und des Iod-Atoms.

3 ◪ Entnimm einem PSE möglichst viele Informationen über die Elemente Magnesium und Brom. Entscheide jeweils, ob es sich um eine Aussage auf Stoff- oder Teilchenebene handelt.

Die Traghülle von Luftschiffen wird heute mit Helium gefüllt und nicht wie früher mit Wasserstoff. Der Grund dafür ist, dass Helium im Gegensatz zu Wasserstoff nicht brennbar ist.

► *Finde mithilfe der Energiestufenmodelle eine mögliche Erklärung für das unterschiedliche chemische Verhalten der beiden Gase.*

3.5 Edelgaskonfiguration

Edelgase – besonders stabil

Edelgase liegen in der Natur nur als Elementsubstanzen vor und gehen keine Verbindungen mit anderen Elementen ein.

Ein Blick auf die Energiestufenmodelle der Edelgase Helium und Neon zeigt, dass jeweils ihre höchste Energiestufe voll besetzt ist: Das Helium-Atom besitzt zwei Valenzelektronen, das Neon-Atom acht Valenzelektronen. Alle weiteren Edelgasatome besitzen wie das Neon-Atom auch acht Valenzelektronen. Bei dieser Elektronenkonfiguration spricht man von einem **Elektronenoktett.** ↗ 1

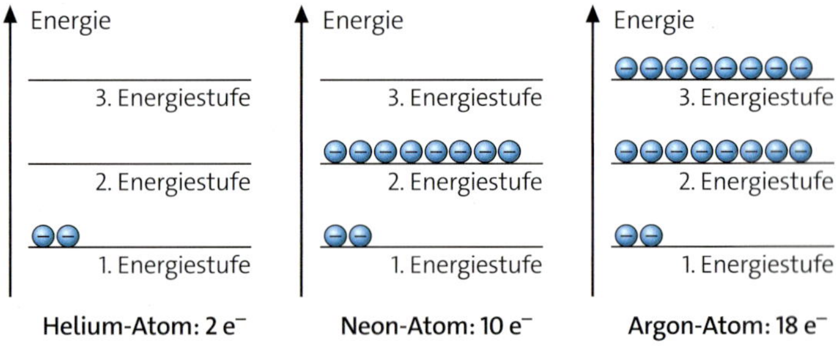

1 *Energiestufenmodelle von Helium, Neon und Argon*

Die Elektronenkonfiguration der Edelgase ist offenbar energetisch besonders stabil. Das zeigt sich auch darin, dass die 1. Ionisierungsenergie von Edelgasatomen im Vergleich mit anderen Elementen besonders hoch ist. Daher erfordert es sehr viel Energie, aus der Elektronenhülle von Edelgasatomen Valenzelektronen zu entfernen. ↗ 2 Diese besonders stabile Elektronenanordnung bezeichnet man als **Edelgaskonfiguration.**

Hier zeigt sich wieder das Struktur-Eigenschafts-Konzept: Die Eigenschaften der Elemente auf Stoffebene lassen sich mithilfe der Struktur der Atome erklären.

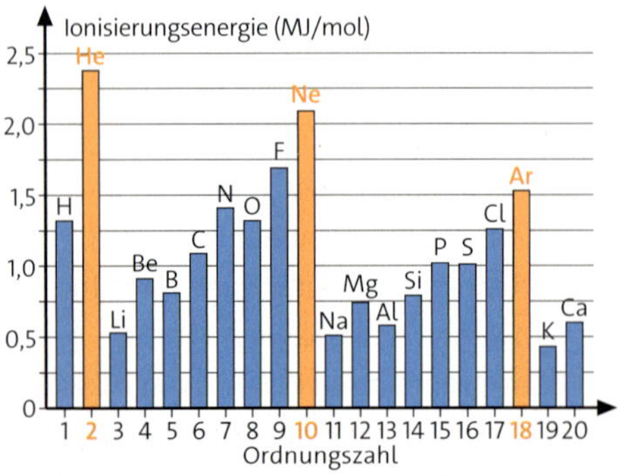

2 *Ionisierungsenergien für die Abspaltung des ersten Elektrons*

Ionenladung und Periodensystem

Metallatome geben ihre Valenzelektronen ab und bilden **Kationen.** Diese erreichen dann die gleiche Elektronenkonfiguration wie das Edelgasatom in der vorhergehenden Periode. Ein Magnesium-Atom hat zwei Valenzelektronen. Gibt es diese zwei Elektronen ab, dann erhält es die **Ionenladungszahl** 2+ und erreicht damit die Elektronenkonfiguration des Neon-Atoms. ↗ 3, 4

Nichtmetallatome erreichen die Edelgaskonfiguration nicht durch die Abgabe von Elektronen. Die Aufnahme von Elektronen ist bei ihnen energetisch günstiger, dabei entstehen **Anionen.** Diese haben die gleiche Elektronenkonfiguration wie das Edelgasatom der gleichen Periode. Nimmt das Chlor-Atom ein Elektron auf, erhält es die Ionenladungszahl 1– und erreicht die Elektronenkonfiguration des Argon-Atoms. ↗ 3, 4

Die Art und Anzahl der Ionenladungen eines Elements lassen sich direkt aus der Stellung im Periodensystem ableiten. So bilden beispielsweise Atome der II. Hauptgruppe immer zweifach positiv geladene Kationen, Atome der VII. Hauptgruppe einfach negativ geladene Anionen.

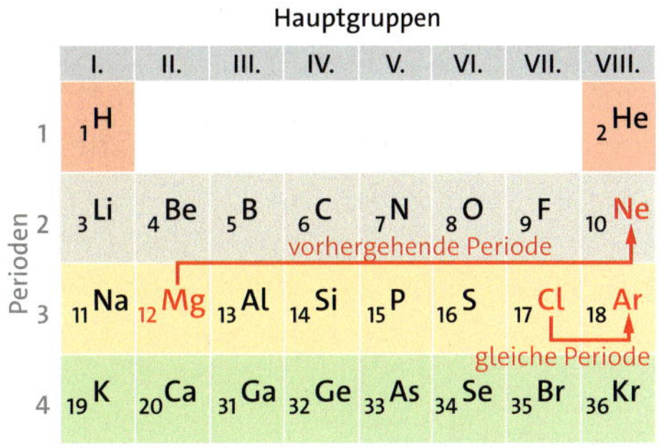

3 *Periodensystem*

Teilchen	Anzahl der Elektronen
Mg-Atom	12 −2 e^-
Mg^{2+}-Kation	10
Ne-Atom	10
Cl-Atom	17 +1 e^-
Cl^--Anion	18
Ar-Atom	18

4 *Teilchen und ihre Elektronenzahl*

Warum ist das Natrium-Kation so stabil?

Das Natrium-Atom hat 11 Elektronen. Wenn es ionisiert wird, gibt es sein einzelnes Valenzelektron ab und wird zum Natrium-Kation. Nun hat es 10 Elektronen und damit die gleiche Anzahl an Elektronen wie das Neon-Atom. ↗ 5

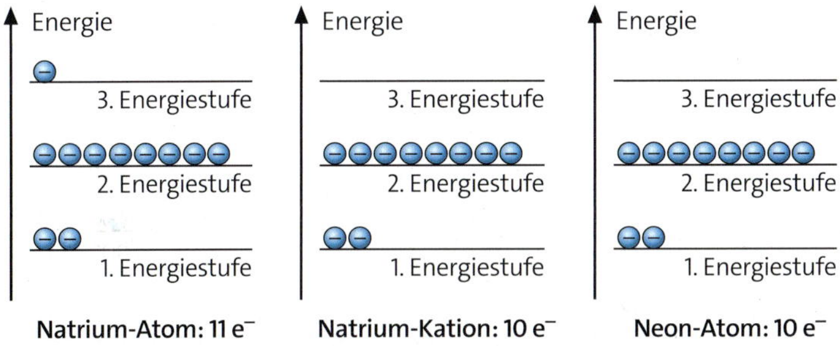

5 *Energiestufenmodelle von Natrium-Atom, Natrium-Kation und Neon-Atom*

Das Natrium-Atom hat also durch Abgabe eines Elektrons die stabile Elektronenkonfiguration eines Edelgases erreicht. Auch die Atome anderer Elemente streben die gleiche Anzahl an Elektronen an wie die Edelgase. Dieses Bestreben nennt man **Edelgasregel**. Die Atome erreichen die Edelgaskonfiguration zum Beispiel durch Aufnahme oder Abgabe von Elektronen.

> **Die Elektronenkonfiguration der Edelgase ist besonders stabil. Die Edelgasregel besagt, dass die Atome anderer Elemente diesen stabilen Zustand durch Abgabe oder Aufnahme von Elektronen erreichen.**

AUFGABEN

1 ☐ Erläutere den Begriff Edelgaskonfiguration an einem Beispiel.

2 ◪ Zeichne das Energiestufenmodell des Lithium-Ions. Begründe, welcher Edelgaskonfiguration es entspricht.

3 ◪ Erkläre jeweils mit einem Schema wie in Bild 4, welche Ionen aus dem Aluminium-Atom und dem Sauerstoff-Atom entstehen.

Kern-Hülle Modell

Nach dem Kern-Hülle-Modell bestehen Atome aus einem winzigen, positiv geladenen Atomkern. Er ist von einer weit ausgedehnten, negativ geladenen Atomhülle umgeben. ↗ 1

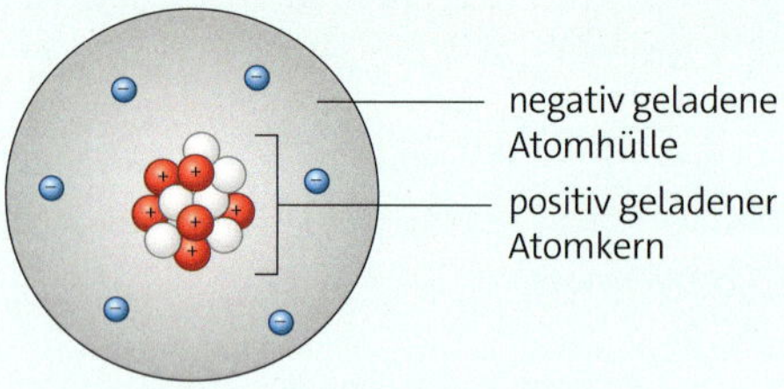

1 *Kohlenstoff-Atom im Kern-Hülle-Modell*

Die Bausteine der Atome sind die Elementarteilchen: Protonen, Neutronen und Elektronen. Ein chemisches Element besteht aus Atomen gleicher Protonenzahl. ↗ 2

Elementarteilchen	Symbol	relative Ladung	relative Masse	Ort
Proton	p^+	+1	1	Kern
Neutron	n	0	1	Kern
Elektron	e^-	−1	0	Hülle

2 *Elementarteilchen*

Energiestufenmodell

Nach dem Energiestufenmodell stehen den Elektronen in der Atomhülle nur ganz bestimmte Energiestufen zur Verfügung. Valenzelektronen sind die Elektronen der jeweils höchsten Energiestufe. Die Verteilung der Elektronen auf die Energiestufen heißt Elektronenkonfiguration. ↗ 3

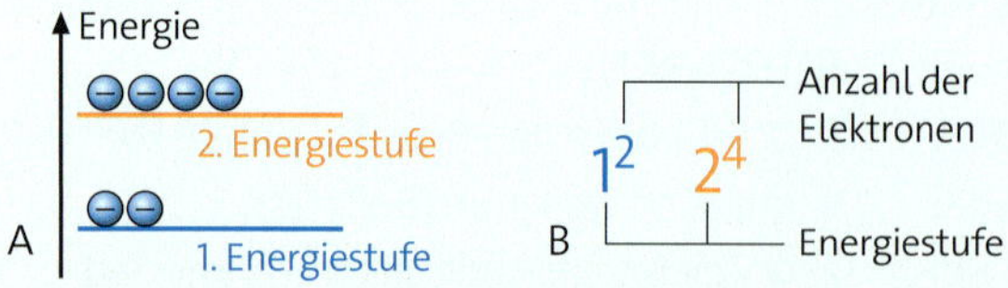

3 *Kohlenstoff-Atom: Energiestufenmodell (A) und Elektronenkonfiguration (B)*

Kugelwolkenmodell

Das Kugelwolkenmodell verdeutlicht den Aufenthaltsbereich der Elektronen in der Atomhülle. Jede Kugelwolke enthält maximal zwei Elektronen. Die erste Energiestufe wird als eine Kugelwolke rund um den Atomkern dargestellt. Ab der zweiten Energiestufe gibt es jeweils maximal vier Kugelwolken, die sich in Form eines Tetraeders anordnen. ↗ 4

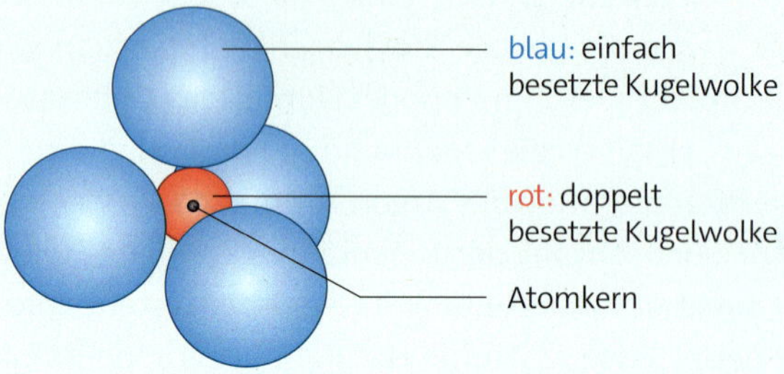

4 *Kugelwolkenmodell des Kohlenstoff-Atoms*

Vom Atombau zum Periodensystem der Elemente

Im Periodensystem sind die Elemente nach ihrem Atombau geordnet. Die Nummer der Periode entspricht der Anzahl der Energiestufen. Die Nummer der Hauptgruppe entspricht der Anzahl an Valenzelektronen. ↗ 5

Hauptgruppen

Perioden	I.	II.	III.	IV.	V.	VI.	VII.	VIII.
1	$_{1}$H							$_{2}$He
2	$_{3}$Li	$_{4}$Be	$_{5}$B	$_{6}$C	$_{7}$N	$_{8}$O	$_{9}$F	$_{10}$Ne
3	$_{11}$Na	$_{12}$Mg	$_{13}$Al	$_{14}$Si	$_{15}$P	$_{16}$S	$_{17}$Cl	$_{18}$Ar
4	$_{19}$K	$_{20}$Ca	$_{31}$Ga	$_{32}$Ge	$_{33}$As	$_{34}$Se	$_{35}$Br	$_{36}$Kr
5	$_{37}$Rb	$_{38}$Sr	$_{49}$In	$_{50}$Sn	$_{51}$Sb	$_{52}$Te	$_{53}$I	$_{54}$Xe
6	$_{55}$Cs	$_{56}$Ba	$_{81}$Tl	$_{82}$Pb	$_{83}$Bi	$_{84}$Po	$_{85}$At	$_{86}$Rn
7	$_{87}$Fr	$_{88}$Ra	$_{113}$Nh	$_{114}$Fl	$_{115}$Mc	$_{116}$Lv	$_{117}$Ts	$_{118}$Og

5 *Teilchenbezogenes Periodensystem der Elemente (Hauptgruppen)*

Edelgaskonfiguration

Die Edelgasregel besagt, dass die Elektronenkonfiguration der Edelgase besonders stabil ist. Die Atome anderer Elemente erreichen diesen stabilen Zustand zum Beispiel durch Abgabe oder Aufnahme von Elektronen, wodurch Ionen entstehen.

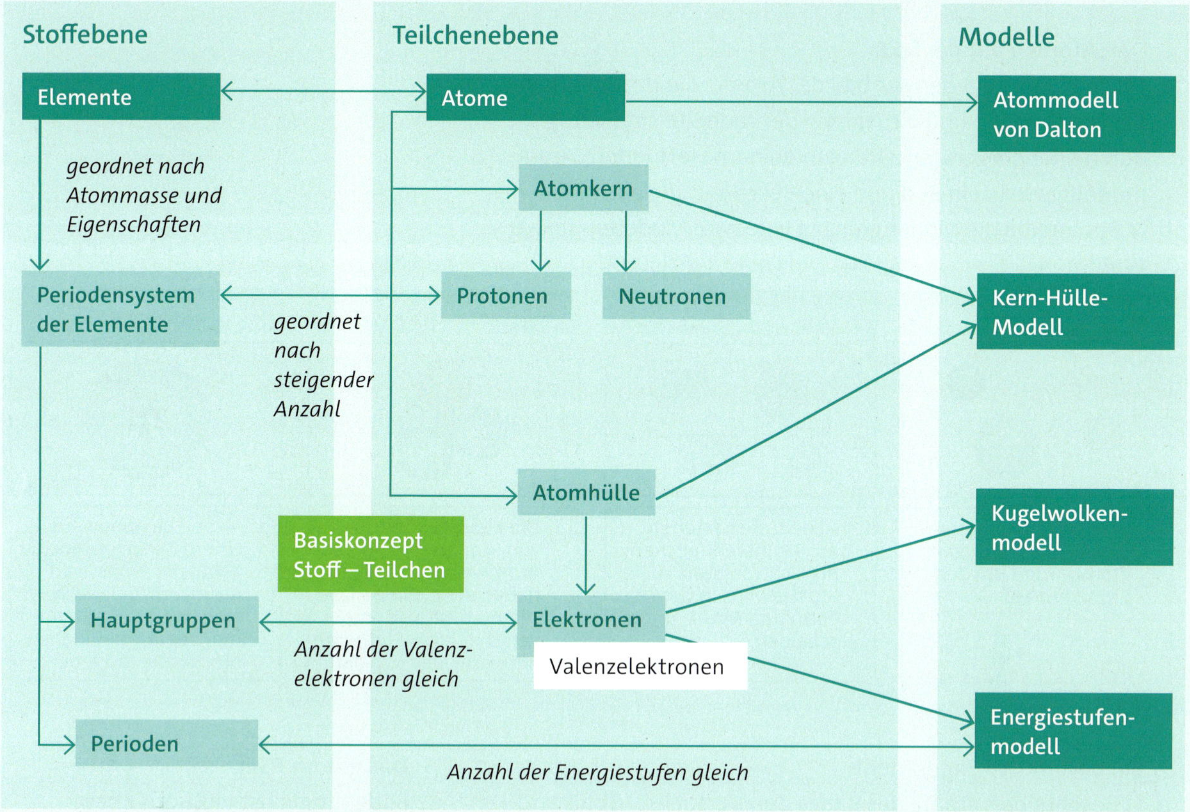

Kompetenzcheck

Hast du alle wichtigen Inhalte des Kapitels verstanden? Schätze dich zuerst selbst ein: ☺ 😐 ☹

Überprüfe nun deine Selbsteinschätzung: Löse dazu die Aufgaben auf Seite 90/91 und vergleiche deine Antworten mit den Lösungsvorschlägen. ↗ S. 188

Ich kann ...	☺	😐	☹	Alles-im-Griff-Aufgaben	Hilfe findest du auf Seite
aus den Ergebnissen des Streuversuchs von Rutherford das Kern-Hülle-Modell ableiten.	?	?	?	2	74, 75
den Aufbau der Materie mithilfe von Modellen beschreiben und die Eignung dieser Modelle beurteilen.	?	?	?	1, 2	82–83
begründen, warum Modelle weiterentwickelt werden müssen.	?	?	?	1, 6	82–83
aus experimentellen Ergebnissen das Energiestufenmodell ableiten.	?	?	?	8	77–79
die Elektronen der Energiestufen den entsprechenden Kugelwolken zuordnen.	?	?	?	6	80–81
mithilfe des Periodensystems die Ionenladung eines Elements, die Anzahl seiner verschiedenen Atombausteine und seine Elektronenkonfiguration ermitteln.	?	?	?	3, 4, 5, 6, 7	84–87

ALLES IM GRIFF?

1 Den Atomen auf der Spur

a □ Die Bilder über den Aufbau der Atome, die dazugehörigen Beschreibungen und die Namen der Modelle sind völlig durcheinandergeraten. Ordne in deinem Heft jedem Atommodell jeweils ein Bild und eine Beschreibung zu.

b ◪ Beschreibe die Modellgrenzen von zwei Modellen deiner Wahl.

einfaches Teilchenmodell	Atommodell (Dalton)	Atommodell (Rutherford)	Kugelwolkenmodell
A 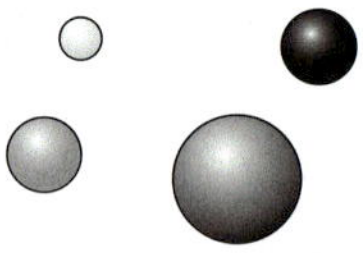	B 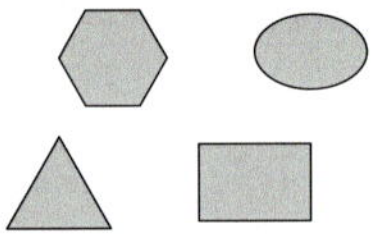	C 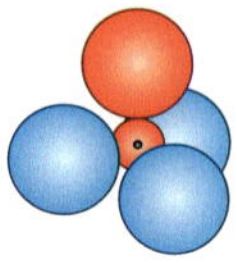	D 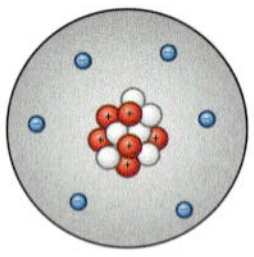
① Die Elektronen halten sich in kugelförmigen Wolken rund um den Atomkern auf.	② Alle Stoffe bestehen aus kleinsten Teilchen, die sich von Stoff zu Stoff jeweils in Größe, Form und Masse unterscheiden.	③ Die kleinsten Teilchen von Stoffen sind Atome. Atome eines Elements haben die gleiche Masse und Größe, Atome verschiedener Elemente unterscheiden sich darin.	④ Atome bestehen aus einem winzigen, positiv geladenen massiven Atomkern. Er ist von einer weit ausgedehnten, negativ geladenen Atomhülle umgeben.

2 Ein berühmtes Experiment

a □ Beschreibe mithilfe des Bildes den Versuchsaufbau und die Durchführung des Streuversuchs von Rutherford.

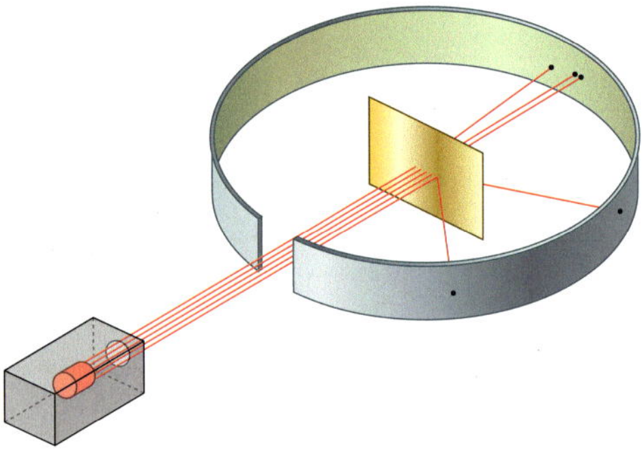

b ◪ Begründe, welches Versuchsergebnis zu erwarten ist, wenn die Atome doch massive und dicht aneinanderliegende Kugeln wären.

c ◪ Erkläre, wie Rutherford feststellte, dass der Atomkern positiv und die Atomhülle negativ geladen sind.

3 Das gilt im PSE!

□ Bilde möglichst viele aus chemischer Sicht sinnvolle Sätze:

Innerhalb

einer Periode | *einer Hauptgruppe*

nimmt

die Zahl der Protonen

die Zahl der Elektronen

die Zahl der Valenzelektronen

der Metallcharakter

die Zahl der Energiestufen

zu | *ab*

4 Welches Ion wird gebildet?

a □ Bestimme mithilfe des PSE, welche Ionen die Elemente Lithium, Beryllium, Sauerstoff und Brom bilden.

b ■ Begründe folgende Aussagen:
Kationen sind stets kleiner als die zugehörigen Atome.
Anionen sind stets größer als die zugehörigen Atome.

5 Atome – Elemente

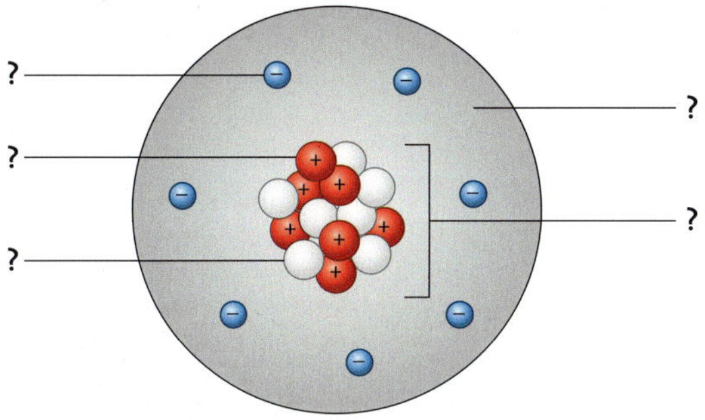

a □ Übertrage das Bild in dein Heft und beschrifte alle Bestandteile des Atoms.

b □ Notiere den Namen des Elements und seine Symbolschreibweise.

c ◪ Ein Element hat die Nukleonenzahl 16. Zeichne das Atom wie im Bild oben und notiere es in der Symbolschreibweise.

6 Elektronen auf ihre Plätze!

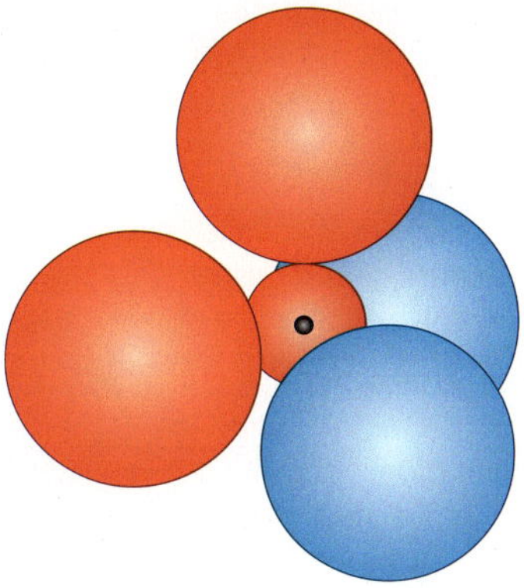

a □ Beschreibe das Kugelwolkenmodell mithilfe des Bildes.

b □ Um welches Element handelt es sich? Notiere den Namen des Elements, seine Symbolschreibweise und seine Elektronenkonfiguration.

c ◪ Zeichne das Energiestufenmodell zu dem abgebildeten Element.

d ◪ Vergleiche Energiestufenmodell und Kugelwolkenmodell.

7 Elemente gesucht!

◪ Übertrage die Steckbriefe in dein Heft und ergänze sie mithilfe des PSE.

8 Farbige Flammen

◪ Bringe die Sätze A–D in die richtige Reihenfolge:

A Elektronen besetzen nur bestimmte Energiestufen.

B Beim Zurückfallen wird Energie in Form von farbigem Licht frei.

C Nach kurzer Zeit fällt das Elektron auf seine ursprünglich Energiestufe zurück.

D Bei Wärmezufuhr kann ein Elektron Energie aufnehmen und auf eine unbesetzte höhere Energiestufe springen.

esa
ariane

4

Chemische Reaktionen

Die Ariane-5-Rakete hebt im Weltraumbahnhof Kourou im südamerikanischen Französisch-Guayana ab.
Als Raketentreibstoff dienen beim Haupttriebwerk Wasserstoff und Sauerstoff, die miteinander reagieren.

Betrachte nebenstehendes Bild. Welchen Treibstoff nutzt dieses Fahrzeug? Zusätzlich benötigt das Fahrzeug Sauerstoff aus der Luft.

▶ *Überlege, was mit dem Wasserstoff und dem Sauerstoff geschieht und was sich aus ihnen bildet.*

4.1 Analyse und Synthese von Wasser

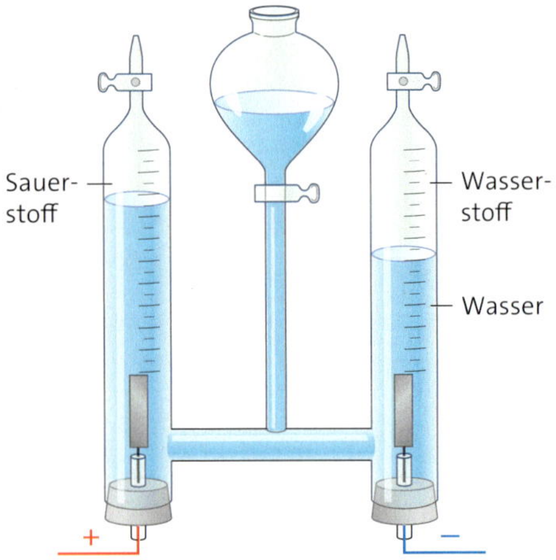

1 *Zersetzungsapparat*

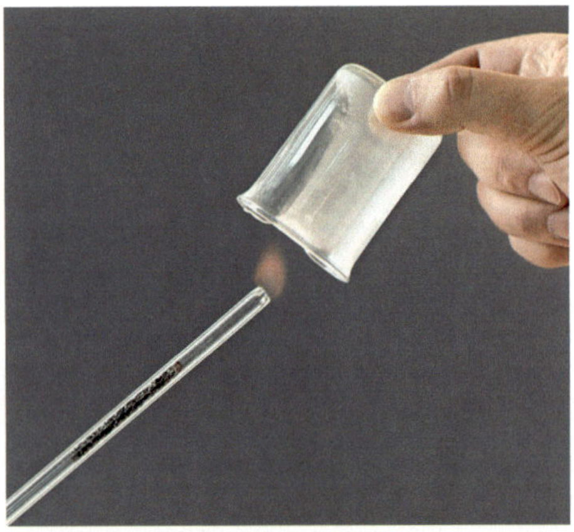

2 *Wasserstoff verbrennt mit Sauerstoff zu Wasser. Im darüber gehaltenen Glas kondensiert der Wasserdampf.*

Wasser wird zerlegt

Wenn man wie im Bild links durch Wasser Gleichstrom leitet, bilden sich an beiden Elektroden Gasblasen. Dabei entsteht an der negativ geladenen Elektrode doppelt so viel Gas wie an der positiv geladenen Elektrode. ↗ 1

Da sich das Wasser bei diesem Versuch nicht erhitzt, kann dieses Gas kein Wasserdampf sein. Die Gase kann man auffangen und untersuchen. Das Gas am Pluspol ist farblos, aber nicht brennbar. Es ist schwerer als Luft. Die positive Glimmspanprobe zeigt, dass es sich um Sauerstoff handelt. Am Minuspol entsteht ein ebenfalls farbloses, aber brennbares Gas, das leichter ist als Luft. Mit der Knallgasprobe lässt sich nachweisen, dass das Gas Wasserstoff ist. ↗ S. 29

Die Verbindung Wasser wurde mithilfe von elektrischem Strom in die beiden Elementsubstanzen Wasserstoff und Sauerstoff zerlegt. Die chemische Zerlegung eines Stoffes in einfachere Bestandteile nennt man **Analyse**.

Aus dem Reinstoff Wasser sind zwei neue Reinstoffe mit anderen Eigenschaften entstanden. Es hat eine Stoffumwandlung stattfindet, spricht man von einer **chemischen Reaktion**.

Wasser wird gebildet

In manchen Fahrzeugen wird das Element Wasserstoff als Treibstoff genutzt. Es reagiert mit dem Element Sauerstoff, zum Beispiel aus der Luft, zur Verbindung Wasser. Wir kennen diese Reaktion bereits von der Knallgasprobe: Hierbei reagiert der Wasserstoff mit Luftsauerstoff im Reagenzglas. ↗ S. 29

Vermischt man die Gase Wasserstoff und Sauerstoff bei Raumtemperatur, erhält man ein Gasgemisch. Zündet man das Gemisch, läuft eine chemische Reaktion ab. Dabei bildet sich eine klare Flüssigkeit, die sich als Wasser identifizieren lässt. ↗ S. 28

Die beiden Elemente Wasserstoff und Sauerstoff haben sich zur Verbindung Wasser vereinigt. Eine chemische Reaktion, bei der sich Stoffe zu neuen Stoffen vereinigen, nennt man **Synthese**.

Analyse von Wasser auf Teilchenebene

Wenn Wasser durch Strom zerlegt wird, entstehen Wasserstoff-Gas und Sauerstoff-Gas im Volumenverhältnis 2 : 1.

Für Gase gibt es eine Gesetzmäßigkeit, die besagt, dass die gleiche Anzahl von Gasteilchen immer etwa das gleiche Volumen hat. Es spielt dabei keine Rolle, wie groß die Gasteilchen sind. ↗ 3

Aus dem experimentell ermittelten Volumenverhältnis können wir Folgendes schließen: Bei der Zerlegung von Wasserteilchen sind doppelt so viele Wasserstoffteilchen entstanden wie Sauerstoffteilchen. Daraus ergibt sich, dass ein Wasser-Molekül aus zwei Wasserstoff-Atomen und einem Sauerstoff-Atom besteht und die **Molekülformel H_2O** hat. ↗ 3

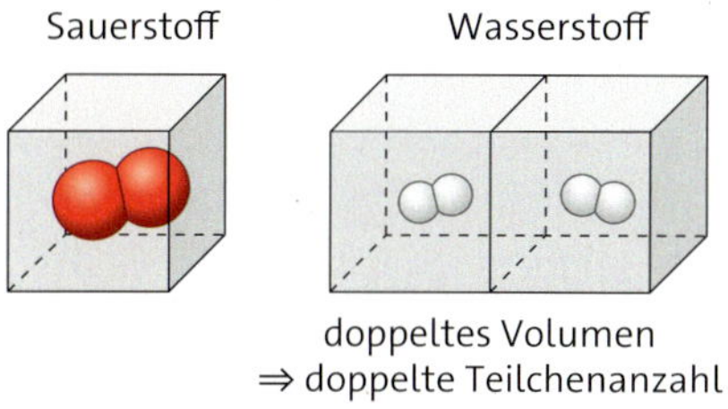

3 *Zusammenhang zwischen Gasvolumen und Teilchenzahl*

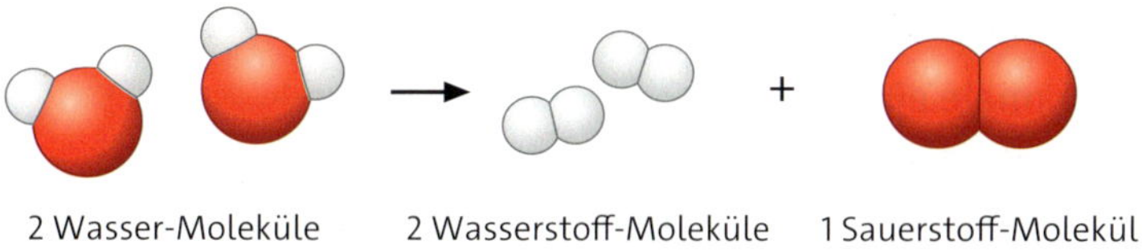

4 *Analyse von Wasser auf Teilchenebene*

Stoff	Element-symbol	Molekül-formel
Sauerstoff	O	O_2
Wasserstoff	H	H_2
Wasser	–	H_2O

5 *Elementsymbole und Molekülformeln*

Reaktionsgleichungen aufstellen

Die Analyse von Wasser kann man in einer **Wortgleichung** aufschreiben. Der Reaktionspfeil bedeutet dabei „reagiert zu" und das Plus bedeutet „und". Links vom Reaktionspfeil stehen die Ausgangsstoffe oder Edukte und rechts davon die Reaktionsprodukte. Für die Analyse von Wasser schreibt man dann:

Wasser ⟶ Wasserstoff + Sauerstoff

Kürzer, eindeutig und international verständlich kann man diese Reaktion auch in der Formelschreibweise darstellen. Für die Verbindung Wasser schreibt man die chemische Formel H_2O, für das Element Wasserstoff H_2 und für das Element Sauerstoff O_2. ↗ 5 Die **Formelgleichung** für die Analyse von Wasser lautet:

$2\,H_2O \rightarrow 2\,H_2 + O_2$

Analyse von Diiodpentaoxid

Auch der Feststoff Diiodpentaoxid kann durch eine chemische Reaktion zerlegt werden. Beim Erhitzen der Verbindung bilden sich die Elemente Iod und Sauerstoff. ↗ 6

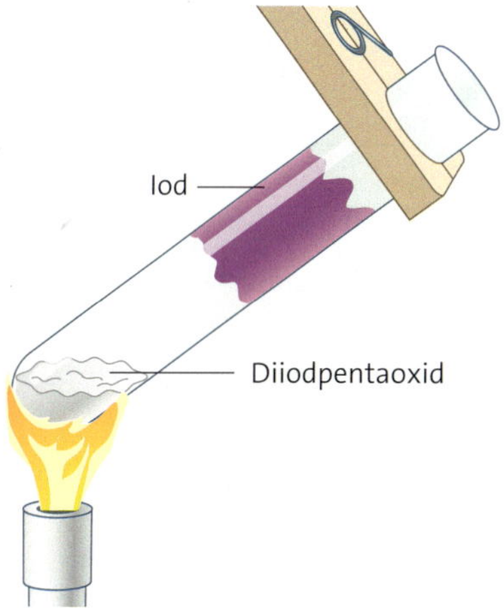

6 *Analyse von Diiodpentaoxid*

Die Analyse ist eine chemische Reaktion, bei der Stoffe in einfachere Bestandteile zerlegt werden. Die Synthese ist eine chemische Reaktion, bei der sich Stoffe zu neuen Stoffen vereinigen.

AUFGABEN

Diiodpentaoxid kann durch Erhitzen in die Elemente zerlegt werden.

1 □ Nenne die Reaktionsprodukte.

2 ◪ Formuliere die Wortgleichung dieser Reaktion.

Erdem möchte die Massen der Produkte ermitteln, die bei der Analyse von einem Gramm Diiodpentaoxid entstehen. Beim Feststoff Iod war das durch Wiegen recht einfach. Erdems Mitschülerin Marie meint: „Die Masse des Sauerstoffs kannst du jetzt ausrechnen."

▶ *Begründe, ob Marie recht hat.*

4.2 Merkmale chemischer Reaktionen

Merkmale einer chemischen Reaktion

Bei der Zerlegung von Wasser in Wasserstoff und Sauerstoff handelt es sich nicht um die Entmischung eines Stoffgemischs. Aus dem Reinstoff Wasser sind zwei neue Reinstoffe mit völlig neuen Eigenschaften entstanden. Immer wenn eine **Stoffumwandlung** stattfindet, spricht man von einer **chemischen Reaktion.**

Verbindungen sind Reinstoffe, die durch chemische Reaktionen weiter zerlegt werden können. **Elemente** sind Reinstoffe, die durch chemische Reaktionen nicht weiter zerlegt werden können.

Im Gegensatz zur chemischen Reaktion liefert die Trennung von Stoffgemischen keine neuen Stoffe. Die darin vorliegenden Reinstoffe werden durch physikalische Trennverfahren voneinander getrennt. ↗1

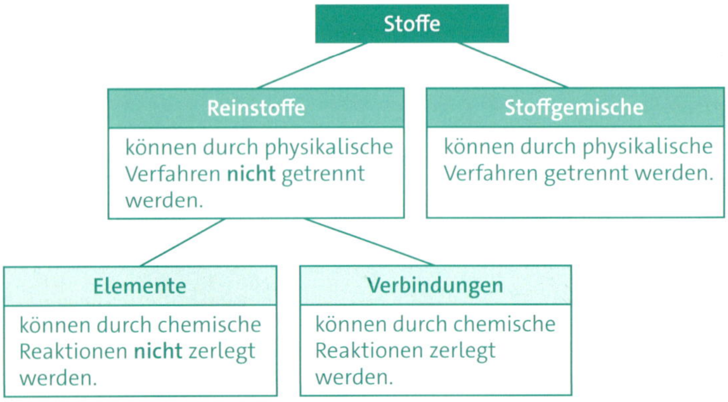

1 *Einteilung der Stoffe*

Bei jeder chemischen Reaktion ist **Energie** beteiligt. Das können verschiedene Energieformen sein. Die Analyse von Wasser findet beispielsweise nur statt, wenn ständig elektrische Energie zugeführt wird.

Reaktionen sind umkehrbar

Wenn man sich die Reaktion von Wasserstoff mit Sauerstoff zu Wasser genauer ansieht, stellt man fest, dass die Synthese von Wasser die Umkehrung der Analyse ist. ↗2 Während für die Analyse Energie zugeführt werden muss, wird bei der Synthese Energie frei. Diese Energie kann man zum Beispiel in Wasserstofffahrzeugen nutzen.

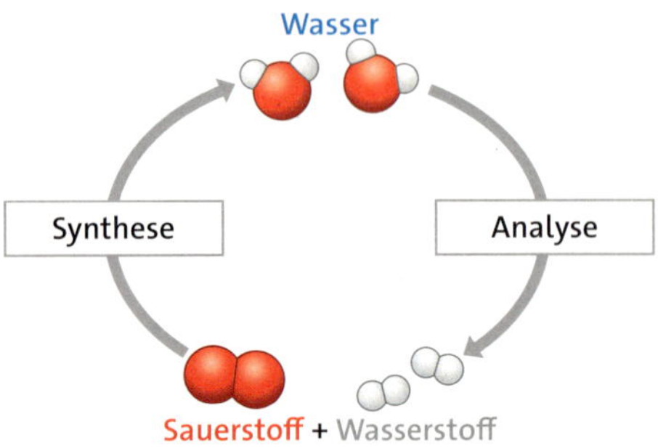

2 *Analyse und Synthese von Wasser auf Stoff- und Teilchenebene*

Ein interessantes Versuchsergebnis

Die weiße Verbindung Diiodpentaoxid wird durch Erhitzen in die Elemente zerlegt. Dabei setzt sich der violette Feststoff Iod an der Innenwand des Reagenzglases ab und das Gas Sauerstoff entweicht:

Diiodpentaoxid → Iod + Sauerstoff

$2\ I_2O_5 \rightarrow 2\ I_2 + 5\ O_2$

Das Wiegen der Stoffe liefert ein interessantes Ergebnis. Aus 1 g Diiodpentaoxid entstehen genau 0,76 g Iod und 0,24 g Sauerstoff. Es fällt auf, dass die Masse des Ausgangsstoffs und die Summe der Produktmassen gleich sind:

$m(I_2O_5) = m(I_2) + m(O_2)$

Atome werden umgruppiert

Wie man an den chemischen Formeln erkennen kann, ordnen sich bei der Reaktion die Iod-Atome und die Sauerstoff-Atome neu an. Durch die Zufuhr von Wärmeenergie werden die Diiodpentaoxid-Moleküle in Atome zerlegt, anschließend bilden sich neue Moleküle.

Die Anzahl der Atome ändert sich nicht, wenn sie umgruppiert werden: Auf beiden Seiten des Reaktionspfeils stehen jeweils vier Iod- und zehn Sauerstoff-Atome. ↗ 3

Da Atome eine bestimmte Masse haben, ist die Gesamtmasse der Ausgangsstoffe (Edukte) gleich der Gesamtmasse der Produkte. Dieses Prinzip nennt man **Gesetz von der Erhaltung der Masse**.

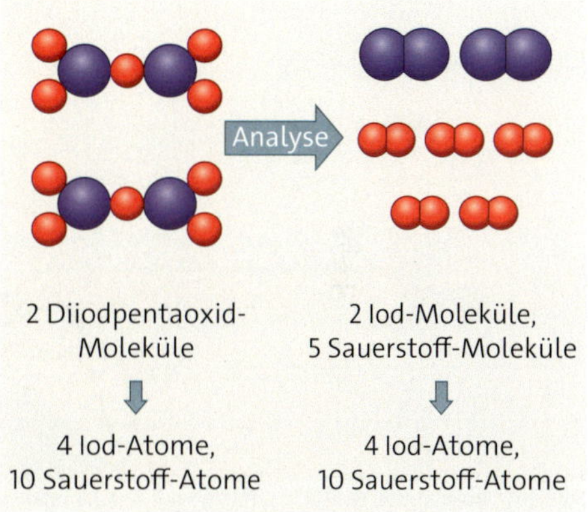

3 *Bei der Analyse von Diiodpentaoxid werden die Iod- und Sauerstoff-Atome umgruppiert.*

Merkmale chemischer Reaktionen

Drei Gemeinsamkeiten gelten für alle chemischen Reaktionen. So ist mit jeder chemischen Reaktion eine Stoffumwandlung verbunden. Zudem bleiben alle Atome erhalten, sie werden nur umgruppiert. Und schließlich ist bei allen Reaktionen Energie beteiligt. Diese Merkmale fasst man zu einem Basiskonzept zusammen. ↗ 4

Chemische Reaktion

Bei einer chemischen Reaktion entstehen neue Stoffe mit anderen Eigenschaften. Die Atome der Ausgangsstoffe ordnen sich zu neuen Teilchenverbänden um. Dabei gehen weder Atome verloren noch werden Atome neu gebildet.
Chemische Reaktionen finden immer unter Energiebeteiligung statt. Sie können umgekehrt werden.

4 *Basiskonzept Chemische Reaktion*

Chemische Reaktionen sind mit einer Stoff- und einer Energieumwandlung verbunden. Dabei gilt das Gesetz von der Erhaltung der Masse.

AUFGABEN

1 □ Nenne die drei typischen Merkmale einer chemischen Reaktion.

2 ◪ Begründe, warum bei der Analyse von Diiodpentaoxid die Masse des Reagenzglasinhalts geringer wird, wenn das Reagenzglas nicht verschlossen ist.

3 ◪ Bei der vollständigen Analyse von 10 g Wasser entstehen 1,11 g Wasserstoff. Berechne die Masse des Sauerstoffs.

Eigenschaften chemischer Reaktionen

1 Wie kann man die Molekülformel von Wasser experimentell bestätigen?

Material: Batterie (9 V), Wanne, Kabel, Elektroden, Spritzen, 2 Gummibänder, wasserfestes Klebeband, 2 Reagenzgläser, Holzspan, Feuerzeug

Chemikalien: dest. Wasser, Natriumhydrogencarbonat

Info: Weil destilliertes Wasser den elektrischen Strom nicht leitet, macht man es mit Natriumhydrogencarbonat leitfähig.

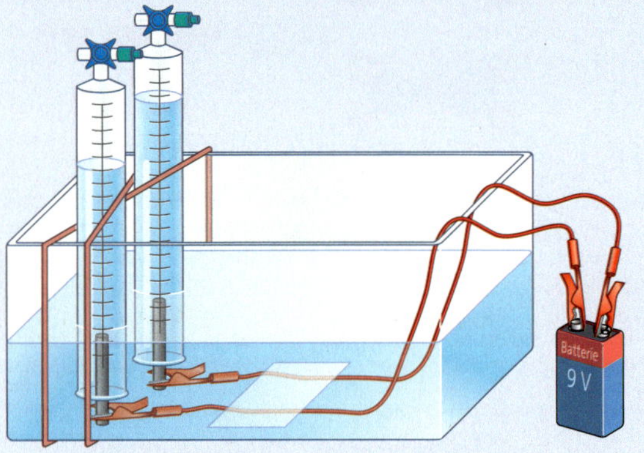

1 *Zersetzungsapparat – selbst gebaut*

Durchführung:
- Baue den Zersetzungsapparat auf. ↗ 1
- Fülle die Wanne und beide Spritzen mit Wasser, das mit Natriumhydrogencarbonat versetzt wurde.
- Schließe die Batterie an die Elektroden an.
- Beobachte die Vorgänge an den Elektroden.
- Notiere die entstandenen Gasmengen in beiden Spritzen nach 2, 5 und 10 Minuten.
- Fülle die Gase nacheinander in die Reagenzgläser um und weise nach, um welche Gase es sich handelt. ↗ S. 29, 31

Auswertung: Fertige ein Versuchsprotokoll an und beantworte folgende Fragen:
- Welche zwei Gase konntest du nachweisen?
- Wie ist das Volumenverhältnis der Gase?

Erkläre anhand deiner Antworten, welche Molekülformel du für Wasser erstellen würdest.

Entsorgung: Ausguss

2 Ändert sich die Masse?

Material: Reagenzglas, Reagenzglasklammer, Luftballon, Kabelbinder, Waage, Streichhölzer, Gasbrenner

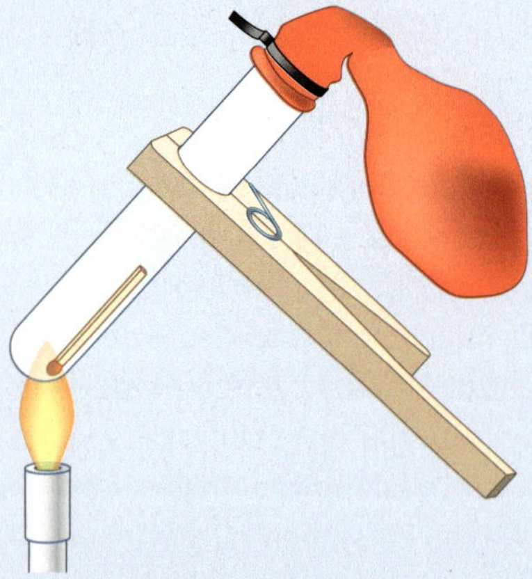

2 *Gasdicht verschlossenes Reagenzglas mit Streichholz*

Durchführung:
- Gib ein Streichholz mit dem Zündköpfchen nach unten in ein Reagenzglas.
- Verschließe das Reagenzglas mit dem Luftballon und befestige ihn mit dem Kabelbinder. ↗ 2
- Wiege das Reagenzglas und notiere dir den Wert.
- Erhitze jetzt vorsichtig den Reagenzglasboden, bis die Verbrennungsreaktion startet.
- Wiege nach der Reaktion und einer kurzen Abkühlzeit das Reagenzglas erneut.

Auswertung: Fertige ein Versuchsprotokoll an. Vergleiche die Messwerte vor und nach der Reaktion. Stelle Vermutungen an, wie es zu diesem Ergebnis kommt.

Entsorgung: Restmüll

Der Weg der Erkenntnisgewinnung – Auswertung

Daten interpretieren

Die Daten, die du durch die Beobachtung gewonnen hast, müssen nun noch ausgewertet werden. Daten sprechen nicht für sich, sondern müssen interpretiert werden: Was sagen uns die Daten? Dabei wird auch das Vorwissen einbezogen.
Es ist wichtig, dass du ergebnisoffen an die Auswertung herangehst. Denke nicht schon vorher, dass ein bestimmtes Ergebnis aus den Daten ablesbar sein müsste. Das schützt dich davor, dass du falsche Schlussfolgerungen aus den Daten ziehst.
In der Wissenschaft ist es möglich, dass verschiedene Menschen bei den gleichen Daten zu unterschiedlichen Interpretationen kommen können.

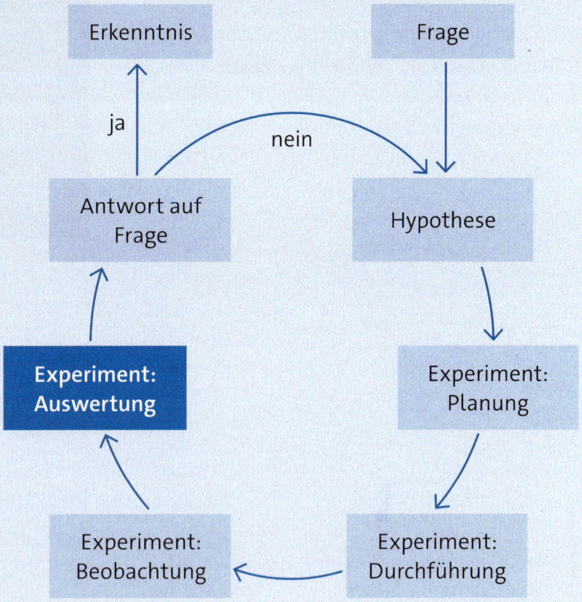

Merkmale einer Auswertung

① Die Daten aus der Beobachtung werden interpretiert.
② Die Auswertung ist ergebnisoffen.
③ Ziehe nur die Schlussfolgerungen, die sich auch wirklich aus den Daten „ablesen" lassen.

Reaktionen starten nicht einfach so!

▶ *Welche Energieformen können für einen Reaktionsstart genutzt werden? Nenne mehrere Möglichkeiten.*

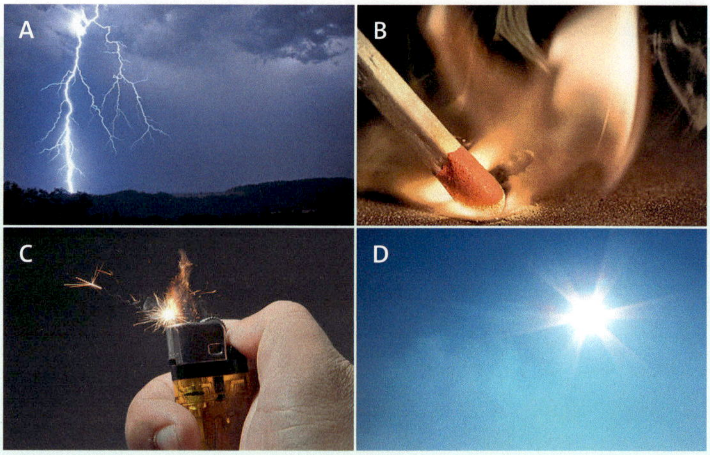

4.3 Energie bei chemischen Reaktionen

Reaktionen starten

Ein Gemisch aus Sauerstoff und Wasserstoff kann man beliebig lange aufbewahren, ohne dass eine Reaktion erfolgt. Was muss also passieren, damit die Reaktion startet? Es ist eine Zündung nötig, zum Beispiel durch einen Funken.

Auch bei anderen chemischen Reaktionen kann man beobachten, dass Energie zugeführt werden muss, damit die Reaktion in Gang kommt. Diesen Energiebetrag nennt man **Aktivierungsenergie.** Durch die Aktivierungsenergie werden die Stoffe in einen reaktionsbereiten Zustand versetzt.

Je nach Reaktion kann Aktivierungsenergie in unterschiedlicher Form zugeführt werden. Dies kann beispielsweise elektrische Energie, mechanische Energie, Wärmeenergie oder Strahlungsenergie sein.

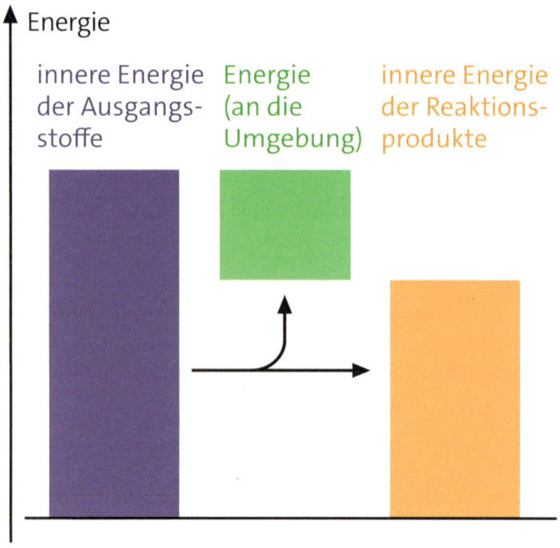

1 *Modellvorstellung exotherme Reaktion*

Energie wird frei

Nach ihrem Start laufen viele Reaktionen unter Abgabe von Energie ab. Woher kommt diese frei werdende Energie? Jeder Stoff besitzt einen bestimmten Energiegehalt. Diese Energie bezeichnet man auch als **innere Energie.** Sie hat ihre Ursache in der Bewegung der Teilchen des Stoffes und den Kräften zwischen diesen Teilchen.

Reagieren nun energiereiche Ausgangsstoffe zu energieärmeren Reaktionsprodukten, wird dabei Energie frei. Solche Reaktionen bezeichnet man als **exotherme Reaktionen.** ↗ 1

Die Energie kann in unterschiedlicher Form frei werden, zum Beispiel als Wärmestrahlung, als eine Druckwelle bei einer Explosion oder als sichtbares Licht. ↗ 2 Die frei werdende Energie bei chemischen Reaktionen nutzen wir im Alltag häufig, zum Beispiel beim Heizen, bei der Stromgewinnung oder in Kraftfahrzeugen.

2 *Nach dem Knicken wird Energie in Form von Licht frei.*

Energie wird aufgenommen

Bei manchen Reaktionen muss ständig Energie aus der Umgebung aufgenommen werden. Energiearme Ausgangsstoffe werden so zu energiereichen Reaktionsprodukten umgesetzt. Die Produkte besitzen eine höhere innere Energie als die Ausgangsstoffe. Solche Reaktionen bezeichnet man als **endotherme Reaktionen.** Ein Beispiel für eine endotherme Reaktion ist die Analyse von Wasser. Die Reaktion findet statt, solange elektrische Energie zugeführt wird. ↗ 3

Darstellung im Energiediagramm

Die Änderung der inneren Energie der Stoffe bei einer chemischen Reaktion kann man in einem **Energiediagramm** darstellen. Dabei wird Energie gegen Reaktionszeit aufgetragen. ↗ 4

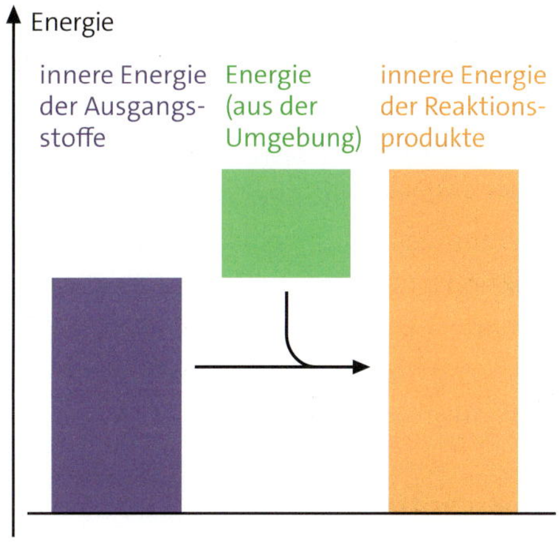

3 *Modellvorstellung endotherme Reaktion*

Energieumsatz – ein Merkmal chemischer Reaktionen

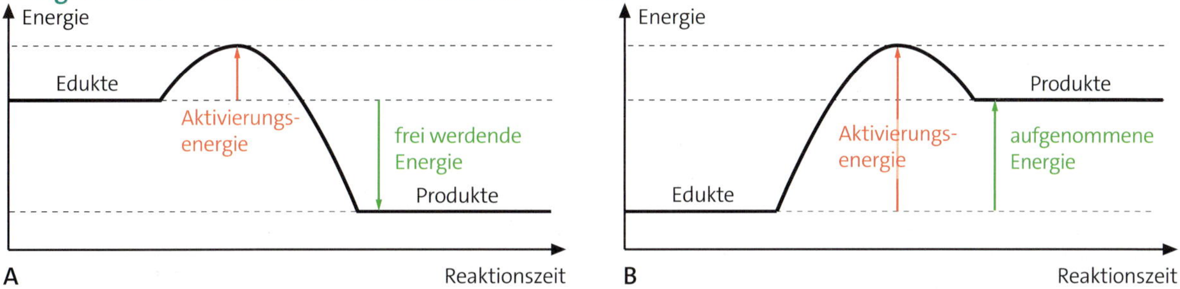

4 *Energiediagramme: exotherme (A) und endotherme (B) Reaktion*

Die Differenz der Energie (Zeichen: ΔE) zwischen der Energie aller Stoffe vor und nach einer Reaktion kann man in der Reaktionsgleichung angeben. Eine exotherme Reaktion läuft nach Zuführen der Aktivierungsenergie unter Abgabe von Energie freiwillig weiter ab. Die Energie der Ausgangsstoffe wird frei, die Energiedifferenz ΔE hat ein negatives Vorzeichen:

Wasserstoff + Sauerstoff → Wasser | exotherm
$2\,H_2 + O_2 \rightarrow 2\,H_2O$ | $-\Delta E$

Eine endotherme Reaktion läuft nicht freiwillig ab, es muss dauerhaft Energie zugeführt werden. ΔE hat ein positives Vorzeichen:

Wasser → Wasserstoff + Sauerstoff | endotherm
$2\,H_2O \rightarrow 2\,H_2 + O_2$ | $+\Delta E$

Die Energiebeteiligung bei chemischen Reaktionen fasst man zu einem Basiskonzept zusammen. ↗ 5

Aktivierungsenergie ist der Energiebetrag, der für einen Reaktionsstart notwendig ist.
Bei exothermen Reaktionen wird Energie abgegeben. Bei endothermen Reaktionen wird Energie aufgenommen.

Energie-Konzept
Bei chemischen Reaktionen spielt Energie immer eine wichtige Rolle: Entweder wird Energie frei oder sie wird aufgenommen. Das entscheidet darüber, ob eine chemische Reaktion freiwillig abläuft oder nicht.

5 *Basiskonzept Energie*

AUFGABEN

1 □ Nenne aus dem Alltag drei chemische Reaktionen, bei denen jeweils auf unterschiedliche Weise Ativierungsenergie zugeführt wird.

2 ◪ Fertige in deinem Heft ein beschriftetes Energiediagramm für die exotherme Synthese von Kohlenstoffdioxid an.

Reaktionsgleichungen aufstellen

Einst schrieben Alchemisten Reaktion durch Zeichen und Symbole nieder, damit andere nicht über dieses Wissen verfügen konnten.
Heutzutage ist das Ziel ein anderes: Chemische Reaktionen werden durch Reaktionsgleichungen kurz, international und mit allen wichtigen Informationen dargestellt. Zudem muss jeder beim Erstellen einer Reaktionsgleichung für die gleiche Reaktion zum gleichen Ergebnis kommen. Reaktionsgleichungen verknüpft Stoff- und Teilchenebene.

Denkschritte beim Aufstellen einer Formelgleichung

Beispiel: Bei der Analyse von Wasser entstehen die Gase Wasserstoff und Sauerstoff.

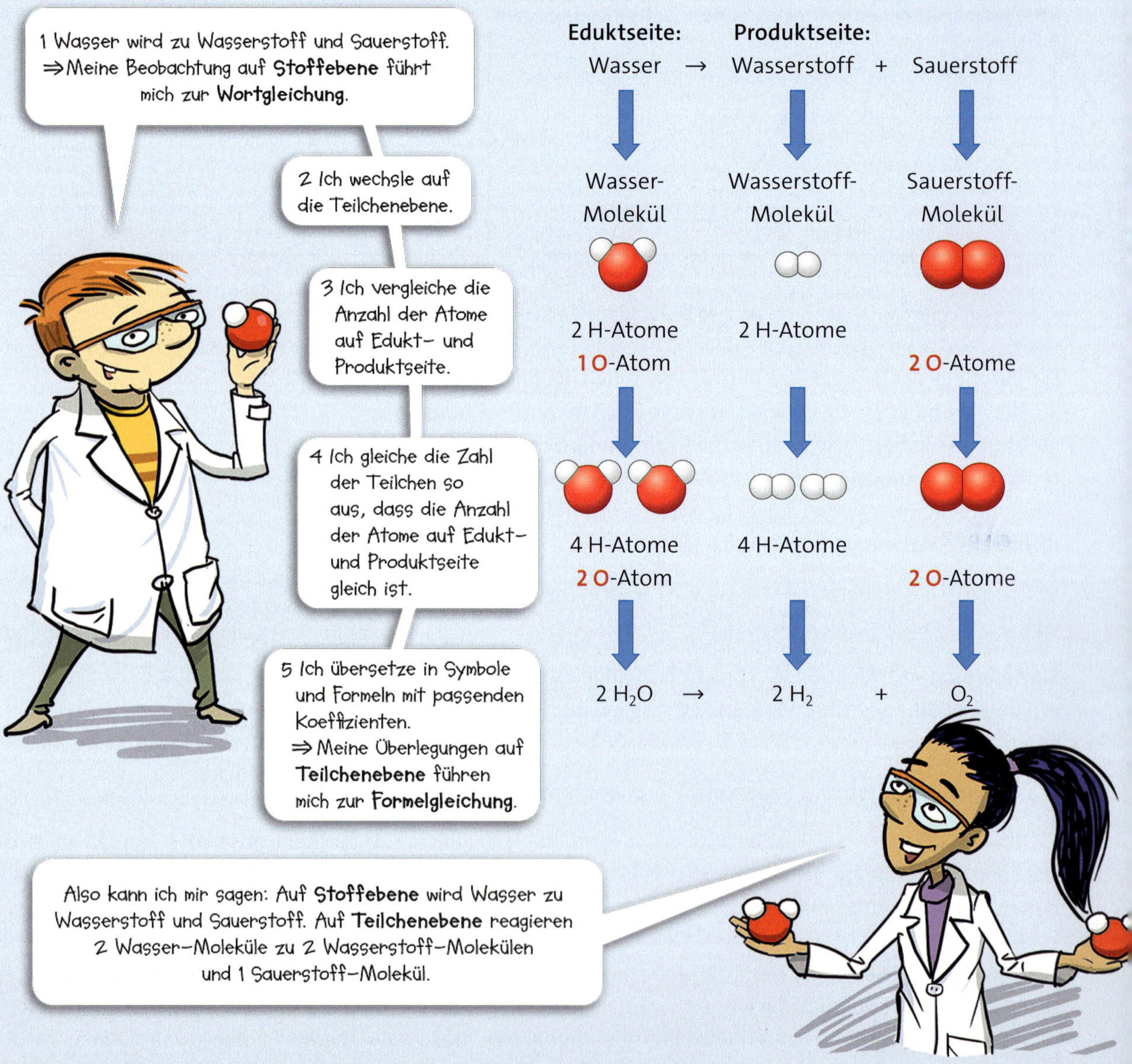

In der Chemie musst du wiederholt Formelgleichungen aufstellen. Wenn du dich an nachfolgende Anleitung hältst, kommst du bei jeder Gleichung zum richtigen Ergebnis.

Formelgleichung aufstellen in 5 Schritten

Beispiel: Wasserstoff und Sauerstoff reagieren in einer exothermen Reaktion zu Wasser.

Wasserstoff + Sauerstoff → Wasser	
1 Edukte (mit +) auf die linke Seite schreiben	
$H_2 + O_2$	Symbole und Formeln ↗ **PSE; S. 66** Achtung bei zweiatomigen Elementen wie: H_2, N_2, O_2, F_2, Cl_2, Br_2, I_2 (Merkhilfe: HONClBrIF)
2 Reaktionspfeil ergänzen	
$H_2 + O_2 \rightarrow$	Der Reaktionspfeil „→“ bedeutet: „reagiert zu“. Da Edukte und Produkte unterschiedliche Stoffe sind, darf kein „=“ stehen!
3 Produkte nach dem Reaktionspfeil einfügen	
$H_2 + O_2 \rightarrow H_2O$	Symbole und Formeln ↗ **PSE; S. 66**
4 Mit Koeffizienten ausgleichen	
$2\ H_2 + O_2 \rightarrow 2\ H_2O$	Teilchenzahlen vergleichen; die Index-Zahl gehört zur Formel und darf nicht verändert werden! Ausgleichen immer mit Zahl vor dem Symbol / der Formel (= Koeffizient)
5 Energiebeteiligung auf der rechten Seite angeben	
$2\ H_2 + O_2 \rightarrow 2\ H_2O \mid -\Delta E$	Energiebeteiligung ↗ **S. 101** Energie wird frei/exotherm: $-\Delta E$ Energie wird aufgenommen/endotherm: $+\Delta E$

AUFGABEN

1 □ Ergänze die nachfolgenden Gleichungen sinnvoll:

a $?\ H_2 + ?\ N_2 \rightarrow ?\ N_?H_? \mid -\Delta E$

b $?\ H_? + ?\ S \rightarrow ?\ H_?S_? \mid -\Delta E$

c $?\ CH_4 + ?\ O_? \rightarrow ?\ H_2O + ?\ CO_2 \mid -\Delta E$

2 ◪ Formuliere jeweils die Formelgleichungen:

a Wasserstoffperoxid (H_2O_2) zerfällt in einer exothermen Reaktion zu Wasser und Sauerstoff.

b Wasserstoff und Fluor reagieren explosionsartig zu Wasserstoffmonofluorid.

c Im Haber-Bosch-Verfahren wird in einer endothermen Reaktion aus Wasserstoff und Stickstoff Ammoniak hergestellt.

d Diiodpentaoxid zerfällt in einer endothermen Reaktion zu Iod und Sauerstoff.

3 ■ Diiodpentaoxid wird zur mengenmäßigen Bestimmung von Kohlenstoffmonooxid in Gasgemischen verwendet, da es bei Raumtemperatur mit Kohlenstoffmonooxid zu Kohlenstoffdioxid und elementarem Iod reagiert.
Formuliere die passenden Wort- und die Formelgleichung zur beschriebenen Reaktion.

4 ■ Ein Gemisch aus Wasserstoff und Chlor wird als Chlorknallgas bezeichnet, da es bei Energiezufuhr explosionsartig zu Wasserstoffmonochlorid reagiert.
Erstelle für die beschriebene Reaktion ein Schaubild mit allen Denkschritten beim Aufstellen der Formelgleichung. ↗ S. 102 Stelle auch die Edukte und Produkte dar.

Kontaktlinsenreinigungsmittel enthalten oft Wasserstoffperoxid (H_2O_2). Du kannst das dem Etikett entnehmen.
Gib zu etwas Kontaktlinsenreinigungsmittel Trockenhefe.
- ▶ *Was kannst du beobachten?*
- ▶ *Welche Stoffe könnten entstehen? Denke an deine Beobachtungen und den Ausgangsstoff.*

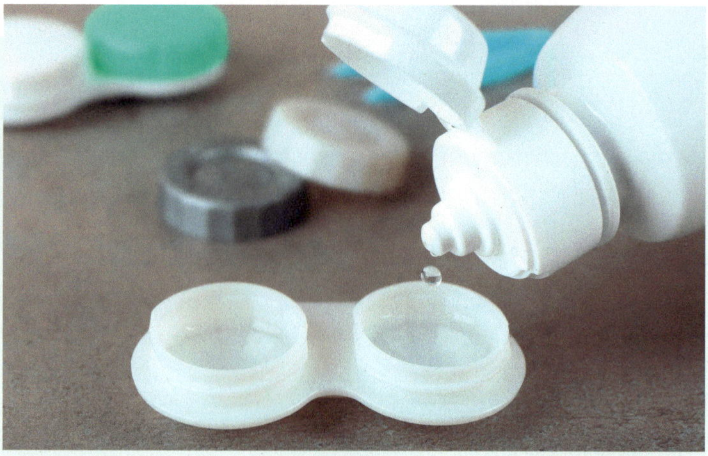

4.4 Weniger Energie zur Aktivierung – die Katalyse

Reaktionen beschleunigen

In fast allen Zellen entsteht Wasserstoffperoxid (H_2O_2) in kleinen Mengen als Produkt von Stoffwechselreaktionen. Da dieser Stoff Lebewesen schädigt, muss er vom Körper schnellstens abgebaut werden. Beim Zerfall von Wasserstoffperoxid bilden sich Wasser und Sauerstoff. Die Gleichung für diese Reaktion lautet:

Wasserstoffperoxid → Wasser + Sauerstoff | exotherm
$2\ H_2O_2 \rightarrow 2\ H_2O + O_2$ | $-\Delta E$

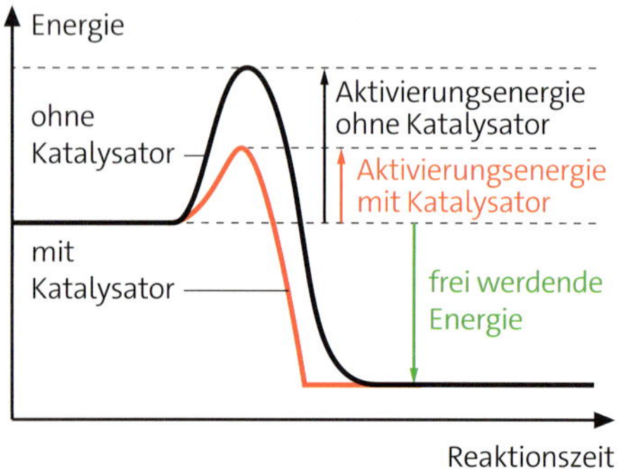

1 *Energiediagramm für den Zerfall von Wasserstoffperoxid*

Diese Reaktion findet allerdings nur statt, wenn ausreichend Aktivierungsenergie vorhanden ist. Die Körpertemperatur in Lebewesen reicht nicht aus, um die notwendige Aktivierungsenergie zuzuführen. Lebewesen stellen darum in ihrem Körper einen Stoff her, die Katalase. Sie setzt die Aktivierungsenergie herab und sorgt dafür, dass der Zerfall von Wasserstoffperoxid bereits bei Körpertemperatur abläuft. Im Energiediagramm erkennt man das daran, dass der Aktivierungsberg niedriger ist. ↗ 1
Stoffe, die die Aktivierungsenergie herabsetzen und damit die Reaktion beschleunigen, nennt man **Katalysatoren.** Katalysatoren in Lebewesen bezeichnet man als Biokatalysatoren oder **Enzyme.** Sie bestehen aus Eiweiß und zerfallen beim Erhitzen. ↗ 2

Enzym	katalysiert die Zerlegung
Katalase	von Wasserstoffperoxid
Lactase	von Milchzucker (Lactose)
Amylase	von Stärke
Lipase	von Fettteilchen

2 *Enzyme und ihre Reaktionen*

Eigenschaften von Katalysatoren

Auch andere Katalysatoren ermöglichen den Zerfall von Wasserstoffperoxid bei Raumtemperatur. Beispiele dafür sind Platin oder Mangandioxid. ↗ 3

Typisch für alle Katalysatoren ist, dass sie die Aktivierungsenergie herabsetzen. Zudem erhöhen sie die Reaktionsgeschwindigkeit. ↗ 1 Nach der Reaktion liegt ein Katalysator unverändert vor. Auf diese Weise lassen sich Energie und Kosten sparen.

3 *Wasserstoffperoxidlösung zerfällt bei Zugabe von Mangandioxid unter Schäumen.*

Katalysatoren in der chemischen Industrie

Ein Großteil aller chemischer Verfahren nutzt heutzutage katalytische Schritte. Ein Beispiel dafür ist das **Haber-Bosch-Verfahren.** Seit mehr als 100 Jahren dient dieses Verfahren zur Herstellung von Ammoniak (NH_3) aus den Elementen Stickstoff und Wasserstoff. Dabei kommen Stoffgemische als Katalysatoren zum Einsatz.

Ammoniak dient als Grundlage zur Produktion von Düngemitteln, Sprengstoff und Kunststoffen, zudem wird es als Kältemittel in Klimaanlagen und Kühlschränken verwendet. ↗ 4

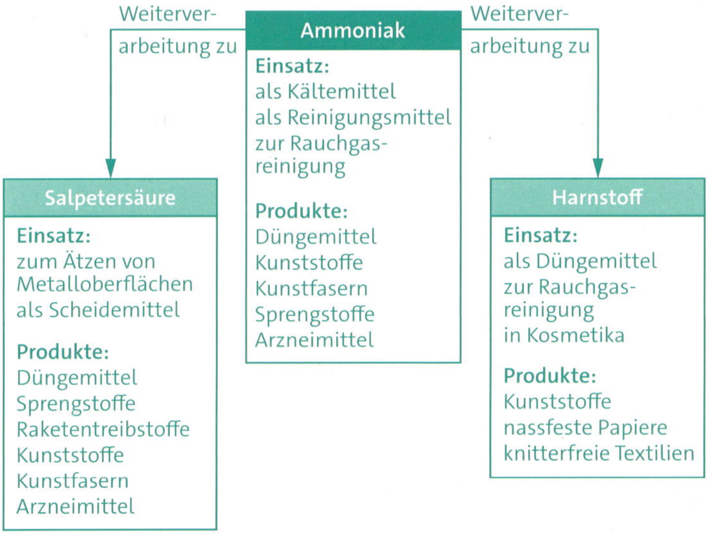

4 *Übersicht zur Nutzung von Ammoniak*

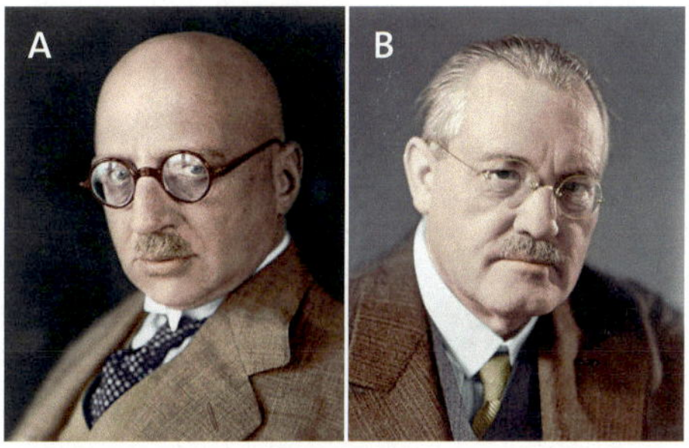

5 *Begründer der Ammoniaksynthese: Fritz Haber (1868–1934, links) und Carl Bosch (1874–1940, rechts)*

Die Arbeiten zur Ammoniaksynthese waren so wichtig für die Menschheit, dass der Nobelpreis für Chemie 1918 an Fritz Haber und 1931 an Carl Bosch verliehen wurde. ↗ 5

Auch wenn es schon ein älteres Verfahren ist, ist seine Bedeutung ungebrochen. In den letzten Jahrzehnten hat die Produktion von Ammoniak sogar zugenommen.

Ein Katalysator ist ein Stoff, der die Aktivierungsenergie einer chemischen Reaktion senkt und die Reaktionsgeschwindigkeit erhöht. Dabei wird er selbst nicht verändert.

AUFGABEN

1 □ Nenne die typischen Eigenschaften von Katalysatoren.

2 ◪ Zeichne das Energiediagramm für die Ammoniaksynthese.

3 ■ Zeichne in das Energiediagramm von Aufgabe 2 die Veränderung ein, wenn die Ammoniaksynthese nach dem Haber-Bosch-Verfahren durchgeführt wird.

Ein Jubilar feiert seinen 70. Geburtstag. Somit hat er etwa 2,2 Milliarden Sekunden lang gelebt. Als Geschenk bekommt er für jede Sekunde seines Lebens eine Milliarde Gold-Atome. Zu seiner Enttäuschung ist sein Geburtstagsgeschenk nur 0,6 Milligramm schwer.

► *Berechne, wie viele Gold-Atome der Jubilar bekommen müsste, damit sein Geschenk 10 Gramm wiegt.*

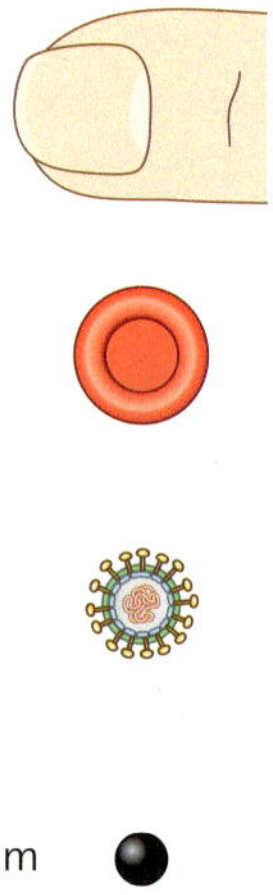

1 Millimeter (1 mm) 1/1000 m milli = Tausendstel	Fingernagel (Dicke) **0,8 mm**
1 Mikrometer (1 μm) 1/1000 000 m mikro = Millionstel	rotes Blut- körperchen **8 μm**
1 Nanometer (1 nm) 1/1000 000 000 m nano = Milliardstel	Virus **80 nm**
1 Picometer (1 pm) 1/1000 000 000 000 m pico = Billionstel	Kohlenstoff- Atom **80 pm**

1 *Die Größe eines Atoms wird häufig in Picometern (pm) angegeben.*

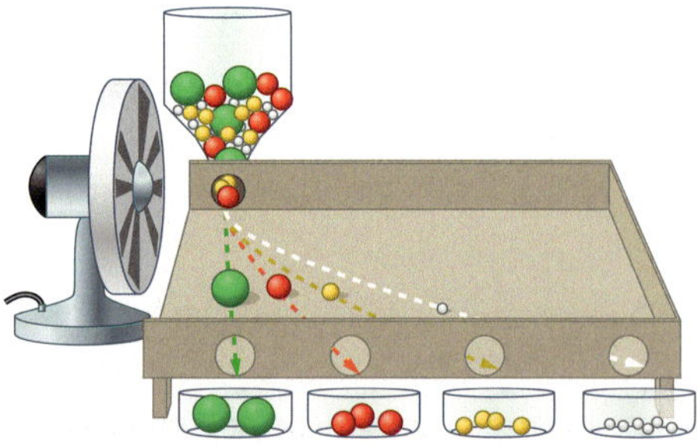

2 *Der Gebläseversuch zeigt im Modell, wie ein Massenspektrometer arbeitet.*

4.5 Masse von Atomen

Atome – unvorstellbar klein und leicht

Nach der Atomhypothese von John Dalton unterscheiden sich die verschiedenen Atomsorten hinsichtlich ihrer Massen und Größen. Diese Hypothese sagt noch nichts darüber aus, wie groß und schwer Atome tatsächlich sind.

Der Durchmesser eines Atoms beträgt nur ca. 100 Picometer (1 pm = 10^{-12} m). Die extrem geringe Größe kann man durch diese Überlegung veranschaulichen: Ein Fingernagel ist 0,8 Millimeter dick. Man müsste 10 Millionen Kohlenstoff-Atome übereinanderstapeln, um diese Dicke zu erreichen. ↗ 1

Atome besitzen zudem äußerst geringe Massen. Das Wasserstoff-Atom ist das leichteste Atom, seine Masse beträgt nur $1{,}66 \cdot 10^{-24}$ g. Auch die Masse eines einzelnen Gold-Atoms liegt in einem unvorstellbar kleinen Bereich: m(Au) = $3{,}27 \cdot 10^{-22}$ g.

Atommassen bestimmen

Damit man den Wert von Gegenständen aus Gold ermitteln kann, werden diese gewogen. Es ist aber nicht möglich, ein einzelnes Atom zu isolieren und auf eine Waage zu legen, um seine Masse zu bestimmen. Die absoluten Atommassen können über eine physikalische Methode ermittelt werden, die **Massenspektrometrie** heißt: Dazu werden die Atome verdampft und erhalten eine Ladung. Die so gewonnenen Ionen werden durch ein elektrisches Feld geführt und anschließend nach der Masse sortiert: Leichte Ionen legen einen relativ langen Weg im elektrischen Feld zurück, schwere Ionen werden kaum abgelenkt. Die Teilchenmasse ist folglich indirekt proportional zur Länge der Wegstrecke im elektrischen Feld.

Dieses Prinzip kann man mit dem Gebläseversuch veranschaulichen: Verschieden schwere Kugeln werden unterschiedlich stark vom Luftstrom abgelenkt. ↗ 2

Relative Atommassen

Die Verwendung der tatsächlichen – absoluten – Atommassen ist weder praktisch noch sinnvoll. Anfang des 19. Jahrhunderts entdeckte der englische Arzt und Chemiker William Prout einen interessanten Zusammenhang: Die Massen unterschiedlicher Atomsorten sind häufig ein ganzzahliges Vielfaches der Masse eines Wasserstoff-Atoms. So ist die Masse eines Kohlenstoff-Atoms etwa zwölfmal größer als die Masse eines Wasserstoff-Atoms. Darum wählte man das Wasserstoff-Atom als Bezugspunkt. Ihm ordnete man die **relative Atommasse** 1 zu.
Seit 1961 ist das Kohlenstoff-Atom $^{12}_{6}C$ Bezugspunkt. Es hat die relative Atommasse 12. ↗ 3

Atomsorte	relative Atommasse
Wasserstoff	1
Kohlenstoff	12
Sauerstoff	16
Aluminium	27
Chlor	35
Eisen	56
Gold	197

3 *Beispiele für gerundete relative Atommassen: sie sind Verhältniszahlen und daher ohne Einheit.*

Atomare Masseneinheit u

Wenn man über die absolute Masse eines einzelnen Atoms spricht, verwendet man die Einheit u (englisch „unit"). Diese entspricht dem 12. Teil der absoluten Masse eines Kohlenstoff-Atoms und ist so definiert:

$$1\ u = \frac{m(^{12}_{6}C)}{12} = 1{,}66 \cdot 10^{-24}\ g$$

Die absolute Masse eines Atoms in der Einheit u und seine relative Masse haben den gleichen Zahlenwert. ↗ 4

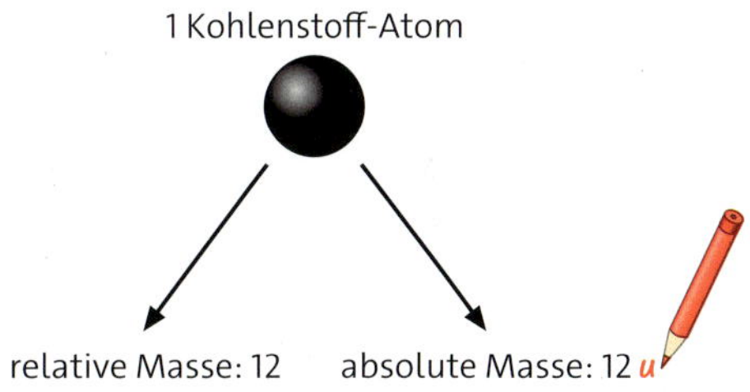

4 *Von der relativen zur absoluten Atommasse*

Molekülmasse und Formelmasse

Die relativen Massen von Molekülen ergeben sich aus der Summe der relativen Massen der chemisch gebundenen Atome. Ein Wasser-Molekül besteht aus zwei Wasserstoff-Atomen und einem Sauerstoff-Atom. So beträgt seine relative Molekülmasse 1 + 1 + 16 = 18 und die absolute Molekülmasse 18 u.
Die kleinsten Bausteine von Salzen sind Ionen. Diese haben annähernd die gleiche Masse wie die entsprechenden Atome. Bei Salzen spricht man von der relativen Formelmasse. Kochsalz (Natriummonochlorid) besteht aus Natrium- und Chlorid-Ionen im Zahlenverhältnis 1 : 1. So beträgt die relative Formelmasse 23 + 35 = 58 und die absolute Formelmasse 58 u. ↗ 5

Molekülmasse Wasser:

$m(H_2O) = 2 \cdot m(H) + m(O)$
$m(H_2O) = 2 \cdot 1\ u + 16\ u = 18\ u$

Formelmasse Natriummonochlorid:

$m((Na^+)(Cl^-)) = m(Na^+) + m(Cl^-)$
$m((Na^+)(Cl^-)) = 23\ u + 35\ u = 58\ u$

5 *Ermittlung von Teilchenmassen*

**Die Massen von Atomen und Molekülen sind sehr klein. Die relative Teilchenmasse gibt an, wie groß die Masse eines Teilchens im Vergleich zu einem Kohlenstoff-Atom ist.
Die atomare Masseneinheit u verwendet man für die absolute Teilchenmasse. 1 u beträgt 1/12 der Atommasse des Kohlenstoff-Atoms $^{12}_{6}C$.**

AUFGABEN

1 □ Berechne die absolute Teilchenmasse in u von O_2, HCl und $(Al^{3+})_2(O^{2-})_3$.

2 ◪ Begründe, warum sich die Massen von Atomen und den dazugehörigen Ionen kaum unterscheiden.

In den Kassen von Supermärkten befinden sich größere Mengen Münzen, die nach den Nennwerten sortiert sind. Am Ende eines Geschäftstags muss die Anzahl der Münzen genau ermittelt werden, um die Einnahmen zu überprüfen.

- ▶ *Überlege dir eine Alternative zum aufwendigen einzelnen Abzählen der Münzen.*

4.6 Stoffmenge und Mol

1 *Riesengroße Teilchenzahlen*

Teilchenzahl und Stoffmenge

In der Chemie geht es oft darum, wie viel von einem Stoff benötigt wird oder entsteht. Eine solche Stoffportion kann man über die Masse, das Volumen oder die Teilchenzahl bestimmen.

Da Atome und andere Teilchen extrem leicht und klein sind, ist es nicht möglich, die Teilchen einzeln abzuzählen. Darum wurde eine neue Basisgröße eingeführt, die **Stoffmenge n.** Ihre Einheit ist das **Mol,** das Zeichen für die Einheit ist mol. Ähnlich wie man zwölf Eier als ein Dutzend Eier bezeichnet, so fasst man in der Chemie $6{,}022 \cdot 10^{23}$ Teilchen zu einem Mol zusammen. Dieser Zahlenwert, der mehr als 600 Trilliarden Teilchen beträgt, heißt **Avogadro-Zahl.** ↗ 1

Die Stoffmenge bezieht sich immer auf eine bestimmte Teilchenart, zum Beispiel Atome, Moleküle oder Ionen: n(H) betrifft Wasserstoff-Atome, $n(H_2)$ Wasserstoff-Moleküle.

Molare Masse

Die Masse eines Mols eines Stoffes wird als **molare Masse M** bezeichnet und in g/mol angegeben. In vielen Periodensystemen ist die molare Masse für die einzelnen Elemente abzulesen. Die relative Masse eines Atoms und die molare Masse des entsprechenden Elements haben immer den gleichen Zahlenwert. Das Wasserstoff-Atom besitzt die relative Atommasse 1, ein Mol Wasserstoff-Atome hat dann die Masse 1 g. Die molare Masse von Wasserstoff ist 1 g/mol.

Wasserstoffgas besteht aus zweiatomigen Wasserstoff-Molekülen H_2. Ein Mol Wasserstoff-Moleküle hat dann die Masse 2 g, die molare Masse eines Wasserstoff-Moleküls ist entsprechend 2 g/mol. Wie man am Beispiel von Wasser (H_2O) sieht, ergibt sich die molare Masse einer Verbindung aus der Summe der molaren Massen der beteiligten Elemente. ↗ 2

Teilchen	relative Masse	Masse von 1 mol	molare Masse M
H-Atom	1	1 g	1 g/mol
H_2-Molekül	2	2 g	2 g/mol
C-Atom	12	12 g	12 g/mol
O-Atom	16	16 g	16 g/mol
Cl-Atom	35	35 g	35 g/mol
H_2O-Molekül	18	18 g	18 g/mol
Cl-Atom	35	35 g	35 g/mol
Cl^--Ion	35	35 g	35 g/mol
Cl_2-Molekül	70	70 g	70 g/mol

2 *Relative Massen und molare Massen*

Stoffmenge und Massen berechnen

Stoffmenge n, absolute Masse m und molare Masse M hängen zusammen:

$$n(\text{Stoffportion}) = \frac{m(\text{Stoffportion})}{M(\text{Stoff})}$$

Die molare Masse M kann mithilfe eines Periodensystems oder von Tabellen leicht ermittelt werden, die absolute Masse m durch Wiegen. Mit diesen Werten lässt sich die Stoffmenge n einer Stoffportion berechnen. ↗ 3, 4

Durch Umstellen der Formel erhält man:

$$m(\text{Stoffportion}) = n(\text{Stoffportion}) \cdot M(\text{Stoff})$$

So lässt sich bei bekannter Stoffmenge n die absolute Masse m der Stoffportion berechnen.

Ein Liter Wasser hat bei 4 °C die Masse 1000 g.
Berechne die Stoffmenge.

Gegeben: $m(H_2O) = 1000\ g$

$M(H_2O) = 18\ g/mol$ (aus dem PSE)

Gesucht: $n(H_2O)$

Rechnung: $n(H_2O) = \frac{m(H_2O)}{M(H_2O)} = \frac{1000\ g}{18\ g/mol}$

$= 55{,}56\ mol$

Die Stoffmenge beträgt 55,56 mol.

3 *Stoffmenge von Wasser berechnen*

Das Mol ist die Stoffmenge eines beliebigen Stoffes. Ein Mol eines Stoffes enthält $6{,}022 \cdot 10^{23}$ Teilchen.
Die Masse eines Mols eines Stoffes heißt molare Masse M.

Die kleine Maus m reitet auf der großen Maus M.

4 *Merkhilfen zur Berechnung von Stoffmengen*

AUFGABEN

1 □ Ermittle die molaren Massen M von CO_2, CH_4 und C_2H_5OH (Ethanol).

2 ◪ Berechne die Stoffmenge n von 48 g Kohlenstoff.

3 ■ Es sind 1 mol Kochsalz $(Na^+)(Cl^-)$ und 1 mol Glucose $C_6H_{12}O_6$ gegeben. Vergleiche die Beschaffenheit und die absoluten Massen der Stoffe sowie die Arten und Zahlen der Teilchen, aus denen sie bestehen.

Mit Quantitäts- und Umrechnungsgrößen arbeiten

In der Chemie gibt es vier verschiedene Größen, die angeben, wie viel von einem Stoff vorhanden ist. Sie heißen **Quantitätsgrößen**. ↗1 Für eine Versuchsbeschreibung reicht es eigentlich, wenn eine dieser Größen angegeben ist, weil man sie mithilfe von **Umrechnungsgrößen** ineinander überführen kann.

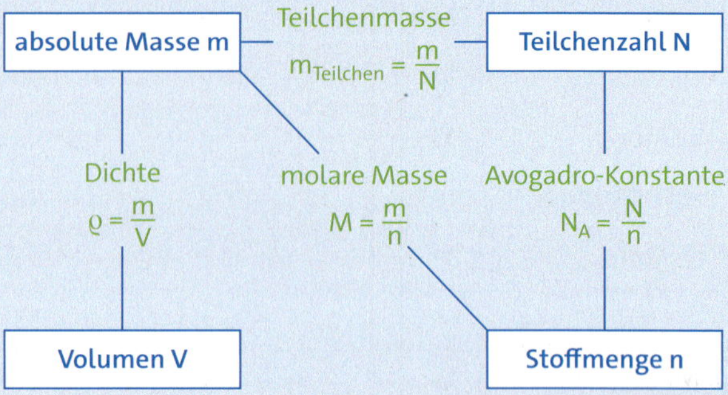

1 *Quantitätsgrößen und Umrechnungsgrößen*

Problemstellung

Auch wenn Apfelsaft als alkoholfreies Getränk gilt, sind in 1 l Saft ungefähr 2 ml Ethanol (C_2H_5OH) enthalten. Berechne, wie viele Ethanol-Moleküle sich darin befinden. Die Teilchenmasse ist unbekannt.

Problemlösung

Quantitätsgrößen	Umrechnungsgrößen	Rechenschritte
Volumen V Einheit: cm^3, dm^3 **$V(C_2H_5OH) = 2\ ml = 2\ cm^3$**		
① $m = \rho \cdot V$ ↓	**Dichte ρ** Einheit: g/cm^3 $\rho(C_2H_5OH) = 0{,}789\ g/cm^3$	**Schritt ①** Das Volumen wird mithilfe der Dichte in die absolute Masse umgerechnet. $m(C_2H_5OH) = \rho(C_2H_5OH) \cdot V(C_2H_5OH)$ $m(C_2H_5OH) = 0{,}789\ g/cm^3 \cdot 2\ cm^3$ $m(C_2H_5OH) = 1{,}578\ g$
absolute Masse m Einheit: g, kg **$m(C_2H_5OH) = 1{,}578\ g$**		
② $n = \frac{m}{M}$ ↓	**molare Masse M** Einheit: g/mol $M(C_2H_5OH) = 46\ g/mol$	**Schritt ②** Die absolute Masse wird mithilfe der molaren Masse in die Stoffmenge umgerechnet. $n(C_2H_5OH) = \frac{m(C_2H_5OH)}{M(C_2H_5OH)}$ $n(C_2H_5OH) = \frac{1{,}578\ g}{46\ g/mol}$ $n(C_2H_5OH) = 0{,}034\ mol$
Stoffmenge n Einheit: mol **$n(C_2H_5OH) = 0{,}034\ mol$**		
③ $N = N_A \cdot n$ ↓	**Avogadro-Konstante N_A** Einheit: 1/mol $N_A = 6{,}022 \cdot 10^{23}\ 1/mol$	**Schritt ③** Die Stoffmenge wird mithilfe der Avogadro-Konstante in die Teilchenzahl umgerechnet. $N(C_2H_5OH) = N_A \cdot n(C_2H_5OH)$ $N(C_2H_5OH) = 6{,}022 \cdot 10^{23}\ 1/mol \cdot 0{,}034\ mol$ $N(C_2H_5OH) = 2{,}047 \cdot 10^{22}$
Teilchenzahl N keine Einheit **$N(C_2H_5OH) = 2{,}047 \cdot 10^{22}$**		

Antwort: In einem Liter Apfelsaft sind $2{,}047 \cdot 10^{22}$ Ethanol-Moleküle enthalten.

AUFGABE

■ Ein einzelnes Ethanol-Molekül hat die Masse $m_{Teilchen} = 7{,}71 \cdot 10^{-23}$ g. Rechne damit die absolute Masse m = 1,758 g direkt in die Teilchenzahl N um.

Stoffumsätze berechnen

Problemstellung

2 g der Verbindung Diiodpentaoxid werden unter ständigem Erhitzen in die Elemente Iod und Sauerstoff zerlegt. Berechne die Massen des Iods und des Sauerstoffs, die dabei entstehen.

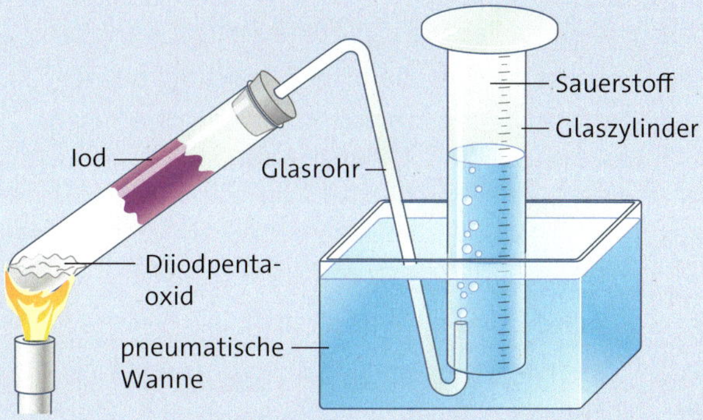

Problemlösung in 7 Schritten

Masse an Iod berechnen	Masse an Sauerstoff berechnen
1 Analysieren der Aufgabenstellung*	
Gesucht: $m(I_2)$ Gegeben: $m(I_2O_5) = 2$ g $M(I_2) = 254$ g/mol $M(I_2O_5) = 334$ g/mol	Gesucht: $m(O_2)$ Gegeben: $m(I_2O_5) = 2$ g $M(O_2) = 32$ g/mol $M(I_2O_5) = 334$ g/mol
2 Wort- und Formelgleichung aufstellen	
Diiodpentaoxid → Iod + Sauerstoff $2\ I_2O_5 \rightarrow 2\ I_2 + 5\ O_2$	Diiodpentaoxid → Iod + Sauerstoff $2\ I_2O_5 \rightarrow 2\ I_2 + 5\ O_2$
3 Stoffmengenverhältnis anhand der Koeffizienten ermitteln	
$n(I_2) : n(I_2O_5) = 2 : 2$ $n(I_2) = n(I_2O_5)$	$n(O_2) : n(I_2O_5) = 5 : 2$ $n(O_2) = \frac{5}{2} \cdot n(I_2O_5)$
4 Stoffmengen ersetzen unter Nutzung von $n = \frac{m}{M}$	
$\frac{m(I_2)}{M(I_2)} = \frac{m(I_2O_5)}{M(I_2O_5)} \quad \mid \cdot M(I_2)$	$\frac{m(O_2)}{M(O_2)} = \frac{5}{2} \cdot \frac{m(I_2O_5)}{M(I_2O_5)} \quad \mid \cdot M(O_2)$
5 Umformen nach der gesuchten Größe	
$m(I_2) = \frac{m(I_2O_5) \cdot M(I_2)}{M(I_2O_5)}$	$m(O_2) = \frac{5 \cdot m(I_2O_5) \cdot M(O_2)}{2 \cdot M(I_2O_5)}$
6 Gegebene Größen einsetzen	
$m(I_2) = \frac{2\ \text{g} \cdot 254\ \text{g/mol}}{334\ \text{g/mol}} = 1{,}52\ \text{g}$	$m(O_2) = \frac{5 \cdot 2\ \text{g} \cdot 32\ \text{g/mol}}{2 \cdot 334\ \text{g/mol}} = 0{,}48\ \text{g}$
7 Antwort	
Bei der vollständigen Zerlegung von 2 g Diiodpentaoxid entstehen 1,52 g Iod.	Bei der vollständigen Zerlegung von 2 g Diiodpentaoxid entstehen 0,48 g Sauerstoff.

* Gerundete molare Massen:
$M(O) = 16$ g/mol
$M(I) = 127$ g/mol

Daraus ergibt sich:
$M(O_2) = 2 \cdot 16$ g/mol $= 32$ g/mol
$M(I_2) = 2 \cdot 127$ g/mol $= 254$ g/mol
$M(I_2O_5) = 2 \cdot 127$ g/mol $+ 5 \cdot 16$ g/mol $= 334$ g/mol

Analyse und Synthese von Wasser

Die Analyse ist eine chemische Reaktion, bei der Stoffe in einfachere Bestandteile zerlegt werden. Die Synthese ist eine chemische Reaktion, bei der sich Stoffe zu neuen Stoffen vereinigen. Die Synthese ist die Umkehrung der Analyse einer Verbindung. Man kann eine chemische Reaktion als Gleichung aufschreiben. ↗ 1

A Wasser ⟶ Wasserstoff + Sauerstoff

B $2\,H_2O \longrightarrow 2\,H_2 + O_2$

C
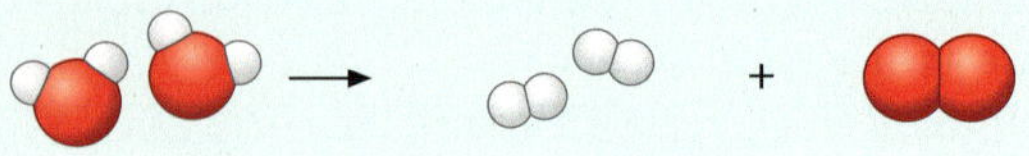

1 *Analyse von Wasser: Wortgleichung (A), Formelgleichung (B), Teilchenmodell (C)*

Merkmale chemischer Reaktionen

Chemische Reaktionen sind mit einer Stoff- und einer Energieumwandlung verbunden. Dabei gilt das Gesetz von der Erhaltung der Masse. Die Masse der Edukte entspricht der Masse der Produkte. Dies liegt daran, dass Atome nur umgruppiert werden und ihre Anzahl und Massen gleich bleiben. ↗ 2

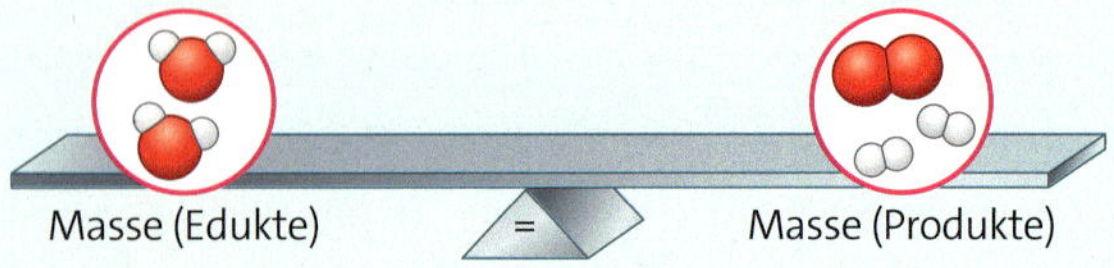

2 *Masse und Atome bleiben erhalten.*

Masse von Atomen

Die Massen von Atomen und Molekülen sind sehr klein. Die relative Teilchenmasse gibt an, wie groß die Masse eines Teilchens im Vergleich zu einem Kohlenstoff-Atom ist. Die atomare Masseneinheit u verwendet man für die absolute Teilchenmasse. 1 u beträgt 1/12 der Atommasse eines Kohlenstoff-Atoms.

Energie bei chemischen Reaktionen

Aktivierungsenergie nennt man den für einen Reaktionsstart notwendigen Energiebetrag. Bei exothermen Reaktionen wird Energie abgegeben. Bei endothermen Reaktionen wird Energie aufgenommen. Die Energiebeteiligung bei chemischen Reaktionen kann man in einem Energiediagramm darstellen. ↗ 3

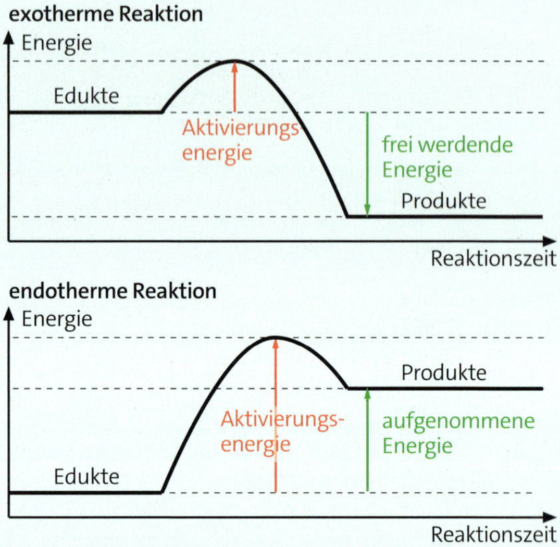

3 *Energiediagramme*

Weniger Energie zur Aktivierung – die Katalyse

Ein Katalysator ist ein Stoff, der die Aktivierungsenergie einer chemischen Reaktion senkt und die Reaktionsgeschwindigkeit erhöht. Dabei wird er selbst nicht verändert. ↗ 4

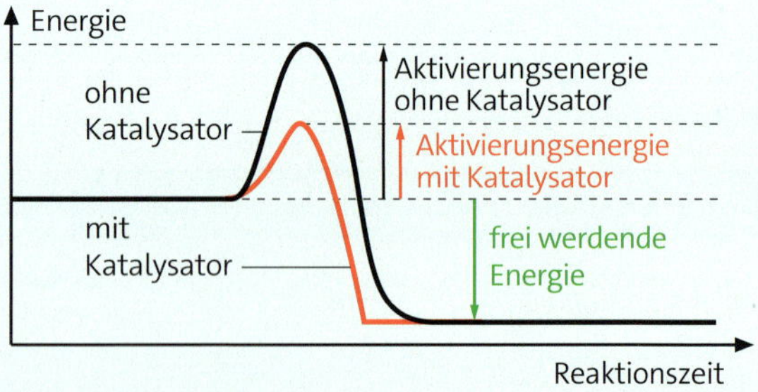

4 *Energiediagramm mit und ohne Katalysator*

Stoffmenge und Mol

Das Mol ist die Stoffmenge eines beliebigen Stoffes. Ein Mol eines Stoffes enthält $6{,}022 \cdot 10^{23}$ Teilchen. Die Masse eines Mols eines Stoffes heißt molare Masse M.
Stoffmengen lassen sich berechnen: $n = \frac{m}{M}$

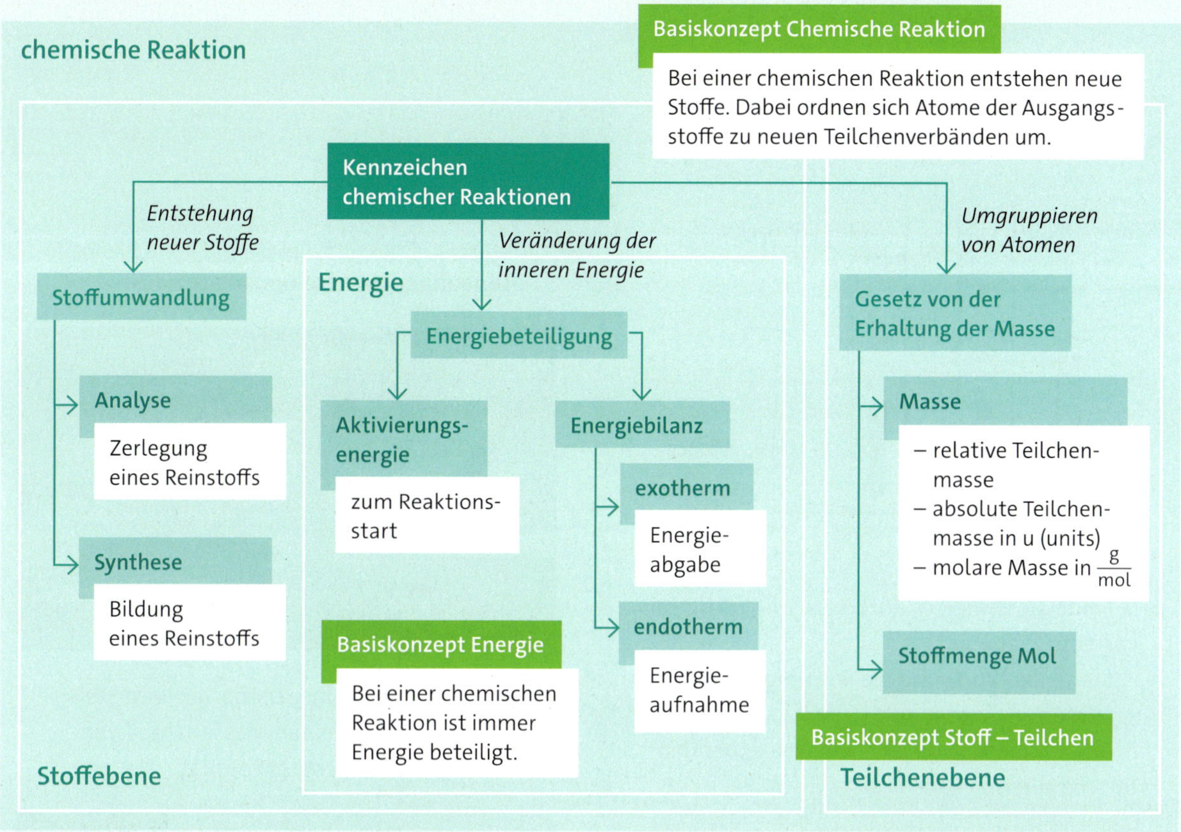

Kompetenzcheck

Hast du alle wichtigen Inhalte des Kapitels verstanden? Schätze dich zuerst selbst ein: ☺ 😐 ☹

Überprüfe nun deine Selbsteinschätzung: Löse dazu die Aufgaben auf Seite 114/115 und vergleiche deine Antworten mit den Lösungsvorschlägen. ↗ S. 189

Ich kann ...	☺	😐	☹	Alles-im-Griff-Aufgaben	Hilfe findest du auf Seite
chemische Reaktionen durch Wort- und Formelgleichungen beschreiben.	?	?	?	1, 2, 3, 4, 6	95, 102, 103
bei chemischen Reaktionen zwischen Analysen und Synthesen unterscheiden.	?	?	?	1, 2, 3, 4, 6	94, 95
das Gesetz von der Erhaltung der Masse mithilfe der Umgruppierung von Atomen erklären.	?	?	?	4, 7	97
Stoffänderungen bei chemischen Reaktionen beschreiben und auf Teilchenebene erklären.	?	?	?	1, 2, 3, 7	94–97
Energieänderungen bei chemischen Reaktionen beschreiben und grafisch darstellen.	?	?	?	2, 3	100, 101
die Wirkung eines Katalysators erklären.	?	?	?	2, 6	104, 105
aus der absoluten Masse von Atomen und Molekülen die molare Masse berechnen.	?	?	?	5	106–109
Stoffumsätze bei Molekülreaktionen berechnen.	?	?	?	6	109, 111

1 Zum Zerlegen

Dein Mitschüler Max hat eine Versuchsskizze zur Analyse von Wasser gezeichnet.

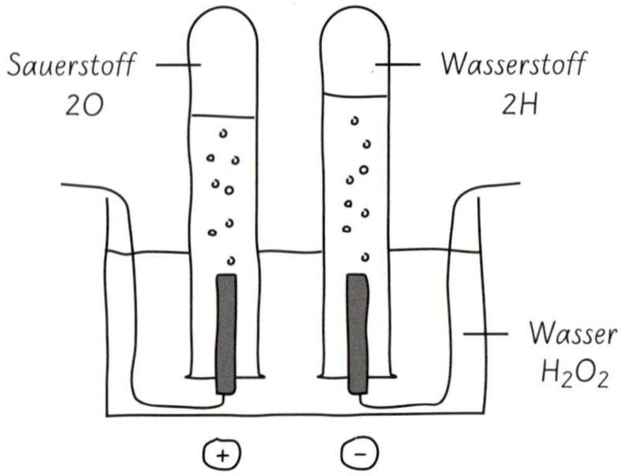

a ◪ Finde die Fehler, erläutere sie und fertige eine korrekte Skizze an.

b □ Stelle die Wort- und die Formelgleichung zur Analyse von Wasser auf.

c □ Beschreibe, wie du die Produkte experimentell nachweisen kannst.

2 Ein feiner Unterschied

Kartoffeln enthalten das Enzym Katalase, mit dem die Zersetzung des Zellgifts Wasserstoffperoxid beschleunigt wird. Zu einer Wasserstoffperoxidlösung werden ein rohes, ein gekochtes und ein in Spiritus eingelegtes Kartoffelstück gegeben. Dabei bilden sich nur am rohen Kartoffelstück Gasbläschen.

a □ Stelle die Wort- und die Formelgleichung zur Zersetzung von Wasserstoffperoxid auf.

b ◪ Erkläre die Wirkung der rohen Kartoffel mit Worten und anhand eines Energiediagramms.

c ■ Begründe, warum die Reaktion nur dort erkennbar abläuft.

3 Eisenbahnen gestern und heute

In der Feuerbüchse einer Dampflok wird Steinkohle verbrannt, die einen Massenanteil von ca. 50 % reinem Kohlenstoff besitzt.

In den Brennstoffzellen des Wasserstoffzuges Coradia iLint reagieren die Gase Sauerstoff und Wasserstoff miteinander.

a □ Stelle die Wort- und die Formelgleichungen für die chemischen Reaktionen auf, die bei den Antrieben ablaufen.

b ◪ Vergleiche die beiden chemischen Reaktionen und finde jeweils zwei Gemeinsamkeiten und Unterschiede.

c ■ Nach der Verfeuerung von 1000 kg Steinkohle bleiben ca. 50 kg Feststoffe im Aschekasten der Dampflok übrig. Begründe, ob dies ein Widerspruch zum Gesetz von der Erhaltung der Masse ist.

4 Ausgleich gesucht

Übertrage die Reaktionsgleichungen in dein Heft.

$$C + S \rightarrow CS_2$$
$$HI \rightarrow H_2 + I_2$$
$$N_2 + Br_2 \rightarrow NBr_3$$
$$PCl_5 \rightarrow PCl_3 + Cl_2$$
$$SO_2 + O_2 \rightarrow SO_3$$
$$N_2O_4 \rightarrow NO_2$$

a ◪ Stelle die Gleichungen mithilfe von Koeffizienten richtig, wenn dies erforderlich ist.

b ◪ Formuliere die Wortgleichungen mit den exakten Bezeichnungen für die Verbindungen.

c ◪ Entscheide jeweils, ob eine Analyse oder Synthese vorliegt.

5 Erstaunliche Teilchenzahlen

Die Stoffmenge n = 1 mol entspricht rund 600 Trilliarden Teilchen. Der genaue Wert ergibt sich aus der Avogadro-Konstanten N_A, mit der man die Teilchenzahl N einer Stoffportion berechnen kann. Es gilt dieser Zusammenhang:

$$N_A = \frac{N}{n} \qquad N_A = 6{,}022 \cdot 10^{23} \frac{1}{mol}$$

a ■ Berechne die absoluten und molaren Massen der Teilchen dieser Giftstoffe: Quecksilber (Hg), Methanol (CH_3OH) und Nitrat (NO_3^-).

b ■ Berechne die Stoffmengen n sowie die Teilchenzahlen N dieser Stoffportionen: 1 mg Quecksilber, 5 mg Methanol und 50 mg Nitrat.

6 Ein besonderes Gas

Steckbrief Ammoniak

- *Formel:* NH_3
- *Eigenschaften:* bei Raumtemperatur farbloses, stechend riechendes und giftiges Gas
- *Herstellung:* Synthese aus den Elementen; exotherme Reaktion; Katalysatoren nötig
- *Verwendung:* z. B. zur Herstellung von Düngemitteln, Medikamenten, Farben

a ◪ Stelle die Wort- und die Formelgleichung zur Synthese von Ammoniak auf.

b ■ Berechne mithilfe des Stoffmengenverhältnisses, welche Masse an Stickstoff benötigt wird, um 1 t Ammoniak herzustellen.

7 Auf das System kommt es an

Der Boden eines offenen Reagenzglases, in dem sich mehrere Streichhölzer befinden, wird über der Gasbrennerflamme erwärmt, bis sich die Streichhölzer entzünden. Das Reagenzglas wurde vor dem Entzünden der Streichhölzer gewogen.

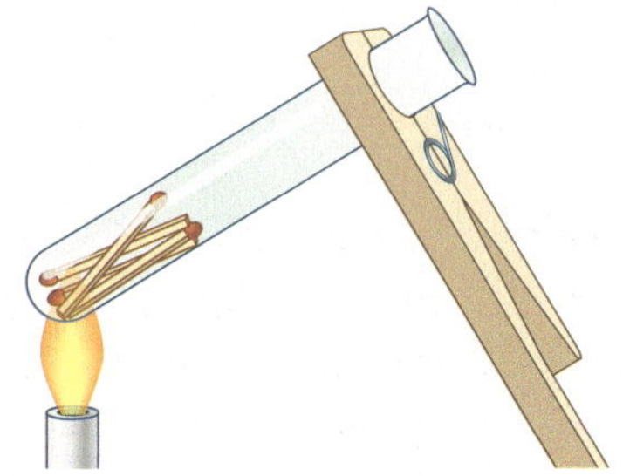

a ◪ Sage voraus, welches Ergebnis das Wiegen des abgekühlten Reagenzglases mit Inhalt nach der Reaktion liefert.

b ■ Bewerte das Versuchsergebnis im Hinblick auf das Gesetz von der Erhaltung der Masse.

c ■ Entwirf eine Abwandlung des Experiments, um das Gesetz von der Erhaltung der Masse zu beweisen.

Lösungsvorschläge ↗ S. 189

5

Verbrennungsreaktionen

Jeden Sommer stehen im südlichen Europa Wälder in Flammen. Dabei vernichten die Waldbrände große Waldflächen, zerstören Häuser und fordern oft auch Menschenleben.

In allen vier Beispielen wird Gas als Brennstoff verwendet.

▸ *Gib an, um welche Gase es sich handeln könnte.*

5.1 Methan, Ethan, Propan ... Alkan

Methan – eine Kohlenwasserstoffverbindung

Methan ist ein farbloses, geruchloses und leicht entzündliches Gas. Im Alltag begegnet es uns als Heizgas zur Wärmegewinnung und als Treibstoff für Fahrzeuge. Weiterhin ist es ein wichtiger Ausgangsstoff für technische Synthesen. Methan entsteht in der Natur überall dort, wo organische Stoffe in Abwesenheit von Sauerstoff durch Bakterien zersetzt werden. Biogas, Klär- und Faulgas, Sumpfgas, aber auch Erdgas und Grubengas enthalten einen hohen Anteil an Methan. ↗ 1

1 *Biogasanlage zur Methanerzeugung*

Methan ist eine chemische Verbindung aus den Elementen Kohlenstoff und Wasserstoff, demnach eine **Kohlenwasserstoffverbindung.** Die Bausteine dieser Nichtmetallverbindung sind Moleküle. Im Methan-Molekül sind ein Kohlenstoff-Atom und vier Wasserstoff-Atome kombiniert. Daraus ergibt sich die **Summenformel** CH_4.

Weitere gasförmige Kohlenwasserstoffverbindungen

Genauso wie Methan sind **Ethan, Propan und Butan** farblose und geruchlose Gase. Sie lassen sich leicht entzünden. Ethan ist neben Methan ein Bestandteil des Erdgases, Propan und Butan werden unter anderem bei der Erdölverarbeitung gewonnen. Ethan und Propan finden als Heiz- und Brenngas Verwendung, zum Beispiel im Gasherd oder bei Campingbrennern. Ein Bestandteil des Autogases ist Butan. ↗ 2

2 *Autogas besteht hauptsächlich aus Propan und Butan.*

Die Summenformeln für diese Kohlenwasserstoffverbindungen lassen sich durch moderne Analysemethoden ermitteln:

- C_2H_6 für das Ethan-Molekül,
- C_3H_8 für das Propan-Molekül,
- C_4H_{10} für das Butan-Molekül. ↗ 3

Methan, Ethan, Propan und Butan gehören zur Stoffklasse der **Alkane.**

Stoffname	Zahl der C-Atome	Summenformel	Schmelztemperatur	Siedetemperatur	Aggregatzustand bei Raumtemperatur
Methan	1	CH_4	–182,6	–161,7	gasförmig
Ethan	2	C_2H_6	–183,3	–88,6	gasförmig
Propan	3	C_3H_8	–187,1	–42,2	gasförmig
Butan	4	C_4H_{10}	–138,5	–0,5	gasförmig
Pentan	5	C_5H_{12}	–129,7	36,1	flüssig
Hexan	6	C_6H_{14}	–94,0	68,7	flüssig
...					...
Hexadecan	16	$C_{16}H_{34}$	18,1	287,0	flüssig
Heptadecan	17	$C_{17}H_{36}$	22,0	303,0	fest
...					...
Eicosan	20	$C_{20}H_{42}$	36,4	343,1	fest
	n	C_nH_{2n+2}			

3 *Homologe Reihe der Alkane mit wichtigen Eigenschaften*

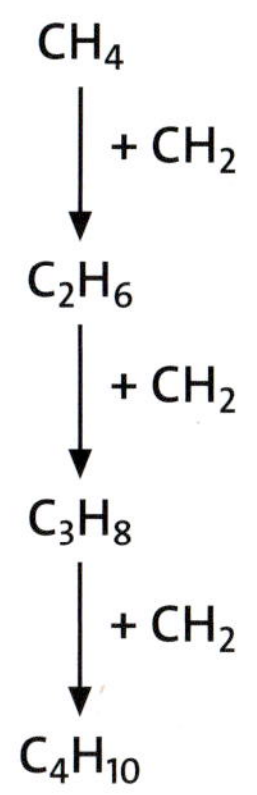

4 *Immer eine CH_2-Gruppe mehr*

Weitere Alkane

In der Tabelle in Bild 3 sind weitere Alkane aufgeführt. Bei Raumtemperatur gibt es gasförmige, flüssige und feste Alkane. ↗ 3
Vergleicht man die Summenformeln der ersten vier Kohlenwasserstoffverbindungen, so stellt man Folgendes fest: Die Moleküle zweier aufeinanderfolgender Verbindungen unterscheiden sich jeweils um ein Kohlenstoff-Atom und zwei Wasserstoff-Atome, also um eine **CH_2-Gruppe.** ↗ 4
Diese Regel lässt sich über das Butan-Molekül hinaus fortsetzen. Die Formel des nächstfolgenden Alkanmoleküls kann also vorausgesagt werden: Sie lautet C_5H_{12}. Damit gilt für ein beliebiges Alkanmolekül: Auf n Kohlenstoff-Atome kommen 2n+2 Wasserstoff-Atome. Die allgemeine Summenformel für Alkanmoleküle lautet also: **C_nH_{2n+2}.** Eine solche Reihe von Stoffen bezeichnet man als **homologe Reihe.**

Wortstamm	Zahl der C-Atome
Meth-	1
Eth-	2
Prop-	3
But-	4
Pent-	5
Hex-	6
Hept-	7
Oct-	8
Non-	9
Dec-	10

5 *Wortstamm für die Namen von Kohlenwasserstoffverbindungen*

Benennung der Alkane

Der Name der Alkane setzt sich zusammen aus einem **Wortstamm** und der Endung **-an.** Der Wortstamm gibt die Anzahl der Kohlenstoff-Atome wieder. Ein Alkan, dessen Moleküle fünf Kohlenstoff-Atome enthalten, erhält so den Namen Pentan. ↗ 3, 5

Methan, Ethan, Propan und Butan sind wichtige Kohlenwasserstoffverbindungen. Sie gehören zur homologen Reihe der Alkane. Darunter versteht man eine Gruppe von Verbindungen, deren Moleküle sich jeweils um eine CH_2-Gruppe unterscheiden. Die allgemeine Summenformel der Alkanmoleküle lautet C_nH_{2n+2}.

AUFGABEN

1 ☐ Nenne zwei Beispiele für Alkane und ihre Verwendungsmöglichkeiten.
2 ☐ Gib die Summenformel für die Alkanmoleküle mit 7 bzw. 18 Kohlenstoff-Atomen an.
3 ◪ Erläutere, wie die Summenformel des Nonan-Moleküls zustande kommt.

Gerade im Herbst, wenn man draußen sitzen möchte, es aber eigentlich schon recht kühl ist, kann ein Heizpilz die nötige Wärme liefern.

▶ *Überlege dir, wie der Heizpilz Wärme spendet.*

5.2 Verbrennung von Alkanen

Gasbrenner im Labor und im Alltag

Der Gasbrenner in der Schule wird mit Erdgas betrieben, dessen Hauptbestandteil Methan ist. Oft kommt aber auch Propangas zum Einsatz. Im Heizpilz aus dem Bild oben findet dieses Gas ebenso Verwendung. Im Kamin des Brenners wird das Gas mit der Luft vermischt. An dessen Mündung kann es entzündet werden. ↗ S.14 Die Flamme eines Gasbrenners ist demnach ein brennendes Gas – sowohl im Gasbrenner in der Schule als auch beim Heizpilz.

Einblick in den Verbrennungsvorgang

Sichtbares Phänomen einer Verbrennung ist die Flamme. Damit der Verbrennungsvorgang einsetzen kann, müssen drei Grundvoraussetzungen gleichzeitig erfüllt sein:

- ein Brennstoff,
- das Erreichen der Entzündungstemperatur und
- ausreichend Sauerstoff.

Der **Brennstoff** im Fall des Gasbrenners ist Methan- oder Propangas. Weitere Brennstoffe sind zum Beispiel Holz, Kohle, Spiritus und Benzin.

Der Brennstoff muss aber auf eine bestimmte Temperatur erhitzt werden. Diese Temperatur wird als **Entzündungstemperatur** bezeichnet. Die Entzündungstemperatur ist die Temperatur, die ein Stoff erreichen muss, damit er sich in Gegenwart von Sauerstoff selbst entzündet. Beim Gasbrenner erreicht man dies zum Beispiel mithilfe einer Streichholzflamme. ↗ 1

Der Verbrennungsvorgang kommt allerdings auch nur zustande, wenn genügend **Sauerstoff** vorhanden ist. Beim Gasbrenner wird die Sauerstoffmenge durch die Luftzufuhr kontrolliert. Dieser Zusammenhang zwischen den drei Grundvoraussetzungen lässt sich grafisch mithilfe des Verbrennungsdreiecks darstellen. ↗ 2

Stoff	Entzündungstemperatur in °C
Methan	595
Propan	470
Benzin	240–500
Spiritus	400
Papier	185–360
Holz	220–320
Holzkohle	350
Kerzenwachs	250–400

1 *Wichtige Brennstoffe mit ihren Entzündungstemperaturen*

2 *Verbrennungsdreieck*

Verbrennung als chemische Reaktion

In der Brennerflamme kommt es zu einer chemischen Reaktion zwischen dem Brennstoff Methan und dem Sauerstoffanteil der Luft. Es findet eine Stoffumwandlung statt. Dabei bilden sich Wasser in Form von Wasserdampf und Kohlenstoffdioxid. Man kann beide Gase auffangen und mit den bekannten Nachweisen identifizieren. ↗ 3

Bei der Verbrennung wird ein hoher Energiebetrag frei. Die Reaktionsgleichung lautet:

Methan	+ Sauerstoff	→	Kohlenstoffdioxid	+ Wasser	| exotherm
CH_4	$+ 2\,O_2$	→	CO_2	$+ 2\,H_2O$	| $-\Delta E$
1 mol	2 mol		1 mol	2 mol	
16 g	2 · 32 g		44 g	2 · 18 g	
80 g			80 g		

Wenn man die molaren Massen der Ausgangsstoffe und der Reaktionsprodukte vergleicht, stellt man fest, dass die Summen auf der linken Seite und der rechten Seite gleich sind. Es gilt das Gesetz von der Erhaltung der Masse.

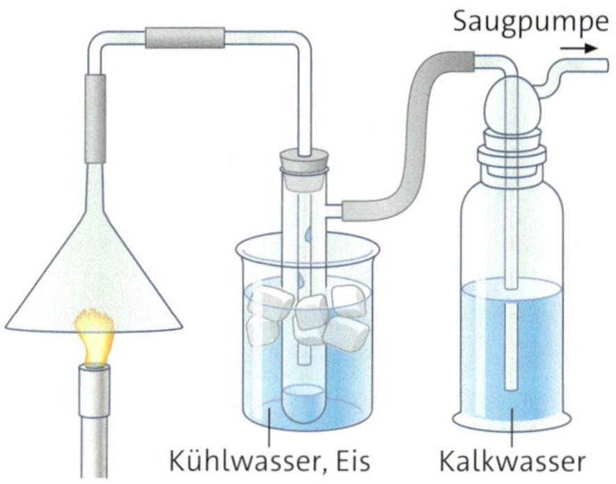

3 *Die Verbrennungsprodukte lassen sich auffangen und nachweisen.*

Vollständige Verbrennung

Verbrennungsvorgänge laufen nicht immer gleich ab. Nur bei ausreichender Sauerstoffzufuhr reagiert der Brennstoff mit Sauerstoff vollständig zu Kohlenstoffdioxid und Wasser. Man spricht von einer **vollständigen Verbrennung,** die mit einer größtmöglichen Energieausbeute einhergeht. Kennzeichnend hierfür ist die blaue, **nicht leuchtende Flamme.** ↗ 4

Die Reaktionsgleichung für die vollständige Verbrennung von Propan lautet:

Propan + Sauerstoff → Kohlenstoffdioxid + Wasser | exotherm

$C_3H_8 \quad + 5\,O_2 \quad \rightarrow 3\,CO_2 \quad + 4\,H_2O \quad | -\Delta E$

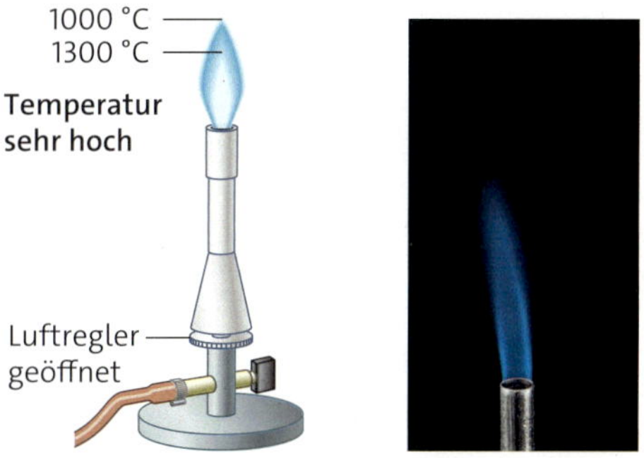

4 *Nicht leuchtende Flamme – vollständige Verbrennung*

Unvollständige Verbrennung

Steht bei Verbrennungsvorgängen nicht ausreichend Sauerstoff zur Verfügung, können neben Kohlenstoffdioxid und Wasser Kohlenstoffmonooxid, Ruß (Kohlenstoff) und weitere Nebenprodukte entstehen. Da unter diesen Bedingungen der Brennstoff nicht vollständig mit Sauerstoff reagiert, ist die Energieausbeute geringer. Kennzeichnend für die unvollständige Verbrennung ist eine **leuchtende Flamme,** die durch glühende Kohlenstoffteilchen gelb gefärbt ist. ↗ 5

Eine mögliche Reaktionsgleichung für die unvollständige Verbrennung von Propan lautet:

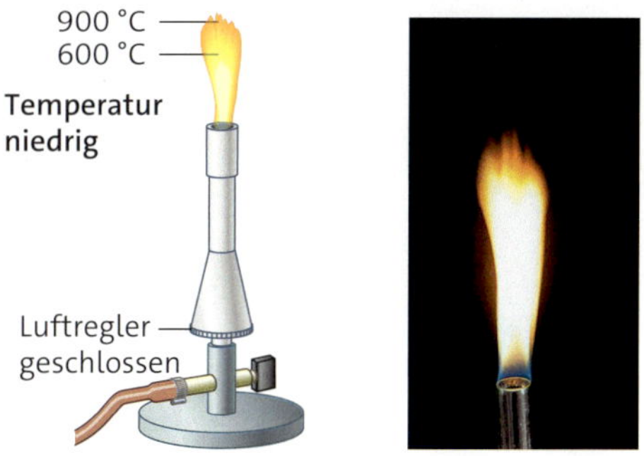

5 *Leuchtende Flamme – unvollständige Verbrennung*

Propan + Sauerstoff → Kohlenstoffdioxid + Wasser + Kohlenstoffmonooxid + Ruß | exotherm

$2\,C_3H_8 \quad + 6\,O_2 \quad \rightarrow CO_2 \quad + 8\,H_2O \quad + 2\,CO \quad + 3\,C \quad | -\Delta E$

6 *Kreuzfahrtschiffe erzeugen viele Abgase.*

Verbrennungsreaktionen erzeugen Schadstoffe

Hauptbestandteile der Treibstoffe Benzin und Diesel sind Alkane. Bei ihrer Verbrennung in Fahrzeugen entstehen nicht nur Kohlenstoffdioxid und Wasser, sondern weitere Stoffe, die in die Luft abgegeben werden. Als Beispiele seien Kohlenstoffmonooxid, Stickstoffoxide, Schwefeldioxid und Ruß genannt. Diese Stoffe schädigen Pflanzen, Tiere und Menschen. Sie üben also unerwünschte Wirkungen auf die Umwelt aus. Deshalb werden sie als **Schadstoffe,** genauer gesagt als Luftschadstoffe, bezeichnet. ↗ 6
Kohlenstoffmonooxid ist für Mensch und Tier giftig. Besonders gefährlich ist es, weil man es weder sehen noch riechen kann.

Abgaskatalysator

Eine der Hauptquellen für die Entstehung von Kohlenstoffmonooxid ist die Verbrennung von Benzin oder Diesel in Kraftfahrzeugen. Um diesen Schadstoffausstoß zu verringern, wurde in den 1970er Jahren der Autoabgaskatalysator entwickelt. Ab 1989 wurden alle Neuwagen damit ausgestattet.
Der Autoabgaskatalysator ist Teil des Auspuffs eines Fahrzeugs. Er besteht aus ganz vielen nebeneinanderliegenden Röhren aus Keramik. In diesen Röhren sind dünne Schichten der Edelmetalle Platin, Palladium und Rhodium aufgetragen. Diese Metalle wirken als Katalysatoren. ↗ S. 104

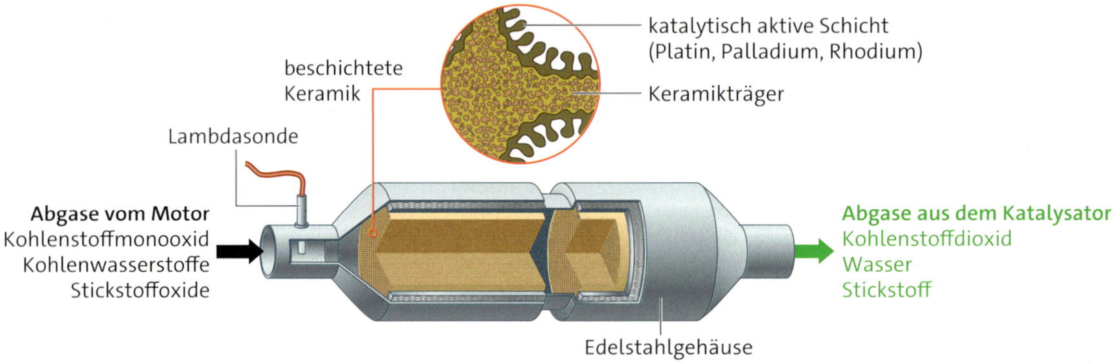

7 *Aufbau und Wirkungsweise des Autoabgaskatalysators*

Strömen die Reaktionsprodukte der Verbrennung des Kraftstoffs an diesen Metallbeschichtungen vorbei, kommt es zur Reaktion. Dabei werden schädliche Stoffe in weniger schädliche Stoffe umgewandelt. Der Katalysator selbst bleibt unverändert. ↗ 7

AUFGABEN

1 □ Nenne die Voraussetzungen für die Verbrennung.

2 ◪ Formuliere die Reaktionsgleichung für die vollständige Verbrennung von Butan.

3 ◪ Beschreibe die Unterschiede zwischen der vollständigen und der unvollständigen Verbrennung.

Die Voraussetzungen für den Verbrennungsvorgang sind: Brennstoff, Erreichen der Entzündungstemperatur und ausreichend Sauerstoff.
Man unterscheidet je nach Produkten und Energieausbeute vollständige und unvollständige Verbrennung.
Das bei der unvollständigen Verbrennung gebildete Kohlenstoffmonooxid lässt sich durch den Autoabgaskatalysator entfernen.

Verbrennungsprodukte nachweisen

1 Lässt sich Ruß nur in der leuchtenden Brennerflamme nachweisen?

Material: Brenner, 2 Porzellanschalen, Tiegelzange, Feuerzeug

Durchführung:
- Entzünde den Gasbrenner und stelle die leuchtende Brennerflamme ein.
- Halte mit einer Tiegelzange eine Porzellanschale in die leuchtende Brennerflamme. ↗1
- Stelle nun die nicht leuchtende Brennerflamme ein und halte die andere Porzellanschale hinein.

Auswertung: Beschreibe deine Beobachtungen und erkläre sie.

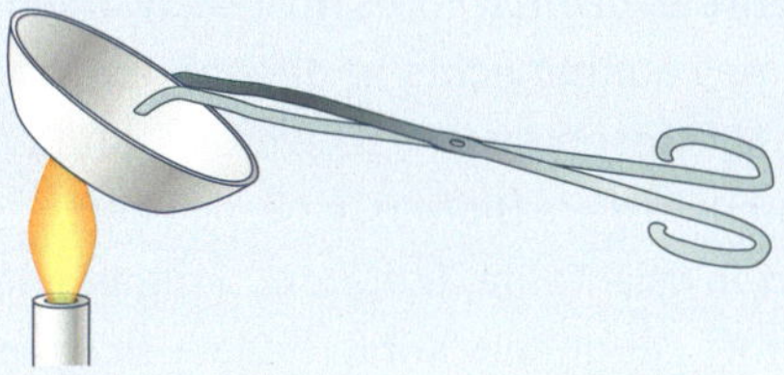

1 *Nachweis von Ruß*

2 Kann Ruß (reiner Kohlenstoff) das Leuchten einer Brennerflamme verursachen?

Material: Brenner, Spatel, gewinkeltes Glasrohr, Feuerzeug

Chemikalien: Kohlenstoffpulver

Durchführung:
- Gib in das gewinkelte Glasrohr eine Spatelspitze Kohlenstoffpulver.
- Entzünde den Gasbrenner und stelle die nicht leuchtende Brennerflamme ein.
- Halte das Glasrohr an die „Luftlöcher" des Brenners und puste das Kohlenstoffpulver vorsichtig hinein.

Auswertung: Beschreibe deine Beobachtung und erkläre sie.

Entsorgung: Hausmüll

3 Lassen sich die Verbrennungsprodukte der Kerzenflamme nachweisen?

5

Material: Kerze, Feuerzeug, Waschflasche, Schlauchmaterial, Trichter, Stativmaterial mit Klemmen, Kohlenstoffmonooxid-Teströhrchen, Saugpumpe

Chemikalien: Kalkwasser (5)

Durchführung:
- Baue den Versuch wie in Bild 2 gezeigt auf. ↗2
- Zünde die Kerze an.
- Drehe den Wasserhahn auf, der die Saugpumpe betätigt. Lass die Pumpe 4 Minuten laufen und schließe den Wasserhahn.

Auswertung: Beschreibe deine Beobachtung. Werte anschließend den Versuch aus.

Entsorgung: Hausmüll

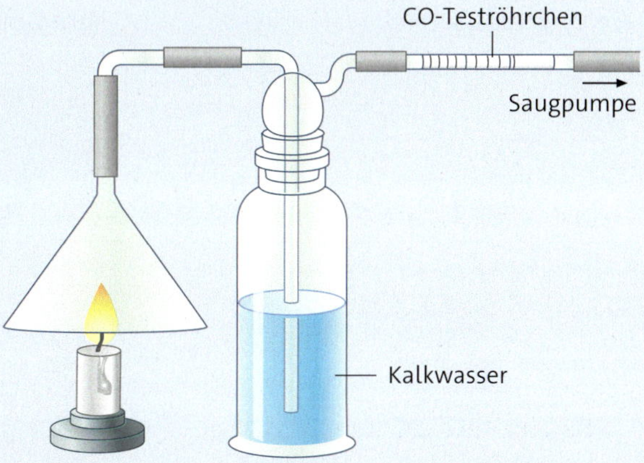

2 *Versuchsaufbau zu Versuch 3*

Raps wird im Spätsommer gesät. Die junge Pflanze wächst und nimmt Kohlenstoffdioxid aus der Luft auf. Im Mai darauf blüht sie, Ende Juli werden die Schoten mit den reifen Samen geerntet. Das Öl der Samen wird extrahiert und zu Biodiesel verarbeitet. Beim Verbrennen von Biodiesel wird Kohlenstoffdioxid frei.

▶ *Beschreibe den Weg eines Kohlenstoff-Atoms, das die Rapspflanze beim Wachsen eingebaut hat.*

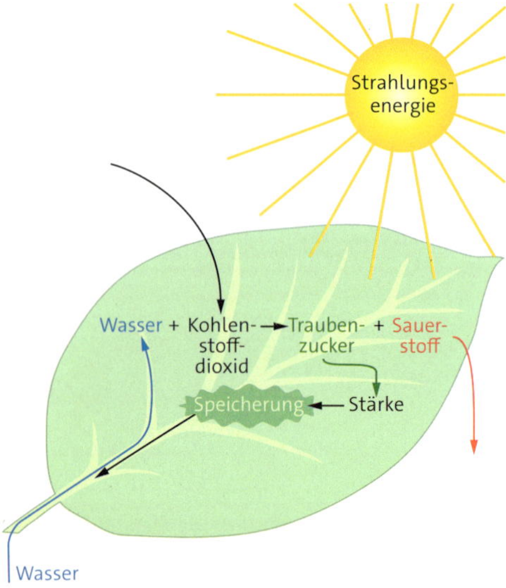

1 *Fotosynthese (Schema)*

5.3 Brennstoffe und Umwelt

Einfacher Kohlenstoffkreislauf

Aus dem Biologieunterricht kennst du die Fotosynthese. Sie ist die Grundlage für alle Lebensvorgänge. Grüne Pflanzen nehmen Kohlenstoffdioxid aus der **Luft** auf. Durch Fotosynthese wandeln sie es mithilfe der Energie des Sonnenlichts in die Kohlenstoffverbindung Traubenzucker (Glucose) um. ↗ 1 So werden jährlich 100 Milliarden Tonnen Kohlenstoff als **Biomasse** gespeichert.

Auch in **fossilen Brennstoffen** wie Kohle, Erdöl und Erdgas sind große Mengen an Kohlenstoff gebunden. Kohle bildete sich aus abgestorbenen Sumpfpflanzen. Erdöl und Erdgas entstanden aus Plankton. Ihre Überreste zersetzten sich unter Luftabschluss über Jahrmillionen hinweg zu Kohle, Erdöl und Erdgas. Die Verbrennung fossiler Energieträger setzt wieder Kohlenstoff in Form von Kohlenstoffdioxid frei.

Dieser Zusammenhang zwischen den Kohlenstoffverbindungen in der Luft, in der Biomasse und in fossilen Brennstoffen lässt sich in einem Modell darstellen, dem **Kohlenstoffkreislauf.** Dieser Kreislauf berücksichtigt Verbindungen des Kohlenstoffs und ihre Umwandlung ineinander. ↗ 2

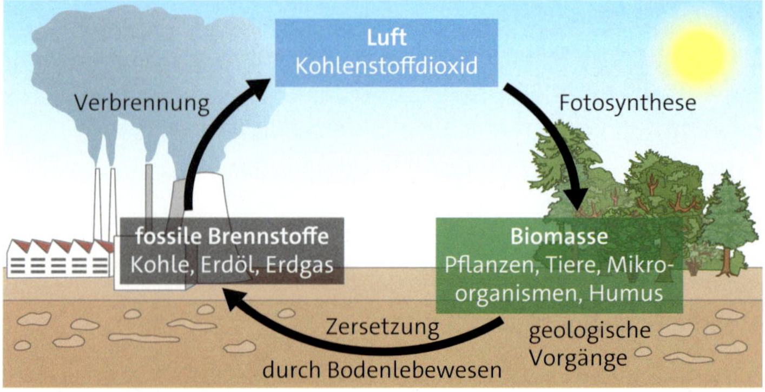

2 *Einfacher Kohlenstoffkreislauf*

Fossile und regenerative Energieträger im Vergleich

Unter dem Begriff Brennstoff versteht man brennbares Material, bei dem gespeicherte Energie durch Verbrennung in Wärme oder in andere nutzbare Energieformen umgewandelt wird. Man unterscheidet fossile und regenerative (nachwachsende) Energieträger.

Brennstoffe aus Biomasse wie Holz oder Pflanzenöl werden als **regenerative Energieträger** bezeichnet. Bei ihrer Verbrennung entsteht nur so viel Kohlenstoffdioxid, wie die Pflanzen während ihres Wachstums gebunden haben. Dadurch steigt bei ihrer Verbrennung der Kohlenstoffdioxidgehalt der Atmosphäre nicht an. Man spricht deshalb von CO_2-neutraler Energiegewinnung. ↗ 3

Bei der Verbrennung **fossiler Energieträger** wird Kohlenstoffdioxid freigesetzt, das über Jahrmillionen gebunden und so dem Kohlenstoffkreislauf dauerhaft entzogen war. Es kommt zum Ansteigen des Kohlenstoffdioxidgehalts in der heutigen Atmosphäre.

3 *CO_2-neutrale Energiegewinnung*

Treibhauseffekt

Die Sonne strahlt auf die Erde und erwärmt sie. Der Rest der Strahlungsenergie wird von der Erde in den Weltraum zurückgestrahlt. Die Erdatmosphäre hält einen Teil dieser Strahlung auf und schickt sie wieder zur Erde zurück, die dadurch zusätzlich erwärmt wird. Diese Erwärmung nennt man den **natürlichen Treibhauseffekt.** Er sorgt dafür, dass die Erde keine Eiskugel ist. ↗ 4

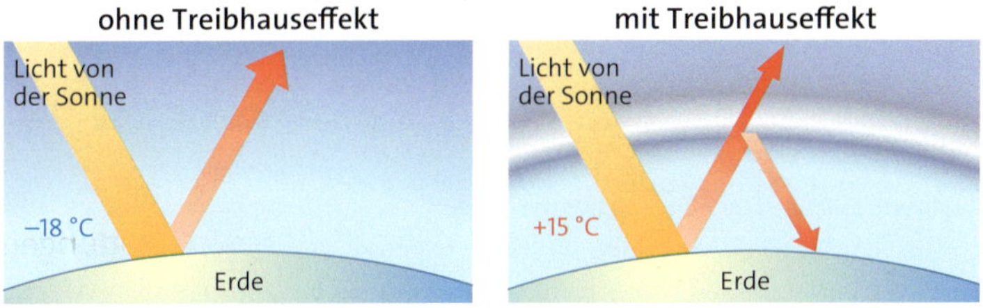

4 *Das bewirkt der Treibhauseffekt.*

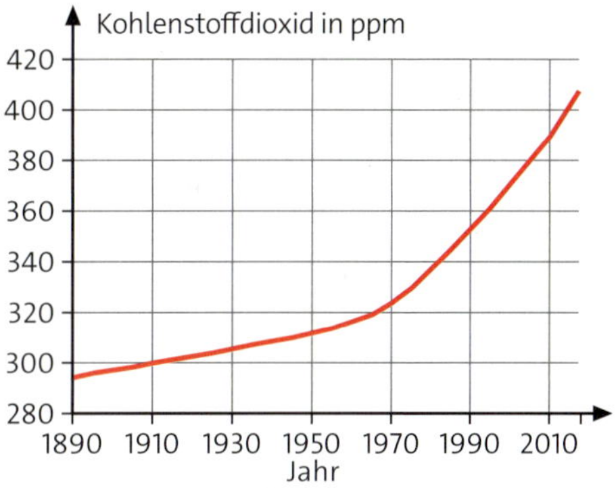

5 *Anstieg des Kohlenstoffdioxidgehalts in der Atmosphäre*

Manche Gase verstärken den Treibhauseffekt, dazu gehört Kohlenstoffdioxid. In den letzten 150 Jahren wurden immer größere Mengen dieses Gases bei der Energiegewinnung freigesetzt. Dadurch stieg der Kohlenstoffdioxidgehalt in der Atmosphäre in den letzten 150 Jahren an. ↗ 5 Da für diese Verstärkung des Treibhauseffekts der Mensch verantwortlich ist, spricht man vom **anthropogenen Treibhauseffekt.**

Brennstoffe können in fossile und regenerative Energieträger unterteilt werden.
Der Kohlenstoffkreislauf beschreibt den Zusammenhang zwischen den Kohlenstoffverbindungen in der Luft, in der Biomasse und in fossilen Brennstoffen.

AUFGABEN

1 □ Stelle die Formelgleichung für die Fotosynthese auf. Die Formel von Traubenzucker ist $C_6H_{12}O_6$.

2 □ Erläutere die Begriffe fossile und regenerative Energieträger.

3 ◪ Erläutere den wesentlichen Unterschied bei der Verbrennung fossiler und regenerativer Energieträger.

Bewerten – aber wie?

Entscheidungen im Alltag – häufig intuitiv

Jeder von uns trifft jeden Tag zahlreiche Entscheidungen. Das beginnt frühmorgens am Kleiderschrank: Was ziehe ich heute an? Für diese Entscheidung können der persönliche Geschmack, die Stimmung an dem Tag und die Wetterlage ausschlaggebend sein. Wenn es regnet, wird die helle Lieblingsjeans leider im Schrank bleiben müssen. Du triffst eine pragmatische Entscheidung, denn du möchtest, dass deine Jeans nicht gleich schmutzig wird.

Andere Entscheidungen triffst du aufgrund bestimmter Gewohnheiten, persönlicher Erfahrungen oder von Vorurteilen. Das betrifft Entscheidungen, wenn du im Restaurant ein bestimmtes Gericht auswählst, dich für eine neue Sportart entscheidest oder Schulhefte aus Recyclingpapier wählst.

Entscheidungen – bitte mit Fachwissen ...

In den Naturwissenschaften, aber auch im Alltag werden Entscheidungen getroffen, für die man Fachwissen braucht. Solche Entscheidungen nennt man **Sachentscheidungen.** Es wird überlegt, welches Wissen notwendig ist, um eine Entscheidung zu fällen und zu begründen. „Die Entscheidung wurde aus folgenden Gründen getroffen" ist eine gängige Formulierung. Das bedeutet: Fachwissen ist für Entscheidungen unverzichtbar.

... und dabei Werte und Normen beachten

Bei vielen Entscheidungen reicht das Fachwissen allein nicht aus. Es muss miteinbezogen werden, ob das, was getan werden kann, auch getan werden soll. Darüber entscheiden die Werte, die das Handeln in unserer Gesellschaft bestimmen, und die Normen, an die es sich zu halten gilt.

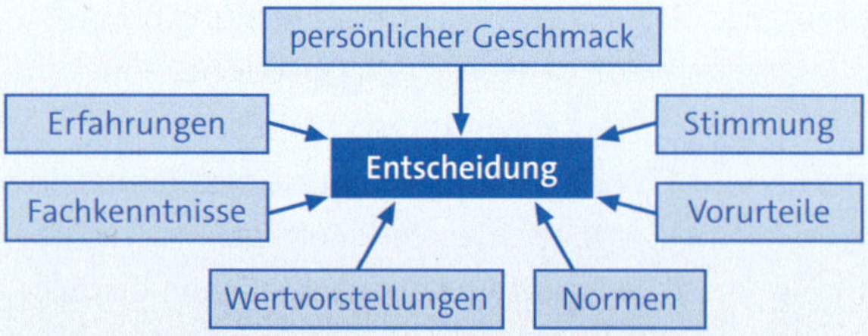

1 *Viele Faktoren beeinflussen eine Entscheidung.*

Beispiel: Entscheide dich – lieber ein Apfel aus Deutschland oder ein Apfel aus Neuseeland?

2 *Welcher Apfel ist besser für die Umwelt?*

Um die Frage von Bild 2 beantworten zu können, musst du überlegen, welche Merkmale du für die Entscheidung nutzen willst.

Es werden dir als Erstes die **Transportwege** einfallen. Kurze Transportwege von Äpfeln aus Deutschland erzeugen weniger Kohlenstoffdioxid und andere Luftschadstoffe als der lange Transportweg aus Neuseeland. Dabei spielen auch die gewählten Transportmittel eine Rolle. Mit diesem Wissen würdest du dich für den Apfel aus Deutschland entscheiden.

3 *Langer Transportweg für Äpfel aus Neuseeland*

Du solltest für deine Entscheidung auch berücksichtigen, zu welcher Jahreszeit du den Apfel kaufst. Im Mai ist ein Apfel, der in Deutschland gewachsen ist, sicher aus dem vergangenen Herbst. Damit er schön knackig bleibt, muss er seitdem gekühlt werden. Diese **Kühlung** verursacht einen hohen Energieaufwand und erzeugt viel Kohlenstoffdioxid. Stellt man diesem Apfel nun einen frischen Apfel aus Neuseeland gegenüber, kann der neuseeländische Apfel trotz des längeren Transportwegs besser für die Umwelt sein.

Du siehst: Die oben geforderte Entscheidung kann nicht so einfach getroffen werden.

Kohlenstoffdioxidbilanz – eine Ökobilanz

Eine Ökobilanz untersucht, welche Auswirkungen ein Produkt auf die Umwelt hat. Dabei wird der gesamte Lebensweg des Produkts berücksichtigt. Alle Stoff- und Energieflüsse, die in das System eingehen (Input), werden denjenigen gegenübergestellt, die in die Umwelt abgegeben werden (Output). ↗ 4

Die Kohlenstoffdioxidbilanz ist eine besondere Form der Ökobilanz. Es werden ausschließlich die Inputs und Outputs von Kohlenstoffdioxid beim Lebensweg eines Produkts betrachtet. Diese Bilanz wird auch als CO_2-Fußabdruck bzw. im Englischen als carbon footprint bezeichnet.

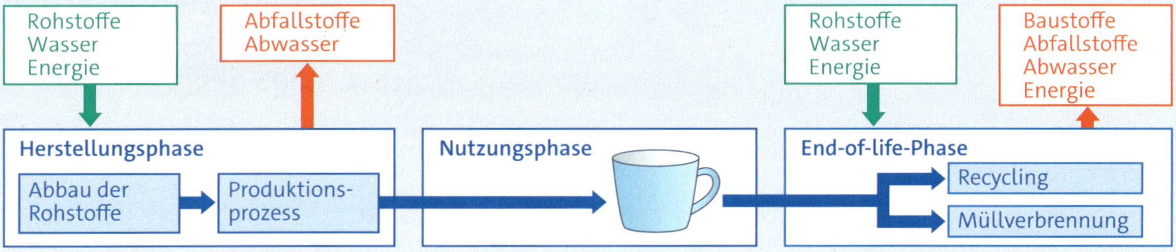

4 *Beispiel für eine Produktökobilanz*

Kohlenstoffdioxidbilanz verschiedener Brennstoffe bewerten

Ermittle zunächst, wie viel Kohlenstoffdioxid bei der Verbrennung des Brennstoffs entsteht. Überlege dann, ob es weitere Schritte gibt, bei denen Kohlenstoffdioxid gebildet wird. Es wird zum Beispiel auch bei der Förderung und beim Transport des Rohöls zur Raffinerie an die Umwelt abgegeben.

AUFGABEN

1 ■ Berechne, welche Masse an Kohlenstoffdioxid bei der vollständigen Verbrennung von einem Liter Benzin bzw. Diesel entsteht. Nutze Bild 5 und deine Kenntnisse vom chemischen Rechnen. ↗ 5; S. 111

2 ◪ Stelle unter Nutzung des Textes in Bild 6 dar, was die Kohlenstoffdioxidbilanz von Biodiesel belastet bzw. entlastet. ↗ 6

3 ■ Beim Verbrauch von einem Liter Biodiesel werden im günstigsten Fall 0,72 kg CO_2 frei. Erläutere, wie dieser Wert zustande kommt. ↗ 6

4 ■ Vergleiche nun die Kohlenstoffdioxidbilanzen von Benzin, Diesel und Biodiesel aus den Aufgaben 1 und 3 und bewerte die Brennstoffe.

5 *Informationen zu Aufgabe 1*

Kohlenstoffdioxidbilanz von Biodiesel

Biodiesel macht rund 5 % des gesamten Kraftstoffverbrauchs in Deutschland aus. Er wird aus Rapsöl durch eine chemische Reaktion hergestellt. Seine Verbrennung ist CO_2-neutral. In der Kohlenstoffdioxidbilanz müssen aber weitere Punkte berücksichtigt werden (die angegebenen Werte beziehen sich immer auf 1 Liter Biodiesel).

So wird Kohlenstoffdioxid in verschiedenen Schritten der Herstellungsphase frei, z. B. beim Anbau von Raps (1,15 kg CO_2), bei der Gewinnung von Rapsöl (0,52 kg CO_2) und bei der eigentlichen Herstellung von Biodiesel (0,32 kg CO_2). Der Transport des Biodiesels zum Endverbraucher führt ebenfalls zur Entstehung von Kohlenstoffdioxid (0,04 kg CO_2).

Darüber hinaus fallen bei der Herstellung von Biodiesel Nebenprodukte (z. B. Glycerin) an, die weiterverwendet werden können und so die Emissionen von Kohlenstoffdioxid senken (0,72 kg CO_2). Das Rapsschrot, das bei der Rapsölgewinnung zurückbleibt, wird als Futtermittel eingesetzt. So können 0,59 kg CO_2 eingespart werden, da nicht extra Futtermittel hergestellt werden muss.

6 *Informationen zu Aufgabe 3 (Quelle: Forschungsinformationssystem Mobilität und Verkehr, BMVI)*

Das Bild zeigt ein Gelände, auf dem ein Getreidesilo explodiert ist. Als Ursache für das Unglück wird eine Staubexplosion angesehen. Vermutlich haben die Funken einer elektrischen Anlage den Getreidestaub entzündet.

► *Fülle das Verbrennungsdreieck mit diesem Beispiel aus.*

5.4 Explosion

Brennstoff, aber fein zerteilt und fein verteilt

Erfahrungen beim Entzünden eines Kamin- oder Lagerfeuers zeigen, dass sich dünne Holzspäne leichter entzünden lassen als kompakte Holzstücke. Holzstaub wiederum lässt sich noch leichter entzünden als Holzspäne. Die Ursache dafür ist der Zusammenhang zwischen dem **Zerteilungsgrad** und der Oberfläche des zerteilten Stoffes: Je feiner ein kompaktes Holzstück zerteilt wird, desto größer ist dessen Gesamtoberfläche. Allerdings ändert sich die Gesamtmasse der Holzportion nicht! ↗ 1

Im fein zerteilten Zustand besitzt der Stoff eine größere Angriffsfläche für den Sauerstoff als im weniger zerteilten Zustand. Diese größere Angriffsfläche wird aber nur wirksam, wenn der Stoff aufgewirbelt und somit in der Luft **fein verteilt** wird. So entsteht ein Staub-Luft-Gemisch. Ein Sack mit Holzstaub ist unproblematisch, aufgewirbelter Holzstaub dagegen stellt eine Gefahr dar.

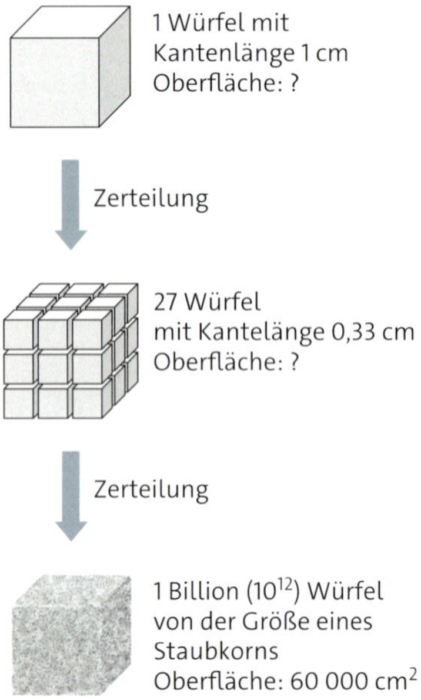

1 *Ein Holzwürfel wird zerkleinert.*

Explosion – auch eine Verbrennung, aber schneller

Verbrennt Holz in Form von Holzstaub, so kommt es durch die große Oberfläche zu einer blitzschnell ablaufenden exothermen Reaktion. Innerhalb kurzer Zeit entstehen große Menge der gasförmigen Reaktionsprodukte Kohlenstoffdioxid und Wasser in Form von Wasserdampf. Zugleich wird viel Wärmeenergie frei, die gasförmigen Reaktionsprodukte dehnen sich aus. In einem geschlossenen Raum kommt es so zu einem starken Druckanstieg. Diesem Druckanstieg können zum Beispiel die Wände einer Fabrik nicht mehr standhalten, die Fabrik wird zerstört.

Explosionsgefahr besteht, wenn der (1) Brennstoff (2) fein verteilt (3) in der Luft oder in Sauerstoff (4) in einem geschlossenen Raum (5) gezündet wird. Diese Faktoren lassen sich im **Explosionsfünfeck** darstellen. Es ist eine Erweiterung des Verbrennungsdreiecks. ↗ 2

2 *Explosionsfünfeck*

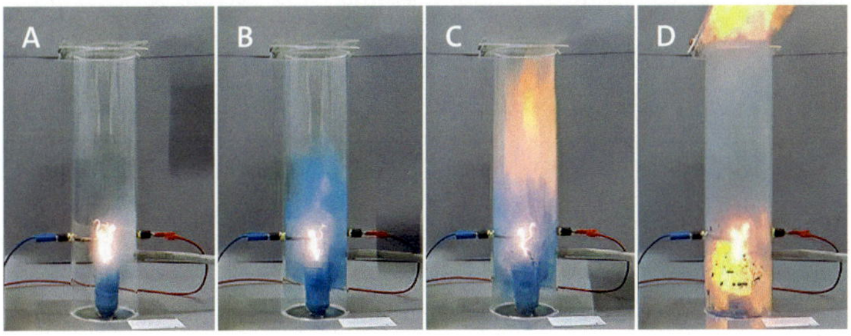

3 *Explosion in Zeitlupe: Blau eingefärbter Staub wird aufgewirbelt (A) und verteilt sich im Rohr (B). Das Staub-Luft-Gemisch entzündet sich an dem glühenden Kabel, eine große Stichflamme ist sichtbar (C). Die Reaktion ist so stark, dass sich der Deckel der Apparatur öffnet (D).*

Hoher Zerteilungsgrad – nicht nur bei Feststoffen

Aber nicht nur Holzstaub weist diesen hohen Zerteilungsgrad auf, sondern auch Mehl-, Kohlen- oder Aluminiumstaub. Die Stäube dieser brennbaren Feststoffe können gefährliche Explosionen, genauer gesagt Staubexplosionen, verursachen. ↗ 3

Explosionen können aber auch durch Dämpfe brennbarer Flüssigkeiten wie Sprühnebel von Sprayflaschen, Benzin- oder Spiritusdämpfen verursacht werden.

Auch Gase wie Methan, Wasserstoff oder Propan können zu Explosionen, genauer gesagt zu Gasexplosionen, führen. Gase liegen bereits molekular verteilt in der Luft vor. Eine feinere Verteilung kann nicht mehr erreicht werden. Ein typisches Beispiel ist die Explosion von Grubengas (Hauptbestandteil: Methan) in Bergwerken. Man spricht von „schlagenden Wettern".

Auf die Mischung kommt es an

Es lassen sich aber nicht alle Brennstoff-Luft-Gemische zünden. Wenn zu wenig Brennstoff vorhanden ist, ist eine Zündung ebenso wenig möglich, wie wenn zu viel Brennstoff vorliegt. Nur bei einer „idealen" Mischung kommt es zur Zündung. Für jeden Brennstoff gibt es einen Explosionsbereich, in dem das Brennstoff-Luft-Gemisch explosionsfähig ist. Der Explosionsbereich hat eine untere und eine obere Explosionsgrenze, unter bzw. über der keine Zündung mehr erfolgt. ↗ 4

Explosionen – manchmal auch erwünscht

Eine gezielte, technisch kontrollierte explosionsartige Verbrennung läuft im Verbrennungsmotor ab. In den Zylindern wird ein Gemisch aus gasförmigem Treibstoff (Benzin) und Luft gezündet. Durch die Explosion wird der Kolben schlagartig nach unten gedrückt. ↗ 5

Die Explosion ist eine schnell ablaufende Verbrennungsreaktion. Sie entsteht, wenn ein fein zerteilter Brennstoff mit Sauerstoff/Luft gemischt und in einem geschlossenen Raum gezündet wird.

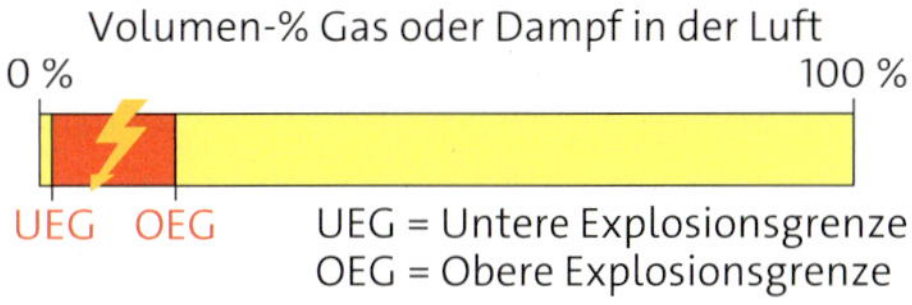

	UEG		OEG
Benzin	0,6 %	–	8 %
Erdgas	5,0 %	–	15 %
Autogas (LPG)	~ 1,5 %	–	~ 11 %
Alkohol	3,5 %	–	15 %
Acetylen	1,5 %	–	~ 82 %

4 *Explosionsbereiche ausgewählter Brennstoffe*

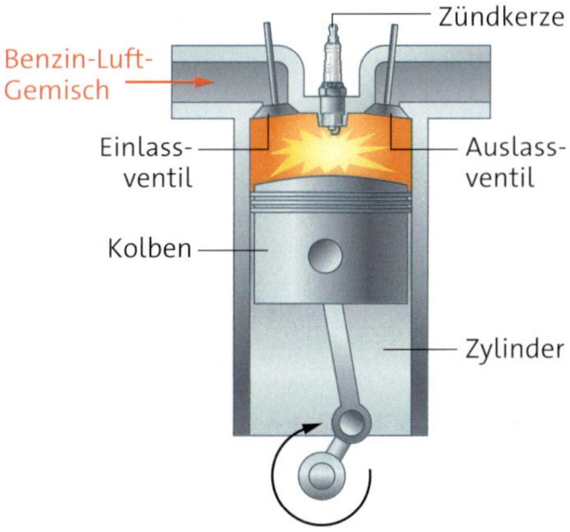

5 *Im Verbrennungsmotor ist die Explosion erwünscht.*

AUFGABEN

1 ◪ Berechne die Oberfläche der Holzwürfel in Bild 1 oben und mittig.

2 ☐ Vergleiche Verbrennungsdreieck und Explosionsfünfeck. ↗ 2; S. 120/2

3 ◪ Beurteile, ob es sich bei der Knallgasprobe um eine Explosion handelt.

Weizenmehl, Gipsmehl und Holzkohlestaub

Vergleiche die Stoffeigenschaften von Weizenmehl, Gipsmehl und Holzkohlestaub und entscheide, von welchen Stoffen eine Explosionsgefahr ausgehen könnte.
Lege dazu eine Tabelle an wie in Bild 1 und führe die Versuche 1 bis 3 aus. ↗1

Material: Kunststoffflasche, scharfes Messer, Löffel, feuerfester Schlauch, Gasbrenner, Feuerzeug, feuerfeste Unterlage, große Plastikspritze, Klebeband

Auswertung: Notiere deine Beobachtungen in deiner Tabelle. Beantworte jeweils die Untersuchungsfrage.

1 Ist Weizenmehl brennbar?

Chemikalien: Weizenmehl

Durchführung:
Versuchsteil 1:
- Gib einen Löffel Weizenmehl auf die feuerfeste Unterlage und versuche, es mit dem Feuerzeug zu entzünden.

Versuchsteil 2:
- Schneide von der Kunststoffflasche den Boden ab.
- Stecke die Plastikspritze in das eine Ende des Schlauchs. Das andere Ende des Schlauchs steckst du durch die Flaschenöffnung. Befestige alles gut mit Klebeband. ↗2
- Ziehe Luft in die Spritze.
- Gib einen Löffel Mehl in die aufgeschnittene Flasche vor die Öffnung des Schlauchs.
- Entzünde den Gasbrenner und stelle die rauschende Flamme ein.
- Halte die Öffnung der Flasche vor die Brennerflamme.
- *Vorsicht!* Achte darauf, dass sich keine Person hinter dem Brenner befindet.
- Drücke den Kolben der Spritze schnell hinein und beobachte, was geschieht.

Entsorgung: Hausmüll

	Weizenmehl	Gipsmehl	Holzkohlestaub
Aggregatzustand	???	???	???
Zerteilungsgrad	???	???	???
Farbe	???	???	???
Brennbarkeit	???	???	???

1 *Tabelle zu den Versuchen 1 bis 3*

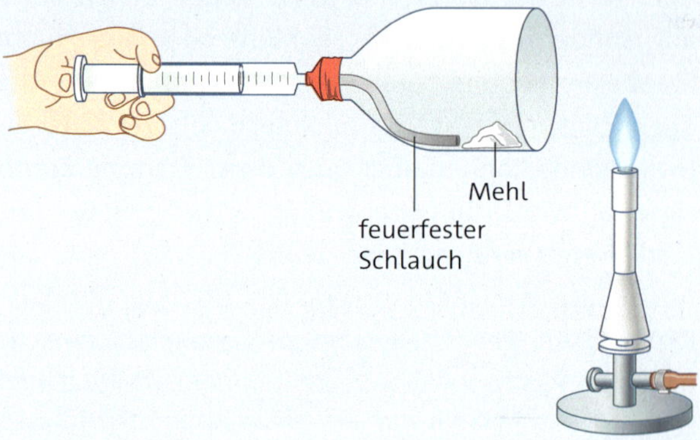

2 *Versuchsaufbau*

2 Ist Gipsmehl brennbar?

Chemikalien: Gipsmehl

Durchführung:
- Führe den Versuch analog zu Versuch 1 mit Gipsmehl durch.

Entsorgung: Hausmüll

3 Ist Holzkohlestaub brennbar?

Chemikalien: Holzkohlestaub

Durchführung:
- Führe den Versuch analog zu Versuch 1 mit Holzkohlestaub durch.

Entsorgung: Hausmüll

Der Weg der Erkenntnisgewinnung – Antwort auf Frage

Der letzte Schritt ...

Wenn die Daten in der Auswertungsphase interpretiert werden, wird das immer auch in Bezug zur Frage und zur gegebenenfalls vorher aufgestellten Hypothese getan. Das ermöglicht, am Ende des Experiments die Frage zu beantworten.
Die Antwort auf die Frage kann eine zuvor aufgestellte Hypothese bestätigen. Es ist aber auch möglich, dass die Hypothese nicht bestätigt wird. Es müsste dann eine neue Hypothese formuliert und ein anderes Experiment geplant und durchgeführt werden. Insofern kann die Antwort auf eine Frage auch der Anfang einer neuen Untersuchung sein.

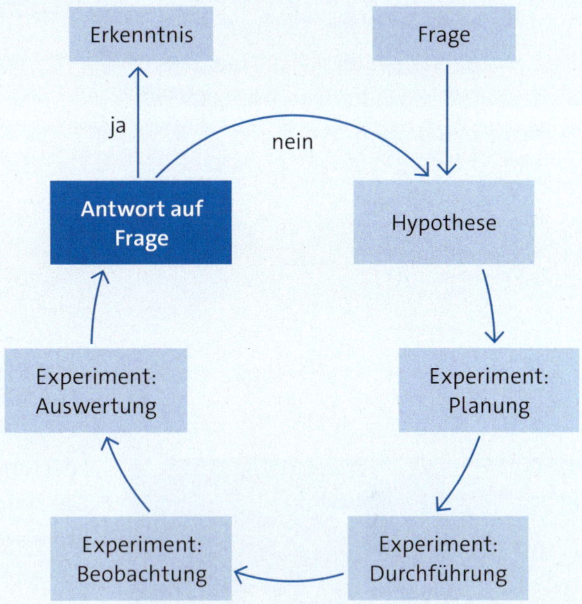

Merkmale einer Antwort auf die Frage

① Die Antwort auf die Frage stellt den Abschluss des Experiments dar.
② Manchmal ergeben sich daraus neue Fragen, der Zyklus beginnt von Neuem.

Einem Polarforscher in der Arktis ist das Brennholz ausgegangen. Nun will er Benzin verbrennen, um sich aufzuwärmen.

► *Stelle eine Vermutung an, ob er das Benzin anzünden kann.*

5.5 Brandschutz

Löschmaßnahmen

Die Voraussetzungen für einen Verbrennungsvorgang sind: Brennstoff, ausreichend Sauerstoff und Erreichen der Entzündungstemperatur. ↗ S. 120

Ein Brand kann gelöscht werden, sobald eine der drei Voraussetzungen nicht mehr gegeben ist. Eine bewährte Maßnahme ist die Beseitigung des brennbaren Stoffes. Ein Beispiel hierfür ist das Schlagen einer Brandschneise bei Waldbränden. ↗ 1

Ein Brand kann auch gelöscht werden, wenn man das brennende Material abkühlt, sodass die Entzündungstemperatur nicht mehr erreicht wird. Wasser eignet sich hierfür besonders. Es verdampft und dabei kühlt der brennende Stoff ab.

Der entstehende Wasserdampf verdrängt die Luft und verhindert so den Zutritt von Sauerstoff zur Brandquelle. Ähnlich wirken Löschdecken oder Kohlenstoffdioxidgas aus dem Feuerlöscher: Sie unterbinden eine weitere Sauerstoffzufuhr.

1 *Brandschneise*

Flammpunkt

Ab einer bestimmten Temperatur entstehen über brennbaren Stoffen Dämpfe, die an der Luft ein zündfähiges Dampf-Luft-Gemisch bilden. Diese Temperatur nennt man **Flammpunkt.** Wenn diese Temperatur erreicht ist, genügt ein Zündfunke, um das Gemisch zu entzünden.

Der Flammpunkt ist ein wichtiges Maß für die Feuergefährlichkeit brennbarer Stoffe: Je niedriger er ist, desto feuergefährlicher ist der Stoff. Der Flammpunkt von Spiritus liegt bei +12 °C, weshalb beim Umgang mit Spiritus Vorsicht geboten ist.

Man muss zwischen dem Flammpunkt und der Entzündungstemperatur unterscheiden: Wenn die Entzündungstemperatur erreicht ist, entzündet sich das brennbare Gemisch von selbst. Beim Flammpunkt geschieht ohne einen Zündfunken nichts. ↗ 2

Brennstoff	Flammpunkt (°C)	Entzündungstemperatur (°C)
Methan	keine Angaben	595
Ethan	–135	515
Spiritus	12	400
Petroleum	65 bis 85	220
Dieselkraftstoff	über 56	über 225
Superbenzin	unter –35	ca. 220
Schreibpapier	keine Angaben	360
Holz	keine Angaben	280 bis 340

2 *Flammpunkt und Entzündungstemperatur verschiedener Stoffe*

Gefährliche Dämpfe

Die Dämpfe von brennbaren Flüssigkeiten sind in bestimmten Mischungsverhältnissen mit Luft explosiv. ↗ S. 129 Kühle Lagerung und richtiges Belüften verhindern, dass sich in Lagerräumen explosionsfähige Gemische bilden. Brennbare Flüssigkeiten wie Benzin, die nicht in Wasser löslich sind, dürfen niemals in den Ausguss oder Gully gegossen werden. In den Rohrleitungen bilden sich explosive Gemische aus Dampf und Luft, die beispielsweise durch eine weggeworfene Zigarette gezündet werden können. Warnschilder weisen auf mögliche Gefahren hin. ↗ 3

3 *Schilder zur Warnung vor Brandgefahr*

Brandklasse	Definition	Beispiele	Löschmittel	Hinweis
	Brände fester Stoffe (Glut- und Flammenbildung)	Holz, Papier, Kohle, Heu, Kunststoffe	Wasser, Schaum, ABC-Pulver, Löschgas, Löschdecke	
	Brände flüssiger Stoffe (Flammenbildung)	Benzin, Alkohol, Wachs, Ether, Lacke, Harz	Schaum, ABC-Pulver, BC-Pulver, Kohlenstoffdioxid	auch Stoffe, die durch Temperaturerhöhung flüssig werden
	Brände gasförmiger Stoffe (Flammenbildung)	Erdgas, Methan, Propan, Acetylen, Wasserstoff	ABC-Pulver, BC-Pulver, Kohlenstoffdioxid	Brände erst löschen, wenn Gaszufuhr abgestellt ist.
	Brände von Metallen (Glut- und Flammenbildung)	Aluminium, Magnesium, Natrium, Kalium, Lithium	Metallbrandpulver (D-Pulver), trockener Sand, Salze	*Niemals Wasser verwenden!*
	Brände von Speiseölen und -fetten (Flammenbildung)	Speiseöl, Speisefett	Fettbrandlöscher, Pulverlöscher (bedingt)	*Niemals Wasser verwenden!*

4 *Einteilung in Brandklassen und geeignete Löschmittel*

Wahl des richtigen Löschmittels

Als Brandklassen bezeichnet man die Einteilung der Brände nach den brennbaren Materialien. Mithilfe dieser Einteilung kann das richtige Löschmittel ausgewählt werden. So verbrennen Feststoffe wie Holz, Papier oder Kunststoffe normalerweise unter Glutbildung. Sie können gut mit Wasser gelöscht werden und werden in der Brandklasse A zusammengefasst. ↗ 4

In vielen Schulen findet sich ein **ABC-Pulverlöscher.** Die Buchstaben A, B und C benennen die Brandklassen. Das bedeutet, dass mit diesem Löscher zum Beispiel Brände von Holz, Benzin und Erdgas gelöscht werden können. Bei Fettbränden (Brandklasse F) helfen weder Wasser noch ein ABC-Pulverlöscher. Hier muss der Brandherd beispielsweise mit einem Deckel oder Sand abgedeckt werden. ↗ 5

Ein Brand wird gelöscht durch Beseitigen des Brennstoffs, durch Abkühlen unter die Entzündungstemperatur oder durch Unterbrechung der Sauerstoffzufuhr.

5 *Versuch, einen Fettbrand mit Wasser zu löschen*

AUFGABEN

1 □ Nenne drei Methoden der Brandbekämpfung.

2 ◪ Erkläre, wie eine Brandschneise wirkt.

3 ◪ Begründe, warum auf einem Benzinkanister Gefahrenpiktogramme sind und auf Papier nicht. Vergleiche dazu ihre Entzündungstemperaturen.

Methan, Ethan, Propan ... Alkan

Methan, Ethan, Propan und Butan sind wichtige Kohlenwasserstoffverbindungen. Sie sind die ersten vier Vertreter der homologen Reihe der Alkane. Darunter versteht man eine Gruppe von Verbindungen, deren aufeinanderfolgende Summenformeln sich jeweils um eine CH_2-Gruppe unterscheiden. Die allgemeine Summenformel lautet C_nH_{2n+2}. ↗ 1

$$CH_4 \xrightarrow{+\,CH_2} C_2H_6 \xrightarrow{+\,CH_2} C_3H_8 \xrightarrow{+\,CH_2} C_4H_{10} \xrightarrow{+\,CH_2} \ldots$$

1 *Homologe Reihe der Alkane*

Verbrennung von Alkanen

Unter einer Verbrennung versteht man eine chemische Reaktion mit Sauerstoff. Die frei werdende Wärmeenergie wird Verbrennungswärme genannt. Die Voraussetzungen für den Verbrennungsvorgang sind: brennbarer Stoff, ausreichend Sauerstoff und Erreichen der Entzündungstemperatur. ↗ 2

2 *Verbrennungsdreieck*

Bei der vollständigen Verbrennung entstehen immer Kohlenstoffdioxid und Wasser, die Energieausbeute ist dabei maximal. Bei mangelnder Sauerstoffzufuhr bilden sich neben Kohlenstoffdioxid und Wasser auch Kohlenstoffmonooxid und Ruß. Dies ist eine unvollständige Verbrennung.
Luftschadstoffe wie Kohlenstoffmonooxid und Ruß schädigen die Gesundheit von Mensch, Tier und Pflanzen. Sie entstehen vor allem als Verbrennungsprodukte in Kraftfahrzeugen. Kohlenstoffmonooxid lässt sich durch den Abgaskatalysator aus Abgasen entfernen.

Brennstoffe und Umwelt

Brennstoffe können in fossile und regenerative Energieträger unterteilt werden.
Den Zusammenhang zwischen den Kohlenstoffverbindungen in Luft, Biomasse und fossilen Brennstoffen kann man als Kreislauf beschreiben. ↗ 3

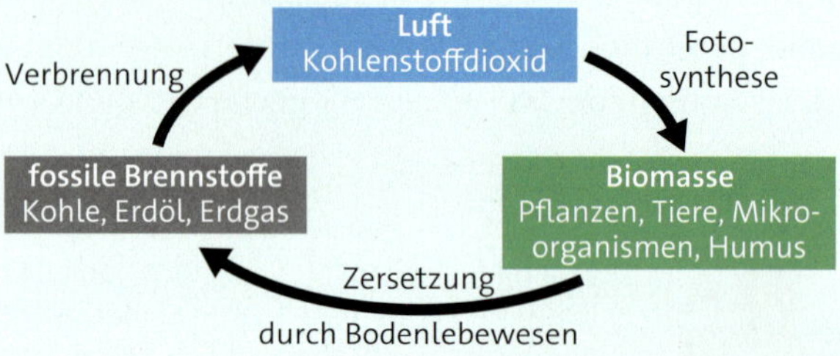

3 *Einfacher Kohlenstoffkreislauf*

Explosion

Eine Explosion ist eine schnell ablaufende Verbrennungsreaktion. Sie läuft ab, wenn ein fein verteilter Brennstoff mit Sauerstoff gemischt und in einem geschlossenen Raum gezündet wird. ↗ 4

4 *Explosionsfünfeck*

Brandschutz

Ein Brand wird gelöscht, sobald eine der drei Voraussetzungen der Verbrennung nicht mehr erfüllt ist. Man kann den Brennstoff beseitigen, unter die Entzündungstemperatur abkühlen oder die Sauerstoffzufuhr unterbrechen.

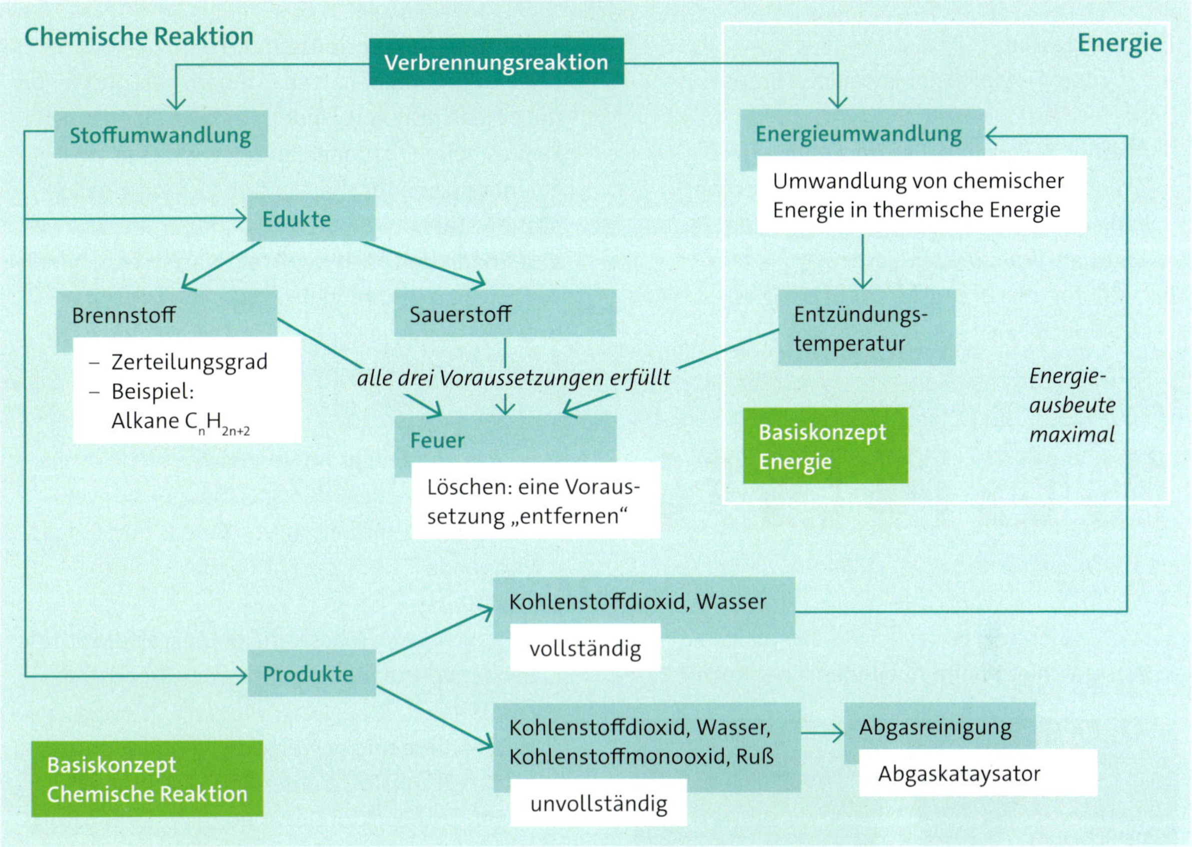

Kompetenzcheck

Hast du alle wichtigen Inhalte des Kapitels verstanden? Schätze dich zuerst selbst ein: ☺ 😐 ☹

Überprüfe nun deine Selbsteinschätzung: Löse dazu die Aufgaben auf Seite 136/137 und vergleiche deine Antworten mit den Lösungsvorschlägen. ↗ S. 191

Ich kann ...	☺	😐	☹	Alles-im-Griff-Aufgaben	Hilfe findest du auf Seite
entscheiden, ob eine Verbrennung ablaufen wird.	?	?	?	6	120
den Unterschied zwischen vollständiger und unvollständiger Verbrennung erklären.	?	?	?	3	121
Reaktionsgleichungen zur Verbrennung von Alkanen erstellen.	?	?	?	4	121
beschreiben, wie Abgaskatalysatoren arbeiten, und begründen, warum man sie benötigt.	?	?	?	7	122
die Kohlenstoffdioxidbilanz verschiedener Brennstoffe vergleichen und daran ihre Verwendung als Energieträger bewerten.	?	?	?	4	124–127
vorbeugende Maßnahmen gegen Explosionen benennen.	?	?	?	2	128, 129
Maßnahmen zum Brandschutz anwenden.	?	?	?	1, 5	132–133

1 Brandklassen

a □ Ordne die Stoffe der jeweiligen Brandklasse zu:
Alkohol, Autoreifen, Benzin, Erdgas, Holz, Kalium, Kohle, Lacke, Magnesium, Methan, Papier, Paraffin, Propan, Speiseöl, Stroh, Teer, Textilien, Wasserstoff.

b □ Gib für jede Brandklasse ein geeignetes Löschmittel an.

Brandklasse				

?	?	?	?	?

3 Was geschieht beim Anzünden einer Kerze?

a □ Bringe folgende Aussagen in die richtige Reihenfolge:

A An der Flamme wird das flüssige Wachs gasförmig.
B Das flüssige Wachs steigt am Docht nach oben.
C Wachsdampf entzündet sich und brennt.
D Das feste Wachs am Docht der Kerze schmilzt.

b ■ Gib an, um welche Art der Verbrennung es sich handelt. Beschreibe mit Fachbegriffen, wie du deine Entscheidung beweisen kannst.

2 Achtung – Explosionsgefahr!

Zwei junge Frauen hatten in einem geschlossenen Auto Haarspray verwendet. Unmittelbar danach kam es beim Entzünden eines Feuerzeugs zu einem ungewöhnlichen Unfall: Es fand eine Explosion statt.

a ◪ Erkläre mit Fachbegriffen, warum es zu einer Explosion gekommen ist.

b ◪ Wie wäre die Explosion zu vermeiden gewesen? Begründe deine Antwort.

4 Biogas und Erdgas im Vergleich

a □ Erstelle die Reaktionsgleichungen zur vollständigen Verbrennung von Biogas und Erdgas. Verwende jeweils die Formel des Hauptbestandteils.

b ■ Berechne die Masse an Kohlenstoffdioxid, die bei der Verbrennung von 1 kg des Brennstoffs entsteht.

c ■ Diskutiere und bewerte die Verwendung der beiden Brennstoffe unter Berücksichtigung folgender Aspekte: Gewinnung des Brennstoffs und Nachhaltigkeit.

A

B

5 Was tun, wenn es brennt?

□ Entscheide dich jeweils für eine der beiden Varianten (a oder b) und begründe deine Entscheidung.

Hinweis: Windrichtung beachten!

1a

1b

Entscheide: Flächenbrand von vorne oder von hinten bekämpfen?

2a

2b
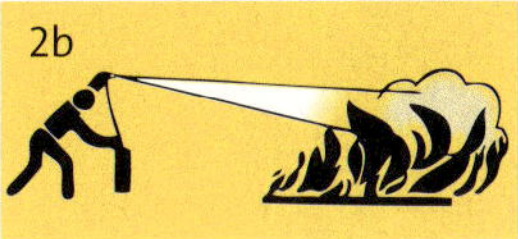

Entscheide: Einzeln nacheinander oder mehrere gleichzeitig?

3a

3b

Hinweis: Ungeduld ist selten gut!

4a
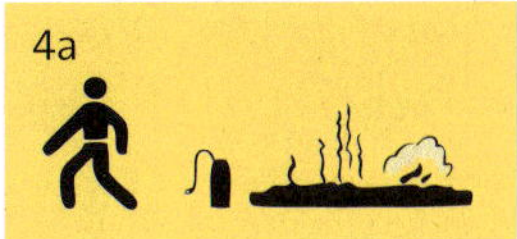

4b
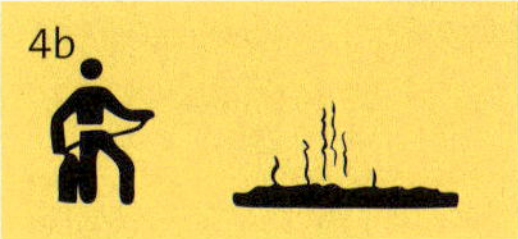

7 Saubere luft

a □ Gib an, welche Abgase vom Motor kommen und zu welchen Stoffen sie im Katalysator reagieren.

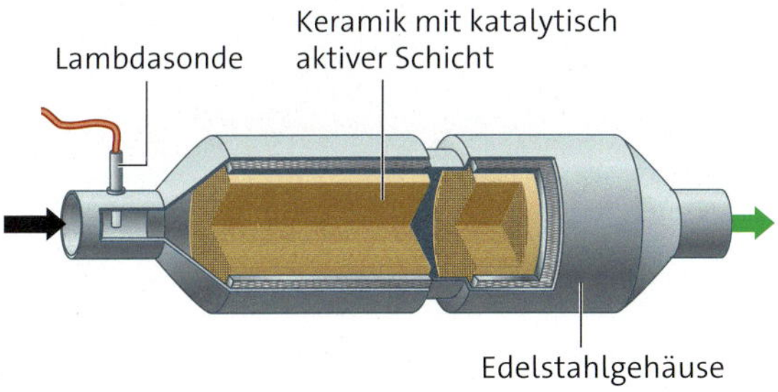

b ◪ Erkläre deinem Mitschüler anhand des Schemas die Funktionsweise des Abgaskatalysators.

6 Verbrennung – ja oder nein?

□ Entscheide, ob eine Verbrennung stattfinden wird. Begründe deine Antwort.

Situation	brennt	brennt nicht
A An einen nassen Waschlappen wird ein brennendes Streichholz gehalten.	???	???
B Bei einem Gaskocher wird das Gas aufgedreht und ein Piezozünder betätigt.	???	???
C Holz wird auf einen Stapel geschichtet.	???	???
D Ein Stück Holz wird in eine Kerzenflamme gehalten.	???	???
E Eine Münze wird in eine Kerzenflamme gehalten.	???	???

8 Hochexplosiv

Das Foto unten zeigt einen Modellversuch zur Mehlstaubexplosion.

a □ Nenne die Voraussetzungen für eine Explosion.

b ◪ Ist es gefährlich, wenn in einer Großbäckerei die Absauganlage ausfällt? Begründe deine Antwort.

c ■ Die Explosionsgrenzen von Wasserstoff in Luft liegen zwischen 4 und 76 Volumenprozent. Erläutere, was das bedeutet.

6

Chemische Bindungen

Ein Eiskristall weist ein Höchstmaß an Symmetrie auf. Das hat seine Ursache in der Anordnung der Wasser-Moleküle. So entstehen diese faszinierenden sechsstrahligen Strukturen.

Das Bild rechts zeigt drei Feststoffe.

▶ *Gib genau an, aus welchen Teilchen sie jeweils zusammengesetzt sind.*

6.1 Atome – einzeln oder zusammen?

Aufbau der Materie

Die Grundbausteine sämtlicher Stoffe – seien es Metalle, Mineralien oder organische Verbindungen – sind Atome bzw. ihre Ionen. Jedoch sind diese nicht voneinander isoliert, sondern in Teilchenverbänden organisiert.

Nur eine Gruppe von Elementen – die Edelgase – bestehen aus isolierten (unverbundenen) Atomen. ↗1

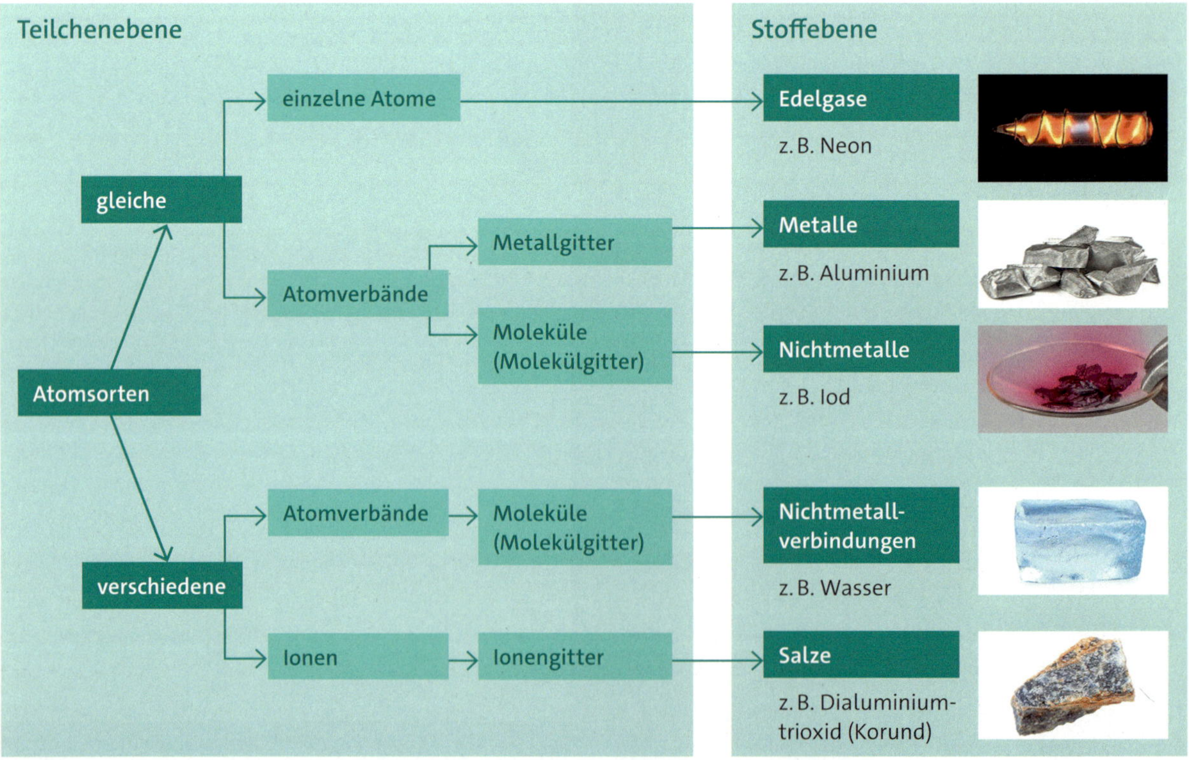

1 *Aufbau der Materie*

Was hält die Teilchen zusammen?

Teilchen sind also in Teilchenverbänden organisiert. Mit dieser Zustandsbeschreibung gibt sich die Naturwissenschaft Chemie aber nicht zufrieden. Vielmehr sucht sie Antworten auf folgende Fragen:

- Warum zerfallen die Teilchenverbände nicht wieder in ihre Bausteine?
- Welche Kräfte werden zwischen den Teilchen wirksam?
- Wie werden die Teilchenverbände zusammengehalten?
- Warum treten die Teilchen zu bestimmten Teilchenverbänden zusammen?

Antworten auf diese Fragen lassen sich auf zwei Ebenen finden – aus der Sicht des Basiskonzeptes Energie und aus der Sicht des Atombaus.

Energie von Teilchenverbänden

Aus der Sicht des Basiskonzeptes Energie lässt sich festhalten, dass stets Energie aufgewendet werden muss, wenn ein Atomverband oder ein Ionenverband in seine atomaren Bausteine zerlegt werden sollen. Umgekehrt wird Energie frei, wenn diese Teilchen zu einem Teilchenverband zusammentreten. Die Energie, die aufgewendet werden muss oder frei wird, heißt **Bindungsenergie**.

Isolierte Atome sind stets energiereicher als die identische Anzahl der Atome in einem Atomverband. Daher stehen die zwei einzelnen Wasserstoff-Atome in Bild 2 weiter oben als das Wasserstoff-Molekül. ↗ 2 Treten die isolierten Atome zu einem Atomverband zusammen, so wird dieser Energiebetrag als Bindungsenergie frei.

Stabile Edelgase

Besondere Bedeutung haben die Erkenntnisse über den Aufbau der Atomhülle von Edelgasatomen gewonnen. Die Anzahl der Elektronen auf der höchsten Energiestufe – die Valenzelektronen – bedingt bestimmte chemische Eigenschaften der Edelgase. So sind diese nicht in der Lage, chemische Reaktionen einzugehen. Man bezeichnet sie als reaktionsträge.

Die Elektronenverteilung der Edelgasatome mit vollständig besetzter höchster Energiestufe erweist sich als besonders stabil. Sie wird auch als **Edelgaskonfiguration** bezeichnet. Die Atome anderer Elemente erreichen diesen stabilen Zustand nach der Edelgasregel durch Abgabe oder Aufnahme von Elektronen. Dadurch bilden sich Ionen. ↗ 3

> **Atome und ihre Ionen bilden die Grundbausteine der Materie. Sie sind in verschiedenen Teilchenverbänden organisiert. Bei der Bildung dieser Teilchenverbände spielt die Bindungsenergie eine entscheidende Rolle.**

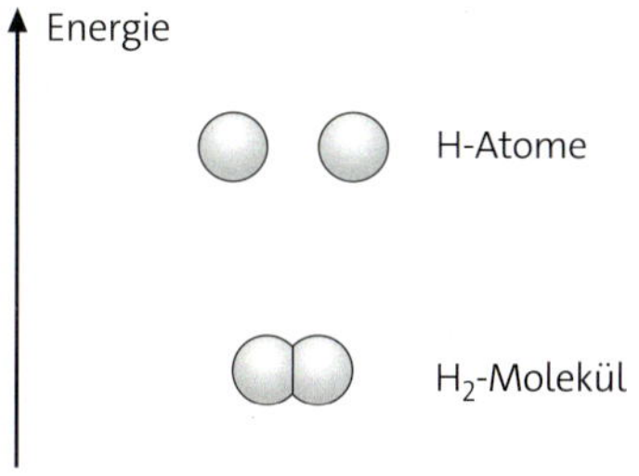

2 *Zwei Wasserstoff-Atome sind energiereicher als ein Wasserstoff-Molekül.*

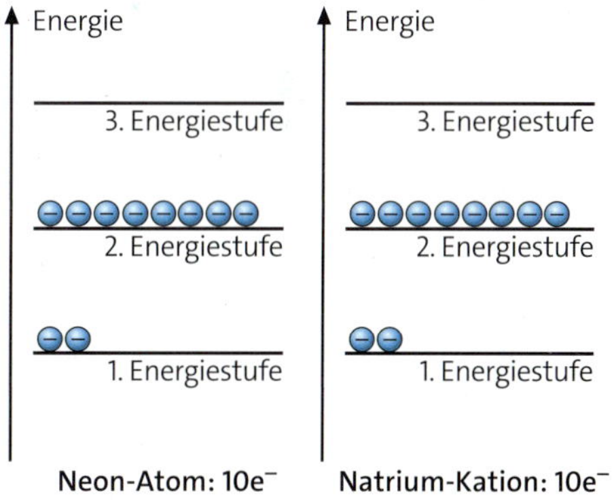

3 *Energiestufenmodell von Neon-Atom und Natrium-Kation: Die höchste Energiestufe ist voll besetzt.*

AUFGABEN

1 □ Ein Chlor-Molekül wird durch UV-Licht in Chlor-Atome getrennt. Erläutere, welche Teilchen energiereicher sind.

2 □ Gib an, mit wie vielen Elektronen die höchste Energiestufe jeweils besetzt ist: Helium-, Neon- und Argon-Atom.

Überlandleitungen prägen unser Landschaftsbild.

► *Finde heraus, aus welchem Material sie bestehen und gib an, welche Stoffeigenschaft es geeignet macht.*

6.2 Metallbindung

Metalle – Elemente mit sehr ähnlichen Eigenschaften

Etwa drei Viertel der chemischen Elemente sind Metalle. ↗ 1 Sie alle stimmen in ihren grundlegenden Eigenschaften überein und bilden eine **Stoffklasse**. Die gute Leitfähigkeit für elektrischen Strom und Wärme, der metallische Glanz und die gute Verformbarkeit bei gleichzeitig hoher Festigkeit machen die Metalle zu begehrten Werkstoffen und sind entscheidend für deren Verwendung.

Hauptgruppen

Periode	I.	II.	III.	IV.	V.	VI.	VII.	VIII.
1	H							He
2	Li	Be	B	C	N	O	F	Ne
3	Na	Mg	Al	Si	P	S	Cl	Ar
4	K	Ca	Ga	Ge	As	Se	Br	Kr
5	Rb	Sr	In	Sn	Sb	Te	I	Xe
6	Cs	Ba	Tl	Pb	Bi	Po	At	Rn
7	Fr	Ra	Nh	Fl	Mc	Lv	Ts	Og

1 *Metallelemente im verkürzten Periodensystem. Die Gesamtheit der Metallelemente wird im stoffbezogenen PSE deutlich. (↗ Umschlag vorne)*

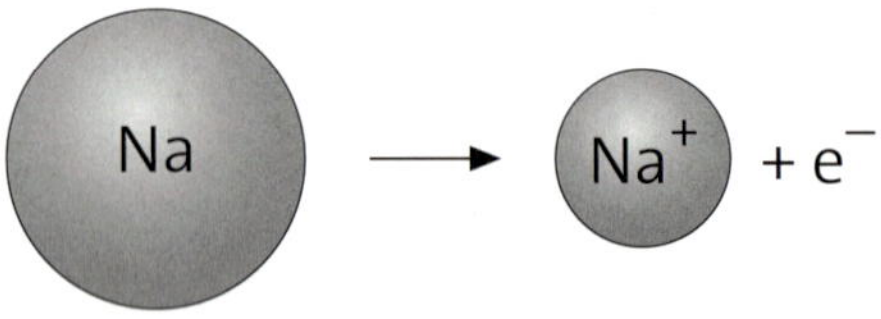

2 *Ionisierung eines Natrium-Atoms*

Vom Metallatom zum Baustein im Metallgitter

Metallatome besitzen nur wenige Valenzelektronen. Diese lassen sich durch Energiezufuhr leicht entfernen, es bilden sich Metallkationen. ↗ 2 Das Natrium-Atom hat 11 Elektronen, verteilt auf die drei Energiestufen. Wenn es ionisiert wird, gibt es sein einzelnes Valenzelektron ab und wird zum Natrium-Kation. Nun hat es 10 Elektronen und damit die gleiche Anzahl an Elektronen wie das Neon-Atom. Das Natrium-Atom hat durch Abgabe eines Elektrons die Elektronenkonfiguration des Neon-Atoms erreicht. ↗ 3

Aus Metallatomen entstehen positiv geladene Metallionen mit der besonders stabilen Edelgaskonfiguration.

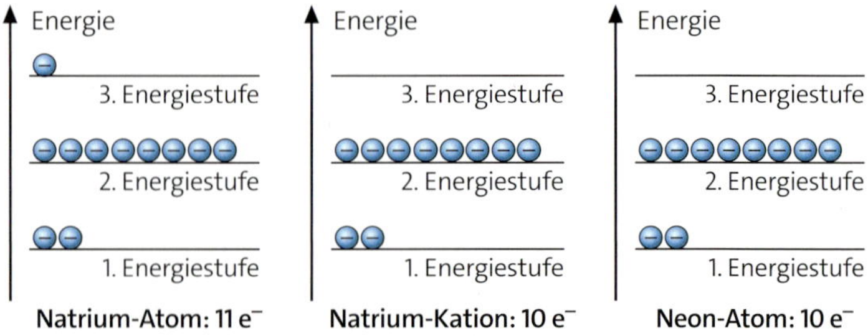

3 *Energiestufenmodelle von Natrium-Atom, Natrium-Kation und Neon-Atom*

Bau des Metallgitters

Bei der Ionisierung der Metallatome bilden sich Metallkationen, die Atomrümpfe. Sie ordnen sich zu einem dreidimensionalen Metallgitter an. Die abgelösten Valenzelektronen können nicht mehr bestimmten Ionen im Metallgitter zugeordnet werden. Sie sind zwischen den Atomrümpfen frei beweglich und umgeben sie als **Elektronengas**. Man spricht auch vom **Elektronengasmodell**.

Aus dem Physikunterricht weißt du, dass sich entgegengesetzte Ladungen gegenseitig anziehen. Zwischen ihnen wirken sogenannte **elektrostatische Anziehungskräfte**. Da im Metallgitter positiv geladene Atomrümpfe von negativ geladenem Elektronengas umgeben sind, wirken zwischen ihnen ungerichtete elektrostatische Anziehungskräfte. Diese bewirken den Zusammenhalt im Metallgitter. Der Fachbegriff für diese Art der Bindung ist **Metallbindung**. ↗ 4

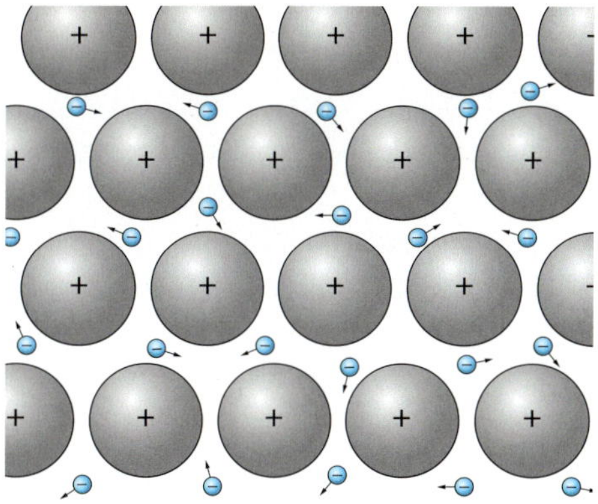

4 *Modelldarstellung: Metallbindung*

Elektrische Leitfähigkeit

Nach dem Struktur-Eigenschafts-Konzept lässt sich die elektrische Leitfähigkeit der Metalle aus ihrem Aufbau auf Teilchenebene erklären. Baut man einen Metalldraht in den Stromkreis einer Batterie ein und schließt den Stromkreis, bewegen sich die Elektronen nicht mehr ungerichtet, sondern gerichtet vom Minus- zum Pluspol: Es fließt ein elektrischer Strom. ↗ 5

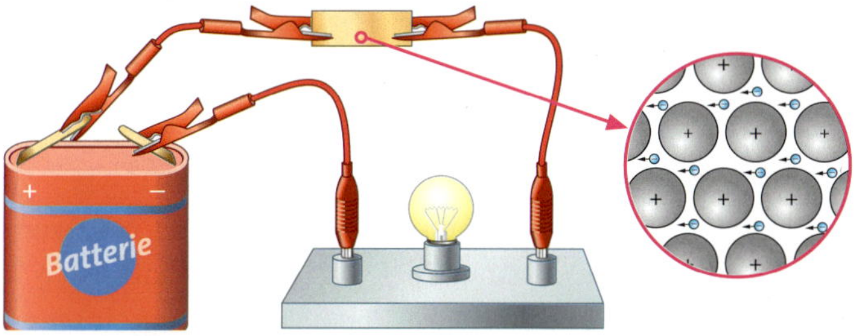

5 *Modelldarstellung: elektrische Leitfähigkeit von Metallen*

Energie der Metallbindung

Der Zustand der Metallbindung ist energieärmer und somit stabiler als die ungebundenen, freien Metallatome. Damit Metallatome das Metallgitter verlassen können, müssen die elektrostatischen Anziehungskräfte überwunden werden. Es muss Energie zugeführt werden: Bei hohen Temperaturen verdampft das Metall. Umgekehrt wird Energie frei, wenn Metallatome zu einem Metallgitter zusammentreten. Die Energie, die dabei aufgewendet werden muss oder frei wird, ist die **Bindungsenergie** der Metallbindung. ↗ 6

Das Metallgitter besteht aus regelmäßig angeordneten, positiv geladenen Metallionen und frei beweglichen Elektronen. Die Metallbindung beruht auf den elektrostatischen Anziehungskräften im Metallgitter.

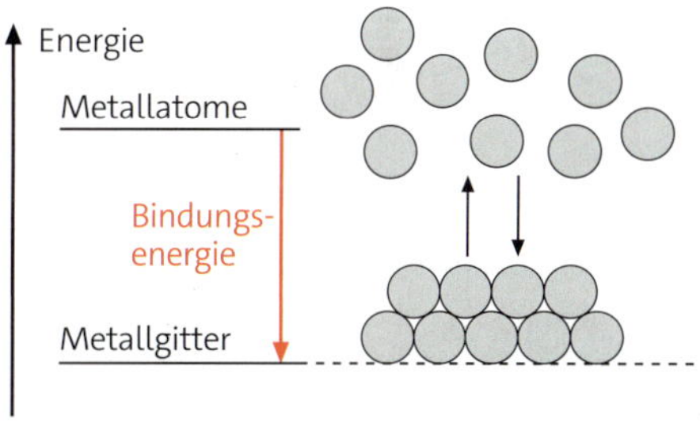

6 *Ungebundene Metallatome sind energiereicher als Atome im Metallgitter.*

AUFGABEN

1 □ Nenne die Metalle der II. Hauptgruppe.

2 ◪ Zeichne die Energiestufenmodelle für ein Mg-Atom und ein Mg^{2+}-Kation.

3 ◪ Erläutere am Beispiel Aluminium die elektrische Leitfähigkeit. Verwende dazu Fachbegriffe.

4 ■ Ist Golddampf elektrisch leitfähig? Begründe deine Antwort. ↗ 5, 6

Es sind fünf verschiedene Stoffe gegeben.
- ▶ *Gib an, welche dieser Stoffe Nichtmetalle sind.*
- ▶ *Nenne Eigenschaften, in denen sie übereinstimmen.*

6.3 Atombindung

Moleküle – Atomverbände bei Nichtmetallen

Viele Nichtmetalle bestehen nicht aus Einzelatomen, wie die Edelgase, sondern aus Molekülen mit einer ganz bestimmten Anzahl an Atomen. Im einfachsten Fall handelt es sich um Moleküle aus je zwei Atomen eines Elementes. Beispiele sind die zweiatomigen Wasserstoff-, Sauerstoff- und Stickstoff-Moleküle. Andere Moleküle sind größer, wie das Schwefelmolekül aus acht Atomen. ↗ 1

Doch wie halten die Atome im Molekül zusammen?

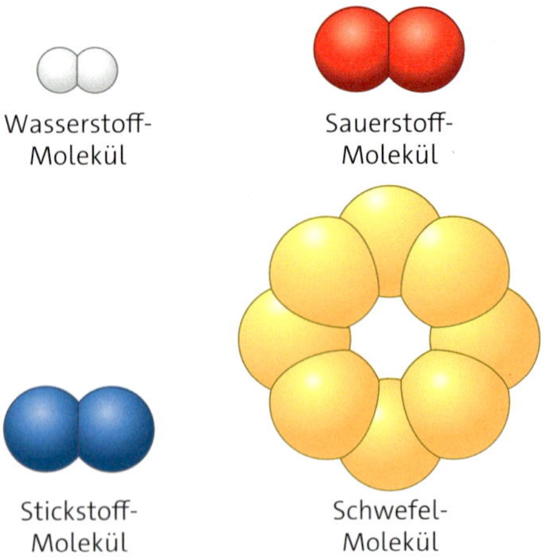

1 *Modelldarstellung verschiedener Moleküle*

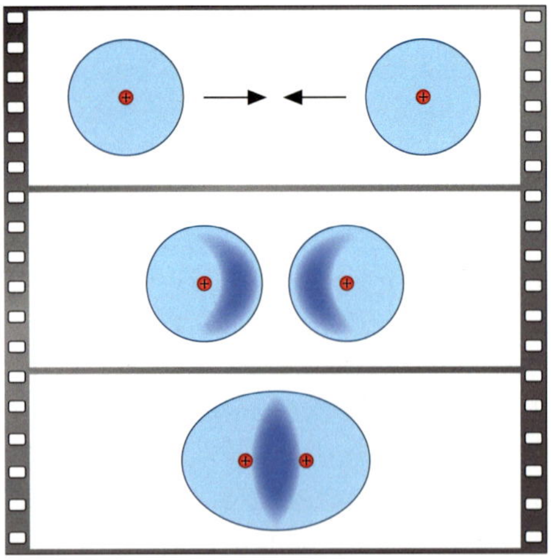

2 *Aufenthaltswahrscheinlichkeit der Elektronen bei der Annäherung zweier Wasserstoff-Atome*

Annäherung zweier Wasserstoff-Atome

Jedes Wasserstoff-Atom besteht aus einem Proton als Atomkern und einem Elektron in der Atomhülle. Das Elektron hält sich mit großer Wahrscheinlichkeit in Form einer kugelsymmetrischen Wolke um das Proton auf. Man spricht von einer Elektronen- oder Ladungswolke. Wasserstoff-Atome können nur für ganz kurze Zeit isoliert voneinander existieren. Sie lagern sich schnellstmöglich wieder zu einem zweiatomigen Molekül zusammen.

Wenn sich zwei Wasserstoff-Atome einander nähern, so zieht jeweils der positiv geladene Kern des einen Atoms die negativ geladene Elektronenwolke des anderen Atoms an. Die Folge ist, dass sich die beiden Elektronen vorwiegend im Raum zwischen den beiden Atomkernen aufhalten. ↗ 2

Die beiden Wasserstoff-Atome nähern sich bis zu einem bestimmten Abstand an. Es kommt zur Bildung eines Wasserstoff-Moleküls.

Sobald die beiden Atomkerne allerdings einen bestimmten Abstand unterschreiten, stoßen sie sich aufgrund der gleichen Ladung wieder ab. Die Atome bleiben daher in einem konstanten Abstand zueinander. Es liegt ein Gleichgewicht zwischen abstoßenden und anziehenden elektrostatischen Kräften vor.

Das bindende Elektronenpaar

Der Abstand der beiden Atomkerne im Wasserstoff-Molekül ist kleiner als der doppelte Radius der einzelnen Atome. Die Atomhüllen beider Atome durchdringen sich. Die beiden Elektronen halten sich überwiegend in diesem gemeinsamen Raum zwischen den Atomkernen auf. Das Elektronenpaar „gehört" beiden Partnern zu gleichen Teilen. Man nennt es **bindendes Elektronenpaar**. Jedes der beiden Wasserstoff-Atome erreicht dadurch für sich die Edelgaskonfiguration des Helium-Atoms. ↗ 3

Diese chemische Bindung zwischen Nichtmetallatomen nennt man **Elektronenpaarbindung** oder **Atombindung**.

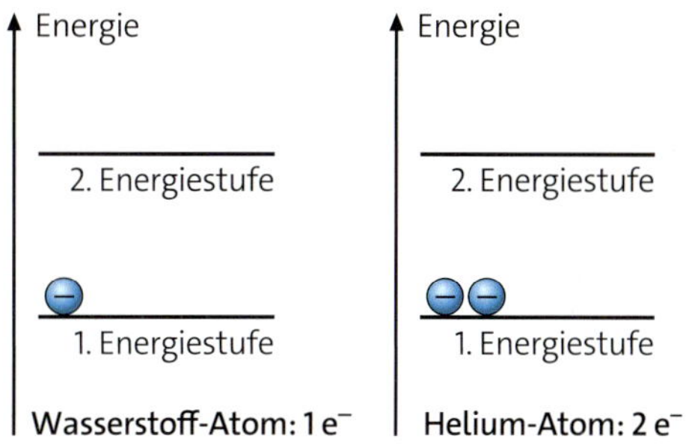

3 *Energiestufenmodelle im Vergleich*

Energie der Atombindung

Wenn sich zwei Wasserstoff-Atome zu einem Wasserstoff-Molekül verbinden, wird Energie freigesetzt. Umgekehrt muss Energie aufgebracht werden, um das Wasserstoff-Molekül wieder in zwei Wasserstoff-Atome zu trennen. ↗ 4

$H + H \rightarrow H_2 \; | -\Delta E$

Die freigesetzte Energie ist die Bindungsenergie der Atombindung. Die Energie wird frei; daher hat die Energiedifferenz ΔE ein negatives Vorzeichen. Umgekehrt muss dieser Energiebetrag aufgebracht werden, um die Bindung im Molekül zu spalten. ↗ 5

$-\Delta E$: Energie wird frei
$+\Delta E$: Energie muss aufgebracht werden

4 *Energiebeteiligung bei chemischen Reaktionen*

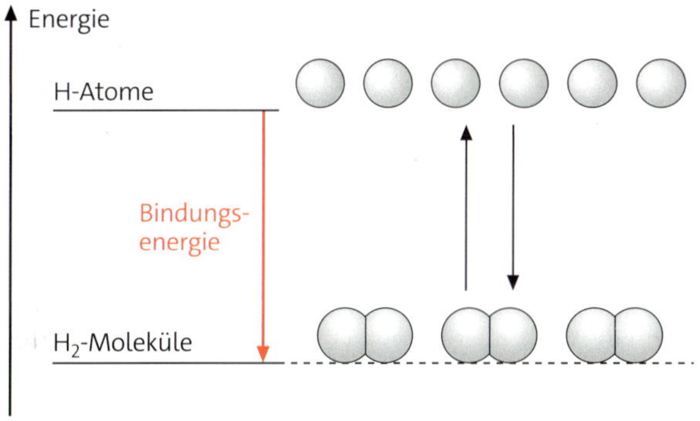

5 *Energieverhältnisse bei der Bildung von Wasserstoff-Molekülen*

Valenzstrichschreibweise

Elektronenformeln zeigen, wie die Atome eines Moleküls über Elektronenpaare verbunden sind. Sie heißen auch **Valenzstrichformeln**. Dabei werden Einzelelektronen als Punkte und Elektronenpaare als Striche dargestellt. Die Bildung eines Wasserstoff-Moleküls in Valenzstrichformeln kann man dann folgendermaßen schreiben:

$H\cdot + \cdot H \rightarrow H{-}H$

Die chemische Bindung im Wasserstoff-Molekül beruht auf einem gemeinsamen Elektronenpaar. Man nennt sie Elektronenpaar- oder Atombindung.

AUFGABEN

1 Erläutere den Zusammenhang zwischen der chemischen Bindung im Wasserstoff-Molekül und der Edelgaskonfiguration des Helium-Atoms.

2 Erkläre den Begriff bindendes Elektronenpaar am Beispiel des Wasserstoff-Moleküls.

Bastle dir aus roten und grünen Gummibärchen und Zahnstochern zwei Tetraeder wie im Bild rechts.

- ▶ *Halte die beiden Tetraeder über ein, zwei oder drei grüne Gummibärchen aneinander und beschreibe jeweils den Abstand der roten Gummibärchen zueinander.*

6.4 Atombindung und Kugelwolkenmodell

Darstellung von Atomen im Kugelwolkenmodell

Beim Atombau hast du bereits das Kugelwolkenmodell kennengelernt. Darin wird der Aufenthaltsbereich von Elektronen durch verschiedenfarbige Kugelwolken verdeutlicht.

Folgende Regeln musst du beachten:

1 In einer Kugelwolke können sich maximal zwei Elektronen aufhalten.

2 In der höchsten Energiestufe können sich nie mehr als 8 Elektronen, also maximal 4 Kugelwolken, befinden.

3 Die Kugelwolken versuchen immer einen möglichst großen Abstand voneinander zu erreichen. Vier Kugelwolken sind daher tetraedrisch angeordnet. ↗ 1

4 Die Kugelwolken einer Energiestufe werden zunächst alle einfach und dann doppelt besetzt.

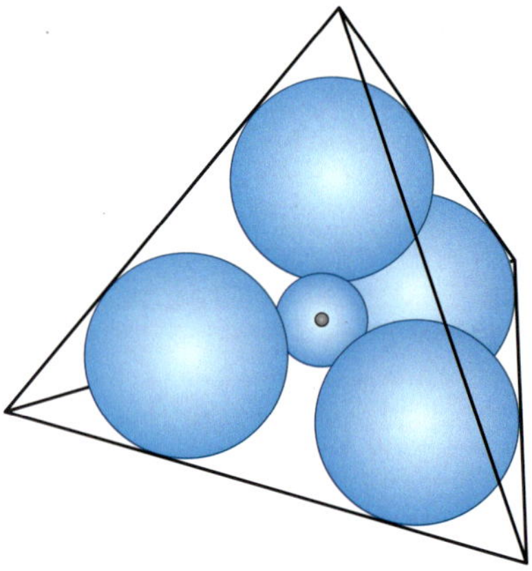

1 *Tetraedrische Anordnung der vier Kugelwolken*

Das Wasserstoff-Molekül im Kugelwolkenmodell

Im Kugelwolkenmodell entstehen Bindungen durch Überlappung einfach besetzter Kugelwolken. Das Wasserstoff-Atom hat ein Valenzelektron in einer einzigen Kugelwolke. Die Kugelwolken der zwei Wasserstoff-Atome durchdringen sich und bilden eine gemeinsame Kugelwolke, die mit zwei Elektronen besetzt ist. Die Bildung des gemeinsamen Elektronenpaares wird durch eine rote elliptische Form dargestellt. ↗ 2

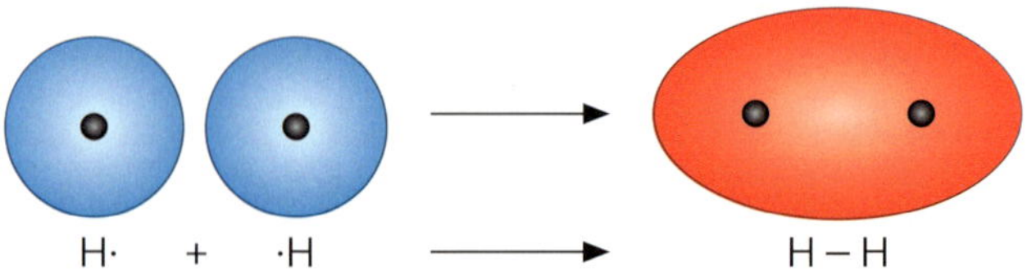

2 *Bildung eines Wasserstoff-Moleküls im Kugelwolkenmodell und mit Valenzstrichformeln*

Einfachbindungen

Fluor-Atome haben sieben Valenzelektronen. Nach dem Kugelwolkenmodell sind drei Kugelwolken jeweils mit zwei Elektronen vollständig besetzt. ↗ 3 Diese nennt man **nichtbindende Elektronenpaare**. Im Fluor-Molekül entsteht die Atombindung dadurch, dass die zwei jeweils einfach besetzten Kugelwolken der beiden Fluor-Atome sich durchdringen und eine gemeinsame Kugelwolke bilden. Diese ist mit zwei Elektronen vollständig besetzt – dem **bindenden Elektronenpaar**. Man spricht von einer **Einfachbindung**. Jedes der beiden Fluor-Atome erreicht dadurch für sich die Edelgaskonfiguration des Neon-Atoms. ↗ 4

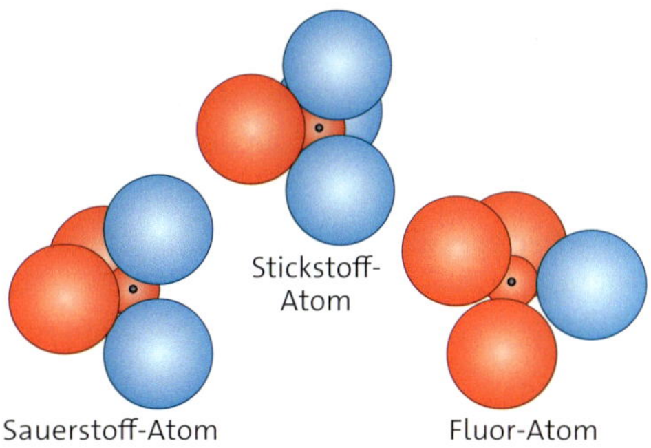

3 Stickstoff-, Sauerstoff- und Fluor-Atom im Kugelwolkenmodell

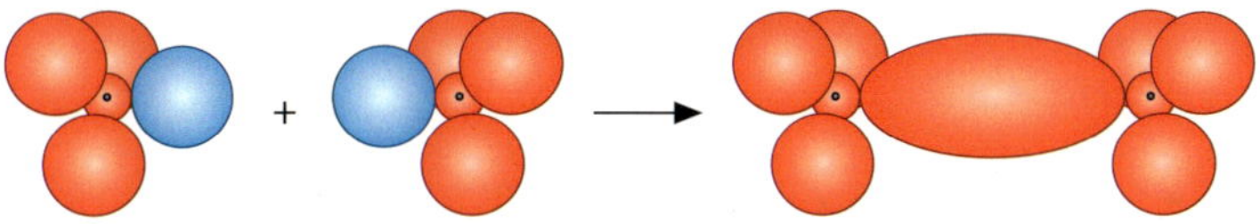

$|\overline{F}\cdot \; + \; \cdot\overline{F}| \longrightarrow |\overline{F}-\overline{F}|$

4 Bildung eines Fluor-Moleküls im Kugelwolkenmodell und mit Valenzstrichformeln

Mehrfachbindungen

Die Anzahl der Bindungen, die ein Atom eingeht, ergibt sich aus der Anzahl einfach besetzter Kugelwolken. Im Sauerstoff-Molekül durchdringen sich die zwei einfach besetzten Kugelwolken der Sauerstoff-Atome. Es entstehen zwei gemeinsame Kugelwolken mit jeweils einem bindenden Elektronenpaar, man spricht von einer **Doppelbindung**. ↗ 5

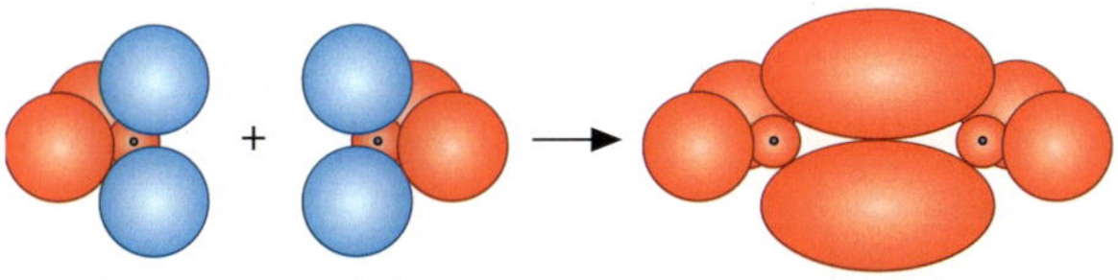

$\langle O: \; + \; :O\rangle \longrightarrow \langle O=O\rangle$

5 Bildung eines Sauerstoff-Moleküls im Kugelwolkenmodell und mit Valenzstrichformeln

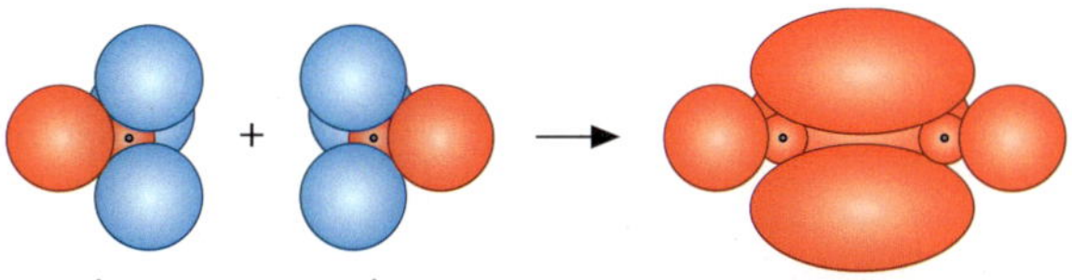

$|\dot{N}\cdot \; + \; \cdot\dot{N}| \longrightarrow |N\equiv N|$

6 Bildung eines Stickstoff-Moleküls im Kugelwolkenmodell und mit Valenzstrichformeln

Bei der Bildung eines Stickstoff-Moleküls durchdringen sich die drei einfach besetzten Kugelwolken der beiden Stickstoff-Atome. Es entsteht eine **Dreifachbindung**. ↗ 6

Die chemische Bindung zwischen Nichtmetallatomen lässt sich durch die Überlagerung einfach besetzter Kugelwolken zu Elektronenpaaren darstellen. Die Anzahl der Bindungen, die ein Atom eingeht, ergibt sich aus der Anzahl einfach besetzter Kugelwolken.
Je nach Anzahl der bindenden Elektronenpaare zwischen zwei Atomen kommt es zur Einfach-, Doppel- oder Dreifachbindung.

AUFGABEN

1 □ Zwei Chlor-Atome vereinigen sich zu einem Chlor-Molekül. Skizziere die Valenzstrichformel für den Vorgang. Kennzeichne bindende und nichtbindende Elektronenpaare.

2 ◪ Skizziere das Kugelwolkenmodell für die Moleküle CH_4 und CO_2.

Betrachte die Illustration im Bild rechts.

- *Was stellen der Pinguin und der Eisbär dar, was die beiden Eiskugeln?*
- *Überlege, was das Bild insgesamt veranschaulichen soll.*
- *Nimm kritisch zur diesem Modell Stellung.*

6.5 Polare Atombindung

Elektronenpaarbindung – für beide gut

Mithilfe eines Fotoelektronenspektroskops kann man die Verteilung der Elektronen innerhalb von Molekülen bestimmen. Mit den Messwerten kann dargestellt werden, an welchen Stellen im Molekül sich die Elektronen vor allem aufhalten.

Die Elektronenverteilung im Wasserstoff-Molekül ist symmetrisch. Die Elektronen halten sich also nicht bevorzugt bei dem einen oder anderen Atomkern auf. Eine solche Bindung nennt man **unpolare Atombindung**. ↗ 1

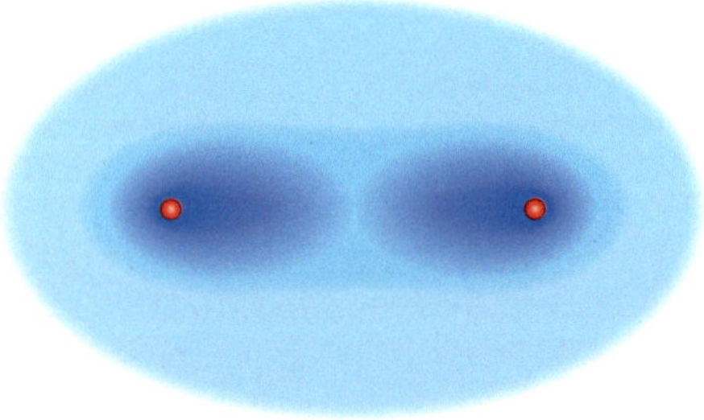

1 *Elektronenverteilung im Wasserstoff-Molekül*

Gemeinsam heißt nicht mit gleichem Anteil

Im Wasserstoffmonochlorid-Molekül ist die Elektronenverteilung nicht symmetrisch zwischen beiden Atomkernen verteilt. Die Elektronen halten sich näher am Chlor-Atom auf. ↗ 2

Das Chlor-Atom erhält dadurch einen Überschuss an negativer Ladung. Dementsprechend kommt es am Wasserstoff-Atom zu einem Mangel an negativer Ladung, sodass die positive Ladung des Atomkerns überwiegt. Für das Chlor-Atom ergibt sich eine negative, für das Wasserstoff-Atom eine positive Teilladung. Die Atombindung ist polarisiert. Man bezeichnet sie als **polare Atombindung**. Somit hat das Molekül einen positiv geladenen Pol und einen negativ geladenen Pol, es ist ein **Dipolmolekül**.

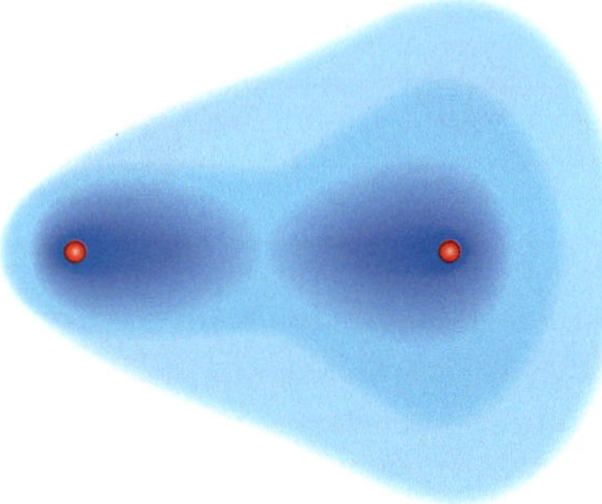

2 *Elektronenverteilung im Wasserstoffmonochlorid-Molekül*

Polare Atombindung in der Valenzstrichformel

Eine polare Atombindung kann in der Valenzstrichformel gekennzeichnet werden. Die positive Teilladung gibt man mit δ+ (sprich: delta plus) an, die negative Teilladung mit δ– (sprich: delta minus). Anstelle des Strichs wird für das bindende Elektronenpaar manchmal auch noch ein Keil verwendet. Das breitere Ende zeigt dabei in Richtung des Atoms, zu dem die Elektronen verschoben sind. ↗ 3

$$\overset{\delta+}{H}-\overset{\delta-}{\overline{\underline{Cl}}}| \quad \text{veraltet:} \quad H\blacktriangleleft\overline{\underline{Cl}}|$$

3 *Kennzeichnung der polaren Atombindung in der Valenzstrichformel*

H 2,1							He
Li 1,0	Be 1,5	B 2,0	C 2,5	N 3,0	O 3,5	F 4,0	Ne
Na 0,9	Mg 1,2	Al 1,5	Si 1,8	P 2,1	S 2,5	Cl 3,0	Ar
K 0,8	Ca 1,0	Ga 1,6	Ge 1,8	As 2,0	Se 2,4	Br 2,8	Kr
Rb 0,8	Sr 1,0	In 1,7	Sn 1,8	Sb 1,9	Te 2,1	I 2,5	Xe

4 *Atomradien und Elektronegativitätswerte einiger Hauptgruppenelemente: Für Edelgase sind keine Elektronegativitätswerte festgelegt.*

5 *Der Chemiker und zweimalige Nobelpreisträger Linus Pauling führte in den 1930er Jahren den Begriff Elektronegativität ein.*

Unterschiedliche Anziehungskraft

Die Stärke, mit der ein Atom die Bindungselektronen anzieht, hängt von zwei Faktoren ab: von der Protonenzahl und vom Atomradius. Je größer die **Protonenzahl** eines Atoms ist, desto stärker kann seine positive Kernladung das Elektronenpaar einer Atombindung anziehen. Mit steigendem **Atomradius** nimmt die Anziehungskraft des Atomkerns auf die Bindungselektronen dagegen ab. Im Periodensystem ergibt sich also folgende Tendenz: Innerhalb einer Periode steigt die Anziehungskraft von links nach rechts. Innerhalb einer Gruppe sinkt sie von oben nach unten.

Ein Maß für die Anziehungskraft

Das Vermögen der Atome, Elektronen anzuziehen, nennt man **Elektronegativität**. ↗ 4, 5 Je stärker die Anziehungskraft ist, desto größer ist die Elektronegativität. Das Fluor-Atom besitzt eine relativ hohe Protonenzahl und einen kleinen Atomradius. Deshalb zieht es im Vergleich zu den Atomen aller anderen Elemente gemeinsame Bindungselektronen am stärksten an. Dem Element Fluor wurde die Elektronegativität 4,0 zugeteilt. Die Elektronegativität ist eine Verhältniszahl und deshalb ohne Einheit.

Mit Elektronegativitäten sind Vergleiche möglich

Um beurteilen zu können, wie stark die einzelnen Atome ein Elektronenpaar anziehen, vergleicht man die Elektronegativitätswerte der Bindungspartner. Wenn die Differenz der Elektronegativitätswerte von zwei Atomen größer als 0,4 ist, liegt eine polare Bindung vor. ↗ 6 Auf dieser Grundlage werden wichtige physikalische und chemische Eigenschaften von molekular aufgebauten Stoffen verständlich, z. B. die Siedetemperaturen im Vergleich mit anderen Stoffen.

In Molekülen mit verschiedenen Atomen wird das gemeinsame Elektronenpaar von diesen unterschiedlich stark angezogen. Es entsteht eine polare Atombindung. Die Ursache dafür liegt in der Elektronegativität der verschiedenen Atome.

Wasserstoffmonofluorid-Molekül HF
EN(Fluor): 4,0 EN(Wasserstoff): 2,1
ΔEN = 4,0 − 2,1 = 1,9
Wasserstoffmonochlorid-Molekül HCl
EN(Chlor): 3,0 EN(Wasserstoff): 2,1
ΔEN = 3,0 − 2,1 = 0,9

6 *Abschätzung der Polarität einer Atombindung aus der Differenz der Elektronegativitätswerte (ΔEN) der Bindungspartner*

AUFGABEN

1 □ Nenne die drei Elemente mit den höchsten Elektronegativitätswerten. ↗ 4

2 ◪ Begründe, warum das Wasserstoffmonochlorid-Molekül ein Dipol ist.

3 ■ Was ist der stärkere Dipol: das Wasserstoffmonochlorid-Molekül oder das Wasserstoffmonobromid-Molekül? Begründe deine Antwort.

Mithilfe deines Molekülbaukastens baust du ein Wasser-Molekül zusammen.

- ▶ *Überlege dir, warum die Bindungen am Sauerstoff-Atom gewinkelt abgehen. Stelle dir dazu das Sauerstoff-Atom im Kugelwolkenmodell vor.*

6.6 Räumlicher Bau von Molekülen

Moleküle mit mehr als zwei Atomen

Moleküle aus zwei Atomen sind immer linear gebaut. Bei Molekülen mit mehr als zwei Atomen gibt es unterschiedliche räumliche Anordnungen. Mit dem Kugelwolkenmodell lassen sich Molekülstrukturen vorhersagen, die auf den Tetraeder zurückzuführen sind. ↗1 Dazu betrachten wir Moleküle, die Wasserstoff-Atome als Bausteine enthalten.

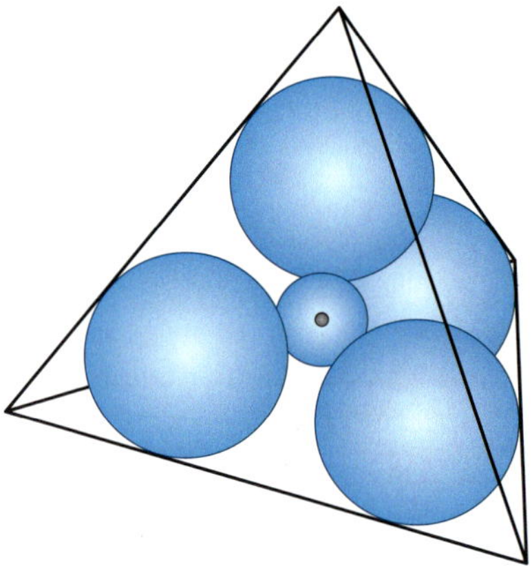

1 *Tetraedrische Anordnung der vier Kugelwolken*

Das Wasser-Molekül im Kugelwolkenmodell

Die Bildung eines Wasser-Moleküls können wir uns mithilfe des Kugelwolkenmodells wie folgt vorstellen: Die sechs Valenzelektronen des Sauerstoff-Atoms sind auf zwei doppelt besetzte und zwei einfach besetzte Elektronenwolken verteilt. Diese können mit den Elektronenwolken der beiden Wasserstoff-Atome überlappen. Es entstehen somit zwei bindende Elektronenpaare zwischen einem Sauerstoff-Atom und zwei Wasserstoff-Atomen. Zusammen mit den beiden nichtbindenden Elektronenpaaren ist für das Sauerstoff-Atom die Oktettregel erfüllt. Die beiden Wasserstoff-Atome besitzen die Heliumkonfiguration. Infolge der tetraedrischen Anordnung der Kugelwolken kommt nur eine gewinkelte Struktur des Wasser-Moleküls in Frage. ↗2

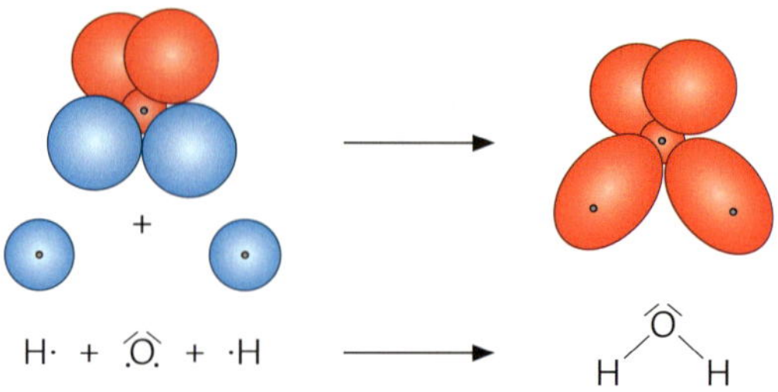

2 *Bildung eines Wasser-Moleküls im Kugelwolkenmodell und in der Valenzstrichformel*

Name und Molekülformel	Methan CH_4	Ammoniak NH_3	Wasser H_2O
Valenzstrichformel	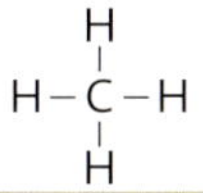	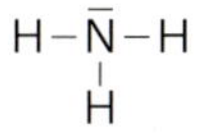	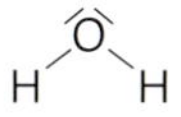
Kugelwolkenmodell	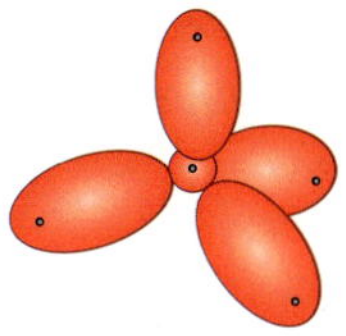	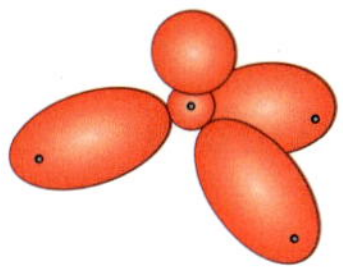	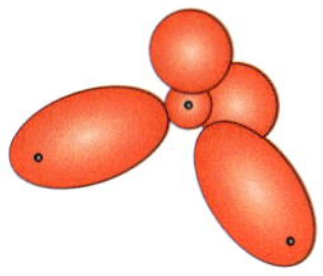
räumlicher Bau	tetraedrisch	pyramidal	gewinkelt
Bindungswinkel	109°	107°	105°

3 *Räumlicher Bau ausgewählter Moleküle*

Das Elektronenpaarabstoßungsmodell

Ein einfaches Modell, mit dessen Hilfe die Struktur von Molekülen vorausgesagt oder erklärt werden kann, ist das Elektronenpaarabstoßungsmodell. Es gelten folgende Regeln:

1 Aus der Valenzstrichformel ergibt sich, wie viele Elektronenpaare das Zentralatom umgeben.
2 Aufgrund der Abstoßung der negativen Ladungen nehmen die Elektronenpaare größtmögliche Entfernung ein. Das ist der Fall bei den tetraedrisch angeordneten Kugelwolken.
3 Nichtbindende Elektronenpaare stoßen benachbarte Elektronenpaare stärker ab als bindende, sie brauchen mehr Platz.

Einfache Moleküle

Nach diesen Regeln lässt sich die räumliche Struktur für einfache Moleküle voraussagen: Im Methan-Molekül CH_4 ordnen sich die vier Wasserstoff-Atome tetraedrisch um das zentrale Kohlenstoff-Atom. Der Bindungswinkel beträgt somit 109°. ↗ 3, 4

Im Ammoniak-Molekül NH_3 bilden die vier Elektronenwolken ebenfalls einen Tetraeder. Das Stickstoff-Atom ist tetraedrisch von drei Wasserstoff-Atomen und einem nichtbindenden Elektronenpaar umgeben. Folglich ergeben die drei Wasserstoff-Atome und das Stickstoff-Atom eine Pyramide mit einem Elektronenpaar an der Spitze. ↗ 3

Auch die gewinkelte Struktur des Wasser-Moleküls H_2O lässt sich auf die Tetraederstruktur zurückführen. Der Bindungswinkel ist mit 105° etwas kleiner als der Tetraederwinkel von 109°, weil die zwei nichtbindenden Elektronenpaare mehr Platz brauchen. ↗ 3

Nach dem Elektronenpaarabstoßungsmodell nehmen bindende und nichtbindende Elektronenpaare den größtmöglichen Abstand zueinander ein. Daraus kann die räumliche Struktur von Molekülen abgeleitet werden. Bei vier Elektronenpaaren ergibt sich die Grundstruktur eines Tetraeders.

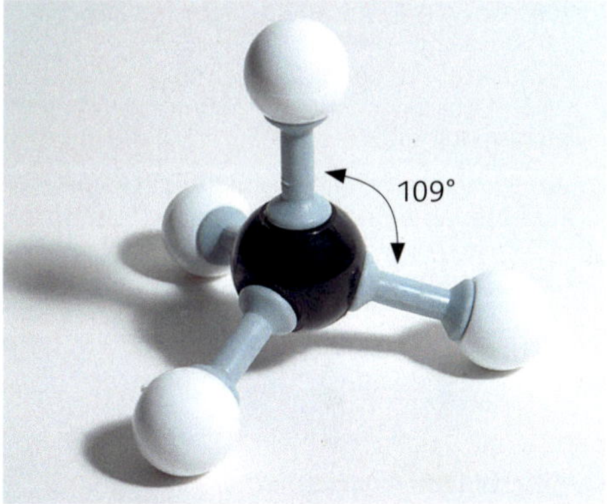

4 *Das Modell aus dem Molekülbaukasten zeigt den Bindungswinkel im Methan-Molekül.*

AUFGABEN

1 ◪ Skizziere das Wasserstoffmonofluorid-Molekül im Kugelwolkenmodell.
2 ◪ Skizziere den räumlichen Bau des Diwasserstoffmonosulfid-Moleküls im Kugelwolkenmodell.
3 ■ Im Internet gibt es kostenlose Computerprogramme zur Darstellung von Atomen und Molekülen im Kugelwolkenmodell. Erstelle damit verschiedene Moleküle im Kugelwolkenmodell.

Von der Molekülformel zur Valenzstrichformel

Valenzstrichformeln zeigen, wie die Atome eines Moleküls über Elektronenpaare verbunden sind. Dabei werden Einzelelektronen als Punkte und Elektronenpaare als Striche dargestellt. Beim Aufstellen einer Valenzstrichformel geht man folgendermaßen vor:

1 Molekülformel notieren	
Notiere die Molekülformel.	NH_3
2 Zentralatom bestimmen	
Bestimme das Zentralatom. Es ist meistens das Atom mit dem niedrigsten Index.	N
3 Atome anordnen	
Ordne die übrigen Atome um das Zentralatom an.	H N H H
4 Valenzelektronen ermitteln	
Ermittle aus dem Periodensystem die Anzahl der Valenzelektronen (VE) für alle beteiligten Atome.	N: 5 VE H: 1 VE
5 Valenzelektronen einzeichnen	
Zeichne um jedes Elementsymbol die entsprechende Anzahl an VE als Punkte, am besten in verschiedenen Farben. Bilde erst ab dem 5. Elektron Elektronenpaare.	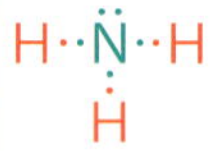
6 Bindungen markieren	
Markiere, wo du zwischen zwei Atomen bindende Elektronenpaare erkennst.	
7 Bindungen einzeichnen	
Zeichne ausgehend vom Zentralatom für jedes bindende Elektronenpaar einen Bindungsstrich.	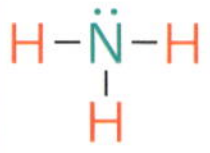
8 Nichtbindende Elektronenpaare einzeichnen	
Markiere verbleibende Elektronenpaare durch Striche am Atomsymbol.	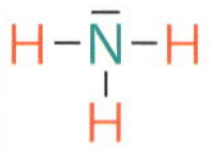
9 Kontrolle	
Überprüfe, ob bei allen Atomen die Edelgasregel berücksichtigt wurde (2 Elektronen bei Wasserstoff-Atomen, sonst 8).	

AUFGABEN

1 ◪ Stelle die Valenzstrichformeln für H_2S, PCl_3 und $SiCl_4$ auf.

2 ■ Stelle die Valenzstrichformeln für das Methan-Molekül und das Kohlenstoffdioxid-Molekül auf.

Vom Atommodell zur räumlichen Molekülstruktur

Am Beispiel einfacher Wasserstoffverbindungen lässt sich zeigen, dass für eine Molekülverbindung verschiedene Formeldarstellungen möglich sind: Elektronenformel, Valenzstrichformel und Strukturformel. Ihre Basis ist die Molekül- oder die Summenformel. Jede dieser Formeln gibt die Bindungsverhältnisse und die Struktur aus einem anderen Blickwinkel modellhaft wieder.

Atom	**Kohlenstoff**	**Stickstoff**	**Sauerstoff**	**Fluor**
Kugelwolkenmodell	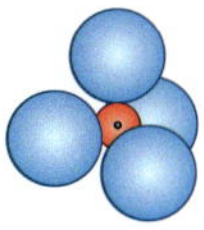	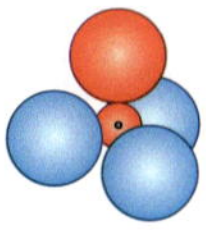	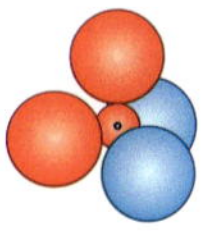	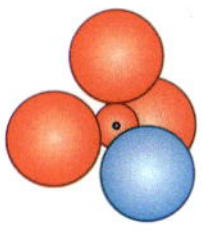
Elektronenkonfiguration	$1^2\ 2^4$	$1^2\ 2^5$	$1^2\ 2^6$	$1^2\ 2^7$
Elektronenformel (Punktschreibweise)				

Wasserstoffverbindungen	**Methan**	**Ammoniak**	**Wasser**	**Wasserstoffmonofluorid**
Summenformel	CH_4	NH_3	H_2O	HF
Elektronenformel	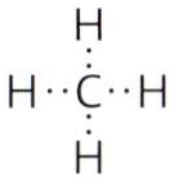	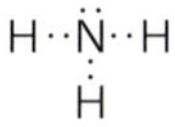	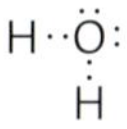	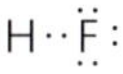
Valenzstrichformel	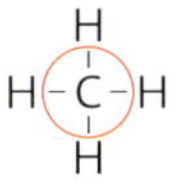	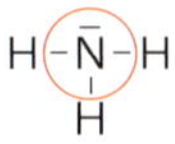	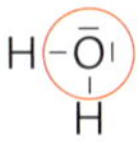	
Oktettregel	4 Einfachbindungen	3 Einfachbindungen 1 nichtbindendes Elektronenpaar	2 Einfachbindungen 2 nichtbindende Elektronenpaare	1 Einfachbindung 3 nichtbindende Elektronenpaare

Elektronepaarabstoßungsmodell: überführt Valenzstrichfomel in räumliche Darstellung

räumliche Struktur	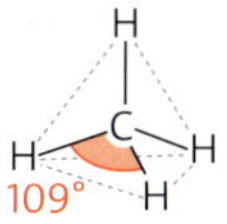 tetraedrisch	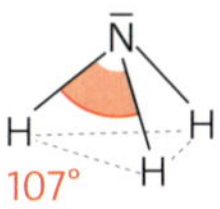 pyramidal	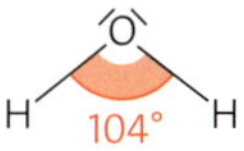 gewinkelt	 linear
Strukturformel	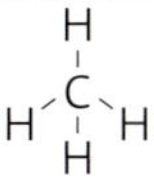	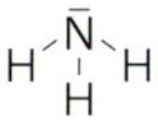	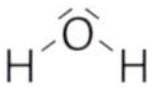	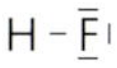
Kugel-Stab-Modell		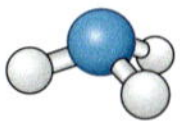	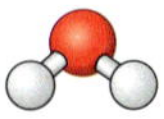	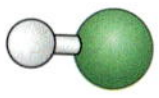
Kalottenmodell	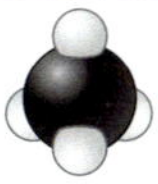			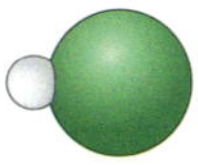

Wenn man einen durch Reibung elektrostatisch aufgeladenen Luftballon in die Nähe eines Wasserstrahls bringt, wird dieser abgelenkt.

► *Überlege dir, was die Ursache dafür sein könnte.*

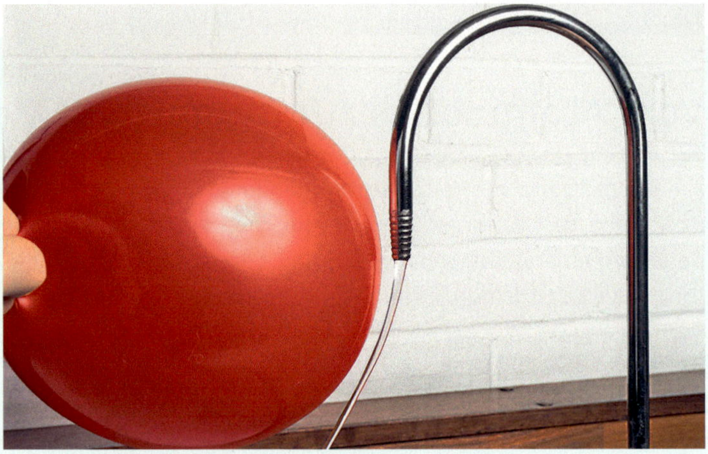

6.7 Besondere Eigenschaften von Wasser

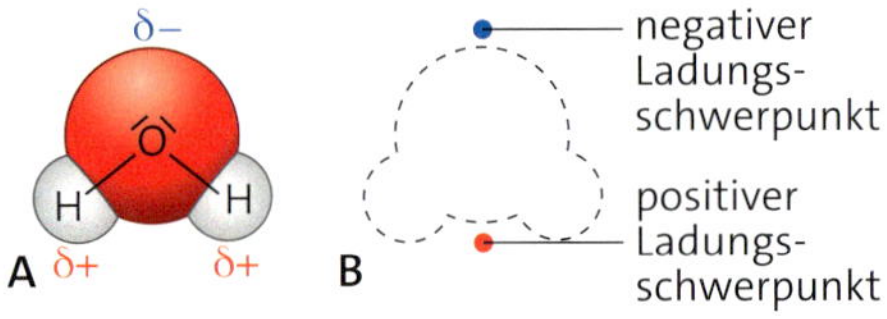

1 *Wasser-Molekül mit Teilladungen (A) und Lage der Ladungsschwerpunkte (B)*

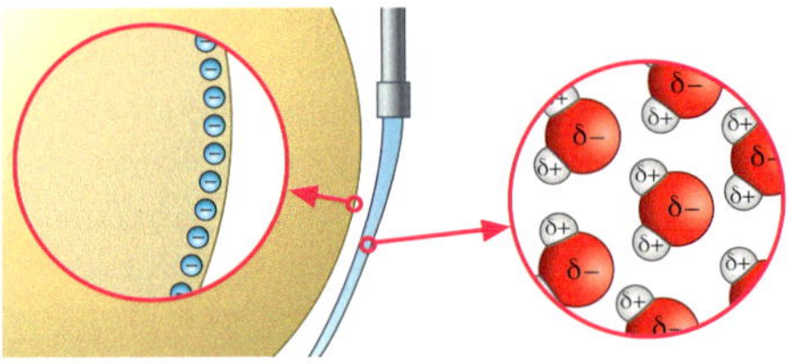

2 *Modellvorstellung: Ablenkung eines Wasserstrahls durch einen negativ geladenen Körper*

Bau des Wasser-Moleküls

Sauerstoff-Atom und Wasserstoff-Atom unterscheiden sich in ihrer Elektronegativität deutlich. Daher ist eine Bindung zwischen diesen beiden Atomen polar. Am Sauerstoff-Atom entsteht eine negative Teilladung, an den beiden Wasserstoff-Atomen eine positive. Der Schwerpunkt der positiven Ladung liegt zwischen den beiden Wasserstoff-Atomen. Aus dieser Ladungsverteilung und der gewinkelten Molekülstruktur ergibt sich, dass das Wasser-Molekül ein Dipol ist. ↗ 1 So erklärt sich die Ablenkung des Wasserstrahls durch den geladenen Luftballon: Die Wasser-Moleküle richten sich so aus, dass die positiven Ladungsschwerpunkte zu den negativen Ladungen auf dem Ballon zeigen. ↗ 2

Dipolmolekül oder nicht?

Zweiatomige Moleküle mit polarer Bindung wie das Wasserstoffmonochlorid-Molekül sind immer Dipole. Ob ein Molekül aus mehreren unterschiedlichen Atomen ein Dipolmolekül ist, hängt von seinem Bau ab. Beim gewinkelten Wasser-Molekül liegen die Ladungsschwerpunkte der positiven und der negativen Teilladung auf verschiedenen Seiten des Moleküls. Darum ist das Wasser-Molekül ein Dipol. ↗ 1

Das Kohlenstoffdioxid-Molekül ist linear gebaut. Die Bindungen im Kohlenstoffdioxid-Molekül sind polar, weil die Differenz der Elektronegativitätswerte von Sauerstoff-Atom und Kohlenstoff-Atom größer 0,4 ist. Allerdings wirken die beiden negativen Teilladungen an den Sauerstoff-Atomen aufgrund des linearen Molekülbaus in entgegengesetzte Richtungen. Ihr Ladungsschwerpunkt liegt in der Mitte des Moleküls und fällt mit dem Ladungsschwerpunkt der positiven Teilladung zusammen. Damit ist das Kohlenstoffdioxid-Molekül kein Dipolmolekül. ↗ 3

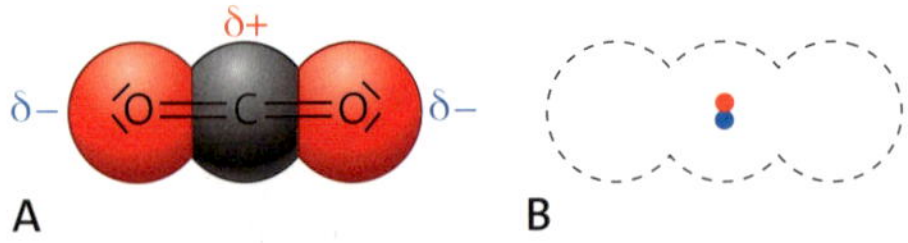

3 *Kohlenstoffdioxid-Molekül mit Teilladungen (A) und Lage der Ladungsschwerpunkte (B)*

Kräfte zwischen Dipolmolekülen

Durch die getrennten Ladungsschwerpunkte ziehen sich Dipolmoleküle untereinander an. Dabei kann der negative Ladungsschwerpunkt des einen Moleküls mit dem positiven Ladungsschwerpunkt eines anderen Moleküls in Wechselwirkung treten. Das nennt man **Dipol-Dipol-Wechselwirkung**. ↗ 4

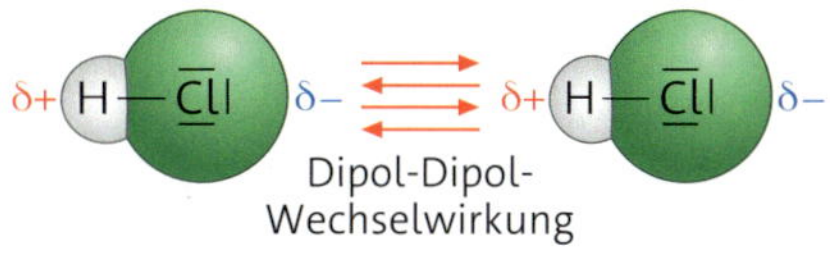

4 Dipol-Dipol-Wechselwirkung zwischen Wasserstoffmonochlorid-Molekülen

Ungewöhnliche Siedetemperatur

Wasser, Ammoniak und Methan besitzen ähnliche molare Massen. Beim Vergleichen ihrer Siedetemperaturen fällt auf, dass die Siedetemperatur von Wasser ungewöhnlich hoch ist. ↗ 5 Zum Verdampfen von Wasser ist also vergleichsweise viel Energie nötig. Ursache ist nicht nur die Dipolnatur der Wasser-Moleküle. Die Anziehungskräfte zwischen Wasser-Molekülen sind wesentlich höher als Dipol-Dipol-Wechselwirkungen. Es müssen also zusätzliche Kräfte zwischen den Wasser-Molekülen vorliegen. Sie kommen wie folgt zustande: Die positive Teilladung an einem Wasserstoff-Atom zieht ein freies Elektronenpaar am Sauerstoff-Atom eines anderen Wasser-Moleküls stark an. ↗ 6 Das Wasserstoff-Atom wirkt als Brücke zwischen beiden Wasser-Molekülen. Man nennt diese Wechselwirkungen daher **Wasserstoffbrücken**.

Stoff	molare Masse	Siedetemperatur
Methan CH_4	16 g/mol	–161 °C
Ammoniak NH_3	17 g/mol	–33 °C
Wasser H_2O	18 g/mol	100 °C

5 Stoffe im Vergleich

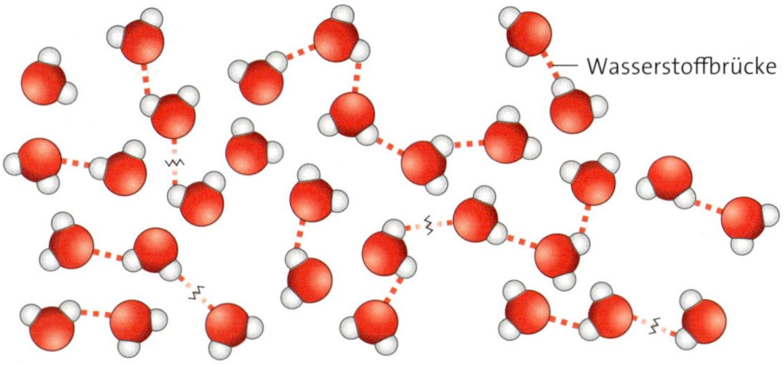

6 Modelldarstellung: Wasserstoffbrücken zwischen den Wasser-Molekülen in flüssigem Wasser

Wasserstoffbrücken sind zwar deutlich schwächer als die Atombindungen im Wasser-Molekül, aber dennoch stärker als Dipol-Dipol-Wechselwirkungen. Interessant ist, dass sich Wasserstoffbrücken mit unvorstellbar hoher Geschwindigkeit ständig lösen und neu ausbilden. Damit einzelne Wasser-Moleküle den Teilchenverband verlassen können, müssen die Wasserstoffbrücken getrennt werden. So kommt die bemerkenswert hohe Verdampfungswärme von Wasser zustande. Über 100 °C haben Wasserstoffbrücken keinen Bestand.

Dipolmoleküle besitzen unterschiedliche Ladungsschwerpunkte. Dipol-Dipol-Wechselwirkungen und Wasserstoffbrücken zwischen den Wasser-Molekülen verursachen die besonderen Eigenschaften des Wassers.

AUFGABEN

1 ◪ Zeichne die Valenzstrichformeln und entscheide, ob es sich um Dipolmoleküle handelt: H_2S, PCl_3, $SiCl_4$.

2 ◪ Erkläre, warum die Siedetemperatur von Wasser ungewöhnlich hoch ist.

3 ■ „Wasser, das nasse Element." Nimm zu dieser Redewendung Stellung.

Besondere Eigenschaften von Wasser

1 Wie verhält sich ein Wasserstrahl an einem geladenen Gegenstand?

Material: Luftballon, großes Becherglas, Gefrierbeutel, Schere

Chemikalien: Wasser

Durchführung:
- Puste den Luftballon auf und lade ihn durch Reiben an deinem T-Shirt oder deinen Haaren elektrostatisch auf.
- Fülle den Gefrierbeutel mit Wasser.
- Schneide unten am Gefrierbeutel eine kleine Ecke ab und lass das Wasser über dem Becherglas so auslaufen, dass ein dünner Wasserstrahl entsteht.
- Halte dann den aufgeladenen Luftballon nahe an den Wasserstrahl. Der Ballon darf den Wasserstrahl dabei nicht berühren.

Auswertung: Notiere deine Beobachtungen und erkläre sie.

Entsorgung: Ausguss

1 *Was passiert mit dem Wasserstrahl?*

2 Kann man in einer Pappschachtel Wasser kochen?

Material: 2 Streichholzschachteln, Klebefilm, Teelicht, Feuerzeug

Chemikalien: Wasser

Durchführung:
- Stelle eine Hypothese zur Versuchsfrage auf.
- Entwickle eine Vorschrift, mit der du die Versuchsfrage überprüfen kannst.
- Führe den Versuch nach Rücksprache mit deiner Lehrerin/deinem Lehrer durch.

Auswertung:
- Fertige ein Versuchsprotokoll an und erkläre deine Beobachtung.
- Nenne Beispiele aus dem Alltag, bei denen das Fachwissen aus diesem Experiment wichtig werden kann.

Entsorgung: Ausguss, Abfalleimer

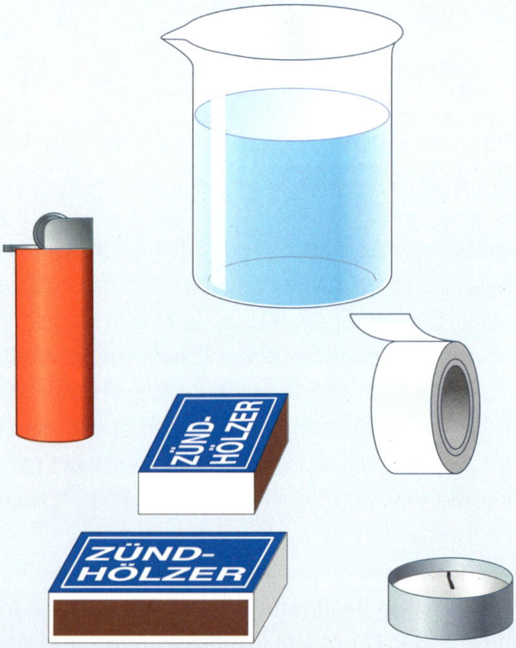

2 *Materialen zu Versuch 2*

Dipolmoleküle ermitteln

Ob ein Molekül aus mehreren unterschiedlichen Atomen ein Dipolmolekül ist, hängt von zwei Dingen ab:
- der Differenz der Elektronegativitätswerte der beteiligten Atome,
- dem räumlichen Bau des Moleküls.

H 2,1							He –
Li 1,0	Be 1,5	B 2,0	C 2,5	N 3,0	O 3,5	F 4,0	Ne –
Na 0,9	Mg 1,2	Al 1,5	Si 1,8	P 2,1	S 2,5	Cl 3,0	Ar –
K 0,8	Ca 1,0	Ga 1,6	Ge 1,8	As 2,0	Se 2,4	Br 2,8	Kr –
Rb 0,8	Sr 1,0	In 1,7	Sn 1,8	Sb 1,9	Te 2,1	I 2,5	Xe –

1 *Elektronegativitätswerte wichtiger Hauptgruppenelemente*

1 Valenzstrichformel des Moleküls notieren	Ammoniak NH_3	Kohlenstoffdioxid CO_2
Zeichne die Valenzstrichformel des Moleküls auf, dessen Polarität du untersuchst.	H–N̄–H H	⟨O=C=O⟩
2 Polare Atombindungen finden		
Berechne für die verschiedenen Atombindungen die Differenzen der Elektronegativitätswerte ΔEN: – ΔEN ≤ 0,4 → unpolare Bindung – ΔEN > 0,4 → polare Bindung	N–H-Bindung: ΔEN = 3,0 – 2,1 = 0,9 → polar	C–O-Bindung: ΔEN = 3,5 – 2,5 = 1,0 → polar
3 Teilladungen kennzeichnen		
Kennzeichne in der Valenzstrichformel die Teilladungen: – positive Teilladung: δ+ – negative Teilladung: δ–	δ– δ+ H–N̄–H δ+ H δ+	δ+ δ– ⟨O=C=O⟩ δ–
4 Räumlichen Molekülbau ermitteln		
Ermittle den räumlichen Bau des Moleküls. Beachte dabei die Regeln des Elektronpaarabstoßungsmodells. Zeichne die räumliche Strukturformel mit den Teilladungen.	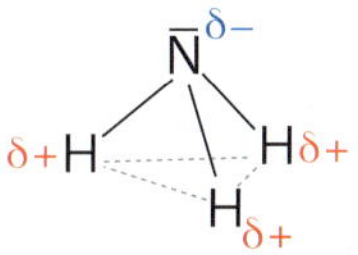	δ+ δ– ⟨O=C=O⟩ δ–
5 Ladungsschwerpunkte einzeichnen		
Kennzeichne in der räumlichen Strukturformel die positiven (•) und negativen (•) Ladungsschwerpunkte.	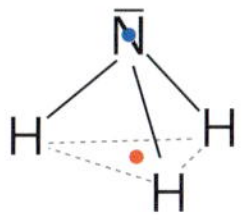	⟨O=C=O⟩
6 Entscheidung		
Ladungsschwerpunkte – fallen zusammen: kein Dipolmolekül – sind getrennt: Dipolmolekül	Dipolmolekül	kein Dipolmolekül

AUFGABEN

1 ☐ Ermittle, ob folgende Atombindungen polar sind und kennzeichne die Teilladungen: C–H-Bindung, C–F-Bindung, H–S-Bindung.

2 ◪ Skizziere den räumlichen Bau folgender Moleküle: CH_4, CHF_3, H_2S.

3 ◪ Entscheide und begründe jeweils, ob Dipolmoleküle vorliegen: CH_4, CHF_3, H_2S.

Metallbindung

Das Metallgitter besteht aus regelmäßig angeordneten, positiv geladenen Metallionen und frei beweglichen Elektronen. ↗ 1 Die Metallbindung beruht auf den elektrostatischen Anziehungskräften zwischen den Metallkationen und Elektronen.

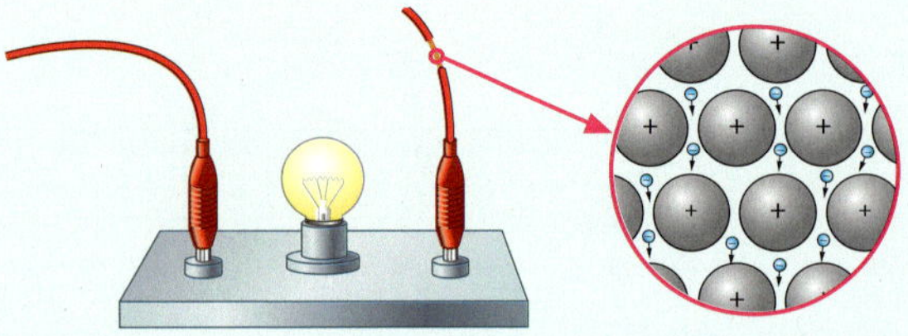

1 *Modelldarstellung: elektrische Leitfähigkeit von Metallen*

Atombindung

Die chemische Bindung im Wasserstoff-Molekül beruht auf einem gemeinsamen Elektronenpaar zwischen den beiden Wasserstoff-Atomen. Die Anziehungskräfte wirken wechselseitig zwischen den Atomkernen und Bindungselektronen beider Atome. Das Wasserstoff-Molekül ist energieärmer als die beiden einzelnen Atome. ↗ 2

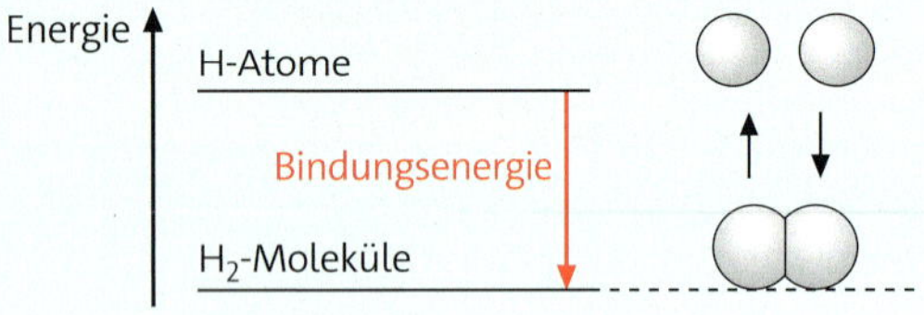

2 *Energieverhältnisse bei der Bildung eines Wasserstoff-Moleküls*

Atombindung und Kugelwolkenmodell

Die Atombindung zwischen Nichtmetallatomen lässt sich mit dem Kugelwolkenmodell durch die Überlagerung einfach besetzter Kugelwolken zu Elektronenpaaren darstellen. Die Anzahl der Bindungen, die ein Atom eingeht, ergibt sich aus der Zahl einfach besetzter Kugelwolken. Je nach Anzahl der bindenden Elektronenpaare zwischen zwei Atomen unterscheidet man Einfach-, Doppel- und Dreifachbindung. ↗ 3

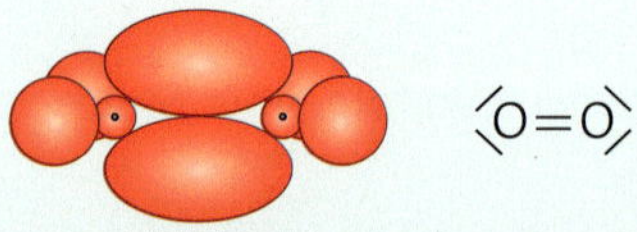

3 *Sauerstoff-Molekül mit Doppelbindung*

Polare Atombindung

Eine polare Atombindung entsteht, wenn das bindende Elektronenpaar von einem der Bindungspartner stärker angezogen wird als vom anderen. Dabei ergeben sich positive und negative Teilladungen. ↗ 4 Die Ursache liegt in der Elektronegativität der verschiedenen Atome.

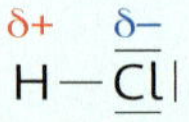

4 *Wasserstoffmonochlorid-Molekül in der Valenzstrichformel mit Teilladungen*

Räumlicher Bau von Molekülen

Nach dem Elektronenpaarabstoßungsmodell nehmen bindende und nichtbindende Elektronenpaare den größtmöglichen Abstand zueinander ein. Daraus kann die räumliche Struktur von Molekülen abgeleitet werden. Bei vier Elektronenpaaren des Zentralatoms ergibt sich die Grundstruktur eines Tetraeders. ↗ 5

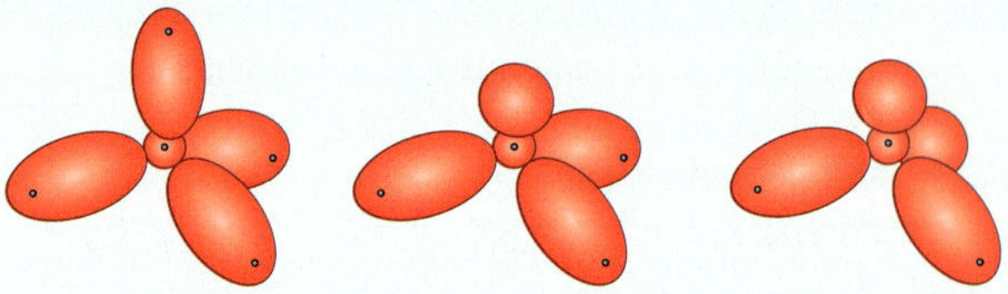

5 *Methan-, Ammoniak- und Wasser-Molekül im Kugelwolkenmodell*

Besondere Eigenschaften von Wasser

Dipolmoleküle besitzen unterschiedliche Ladungsschwerpunkte. Das gewinkelt gebaute Wasser-Molekül ist ein Dipolmolekül. Dipol-Dipol-Wechselwirkungen und Wasserstoffbrücken zwischen den Wasser-Molekülen verursachen die besonderen Eigenschaften des Wassers wie die hohe Verdampfungswärme. ↗ 6

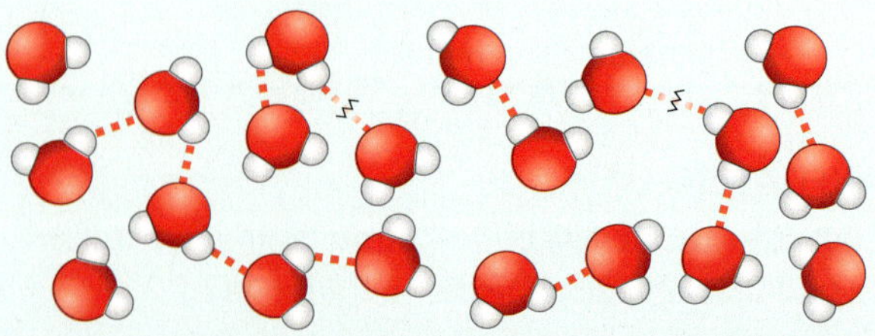

6 *Zwischen Wasser-Molekülen wirken Wasserstoffbrücken.*

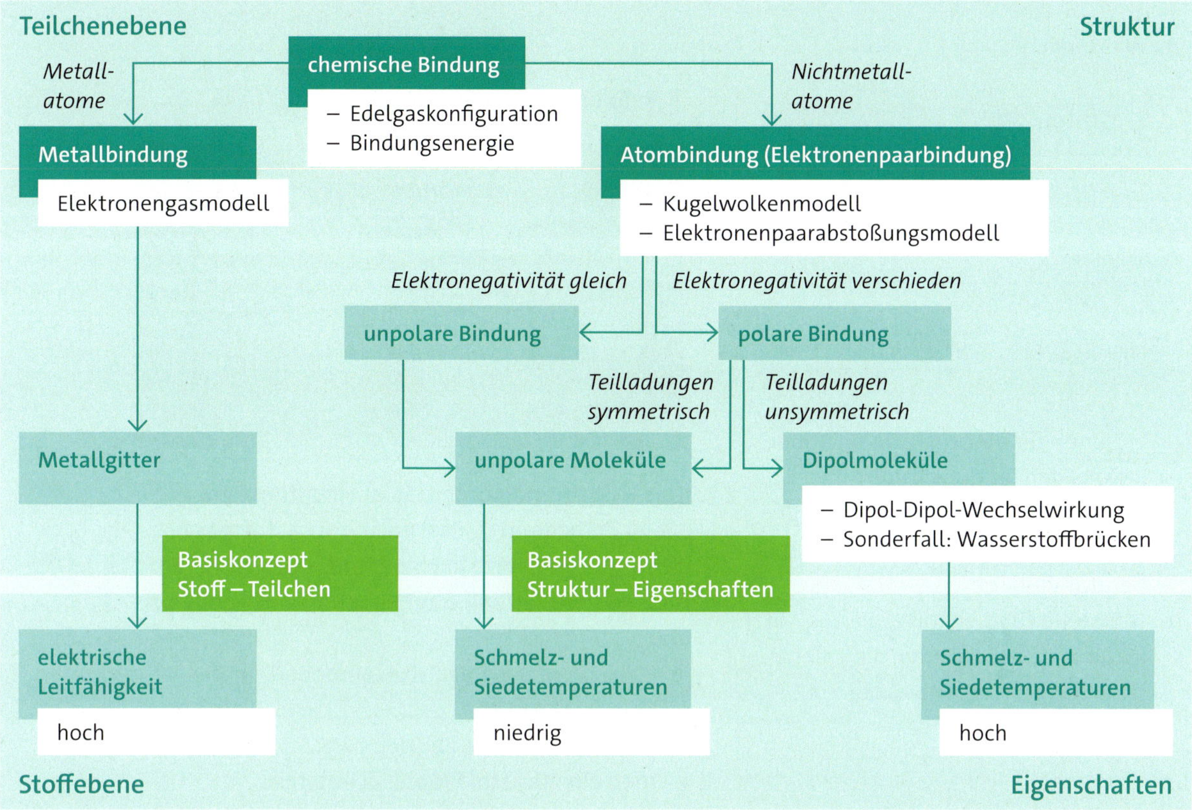

Kompetenzcheck

Hast du alle wichtigen Inhalte des Kapitels verstanden? Schätze dich zuerst selbst ein: ☺ 😐 ☹

Überprüfe nun deine Selbsteinschätzung: Löse dazu die Aufgaben auf Seite 160/161 und vergleiche deine Antworten mit den Lösungsvorschlägen. ↗ S. 192

Ich kann ...	☺	😐	☹	Alles-im-Griff-Aufgaben	Hilfe findest du auf Seite
mithilfe des Elektronengasmodells erklären, wie die Metallbindung zustande kommt und damit die elektrische Leitfähigkeit von Metallen begründen.	?	?	?	3, 4	142, 143
erklären, warum die Atombindung (Elektronenpaarbindung) energetisch günstig ist und diese mit dem Kugelwolkenmodell beschreiben.	?	?	?	2	144–147
mithilfe der Elektronegativität zwischen polaren und unpolaren Bindungen unterscheiden.	?	?	?	6, 7, 8	148, 149
den räumlichen Bau einfacher Moleküle ableiten.	?	?	?	6, 7	150, 151
entscheiden, ob es sich bei einem Molekül um ein Dipolmolekül handelt.	?	?	?	6, 7, 8	154, 155, 157
die besonderen Eigenschaften von Wasser mit den Wechselwirkungen zwischen den Wasser-Molekülen erklären.	?	?	?	8	154, 155
einfache Moleküle mithilfe von Formeln und Modellen darstellen.	?	?	?	1, 2, 5, 6, 7	152, 153

1 Was bin ich?

Lithium | Helium | Methan | Kohlenstoffdioxid | Brom | Messing | Dichlormonooxid

a □ Nenne für die Stoffe im Bild oben jeweils den Bindungstyp.

b □ Gib jeweils an, in welchem Aggregatzustand der Stoff bei Raumtemperatur vorliegt.

c ◪ Erstelle für die Stoffe, die aus Molekülen aufgebaut sind, die Valenzstrichformeln der Moleküle.

2 Reaktionsträger Stickstoff

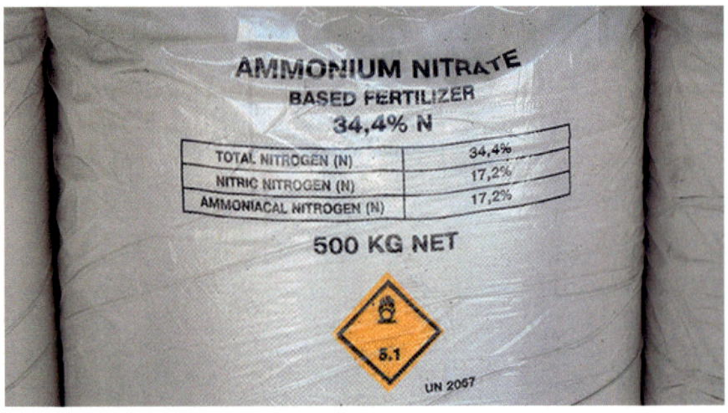

Das Salz Ammoniumnitrat ist Hauptbestandteil vieler Düngemittel. Es wird aus Stickstoffgas hergestellt. Stickstoff kann aber nur unter großem technischen Aufwand zur Reaktion gebracht werden.

a □ Skizziere das Kugelwolkenmodell für das Stickstoff-Atom.

b ◪ Beschreibe, wie aus den zwei Stickstoff-Atomen ein Stickstoff-Molekül entsteht.

c ◪ Worin liegt die Ursache für die Reaktionsträgheit des Stickstoff-Moleküls? Erkläre.

3 Leuchtende Drähte

In den althergebrachten Glühbirnen erreicht ein Metalldraht Temperaturen über 2000 °C, ohne zu schmelzen.

a □ Suche im stoffbezogenen Periodensystem fünf Metalle, die als Material in Frage kommen.

b □ Welche Eigenschaften der Metalle spielen bei dieser Anwendung eine Rolle? Begründe deine Antwort.

c ◪ Ein Glühbirnchen soll in einem Stromkreis zum Leuchten gebracht werden. Kaum eingeschaltet, „brennt es durch". Was ist mit dieser Redewendung gemeint? Überlege, was hierfür die Ursache sein könnte.

4 Stimmt das so?

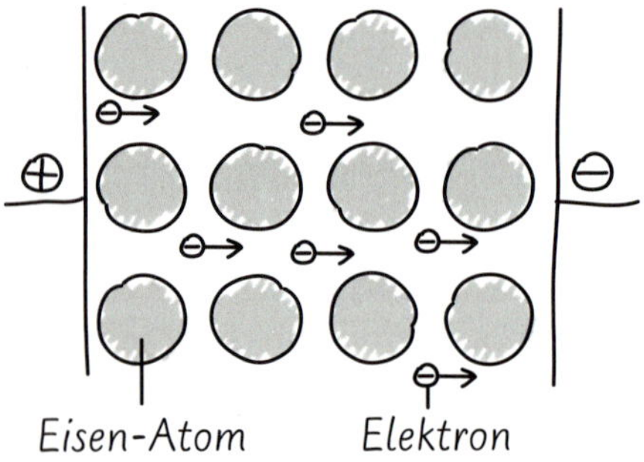

■ Peter will mithilfe der Skizze oben die elektrische Leitfähigkeit von Eisen erklären. Beurteile seine Skizze.

5 Methan – unterschiedlich betrachtet

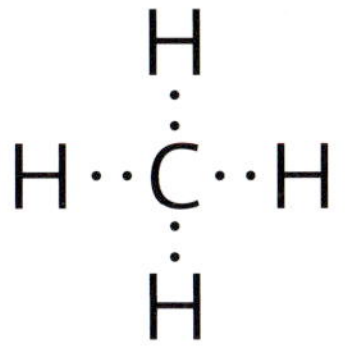

a □ Erläutere, was im Bild oben links durch die Symbole H und C und durch die Anzahl der Punkte zwischen ihnen ausgedrückt wird.

b □ Gib an, was die Kugeln und Stäbchen im Bild oben rechts symbolisieren.

c ◪ Vergleiche die beiden Darstellungen des Methan-Moleküls.

6 Dipol oder nicht?

NH_3 O_2 HCl

a □ Gib an, welche Informationen du benötigst, um zu entscheiden, ob ein Molekül ein Dipolmolekül ist.

b ◪ Sind die oben abgebildeten Moleküle Dipolmoleküle? Begründe deine Antwort mithilfe geeigneter Skizzen.

7 Gase vergleichen

Die Gase Stickstoff und Kohlenstoffmonooxid besitzen ähnliche physikalische Eigenschaften, wie man am Beispiel der Siedetemperaturen erkennen kann:
Stickstoff: –196 °C, Kohlenstoffmonooxid: –191 °C.

a ◪ Stelle die Molekülformeln (Summenformeln) gegenüber und ermittle die Summe der Valenzelektronen für jedes Molekül.

b ■ Erstelle nun die Valenzstrichformel für das Kohlenstoffmonooxid-Molekül. Tipp: In der Valenzstrichformel können positive und negative Ladungen auftreten.

c ■ Formuliere einen Zusammenhang zwischen dem Aggregatzustand und den Bindungsverhältnissen in den beiden Molekülen.

8 Besonderes Wasser

a ◪ Erkläre, warum ein Wasserstrahl von einem elektrostatisch geladenen Kunststoffstab angezogen wird.

b ■ Wasser besitzt eine hohe Verdampfungswärme. Erkläre mit eigenen Worten, was diese Fachinformation im Alltag bedeutet.
Beispiel: Ist es egal, ob du ein bestimmtes Wasservolumen mit oder ohne Topfdeckel zum Sieden erhitzt?

7

Organische Verbindungsklassen

Im Weinkeller lagern zahlreiche Eichenfässer. In ihnen sorgen Hefepilze dafür, dass der frische Traubenmost allmählich zu Wein wird. Die kühlen Temperaturen des Kellers verlangsamen den Umwandlungsprozess, wodurch die Qualität des Weines gesteigert wird.
Bei der dabei ablaufenden alkoholischen Gärung entsteht Trinkalkohol. Dieser gehört der organischen Verbindungsklasse der Alkanole an.

Katharina und Marco haben mit einem Computerprogramm das Modell eines Moleküls konstruiert, das nur aus Kohlenstoff- und Wasserstoff-Atomen besteht.

- ▶ *Gib die Summenformel des dazugehörigen Kohlenwasserstoffs an und benenne ihn.*

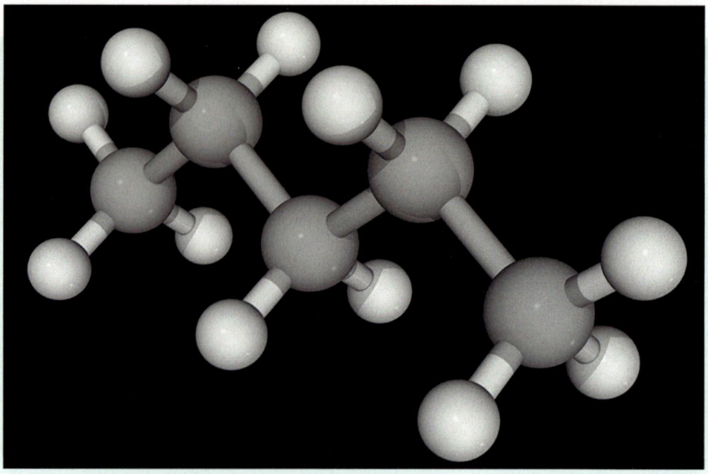

7.1 Die Stoffklasse der Alkane

Die Rolle des Kohlenstoffs: Vier gewinnt

Bei der Verbrennungsreaktionen hast du bereits die Alkane als Verbindungen aus den Elementen Kohlenstoff und Wasserstoff kennengelernt. Sie bilden eine **homologe Reihe** mit der **allgemeinen Summenformel C_nH_{2n+2}**. Alkane werden als **gesättigte Verbindungen** bezeichnet, da die Kohlenstoff-Atome die maximale Anzahl an Bindungspartnern, also vier Bindungspartner, erreichen. Somit besitzen die Moleküle nur Einfachbindungen. Pro Kohlenstoff-Atom, um das ein Molekül länger wird, kommen zwei Wasserstoff-Atome hinzu. ↗ 1, 2

Bei einem Alkanmolekül kann ein Wasserstoff-Atom durch ein anderes Atom oder eine Gruppe von Atomen ersetzt werden. Vom ursprünglichen Alkanmolekül bleibt so ein Alkylrest übrig, der auch **Alkylgruppe** genannt wird.

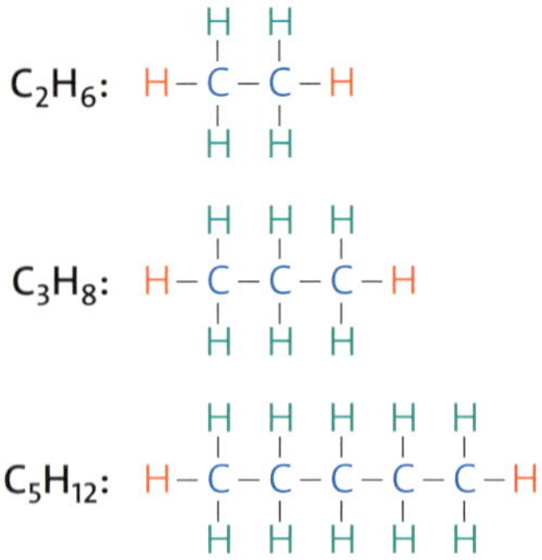

C_nH_{2n+2}

1 *Herleitung der allgemeinen Summenformel der Alkane*

Alkan	Summenformel	Strukturformel	Kugel-Stab-Modell
Methan	CH_4	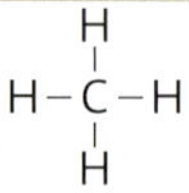	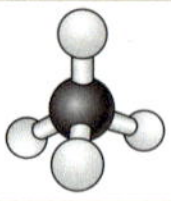
Ethan	C_2H_6	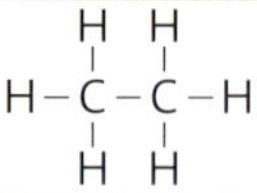	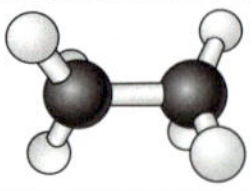
Propan	C_3H_8	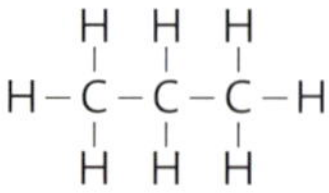	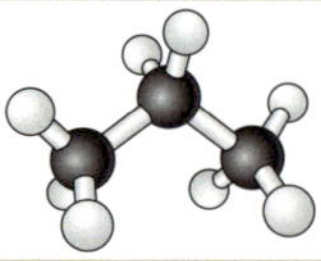
Butan	C_4H_{10}	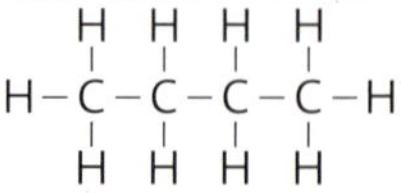	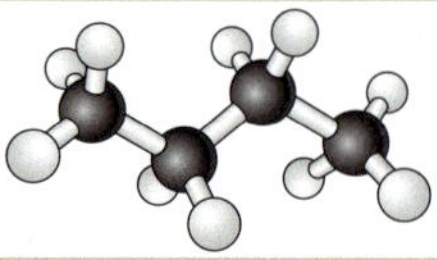

2 *Die ersten vier Vertreter der homologen Reihe der Alkane*

Schmelz- und Siedetemperaturen der Alkane

Die Schmelz- und Siedetemperaturen der Alkane zeigen eine klare Tendenz: Je mehr Kohlenstoff-Atome die Moleküle enthalten, desto höher sind sie. Aus diesem Grund ist Methan bei Raumtemperatur gasförmig, Pentan flüssig und Heptadecan ($C_{17}H_{36}$) fest. ↗ 3 Folglich müssen die Anziehungskräfte zwischen den Molekülen mit zunehmender Kettenlänge größer werden.

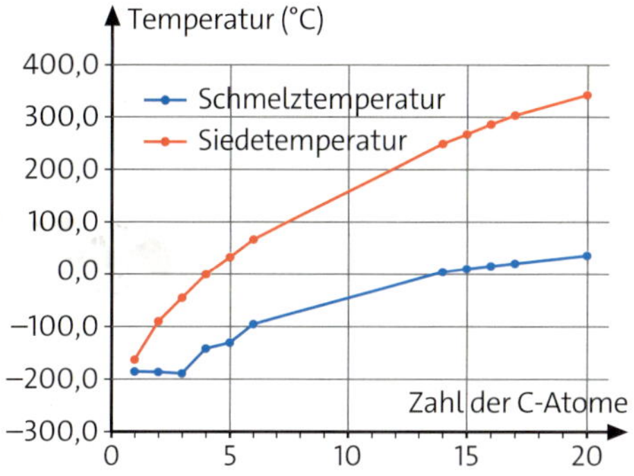

3 *Verlauf der Schmelz- und Siedetemperaturen der Alkane*

London-Kräfte zwischen den Molekülen

Alkanmoleküle sind unpolar, da der Elektronegativitätsunterschied zwischen Kohlenstoff- und Wasserstoff-Atom recht gering ist ($\Delta EN = 0{,}4$). Aus diesem Grund scheiden Dipol-Dipol-Wechselwirkungen bei Alkanmolekülen aus. Zwischen diesen Molekülen gibt es besondere Anziehungskräfte, die nach dem deutsch-amerikanischen Physiker Fritz London (1900–1954) benannt sind. Sie heißen **London-Dispersionskräfte**, kurz **London-Kräfte**.

Diese Kräfte sind grundsätzlich schwächer als die Dipol-Dipol-Wechselwirkungen, wenn man die Stärke der Anziehungskräfte zwischen Molekülen ähnlicher Masse und Größe vergleicht. Allerdings beruhen beide auf der elektrostatischen Anziehung zwischen positiven und negativen Ladungsschwerpunkten benachbarter Moleküle.

London-Kräfte entstehen, wenn sich die Elektronen eines Moleküls für eine kurze Zeit ungleichmäßig verteilen. Es kommt so zu einem **spontanen**, aber vorübergehenden **Dipol**. Dieser bewirkt in einem benachbarten Molekül ebenfalls eine ungleichmäßige Verteilung der Elektronen. Dort entsteht ein **induzierter Dipol.** Die ungleichnamig geladenen Pole benachbarter Moleküle ziehen sich gegenseitig an. ↗ 4

Langkettige Alkanmoleküle besitzen sehr viele Elektronen, die über einen relativ großen Raum verteilt sind. Zwischen diesen Molekülen wirken daher relativ starke London-Kräfte.

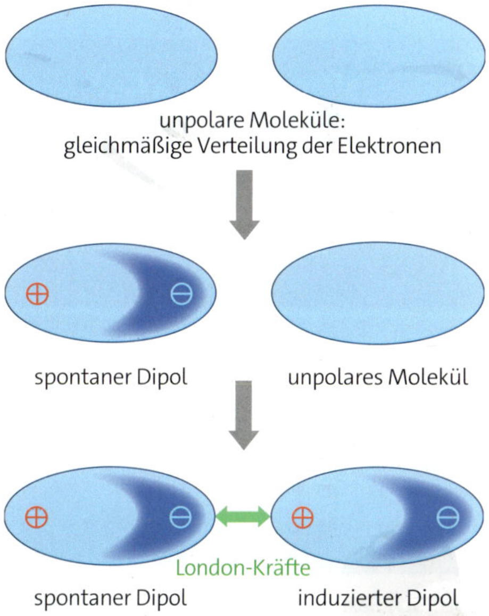

4 *Entstehung der London-Kräfte*

Löslichkeitsverhalten der Alkane

Zwischen den unpolaren Alkanmolekülen und den polaren Wasser-Molekülen gibt es nur sehr schwache Anziehungskräfte. Dagegen können sich zwischen den Molekülen von Alkanen und den Molekülen von unpolaren Lösungsmitteln wirksame London-Kräfte aufbauen. Aus diesem Grund sind Alkane wasserunlöslich. In unpolaren Lösungsmitteln wie Benzin oder Pflanzenöl kann man sie dagegen lösen. Alkane werden daher als **hydrophob** („wasserfeindlich") und **lipophil** („fettfreundlich") bezeichnet.

Alkane sind Kohlenwasserstoffe, deren Moleküle nur Einfachbindungen besitzen. Die allgemeine Summenformel der Alkane lautet C_nH_{2n+2}. Zwischen den unpolaren Alkanmolekülen herrschen London-Kräfte, die sich auf die Eigenschaften der Alkane auswirken.

AUFGABEN

1 ◪ Gib die allgemeine Summenformel von Alkylgruppen an.

2 ☐ Formuliere den Zusammenhang zwischen der Kettenlänge der Alkane und der Stärke der London-Kräfte.

3 ◪ Erläutere die Begriffe „hydrophil" und „lipophob".

4 ◪ Begründe anhand der Anziehungskräfte zwischen den Molekülen, warum Pentan leichter als Decan verdampft.

Auf dem Bild siehst du vier verschiedene Bausteine.

▶ Finde heraus, wie viele verschiedene Farbkombinationen du zusammenstecken kannst.

7.2 Vielfalt der Alkane

1 *Je nach Sorte enthält Campinggas neben Propan hauptsächlich n-Butan oder iso-Butan.*

Unverzweigte und verzweigte Moleküle

Beim Butan-Molekül (C_4H_{10}) stellt man fest, dass trotz der gleichen Anzahl an Kohlenstoff- und Wasserstoff-Atomen zwei verschiedene Strukturformeln möglich sind. Dies beruht auf den Bindungseigenschaften der Kohlenstoff-Atome: Die Moleküle des n-Butans („normales Butan") sind unverzweigt, da jedes Kohlenstoff-Atom nur mit einem bzw. zwei weiteren Kohlenstoff-Atomen verbunden ist. Bei den Molekülen des chemisch verwandten **iso-Butans** („isomeres Butan") bindet dagegen ein Kohlenstoff-Atom drei weitere Kohlenstoff-Atome, wodurch eine Verzweigung entsteht. ↗ 1, 2

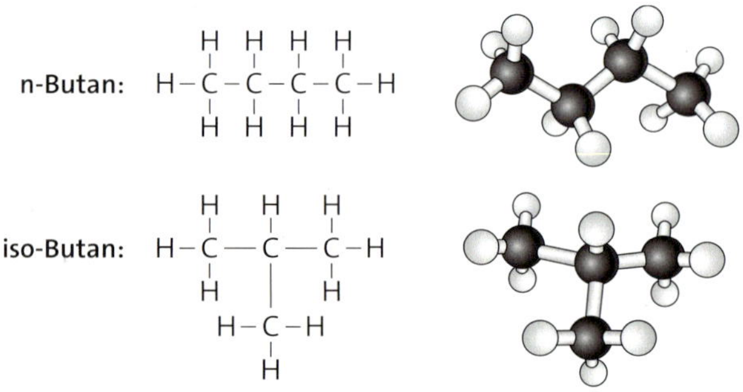

2 *Isomere Butan-Moleküle: Strukturformel und Kugel-Stab-Modell*

Name	Summenformel	Zahl der Isomeren
Pentan	C_5H_{12}	3
Hexan	C_6H_{14}	5
Heptan	C_7H_{16}	9
Octan	C_8H_{18}	18
Nonan	C_9H_{20}	35
Decan	$C_{10}H_{22}$	75
Eicosan	$C_{20}H_{42}$	336 319

3 *Zahl der möglichen Isomeren bei Alkanen*

Isomerie

Die Tatsache, dass es bei Verbindungen Moleküle mit gleicher Summenformel, aber verschiedenen Strukturformeln gibt, nennt man Isomerie. Bei den Alkanen treten ab dem Butan isomere Verbindungen auf, auch Isomere genannt. Ihre Moleküle bestehen aus der gleichen Anzahl von Atomen, sie unterscheiden sich aber hinsichtlich der Verknüpfung der Atome. Die Anzahl der Isomere nimmt mit der Anzahl der Kohlenstoff-Atome zu. ↗ 3 Damit man Alkane eindeutig benennen kann, gibt es klare Regeln. ↗ S. 170

Name	n-Pentan	2-Methylbutan	2,2-Dimethylpropan
Strukturformel der Moleküle	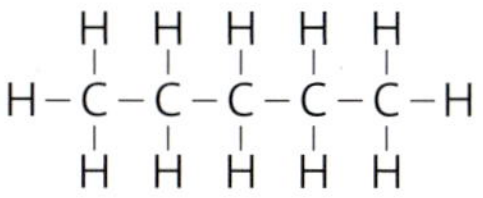	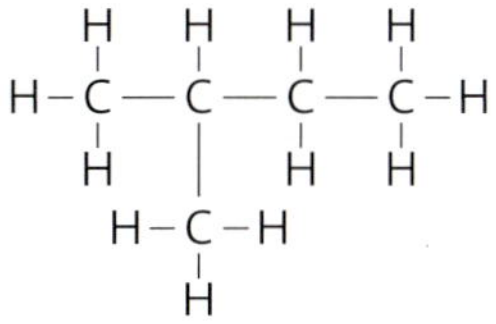	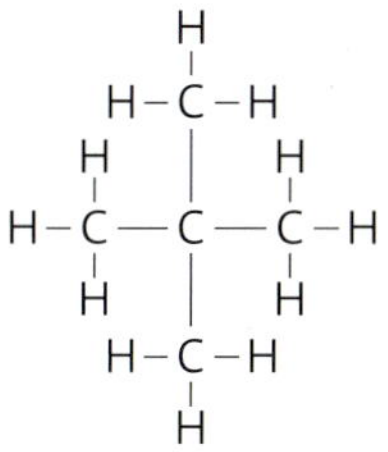
Siedetemperatur	+36 °C	+28 °C	+9 °C
Aggregatzustand bei Raumtemperatur	flüssig	flüssig	gasförmig

4 *Die drei Isomere des Pentans mit ihren Siedetemperaturen und Aggregatzuständen bei Raumtemperatur*

Eigenschaften von Isomeren

Isomere Verbindungen unterscheiden sich in ihren Eigenschaften. Am Beispiel der drei Isomeren des Pentans erkennt man, dass die Siedetemperaturen erheblich voneinander abweichen. ↗ 4

Auch hier spielt das **Struktur-Eigenschafts-Konzept** eine Rolle: Die unterschiedlichen Siedetemperaturen können mit den Anziehungskräften zwischen den Alkanmolekülen erklärt werden. Je größer die Oberfläche der Moleküle ist, desto stärker wirken die **London-Kräfte** zwischen ihnen und umso höher sind daher die Siedetemperaturen. Das n-Pentan hat eine schlauchförmige Gestalt und somit eine weitaus größere Oberfläche als das fast kugelförmige 2,2-Dimethylpropan. ↗ 5 Da es zwischen den n-Pentan-Molekülen stärkere London-Kräfte gibt, ist das n-Pentan bei Raumtemperatur flüssig, das andere isomere Pentan dagegen gasförmig.

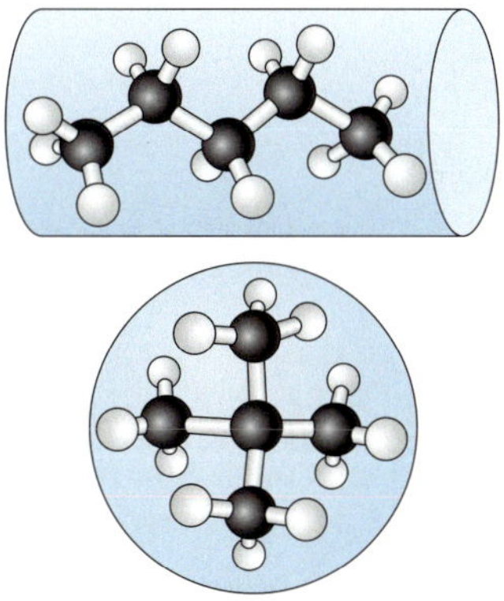

5 *Räumliche Modelldarstellung der Moleküle von n-Pentan und 2,2-Dimethylpropan*

Ringförmige Alkane

Die Kohlenstoff-Atome der Alkanmoleküle können sich auch zu Ringen zusammenschließen. Da dabei zwei Wasserstoff-Atome abgespalten werden, gilt die allgemeine Summenformel C_nH_{2n+2} nicht für die Moleküle der ringförmigen Alkane, die auch **Cycloalkane** heißen. ↗ 6

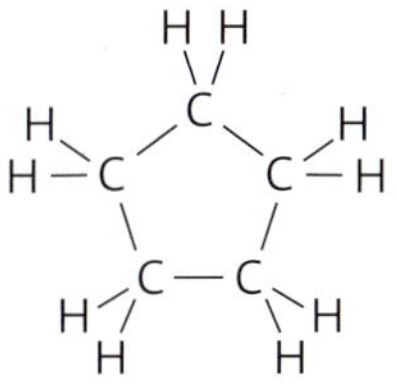

6 *Strukturformel des Cyclopentan-Moleküls C_5H_{10}*

Ab dem Butan tritt Isomerie auf. Bei der gleichen Summenformel gibt es Verbindungen, deren Moleküle verschiedene Strukturformeln besitzen. Isomere Verbindungen unterscheiden sich in ihren Eigenschaften.

AUFGABEN

1 □ Vergleiche das n-Butan-Molekül mit dem iso-Butan-Molekül.

2 ■ Ordne die beiden Siedetemperaturen –12 °C und –0,5 °C dem n-Butan bzw. iso-Butan zu und begründe deine Entscheidung.

3 ◪ Sind n-Pentan und Cyclopentan Isomere? Begründe deine Antwort.

Baue ein Modell für ein Molekül, das die Summenformel C_2H_4 besitzt.
Zwei große Styroporkugeln stehen für die Kohlenstoff-Atome, vier kleine für die Wasserstoff-Atome und sechs Holzstäbe für bindende Elektronenpaare.
- *Stecke die Kugeln mit den Stäben so zusammen, dass die Kohlenstoff-Atome jeweils vierbindig und die Wasserstoff-Atome einbindig sind.*

7.3 Die Stoffklasse der Alkene

Ethen, das einfachste Alken

Unter ständiger Zufuhr von Energie und mithilfe bestimmter Katalysatoren kann man von Ethan-Molekülen jeweils zwei Wasserstoff-Atome abspalten. Durch eine solche Dehydrierung entsteht der Kohlenwasserstoff Ethen:

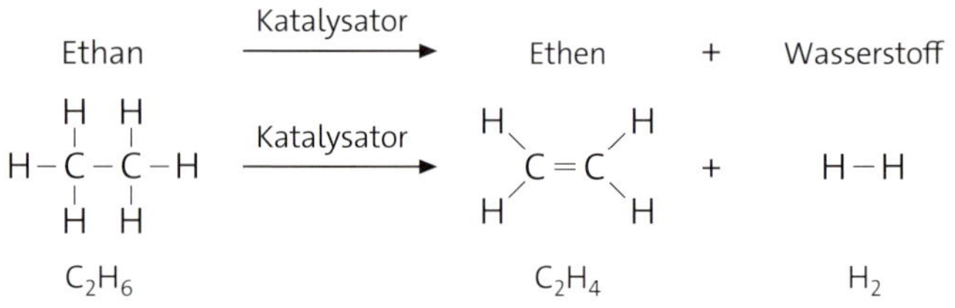

1 *Ethen steuert die Reifung von Früchten.*

2 *Aus Ethen werden Kunststoffe wie zum Beispiel Polyethylen (PE) hergestellt.*

Im Ethen-Molekül gehen die Kohlenstoff-Atome untereinander eine zusätzliche Atombindung ein. Im Molekül liegt daher eine **C=C-Doppelbindung** vor. Da das Ethen-Molekül zwei Wasserstoff-Atome weniger als das Ethan-Molekül bindet, kommen die beiden Kohlenstoff-Atome im Ethen-Molekül nicht auf die maximale Anzahl an Bindungspartnern. Deshalb bezeichnet man Ethen als **ungesättigte Verbindung**.

Bedeutung des Ethens

Ethen hat eine sehr große Bedeutung in Natur und Technik. Pflanzen produzieren diesen Kohlenwasserstoff, um die Reifung von Früchten zu steuern. Somit wirkt das Ethen als pflanzliches Hormon. In den Lagerhallen von Obst-Großhändlern werden unreife Früchte aus fernen Ländern gezielt mit Ethen begast, um den Verbrauchern „erntefrische" Ware anbieten zu können. ↗ 1
Für industrielle Zwecke wird Ethen durch das Spalten von Alkanmolekülen in Erdölraffinerien gewonnen. Dieses Cracken liefert eine der wichtigsten Grundchemikalien weltweit. ↗ 2

Die homologe Reihe der Alkene

Kohlenwasserstoffe, deren Moleküle eine C=C-Doppelbindung besitzen, heißen Alkene. Ihre Namen leiten sich von den entsprechenden Alkanen ab, wobei die Endsilbe „-en" auf die C=C-Doppelbindung hinweist. Dies kommt in der **allgemeinen Summenformel C_nH_{2n}** zum Ausdruck. Wie ihre gesättigten Verwandten, die Alkane, bilden die Alkene eine homologe Reihe. ↗ 3, 4

Name	Summenformel	Strukturformel	Kugel-Stab-Modell
Ethen	C_2H_4	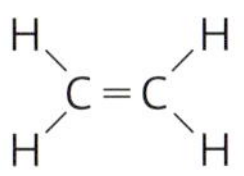	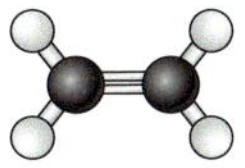
Propen	C_3H_6	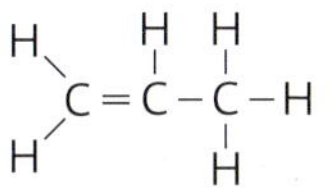	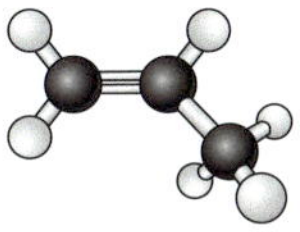
Buten	C_4H_8	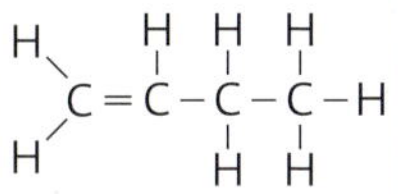	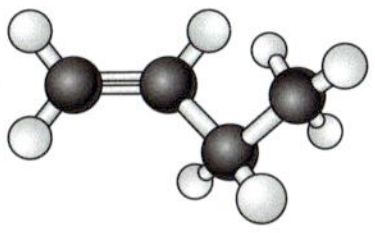

4 *Die ersten drei Vertreter der homologen Reihe der Alkene*

Die Alkene haben ähnliche physikalische Eigenschaften wie die Alkane. So sind beide Verbindungsklassen hydrophob, da sie aus unpolaren Molekülen bestehen, zwischen denen London-Kräfte wirken. Zudem sind Alkene wie alle anderen Kohlenwasserstoffe brennbar. Auch bei den Alkenen tritt Isomerie auf. Diese kann nicht nur auf Verzweigungen der Kohlenstoffkette, sondern auch auf der Lage der C=C-Doppelbindung beruhen. Im Buten-Molekül kann sie sich zwischen dem ersten und zweiten Kohlenstoff-Atom befinden oder zwischen dem zweiten und dritten.

Nachweis der C=C-Doppelbindung

Wenn man Alkene und Bromwasser zusammengibt, ist eine Veränderung beobachtbar: Die orange Farbe verschwindet. Diese Nachweisreaktion wird als **Bromwasserprobe** bezeichnet. Da sie bei den Alkanen negativ verläuft, muss die C=C-Doppelbindung der Moleküle für die Entfärbung ausschlaggebend sein. ↗ 5

Die C=C-Doppelbindung bestimmt das Reaktionsverhalten der Alkene wesentlich und wird darum als **funktionelle Gruppe** bezeichnet.

Alkene sind Kohlenwasserstoffe mit der allgemeinen Summenformel C_nH_{2n}. Alkenmoleküle besitzen eine C=C-Doppelbindung, die mit der Bromwasserprobe nachgewiesen werden kann.

STECKBRIEF: ALKENE

allgemeine Summenformel:
C_nH_{2n}

funktionelle Gruppe:
C=C-Doppelbindung

Endung:
„-en"

3 *Kennzeichen der Alkene*

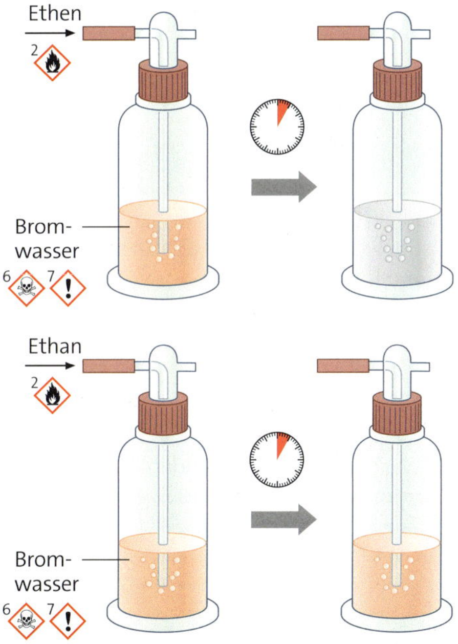

5 *Ethen reagiert mit Bromwasser, Ethan dagegen nicht.*

AUFGABEN

1 ◪ Kann es ein Alken mit dem Namen Methen geben? Begründe deine Antwort.

2 ◪ Stelle die Summenformel von Penten auf.

3 ◪ Ist Propen hydrophil? Begründe deine Antwort.

4 ■ Stelle die Wort- und Formelgleichung für die vollständige Verbrennung von Ethen auf.

Kohlenwasserstoffe benennen

Da die Struktur eines Moleküls bestimmte Eigenschaften auf Stoffebene bewirkt, spielt es eine entscheidende Rolle, welches Isomer vorliegt. Eine eindeutige Benennung der isomeren Kohlenwasserstoffe ist daher unverzichtbar.

Strukturformel

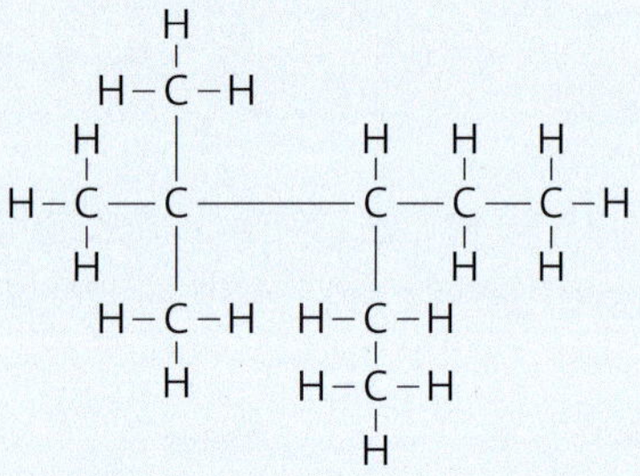

Die **Strukturformeln** von verzweigten Molekülen sind sehr unübersichtlich. Deshalb fasst man die Anzahl der Wasserstoff-Atome bei jedem Kohlenstoff-Atom zusammen und erhält so **Halbstrukturformeln**:

Halbstrukturformel

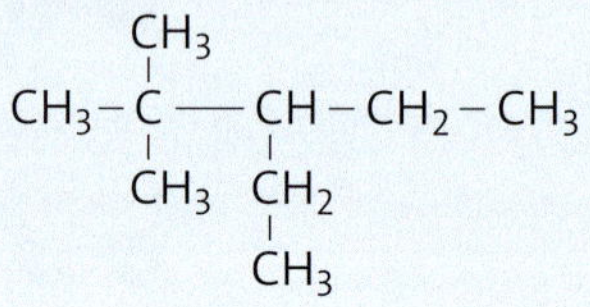

Benennung verzweigter Kohlenwasserstoffe

1 Stammnamen ermitteln

Zunächst ermittelt man die Hauptkette. Das ist die längste unverzweigte Kohlenstoffkette. Daraus ergibt sich der Stammname.
Achtung: Die längste Kohlenstoffkette kann auch gewinkelt sein.

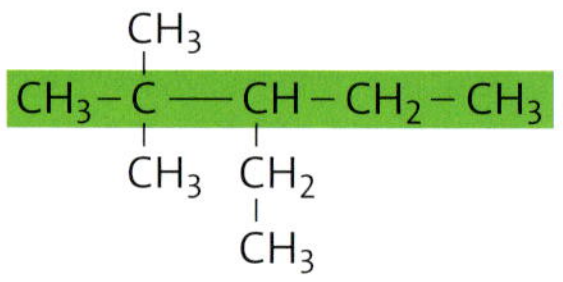

Pentan

2 Abzweigende Alkylgruppen nennen

Die Namen der abzweigenden Alklygruppen werden dem Stammnamen vorangestellt. Alkylgruppen werden in alphabetischer Reihenfolge genannt: Ethyl kommt daher vor Methyl.

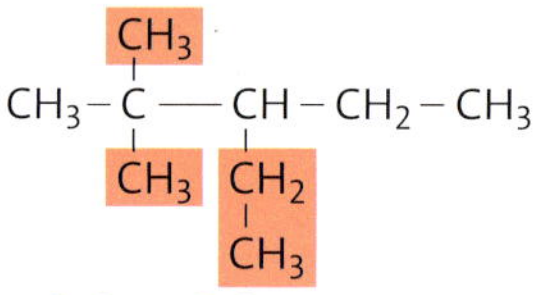

Ethylmethylpentan

3 Anzahl der gleichen Alkylgruppen angeben

Wenn zwei oder mehr gleiche Alkylgruppen vorhanden sind, dann drückt man ihre Anzahl mit den griechischen Zahlwörtern di, tri, tetra, penta etc. aus.

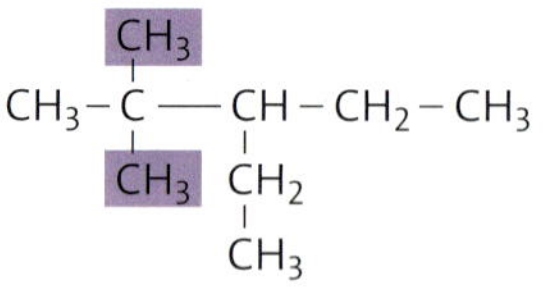

Ethyldimethylpentan

4 Lage der Alkylgruppen kennzeichnen

Um zu zeigen, von welchem C-Atom der Hauptkette die Alkylgruppen abzweigen, nummeriert man die Hauptkette. Dies geschieht so, dass die Ziffern möglichst klein sind.
Für jede Alkylgruppe wird die Ziffer des C-Atoms der Hauptkette angegeben.

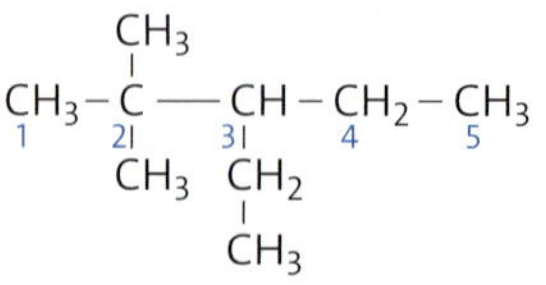

3-Ethyl-2,2-dimethylpentan

Besonderheiten bei der Benennung von Alkenen

Alkene werden im Prinzip wie die Alkane benannt. Es gibt nur ein paar Besonderheiten, die man berücksichtigen muss:

1 Lage der Doppelbindung kennzeichnen	
Wenn die Hauptkette mehr als drei C-Atome besitzt, dann gibt man die **Lage** der **Doppelbindung** mit der kleinstmöglichen **Ziffer** an. Diese Ziffer wird vor die Endung „en" gestellt.	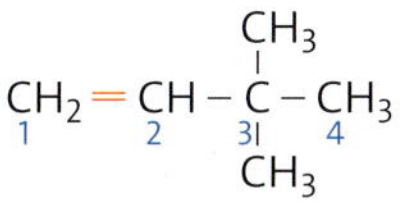 **3,3-Dimethylbut-1-en**

2 Mehrere Doppelbindungen angeben	
Wenn ein Kohlenwasserstoff **mehrere Doppelbindungen** besitzt, dann gibt man ihre **Anzahl** mit **griechischen Zahlwörtern** und ihre **Lage** mit **Ziffern** an. Der Stammname beginnt mit **Buta-**, **Penta-**, **Hexa- etc**.	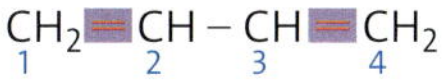 **Buta-1,3-dien**

AUFGABEN

1 ◪ Benenne die folgenden Moleküle.

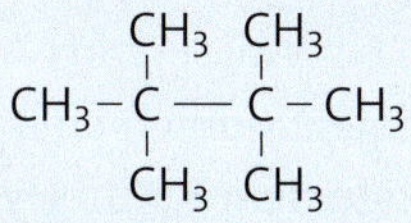

A

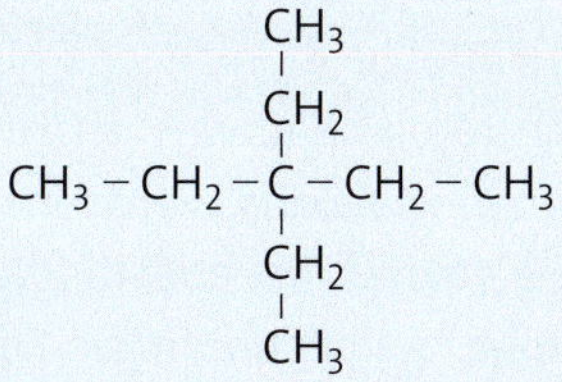

B

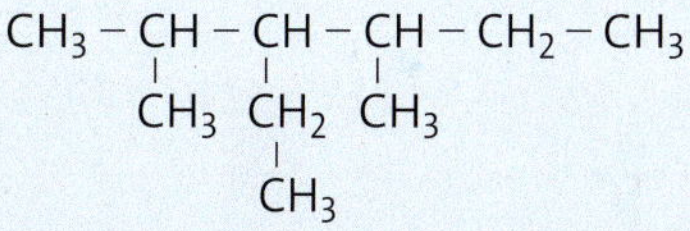

C

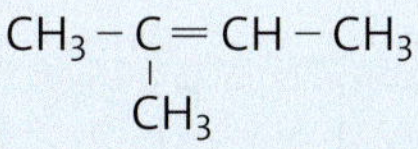

D

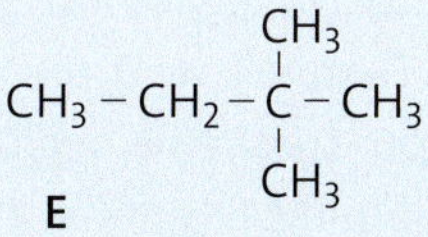

E

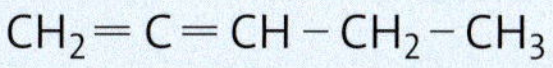

F

2 ◪ Zeichne die Halbstrukturformeln dieser verzweigten Kohlenwasserstoffe:

a 2,4-Dimethylhexan

b 2,2,3-Trimethyl-4-propylheptan

c 3-Ethyl-4,4,5,5-tetramethylhept-1-en

3 ■ Zeichne die Strukturformeln der fünf Isomeren des Hexans und benenne die Moleküle.

Die Zellen aller Lebewesen werden durch eine Zellmembran begrenzt. Ihr typischer Aufbau stellt für die meisten Moleküle eine Barriere dar. Die Moleküle des Trinkalkohols durchdringen die Zellmembran jedoch problemlos.

► *Entwickle mithilfe der nebenstehenden Schemazeichnung der Zellmembran Vorstellungen, wie die Moleküle des Trinkalkohols hierfür aufgebaut sein müssen.*

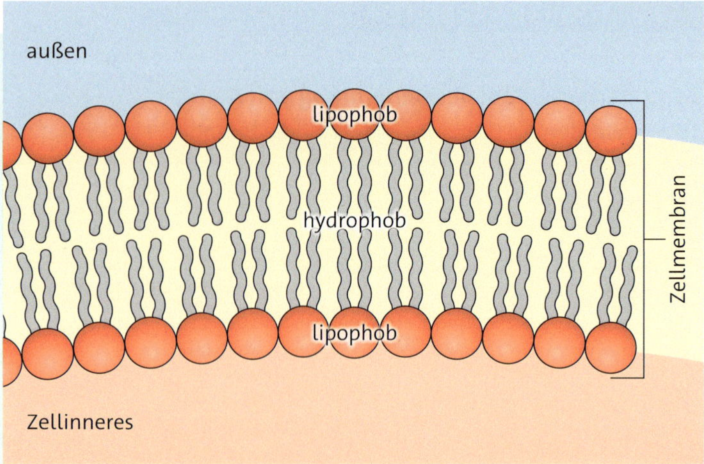

7.4 Die Stoffklasse der Alkanole

Alkohol ist nicht gleich Alkohol

Ist im Alltag von Alkohol die Rede, meint man den Trinkalkohol, also den rauscherzeugenden Bestandteil des Getränks. In der Chemie ist mit Alkoholen eine besondere Gruppe von organischen Verbindungen gemeint.

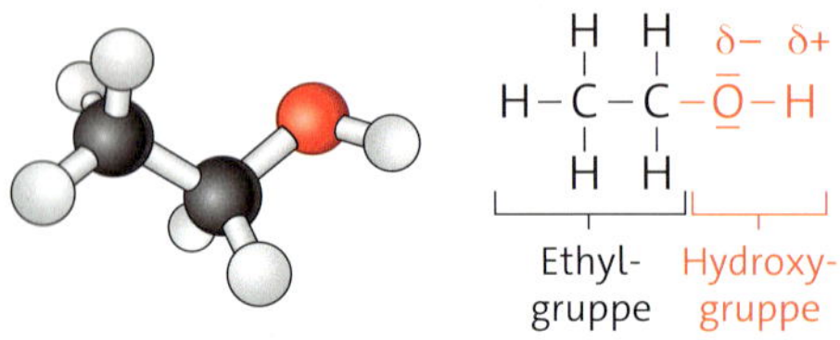

1 *Ethanol-Molekül mit polarisierter Hydroxygruppe*

Die Hydroxygruppe als funktionelle Gruppe

Trinkalkohol heißt in der chemische Fachsprache Ethanol und leitet sich vom Kohlenwasserstoff Ethan ab: Ein Wasserstoff-Atom des Ethan-Moleküls wurde im Ethanol-Molekül durch eine OH-Gruppe ersetzt. Die endständige OH-Gruppe nennt man **Hydroxygruppe.** Sie bestimmt die Eigenschaften von Ethanol wesentlich und ist damit eine funktionelle Gruppe.

In der Hydroxygruppe zieht das Sauerstoff-Atom wegen seiner hohen Elektronegativität das bindende Elektronenpaar stärker zu sich. Dadurch wird die Atombindung polarisiert. Das Sauerstoff-Atom trägt eine negative, das Wasserstoff-Atom eine positive Teilladung. Es entsteht ein Dipolmolekül. ↗ 1

Die Hydroxygruppe lässt sich mit salpetersaurer Ammoniumcernitrat-Lösung nachweisen. Die gelbliche Lösung wird dabei tiefrot. ↗ 2

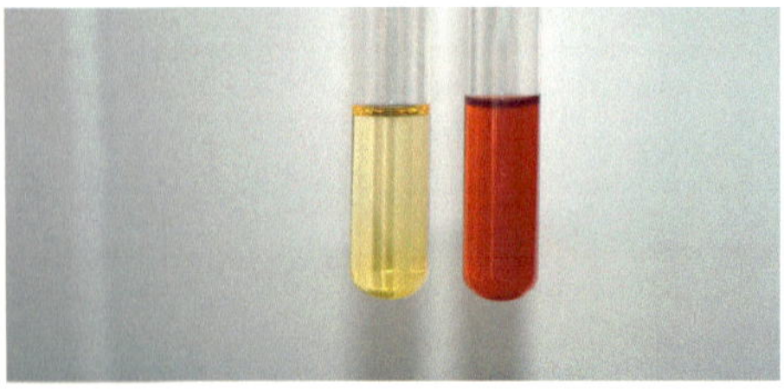

2 *Ammoniumcernitrat-Lösung (links) und positiver Alkanolnachweis (rechts)*

Von den Alkanen zu den Alkanolen

Neben Ethanol gibt es in der Natur viele weitere Alkohole wie Methanol, Propanol oder Butanol. Sie leiten sich von den Alkanmolekülen ab: Ersetzt man im Alkanmolekül ein Wasserstoff-Atom durch eine Hydroxygruppe, erhält man das jeweilige Alkanol. Alle Verbindungen dieser homologen Reihe entsprechen der allgemeinen Summenformel $\mathbf{C_nH_{2n+1}OH}$. Die Benennung der Alkanole erfolgt durch Anhängen der Endsilbe **-ol** an den Namen des Alkans. ↗ 3

Alkanol	Strukturformel
Methanol	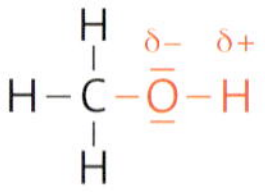
Ethanol	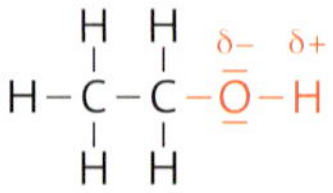
Propanol	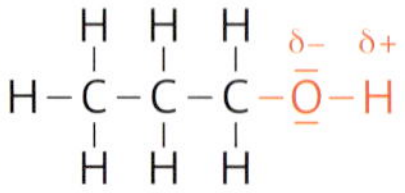

3 *Polarisierte Hydroxygruppe bei den Alkanolmolekülen*

Name	Summenformel	Aggregatzustand bei 20 °C	Schmelztemperatur	Siedetemperatur	Viskosität (Zähflüssigkeit)	Löslichkeit in Wasser	Löslichkeit in Benzin
Methanol	CH_3OH	flüssig	−98 °C	65 °C	nimmt zu	nimmt ab	nimmt zu
Ethanol	C_2H_5OH	flüssig	−114 °C	78 °C			
Propanol	C_3H_7OH	flüssig	−126 °C	97 °C			
Butanol	C_4H_9OH	flüssig	−89 °C	117 °C			
Pentanol	$C_5H_{11}OH$	flüssig	−78 °C	138 °C			
Hexanol	$C_6H_{13}OH$	flüssig	−49 °C	158 °C			
...							
Laurylalkohol	$C_{12}H_{25}OH$	fest	24 °C	259 °C			
...							
Cetylalkohol	$C_{16}H_{33}OH$	fest	50 °C	344 °C			

4 *Eigenschaften ausgewählter Alkanole*

Der kleine Unterschied

Wegen der Hydroxygruppe unterscheiden sich die Alkanole in ihren Eigenschaften auf Stoffebene wesentlich von den entsprechenden Alkanen. Durch die Ausbildung von Wasserstoffbrücken liegen die Schmelz- und Siedetemperaturen der Alkanole beispielsweise deutlich höher als die der jeweiligen Alkane. ↗ 4, 5

Molekülbau und Stoffeigenschaften

Methanol löst sich sehr gut in Wasser, aber kaum in Benzin. Es ist hydrophil („wasserfreundlich") und lipophob („fettfeindlich"). Solange der Alkylrest noch relativ kurz ist, überwiegt im Molekül der Einfluss der polarisierten Hydroxygruppe. Ethanol und Propanol lösen sich hervorragenden in polaren und unpolaren Lösungsmitteln. Substanzen, die sowohl hydrophil als auch lipophil sind, nennt man **amphiphil**. Mit zunehmender Länge der Kohlenstoffkette setzen sich die durch den Alkylrest hervorgerufenen Eigenschaften durch. ↗ 6 Je länger der Alkylrest ist, desto schlechter lösen sich Alkanole in Wasser, aber umso besser in unpolaren Lösungsmitteln wie Benzin. Je länger der Alkylrest ist, desto stärker sind die London-Kräfte. Diese Wechselwirkungen sind der Grund für die steigenden Schmelz- und Siedetemperaturen. Denn bei Änderungen des Aggeratzustands müssen die London-Kräfte durch Energieeinsatz überwunden werden.

Alkohole, die sich von den Alkanen ableiten lassen, heißen Alkanole. Sie bilden wie Alkane eine homologe Reihe und haben die allgemeine Summenformel $C_nH_{2n+1}OH$. Die Hydroxygruppe –OH ist die funktionelle Gruppe der Alkanolmoleküle. Sie bewirkt wesentliche Eigenschaften der Alkanole auf Stoffebene.

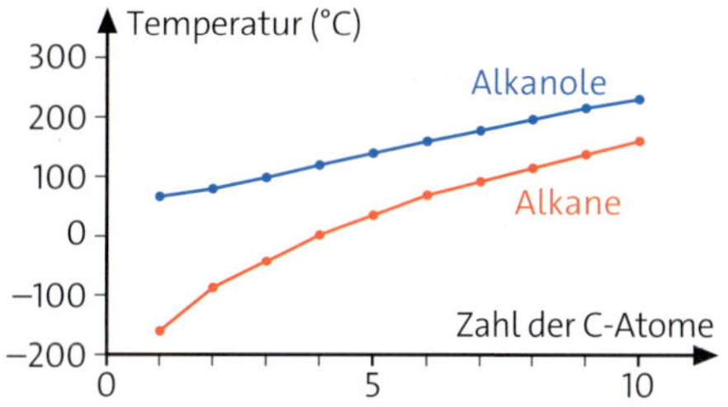

5 *Siedetemperaturen von Alkanen und Alkanolen im Vergleich*

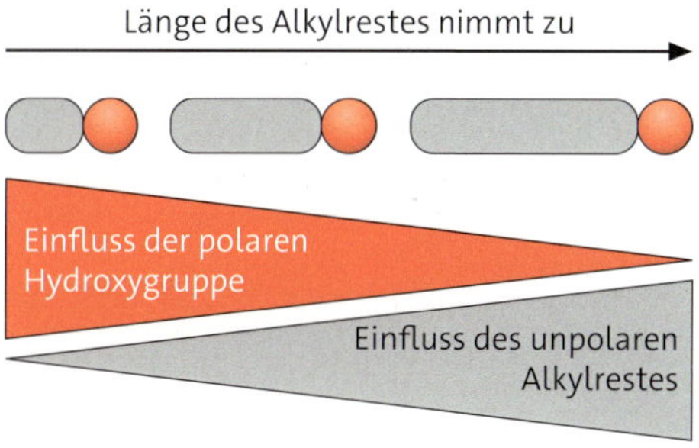

6 *Kettenlänge und Polarität*

AUFGABEN

1 □ Vergleiche in einer Tabelle die Aggregatzustände der ersten fünf Vertreter der Alkane und Alkanole.

2 ◪ Erkläre das Zustandekommen der unterschiedlichen Aggregatzustände von Propan und Propanol mithilfe der entsprechenden Moleküle und deren Wechselwirkungen auf Teilchenebene.

Biologische und anatomische Präparate werden häufig in einer Formaldehyd-Lösung eingelegt. Das so behandelte Material wird auf diese Weise dauerhaft haltbar und kann viele Jahre als Anschauungsobjekt in der Medizin und Biologie verwendet werden.

► *Leite aus der Information, dass Formaldehyd Präparate haltbar macht, eine Eigenschaft des Stoffes ab.*

7.5 Die Stoffklasse der Alkanale

Von den Alkanolen zu den Alkanalen

Formaldehyd wird in der chemischen Fachsprache auch als Methanal bezeichnet. Dehydriert man Methanol, so entsteht Methanal.

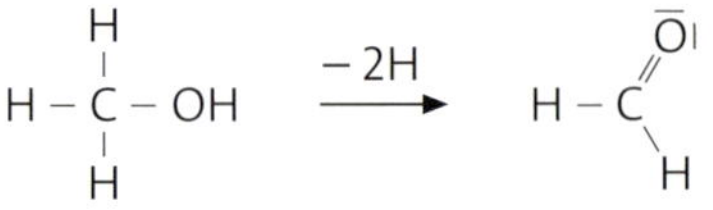

Auch aus anderen Alkanolen mit einer endständigen Hydroxygruppe lassen sich auf diese Weise **Alkanale** herstellen.

Alle Verbindungen dieser homologen Reihe entsprechen der allgemeinen Summenformel $\mathbf{C_nH_{2n+1}CHO}$. Dabei ist n für Methanal 0, für Ethanal 1 und so weiter.

Alkanale erhalten den Namen des Alkans mit derselben Anzahl an Kohlenstoff-Atomen, ergänzt um die Endsilbe **-al**. Dementsprechend heißt das vom Methan abgeleitete Alkanal Methanal.

Alkanal	Strukturformel
Methanal	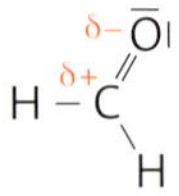
Ethanal	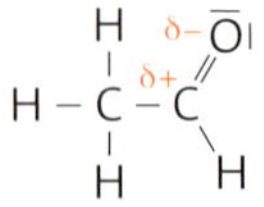
Propanal	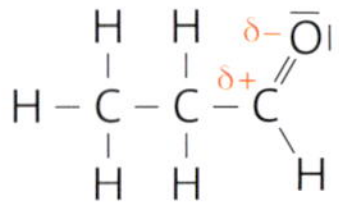

1 *Polarisierte Aldeyhdgruppen bei den Alkanalmolekülen*

Die Aldehydgruppe als funktionelle Gruppe

Alle Alkanale verfügen über eine sogenannte **Aldehydgruppe**, hierbei handelt es sich um die funktionelle Gruppe. Die Schreibweise –CHO (statt –COH) soll verhindern, dass man sie mit der Hydroxygruppe der Alkanole verwechselt.

In der Aldehydgruppe zieht das Sauerstoff-Atom wegen seiner hohen Elektronegativität das bindende Elektronenpaar stärker zu sich. Dadurch wird die Atombindung polarisiert. Das Sauerstoff-Atom trägt eine negative, das Kohlenstoff-Atom eine positive Teilladung. Es entsteht ein Dipolmolekül. ↗ 1

Die Aldehydgruppe lässt sich durch die Benedict-Probe nachweisen. Dabei schlägt die Farbe um: Aus der blauen Lösung scheidet sich ein orangefarbener Niederschlag ab. ↗ 2

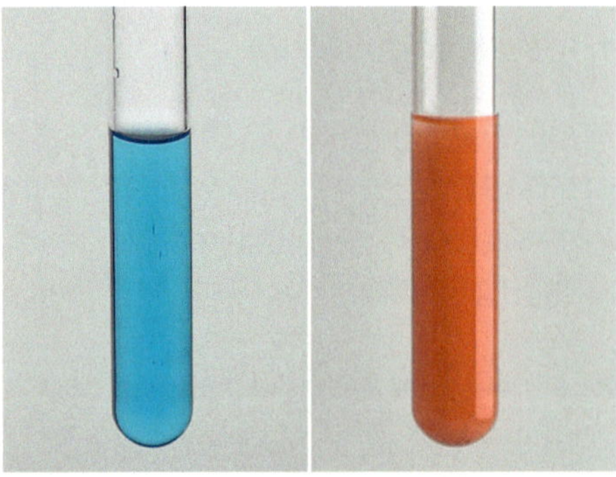

2 *Benedict-Probe vor (links) und nach (rechts) der Reaktion*

Einfluss der Aldehydgruppe

Wegen ihrer unterschiedlichen funktionellen Gruppen unterscheiden sich die Alkanale in ihren Eigenschaften auf Stoffebene von den entsprechenden Alkanolen. Durch das Fehlen von Wasserstoffbrücken liegen die Siedetemperaturen der Alkanale beispielsweise unter denen der jeweiligen Alkanole. ↗ 3 Allerdings treten zwischen den polarisierten Aldehydgruppen Dipol-Dipol-Wechselwirkungen auf. Dadurch sind die Siedetemperaturen der Alkanale höher als die der jeweiligen Alkane. Denn um ein Alkanal beispielsweise vom festen in den flüssigen Aggregatzustand zu überführen, müssen diese Wechselwirkungen durch entsprechenden Energieeinsatz überwunden werden.

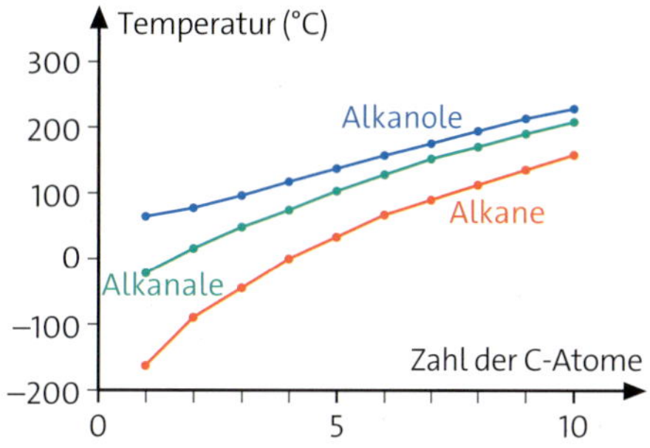

3 *Siedetemperaturen der Alkanole, Alkanale und Alkane im Vergleich*

Auf die Länge kommt es an

Bei den Alkanalen zeigt sich wieder das Struktur-Eigenschafts-Konzept: Der Einfluss der polarisierten Aldehydgruppe überwiegt bei Molekülen mit relativ kurzem Alkylrest. Methanal und Ethanal sind hydrophil, da das negativ polarisierte Sauerstoff-Atom der Aldehydgruppe Wasserstoffbrücken zu den positiv polarisierten Wasserstoff-Atomen der Wasser-Moleküle aufbaut. Ab Propanal nimmt die Wasserlöslichkeit merklich ab. ↗ 4, 5

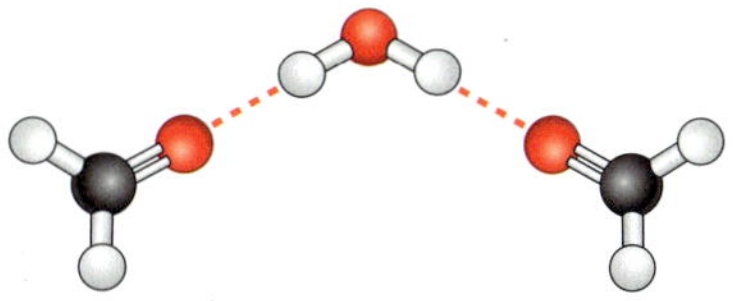

4 *Wasserstoffbrücken zwischen Wasser- und Formaldehyd-Molekülen*

Name	Summenformel	Aggregatzustand bei 20 °C	Löslichkeit in Wasser	Löslichkeit in Benzin
Methanal	HCHO	gasförmig	nimmt zu	nimmt ab
Ethanal	CH_3CHO	flüssig		
Propanal	C_2H_5CHO	flüssig		
Butanal	C_3H_7CHO	flüssig		
Pentanal	C_4H_9CHO	flüssig		
Hexanal	$C_5H_{11}CHO$	flüssig		

5 *Eigenschaften ausgewählter Alkanale*

Durch die zunehmende Länge der Kohlenstoffkette überwiegt nun der Einfluss des unpolaren Alkylrests. Alkanale lösen sich umso schlechter in Wasser, je länger der Alkylrest ist. Mit zunehmender Länge der Kohlenstoff-Kette nehmen auch die London-Käfte zwischen den Alkylresten zu. Diese Wechselwirkungen sind der Grund für den sich ändernden Aggregatzustand und die ansteigenden Siedetemperaturen.

Alkanale bilden eine homologe Reihe und haben die allgemeine Summenformel $C_nH_{2n+1}CHO$.
Die Aldehydgruppe –CHO ist die funktionelle Gruppe der Alkanal-Moleküle. Sie beeinflusst durch ihre Wechselwirkungen auf Teilchenebene die Eigenschaften der Alkanale auf Stoffebene.

AUFGABEN

1 ◪ Methanol ist bei Raumtemperatur flüssig, Formaldehyd gasförmig. Erkläre die unterschiedlichen Aggregatzustände dieser beiden Stoffe mithilfe der Wechselwirkungen auf Teilchenebene.

2 □ Stelle in einer Tabelle die zwischen Alkanalen und zwischen Alkanolen auftretenden Wechselwirkungen gegenüber.

3 ◪ Bei zu starkem Erhitzen von Fett entsteht Propenal, ein giftiger Aldehyd. ↗ 6 Zeichne die Strukturformel von Propenal.

6 *Entstehung von Propenal*

Organische Verbindungsklassen unterscheiden

1 Wie kann man Alkane und Alkanole unterscheiden?

Material: 4 Reagenzgläser, Reagenzglasständer, 4 Tropfpipetten, Messpipette (5 ml)

Chemikalien: Ammoniumcernitrat-Lösung (3, 5, 7), destilliertes Wasser, Heptan (2, 7, 8, 9), Ethanol (2, 7), Heptanol (7)

Durchführung:
- Beschrifte die Reagenzgläser mit 1 bis 4.
- Lege in jedes Reagenzglas etwa 3 ml der Ammoniumcernitrat-Lösung vor.
- Gib dann jeweils 5 Tropfen der zu testenden Flüssigkeit zu und schüttle das Reagenzglas vorsichtig:
  (1) destilliertes Wasser
  (2) Heptan
  (3) Ethanol
  (4) Heptanol

Auswertung:
- Notiere die Farbe der Ammoniumcernitrat-Lösung.
- Halte deine Beobachtungen in einer Tabelle fest.
- Beantworte die Untersuchungsfrage.
- Stelle eine kurze Anleitung zur Durchführung einer Nachweisreaktion für Alkanole zusammen.

Entsorgung: Behälter für schwermetallhaltige organische Abfälle

1 *Ammoniumcernitrat-Lösung (links) und positiver Alkanolnachweis (rechts)*

2 Wie kann man Alkanole und Alkanale unterscheiden?

Material: 2 Reagenzgläser, Reagenzglasständer, 3 Tropfpipetten, Wasserbad

Chemikalien: Benedict-Lösung (5, 7), Propanal-Lösung (1 mol/l; 2, 5, 7), Ethanol (2, 7)

Durchführung:
- Gib in ein Reagenzglas etwa 2 ml Propanal-Lösung, in ein zweites 1 ml Ethanol.
- Versetze beide Proben mit etwa 1 ml Benedict-Lösung.
- Erhitze die Reagenzgläser für 3 Minuten in einem siedenden Wasserbad.

Auswertung: Fertige ein Versuchsprotokoll an und notiere darin deine Beobachtungen.

Entsorgung: Niederschlag abtrennen und in Behälter für Schwermetallabfälle, Rest in Behälter für organische halogenfreie Abfälle

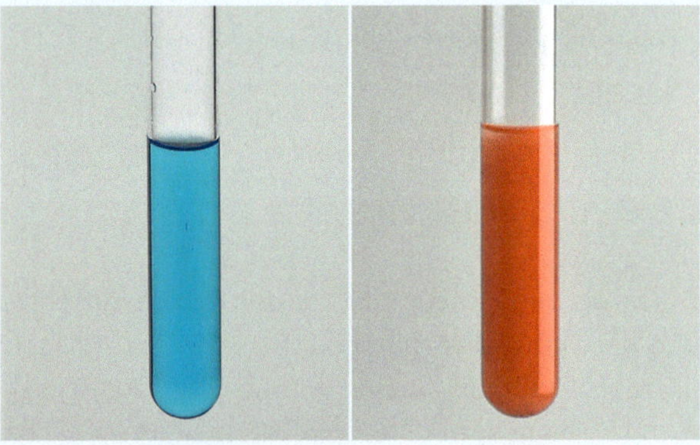

2 *Benedict-Probe vor (links) und nach (rechts) der Reaktion*

Chemie-Berufe

Ob Zahnpasta am Morgen, extraflache Handy-Displays oder energiesparende Autoreifen: Die Chemie begleitet deinen Alltag. Ebenso vielfältig sind die Berufe, in denen die Chemie eine Hauptrolle spielt.

Chemielaborant/in

Die Ausbildung dauert dreieinhalb Jahre. Es handelt sich um eine duale Ausbildung, die in einem Betrieb und in der Berufsschule stattfindet.
Chemielaboranten und Chemielaborantinnen arbeiten überwiegend im Labor und führen dort Versuche durch und protokollieren die Ergebnisse.
In der Chemieindustrie arbeiten sie zum Beispiel in Entwicklungs- und Forschungslaboren und sind an der Herstellung von neuen Produkten und den Tests dazu beteiligt. Eine weitere Aufgabe ist die Qualitätskontrolle der Produkte.

1 *Eine Chemielaborantin bei der Arbeit.*

Chemisch-technische/r Assistent/in (CTA)

Die rein schulische Ausbildung findet an einer Berufsfachschule statt und dauert zwei Jahre.
An einigen Berufsfachschulen kann man sich nach dem ersten Ausbildungsjahr für die Fachrichtung Umweltschutztechnik entscheiden.
CTAs arbeiten wie Chemielaboranten/innen überwiegend im Labor. Genau wie diese führen sie Analysen, Qualitätskontrollen, Synthesen und messtechnische Aufgaben selbstständig durch.

Chemikant/in

Die duale Ausbildung dauert dreieinhalb Jahre und findet in einem Betrieb und in der Berufsschule statt.
Chemikanten und Chemikantinnen arbeiten überwiegend an Anlagen und in der Produktion. Sie steuern und überwachen Maschinen und Anlagen für die Herstellung, das Abfüllen und das Verpacken chemischer Erzeugnisse. Da die Anlagen durchgängig laufen müssen und die Produktion nie komplett stillsteht, ist das oft mit Schichtdienst verbunden.

Weitere Chemie-Berufe

Für manche Chemieberufe ist ein Studium erforderlich. Um zum Beispiel Chemie, Pharmazie oder Molekularbiologie zu studieren, muss man nach dem Realschulabschluss noch eine Hochschulreife erwerben. Dies kann über bestimmte Abschlüsse der Fachoberschulen (FOS) und Berufsoberschulen (BOS) geschehen. An diesen Schularten legen besonders die Ausbildungsrichtungen ABU und Technik einen großen Wert auf das Fach Chemie.

2 *Fachkräfte für Lebensmitteltechnik kontrollieren eine Anlage.*

AUFGABEN

1 ◪ Recherchiere folgende Berufsbilder: Fachkraft für Lebensmitteltechnik, Lacklaborant/in und Edelmetallprüfer/in.

2 ◪ Gibt es einen Ausbildungsbetrieb bei dir vor Ort, der deinen Berufswunsch ermöglichen könnte? Falls ja, dann führe ein Interview mit einem Auszubildenden durch.

Bestimmt hast du schon Erfahrungen mit Brennnesseln gemacht. Kaum streift man an ihnen entlang, brennt es und die Haut bildet viele Quaddeln.

► *Recherchiere im Internet, welcher Bestandteil der Brennnessel das Jucken und die Bildung der Quaddeln auf der Haut verursacht.*

7.6 Die Stoffklasse der Alkansäuren

Ameisensäure und Co.

Die Haare der Brennnesseln enthalten eine Säure, die auch bei der Abwehrhaltung von Ameisen freigesetzt wird. Diese Säure wird deshalb als Ameisensäure bezeichnet. Ihr systematischer Name ist Methansäure. ↗ 1

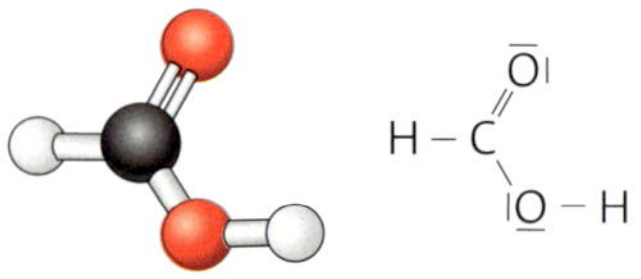

1 *Kugel-Stab-Modell und Strukturformel der Ameisensäure (Methansäure)*

Buttersäure oder Butansäure entsteht, wenn Butter ranzig wird. Sie bildet sich auch auf unserer Haut und erzeugt den übelriechenden Schweißgeruch. ↗ 2

2 *Buttersäure (Butansäure) verursacht unangenehmen Schweißgeruch.*

Essigsäure heißt mit systematischem Namen Ethansäure, Propansäure kennt man im Alltag eher als Propionsäure und Pentansäure als Valeriansäure. Alle diese Säuren gehören zur Stoffklasse der **Alkansäuren**. Sie haben als Naturstoffe große Bedeutung und sind daher unter ihren Trivialnamen bekannt. Diese sind auf ihre Herkunft oder Verwendung zurückzuführen.

Von den Alkanen zu den Alkansäuren

Jede Alkansäure besitzt neben einem Alkylrest die polare **Carboxygruppe** –COOH als funktionelle Gruppe. Wie Alkane und Alkanole bilden auch Alkansäuren eine homologe Reihe. Die ersten beiden Vertreter dieser homologen Reihe sind die Methansäure und die Ethansäure. Alle Verbindungen dieser homologen Reihe entsprechen der allgemeinen Summenformel $\mathbf{C_nH_{2n+1}COOH}$. Dabei ist n für Methansäure 0, für Ethansäure 1 und so weiter.

Alkansäuren erhalten den Namen des Alkans mit derselben Anzahl an Kohlenstoff-Atomen pro Molekül, ergänzt um den Wortteil **-säure**. Die einfachste Alkansäure trägt somit den Namen Methansäure, gefolgt von Ethansäure, Propansäure und so weiter. Alkansäuren wie die Ethansäure, die nur eine Carboxygruppe in ihrem Molekül besitzen, heißen Monocarbonsäuren. Die Carboxygruppe einer in Wasser löslichen Alkansäure lässt sich mithilfe von Universalindikatorpapier nachweisen. ↗ 3

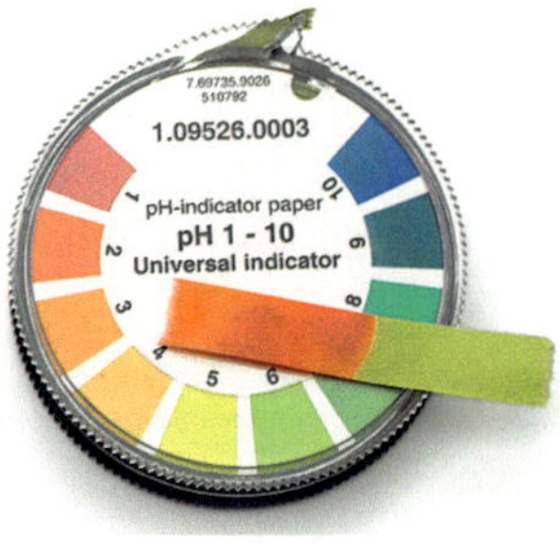

3 *Alkansäure-Lösungen färben Universalindikatorpapier rot.*

Name	Trivialname	Summenformel	Aggregatzustand bei 20 °C	Siedetemperatur	Löslichkeit in Wasser	Löslichkeit in Benzin
Methansäure	Ameisensäure	$HCOOH$	flüssig	101 °C	nimmt ab	nimmt zu
Ethansäure	Essigsäure	CH_3COOH	flüssig	118 °C		
Propansäure	Propionsäure	C_2H_5COOH	flüssig	141 °C		
Butansäure	Buttersäure	C_3H_7COOH	flüssig	163 °C		
Pentansäure	Valeriansäure	C_4H_9COOH	flüssig	186 °C		
...						
Hexadecansäure	Palmitinsäure	$C_{15}H_{31}COOH$	fest	351 °C		
...						
Octadecansäure	Stearinsäure	$C_{17}H_{35}COOH$	fest	370 °C		

4 *Eigenschaften ausgewählter Alkansäuren*

Eigenschaften der Alkansäuren

Mit steigender Anzahl an Kohlenstoff-Atomen nehmen die **London-Kräfte** zu und darum steigen die Siedetemperaturen. Kurzkettige Alkansäuren wie Methan-, Ethan- und Propansäure sind farblose, stechend riechende Flüssigkeiten. Butansäure ist eine ölähnliche Flüssigkeit mit einem sehr unangenehmen Geruch. Langkettige Alkansäuren wie Hexadecansäure und Octadecansäure sind geruchlose, wachsartige Feststoffe. ↗ 4 Da sie wie viele längerkettige Alkansäuren am Aufbau von Fetten beteiligt sind, werden sie als **Fettsäuren** bezeichnet.

Alkansäure-Moleküle bestehen aus der funktionellen Carboxygruppe –COOH und einem Alkylrest. Sie haben somit polare und unpolare Anteile. ↗ 5

Hier zeigt sich wieder das Struktur-Eigenschafts-Konzept: Solange der Alkylrest noch relativ kurz ist, überwiegt im Molekül der Einfluss der polarisierten Carboxygruppe. Die ersten vier Vertreter der homologen Reihe lösen sich daher unbegrenzt, die nachfolgenden immer schlechter in Wasser.

Mit zunehmender Länge der Kohlenstoffkette überwiegt der Einfluss des unpolaren Alkylrests und die durch ihn hervorgerufenen Eigenschaften setzen sich durch. Daher gilt: Je länger der Alkylrest ist, desto schlechter lösen sich Alkansäuren in Wasser, aber dafür umso besser in unpolaren Lösungsmitteln wie Benzin.

Alkansäuren bilden eine homologe Reihe. Die allgemeine Summenformel lautet $C_nH_{2n+1}COOH$.
Die Carboxygruppe ist die funktionelle Gruppe der Alkansäure-Moleküle. Die polare Carboxygruppe und der unpolare Alkylrest der Moleküle bestimmen die Eigenschaften der Alkansäuren.

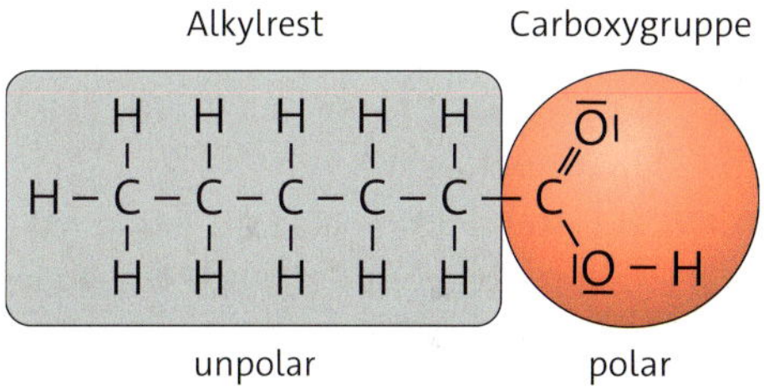

5 *Das Hexansäure-Molekül hat polare und unpolare Anteile.*

AUFGABEN

1 □ Gib die systematischen Namen und die Summenformeln der Alkansäuren mit sechs, sieben und acht Kohlenstoff-Atomen an.

2 ◪ Zeichne die Strukturformel des Pentansäure-Moleküls und kennzeichne die Teilladungen.

3 ◪ Ordne folgende Stoffe nach ihrer Löslichkeit in Wasser und begründe: Butan, Butansäure, Ethansäure, Methansäure.

Ethan, Ethanol und Ethansäure vergleichen

STECKBRIEF:
ETHAN C_2H_6

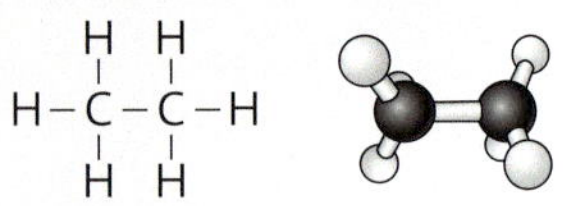

Farbe: *farblos*
Geruch: *geruchlos*
Aggregatzustand bei 20 °C: *gasförmig*
Schmelztemperatur: *−183 °C*
Siedetemperatur: *−89 °C*
Brennbarkeit: *brennbar*
Löslichkeit: *kaum löslich in Wasser, gut löslich in unpolaren Lösungsmitteln*

STECKBRIEF:
ETHANOL C_2H_5OH

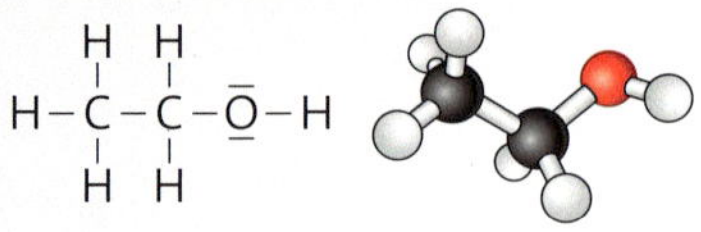

Farbe: *farblos*
Geruch: *süßlich*
Aggregatzustand bei 20 °C: *flüssig*
Schmelztemperatur: *−114 °C*
Siedetemperatur: *78 °C*
Brennbarkeit: *brennbar*
Löslichkeit: *gut löslich in Wasser und unpolaren Lösungsmitteln*

STECKBRIEF:
ETHANSÄURE CH_3COOH

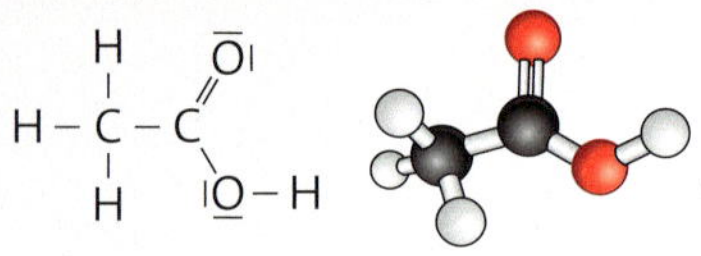

Farbe: *farblos*
Geruch: *stechend*
Aggregatzustand bei 20 °C: *flüssig*
Schmelztemperatur: *17 °C*
Siedetemperatur: *118 °C*
Brennbarkeit: *brennbar*
Löslichkeit: *gut löslich in Wasser und unpolaren Lösungsmitteln*

1 *Stoffsteckbriefe von Ethan, Ethanol und Ethansäure*

In Bild 1 sind die Steckbriefe von Ethan, Ethanol und Ethansäure abgebildet. Alle drei Verbindungen gehören aber unterschiedlichen Stoffklassen an. ↗1
Auf den ersten Blick kannst du Gemeinsamkeiten und Unterschiede feststellen. Mehr Erkenntnisse gewinnst du, wenn du die drei Steckbriefe genau betrachtest und systematisch gegenüberstellst. Das nennt man Vergleichen.

1 Vergleichskriterien festlegen

Vor dem Vergleich muss man immer Vergleichskriterien suchen und festlegen. Im Beispiel oben könntest du folgende Kriterien festlegen:
- Löslichkeit
- Aggregatzustand bei 20 °C
- Schmelz- und Siedetemperaturen
- Brennbarkeit

2 Gemeinsamkeiten und Unterschiede benennen

Mithilfe der festgelegten Vergleichskriterien lassen sich Gemeinsamkeiten und Unterschiede zwischen den Eigenschaften von Ethan, Ethanol und Ethansäure aufzeigen und benennen. Am besten geht das in einer Tabelle. ↗2

	Ethan	Ethanol	Ethansäure
Löslichkeit	lipophil	lipophil/ hydrophil	lipophil/ hydrophil
Aggregatzustand bei 20 °C	gasförmig	flüssig	flüssig
Schmelztemperatur	−183 °C	−114 °C	17 °C
Siedetemperatur	−89 °C	78 °C	118 °C
Brennbarkeit	+	+	+

2 *Eigenschaften von Ethan, Ethanol und Ethansäure im Vergleich*

Aus der Tabelle kannst du ablesen, dass alle drei Stoffe brennbar sind. Das Löseverhalten der Stoffe ist dagegen uneinheitlich: Während Ethan lipophil ist, verhalten sich Ethanol und Ethansäure amphiphil. Große Unterschiede zeigen sich bei den Schmelz- und Siedetemperaturen der drei Stoffe: Ethan liegt bei 20 °C gasförmig vor, Ethanol dagegen als Flüssigkeit. Ethansäure ist bei 20 °C gerade noch flüssig, bei leichtem Abkühlen erstarrt sie.

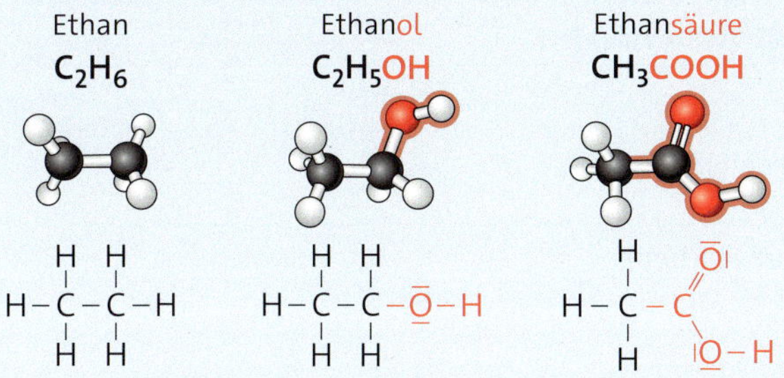

3 Kugel-Stab-Modelle und Strukturformeln von Ethan, Ethanol und Ethansäure

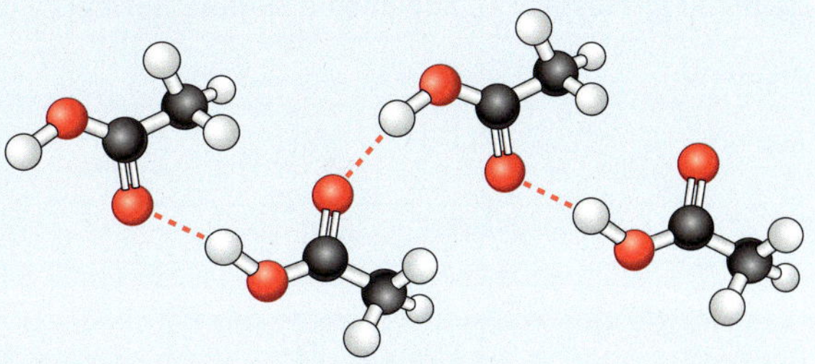

5 Zwischen Ethansäure-Molekülen wirken mehr Wasserstoffbrücken.

3 Unterschiede erklären

Mit dem Struktur-Eigenschafts-Konzept lassen sich die unterschiedlichen Eigenschaften der Stoffe erklären. Das Ethan-Molekül besteht aus zwei Kohlenstoff-Atomen und sechs Wasserstoff-Atomen. Beim Ethanol-Molekül wird ein Wasserstoff-Atom durch die Hydroxygruppe ersetzt, bei einem Ethansäure-Molekül eine Methylgruppe durch die Carboxygruppe. ↗ 3

Das Ethanol-Molekül und das Ethansäure-Molekül sind im Gegensatz zum Ethan-Molekül durch ihre funktionellen Gruppen polar gebaut und können sich somit in hydrophilen Stoffen lösen. Der unpolare Alkylrest ist für das Lösen in lipophilen Lösungsmitteln verantwortlich.

Zwischen den Ethan-Molekülen wirken nur die schwachen London-Kräfte. Ethanol- und Ethansäure-Moleküle können zusätzlich mit benachbarten Molekülen starke Dipol-Dipol-Wechselwirkungen ausbilden und sind auch in der Lage, Wasserstoffbrücken einzugehen. ↗ 4, 5 Das führt zu höheren Schmelz- und Siedetemperaturen bei Ethanol und Ethansäure und damit zum flüssigen Aggregatzustand bei 20 °C.

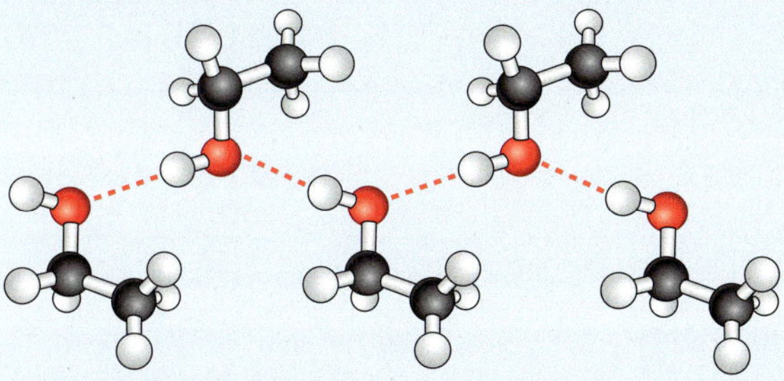

4 Zwischen benachbarten Ethanol-Molekülen wirken Wasserstoffbrücken.

Die Ethansäure-Moleküle besitzen als funktionelle Gruppe die Carboxygruppe mit zwei Sauerstoff-Atomen. Somit können zwischen den Ethansäure-Molekülen mehr Wasserstoffbrücken gebildet werden als zwischen den Ethanol-Molekülen. ↗ 4, 5 Durch die stärkeren Wechselwirkungen ergeben sich noch höhere Schmelz- und Siedetemperaturen.

4 Vergleiche machen Vorhersagen möglich

Durch Vergleichen lassen sich Vorhersagen zu den Eigenschaften der Stoffe verschiedener homologer Reihen machen. Wenn Ethan eine niedrigere Schmelz- und Siedetemperatur als Ethanol und Ethansäure besitzt, dann gilt das entsprechend für Methan, Methanol und Methansäure: Die Schmelz- und Siedetemperatur von Methanol ist höher als die von Methan, aber niedriger als die von Methansäure. Mithilfe von Ethan, Ethanol und Ethansäure können wir also Aussagen über andere Vertreter dieser homologen Reihen machen. In der Naturwissenschaft spricht man hier von einer exemplarischen Vorgehensweise.

AUFGABEN

1 ☐ Zeichne ein Propan-, ein Propanol- und ein Propansäure-Molekül.

2 ☐ Markiere in den Molekülen jeweils die funktionellen Gruppen und benenne diese.

3 ◪ Recherchiere im Internet und vergleiche die Eigenschaften von Propan, Propanol und Propansäure. Erkläre die Unterschiede mithilfe des Struktur-Eigenschafts-Konzeptes.

Verbindungsklasse	allgemeine Summenformel	funktionelle Gruppe	
Alkane	C_nH_{2n+2}	–	
Alkene	C_nH_{2n}	Doppelbindung	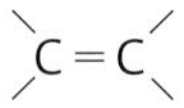
Alkanole	$C_nH_{2n+1}OH$	Hydroxygruppe	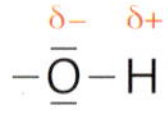
Alkanale	$C_nH_{2n+1}CHO$	Aldehydgruppe	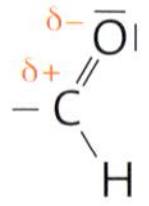
Alkansäuren	$C_nH_{2n+1}COOH$	Carboxygruppe	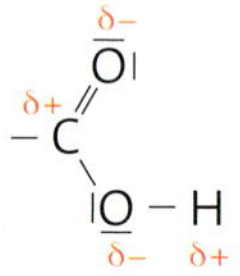

1 *Übersicht über organische Verbindungsklassen*

Organische Verbindungsklassen

Sehr viele Stoffe in unserer Welt enthalten Kohlenstoff und Wasserstoff. Es können sich Kohlenstoffketten mit Einfachbindungen und Mehrfachbindungen bilden. Daneben gibt es auch verzweigte Ketten und Ringstrukturen. Wenn bei gleicher Summenformel unterschiedliche Strukturformeln möglich sind, spricht man von Isomerie.

Die Einteilung der organischen Verbindungen erfolgt nach der Struktur ihrer Moleküle. Die Moleküle von organischen Verbindungen können funktionelle Gruppen enthalten. Diese enthalten neben Kohlenstoff- und Wasserstoff-Atomen oft auch noch Sauerstoff-Atome. Die funktionellen Gruppen kennzeichnen die Verbindungsklasse. ↗ 1

Struktur und Eigenschaften

Die polaren funktionellen Gruppen und der unpolare Alkylrest der Moleküle beeinflussen durch ihre Wechselwirkungen auf Teilchenebene die Eigenschaften der Verbindungen auf Stoffebene. ↗ 2, 3 Das wirkt sich auf die Löslichkeit und die Schmelz- und Siedetemperaturen aus.

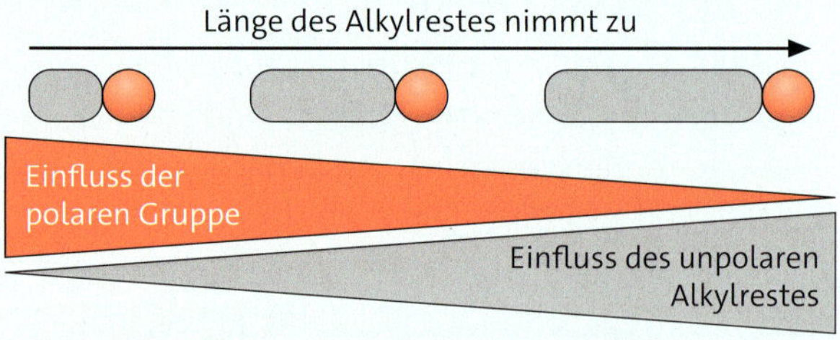

2 *Die Länge des Alkylrestes beeinflusst die Eigenschaften.*

	Alkane	Alkene	Alkanole	Alkanale	Alkansäuren
London-Kräfte	+	+	+	+	+
Dipol-Dipol-Wechselwirkungen	–	–	+	+	+
Wasserstoffbrücken	–	–	+	–	+

3 *Mögliche Wechselwirkungen zwischen den Molekülen sauerstoffhaltiger organischer Verbindungen*

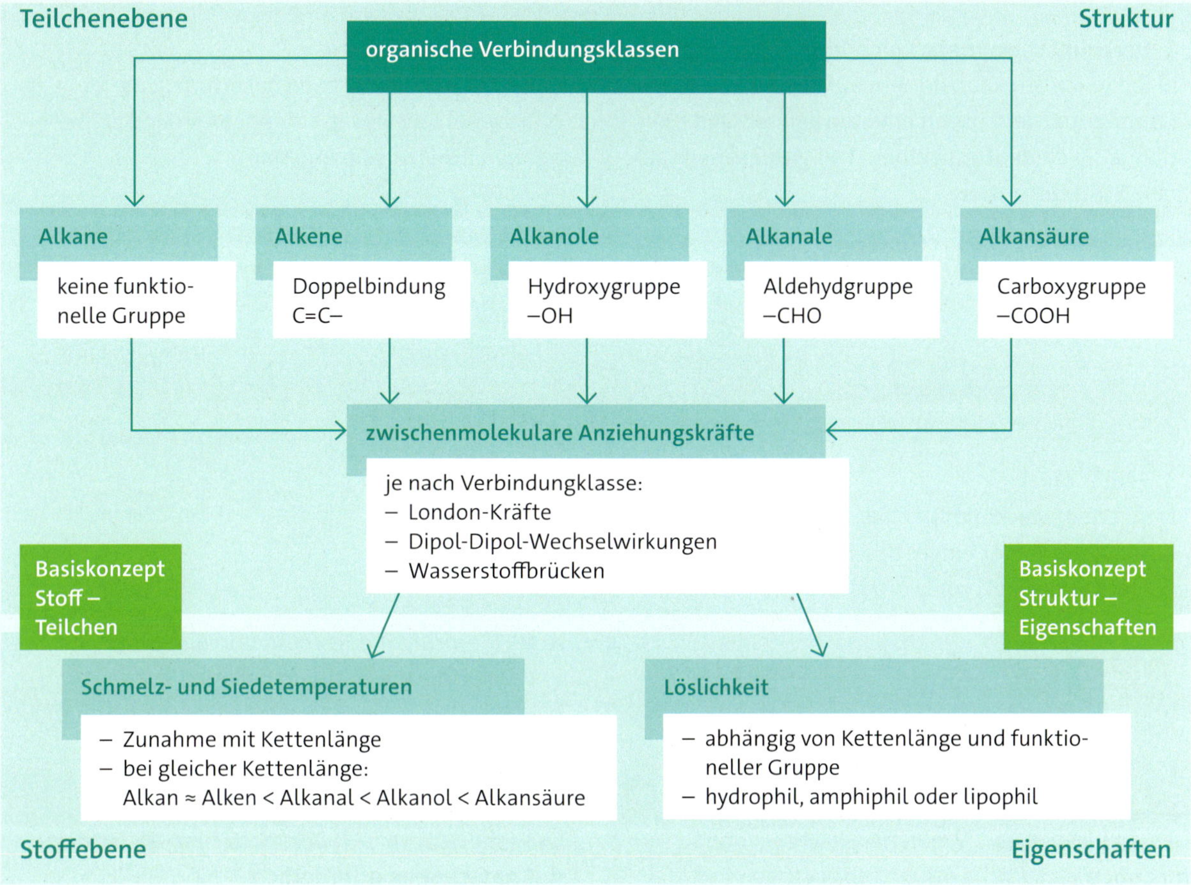

Kompetenzcheck

Hast du alle wichtigen Inhalte des Kapitels verstanden? Schätze dich zuerst selbst ein: ☺ 😐 ☹

Überprüfe nun deine Selbsteinschätzung: Löse dazu die Aufgaben auf Seite 184/185 und vergleiche deine Antworten mit den Lösungsvorschlägen. ↗ S. 193

Ich kann …	☺	😐	☹	Alles-im-Griff-Aufgaben	Hilfe findest du auf Seite
organische Verbindungen anhand der funktionellen Gruppen ihrer Moleküle klassifizieren.	?	?	?	8	169, 172, 174, 178
organische Verbindungsklassen anhand von Nachweisreaktionen unterscheiden.	?	?	?	3, 8	176
Moleküle organischer Verbindungsklassen eindeutig und nach Regeln benennen.	?	?	?	1, 2, 6, 8	164, 169–171, 173, 174, 179
aus Summenformeln mögliche Strukturformeln ableiten.	?	?	?	1	
die Wechselwirkungen zwischen den Molekülen organischer Verbindungsklassen beschreiben.	?	?	?	4, 5, 7	165, 167, 173, 175, 179
die Moleküle verschiedener homologer Reihen vergleichen und aus ihrem Bau resultierende Eigenschaften beschreiben.	?	?	?	5, 6, 7	180, 181

1 Verknüpfungen entscheidend

◪ Stelle die Strukturformeln auf, die du von den Summenformeln unten ableiten kannst, und benenne sie eindeutig. In einem Fall gibt es mehr als eine Strukturformel.

C_2H_6 C_3H_8 C_4H_8 C_2H_4

3 Fehler raus!

◪ In jedem Steckbrief der vier Kohlenwasserstoffe hat sich ein Fehler eingeschlichen. Notiere die Fehler in dein Heft und verbessere sie.

STECKBRIEF: Methanal

- CH_3O
- enthält Aldehydgruppe
- bei Raumtemperatur gasförmig
- gut löslich in Wasser
- Benedictprobe positiv

STECKBRIEF: Propen

- C_3H_6
- C=C-Doppelbindung
- bei Raumtemperatur gasförmig
- gut löslich in Benzin
- Bromwasserprobe negativ

STECKBRIEF: n-Pentan

- C_5H_{12}
- nur C-C-Einfach-bindungen
- bei Raumtemperatur gasförmig
- lipophil
- Bromwasserprobe negativ

STECKBRIEF: Ethansäure

- CH_3COOH
- enthält Hydroxygruppe
- bei Raumtemperatur flüssig
- lipophob
- Benedictprobe negativ

2 Richtig oder falsch?

Christian hat die Aufgabe bekommen, die vier verschiedenen iso-Hexane zu zeichnen und zu benennen. Hier ist sein Ergebnis:

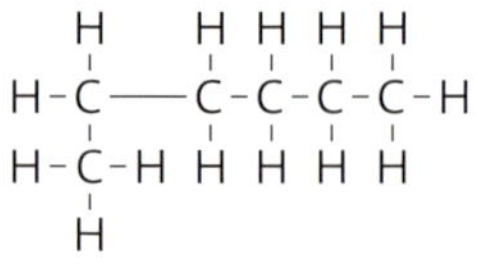

1-Methylpentan

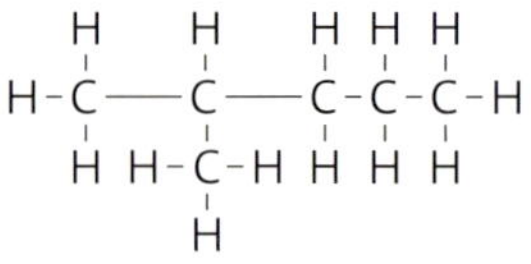

2-Methylpentan

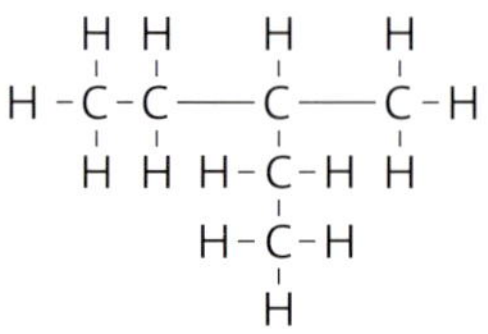

3-Ethylbutan

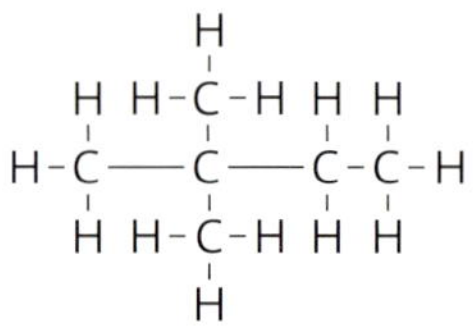

2-Dimethylbutan

a ■ Überprüfe die Formeln und Benennungen. Verbessere die Fehler in deinem Heft.

b ■ Welches iso-Hexan hat Christian nicht gefunden? Zeichne die Strukturformel und benenne sie.

4 Anpassungen erforderlich

Die Zusammensetzung von Campinggas hängt davon ab, ob es im Sommer oder Winter zum Einsatz kommt. Auf den beiden Gasflaschen sind typische Mischungen aus Kohlenwasserstoffen angegeben:

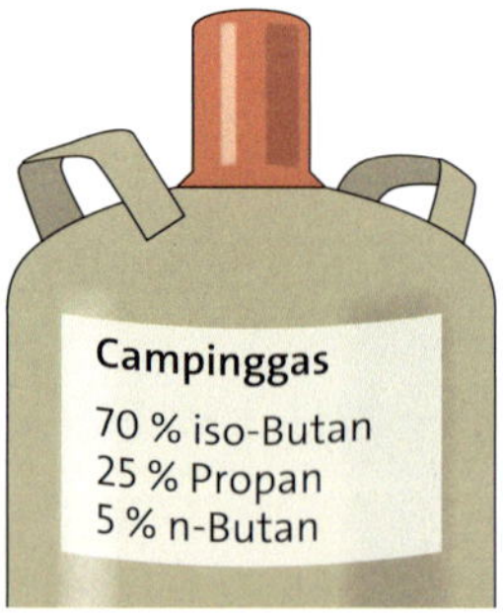

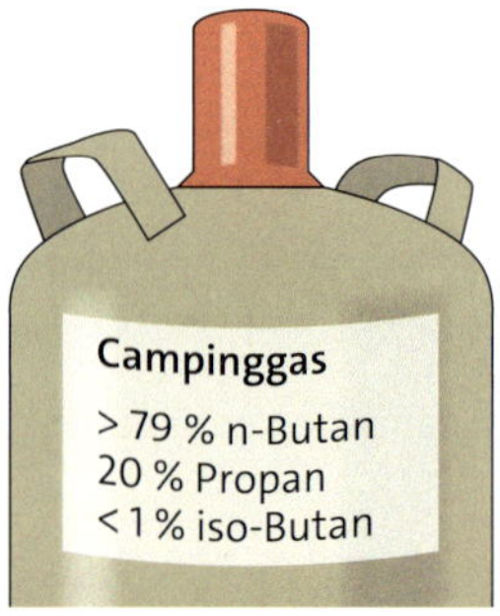

a ■ Stelle eine Vermutung über die Reihenfolge der Siedetemperaturen an und begründe diese mit dem Bau der Moleküle.

b ■ Welche der beiden Flaschen würdest du für Winter-Camping einsetzen? Begründe deine Wahl.

5 Was löst sich besser?

In einem Experiment sollst du die Wasserlöslichkeit von Ethanol, Butanol und Heptan untersuchen.

a ◪ Erstelle eine Versuchsplanung.

b ◪ Beschreibe die zu erwartenden Ergebnisse und fertige dazu Zeichnungen an.

c ◪ Begründe die unterschiedliche Löslichkeit der Stoffe auf Teilchenebene.

6 Alkansäure ermitteln

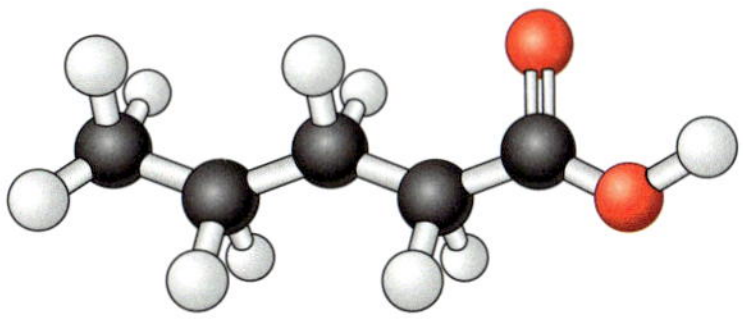

a □ Zeichne die Valenzstrichformel des dargestellten Moleküls und benenne es chemisch korrekt.

b ◪ Stelle Vermutungen an, welche Eigenschaften der zugehörige Stoff hat.

7 Siedetemperaturen im Vergleich

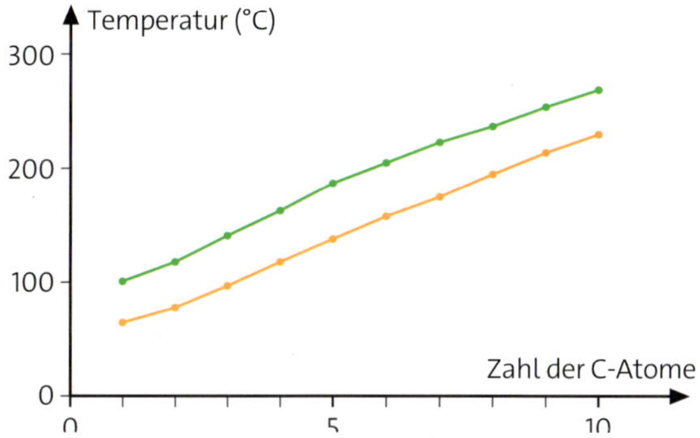

Das Diagramm zeigt die Siedetemperaturen von Alkanolen und Alkansäuren in Abhängigkeit von der Anzahl der C-Atome.

a □ Ordne die Siedekurven den beiden Stoffklassen zu.

b ◪ Begründe deine Zuordnung.

c ◪ Entscheide und begründe: Die Siedekurve der Alkane liegt oberhalb/zwischen/unterhalb der anderen Kurven.

8 Gefährlicher Zigarettenrauch

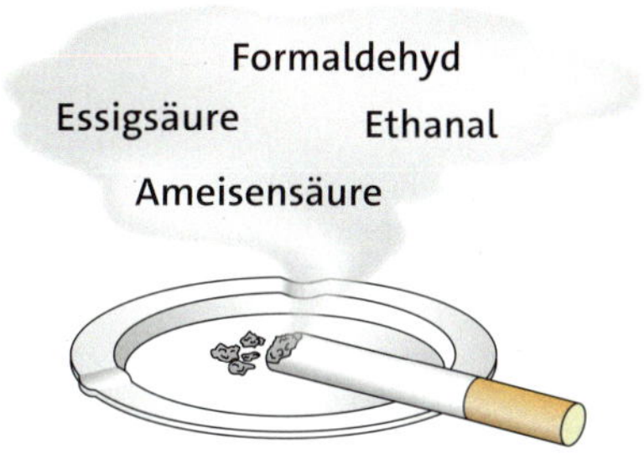

Beim Rauchen einer Zigarette entstehen über 9000 verschiedene Stoffe, darunter auch sauerstoffhaltige organische Verbindungen. Viele dieser Stoffe sind gesundheitsschädlich.

a □ Zeichne die Valenzstrichformeln der angegebenen Stoffe und gib die systematischen Namen an.

b □ Kennzeichne jeweils die funktionelle Gruppe und benenne sie.

c ◪ Wie kann man Formaldehyd im Zigarettenrauch nachweisen? Beschreibe ein Experiment dazu.

d ■ Schätze ein, welcher Stoff deiner Meinung nach besonders gesundheitsschädlich ist. Begründe deine Meinung.

Lösungsvorschläge ↗ S. 193

Lösungsvorschläge

Kapitel 1: Stoffe und ihre Eigenschaften
Alles im Griff? (S. 44/45)

1 a Ammoniak ist gasförmig, Brom und Ethanol sind flüssig, Gallium ist fest.
b *Erklärung am Beispiel Ammoniak:* Sowohl die Schmelz- als auch die Siedetemperatur liegen unterhalb der Raumtemperatur und sind somit noch nicht erreicht. Deshalb ist Ammoniak bei Raumtemperatur gasförmig.

2 Beim Steckbrief *A* könnte es sich um das Metall Kupfer handeln; es könnte aber auch Bismut oder Messing sein. Bei Steckbrief *B* könnte es sich um Kochsalz oder Zucker handeln.

3 a Kohlenstoffdioxid
b Um das Gas Kohlenstoffdioxid nachweisen zu können, wird Kalkwasser benötigt. In das Kalkwasser wird die ausgeatmete Luft eingeleitet.

4 a Backpulver: *D*, Magnesia: *E*, Mehl: *C*, Salz: *B*, Zucker: *A*
Die eindeutige Zuordnung fällt schwer, da die weißen Pulver alle sehr ähnlich aussehen.
b Für eine eindeutige Identifizierung müssen Eigenschaften, wie z. B. Löslichkeit überprüft werden. Hier stoßen wir an die Grenze der Stofferkennung mit den Sinnesorganen.

5 a *A:* Stoffgemisch, *B:* Reinstoff, *C:* Stoffgemisch, *D:* Stoffgemisch, *E:* Reinstoff
b *A:* Feststoff in Gas, *C:* Gas in Feststoff, *D:* Flüssigkeit in Gas

6 a Das Auffanggefäß steht zu hoch. Der im Glasröhrchen kondensierte Dampf würde so wieder in den Kolben zurückfließen und nicht in das Auffanggefäß. Das Thermometer muss im linken Kolben sein.
b

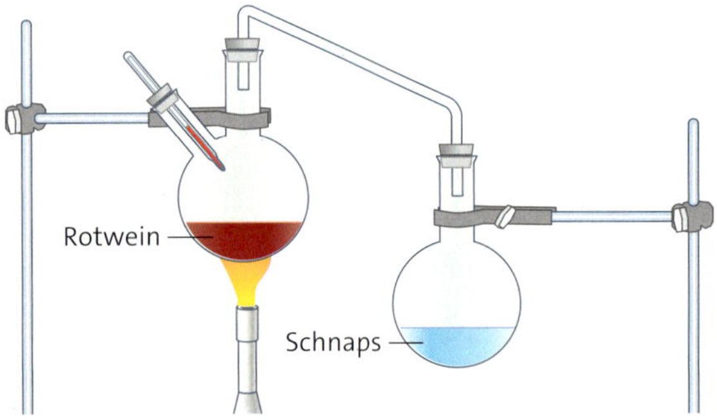

c

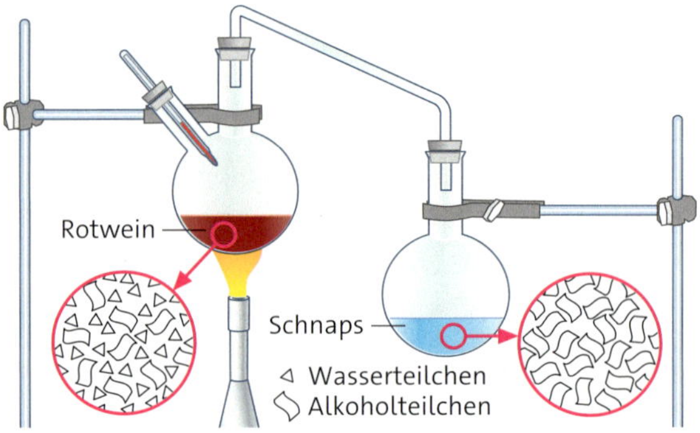

7 a Filtration
b *zum Beispiel:*

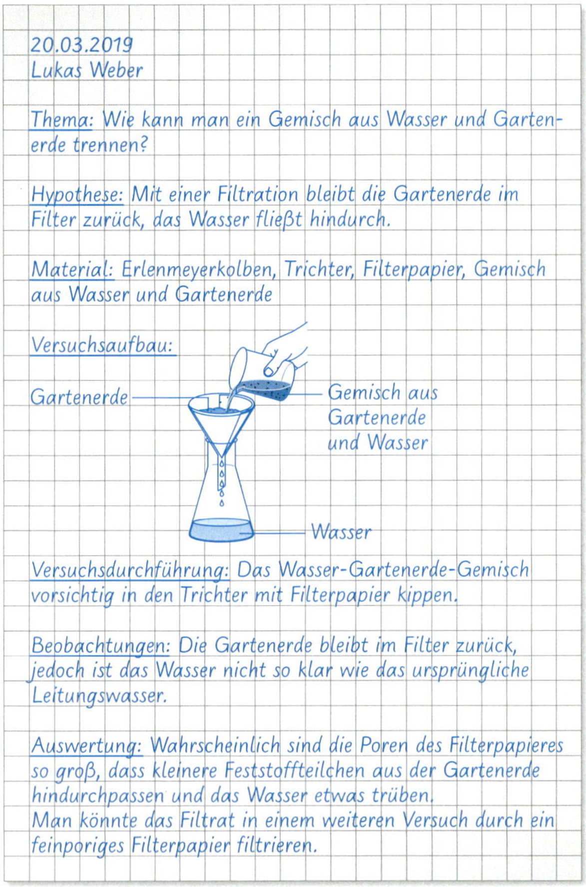
20.03.2019
Lukas Weber

Thema: Wie kann man ein Gemisch aus Wasser und Gartenerde trennen?

Hypothese: Mit einer Filtration bleibt die Gartenerde im Filter zurück, das Wasser fließt hindurch.

Material: Erlenmeyerkolben, Trichter, Filterpapier, Gemisch aus Wasser und Gartenerde

Versuchsaufbau:

Versuchsdurchführung: Das Wasser-Gartenerde-Gemisch vorsichtig in den Trichter mit Filterpapier kippen.

Beobachtungen: Die Gartenerde bleibt im Filter zurück, jedoch ist das Wasser nicht so klar wie das ursprüngliche Leitungswasser.

Auswertung: Wahrscheinlich sind die Poren des Filterpapieres so groß, dass kleinere Feststoffteilchen aus der Gartenerde hindurchpassen und das Wasser etwas trüben.
Man könnte das Filtrat in einem weiteren Versuch durch ein feinporiges Filterpapier filtrieren.

8 a Es handelt sich um einen Reinstoff.
b Reinstoffe haben gleichbleibende Eigenschaften, hier einen gleichbleibenden Siedetemperatur (bei etwa 78 °C).

Kapitel 2: Aufbau der Materie
Alles im Griff? (S. 70/71)

1 a Atome gelten als Bausteine der chemischen Elemente. Sie können als Einzelatome oder in Atomverbänden vorliegen. Jedes Element wird von einer bestimmten Atomsorte aufgebaut, die für das betreffende Element typisch ist. Zwischen den Atomen ist nichts. Folglich kann nur Antwort *D* richtig sein.

b Zinn-Becher im Teilchenmodell

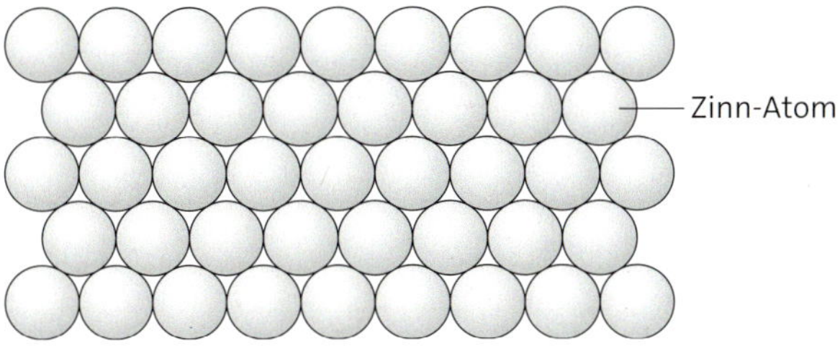

Glockenbronze im Teilchenmodell:

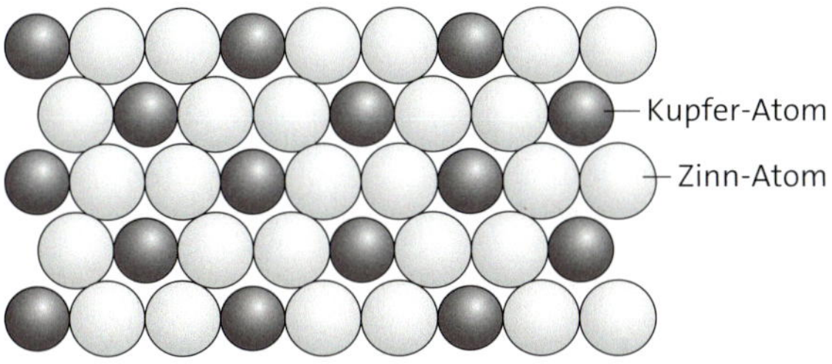

2 Lithium ist das 1. Element der 1. Hauptgruppe im PSE und damit das Metall mit der geringsten Dichte (Dichte < 1 g/cm³). Seine nächsten Verwandten sind Natrium und Kalium. Auch sie besitzen ähnliche physikalische Eigenschaften wie niedrige Dichte oder niedrige Schmelz- und Siedetemperaturen. Ihre Vorkommen sind weitaus häufiger als Lithium (1000-fach!).

3 a

Formel	Name
$(Na^+)(F^-)$	Natriummonofluorid
$(Fe^{3+})_2(O^{2-})_3$	Dieisentrioxid
$(Pb^{2+})(I^-)_2$	Bleidiiodid
I_2	Iod
$(Ca^{2+})(F^-)_2$	Calciumdifluorid

b Iod ist ein Element und besteht aus Iodmolekülen; es ist daher ein molekular gebauter Stoff. Alle anderen Stoffe sind Verbindungen aus einem Nichtmetall und einem Metall. Sie sind aus Ionen augebaut. Daher gehören sie zur Stoffklasse der Salze. Man erkennt diesen Unterschied bereits an der Formelschreibweise: Salze werden in der Verhältnisschreibeweise mit Ionen formuliert, bei Iod steht eine Molekülformel.

4 a + b

Name	Bindigkeit	Bindigkeit	Formel
Ammoniak	N: 3	H: 1	NH_3
Wasserstoff-monobromid	H: 1	Br: 1	HBr
Schwefeldioxid	S: 2	O: 1	SO_2
Kohlenstoff-tetrachlorid	C: 4	Cl: 1	CCl_4
z. B. Diphosphor-trioxid	P: 3	O: 2	P_2O_3
z. B. Kohlenstoff-disulfid	C: 2	S: 1	CS_2

5 a

b Die Problemlösung kann übernommen werden, da sich Zucker gut in Wasser löst. Der Unterschied zur Salzlösung besteht darin, dass hier Zucker-Moleküle in Lösung gebracht und zum Auskristallisieren gebracht werden, denn Rohrzucker ist eine Molekülverbindung.

6 a Iod ist ein Element der 7. Hauptgruppe, ein Nichtmetall. Sublimieren bedeutet, dass es beim Erhitzen vom festen in den gasförmigen Aggregatzustand übergeht. Als Feststoff liegt Iod in einem Molekülgitter vor; Bausteine sind die I_2-Moleküle. Die 2-atomigen Moleküle verlassen das Gitter des Feststoffs und gehen in die Gasphase über.

b Nicht die Elementsubstanz wird als Desinfektionsmittel eingesetzt, sondern eine orangerote Lösung eine Iodverbindung in einem besonderen Lösungsmittel. Dieser Unterschied zwischen dem Element Iod, einem Feststoff, und der orangeroten Lösung, einer Iodverbindung, kommt in der Alltagssprache nicht zum Ausdruck.

7

Name	Kation	Anion	Verhältnisformel
Magnesium-monooxid	Mg^{2+}	O^{2-}	$(Mg^{2+})(O^{2-})$
Trilithium-monophosphid	Li^{+}	P^{3-}	$(Li^{+})_3(P^{3-})$
Strontium-dibromid	Sr^{2+}	Br^{-}	$(Sr^{2+})(Br^{-})_2$
Dinatrium-monosulfid	Na^{+}	S^{2-}	$(Na^{+})_2(S^{2-})$
Aluminium-trifluorid	Al^{3+}	F^{-}	$(Al^{3+})(F^{-})_3$
Tribarium-dinitrid	Ba^{2+}	N^{3-}	$(Ba^{2+})_3(N^{3-})_2$

8

Stoff	Grundbau-steine	Klasse
Helium	Atome	atomar aufgebaute Stoffe
Sauerstoff	Moleküle	molekular aufgebaute Stoffe
Kaliummonochlorid	Ionen	Salze
Aluminum	Atome	Metalle
Neon	Atome	atomar aufgebaute Stoffe
Chlor	Moleküle	molekular aufgebaute Stoffe
Ammoniak	Moleküle	molekular aufgebaute Stoffe
Calciumdichlorid	Ionen	Salze
Kohlenstoffdioxid	Moleküle	molekular aufgebaute Stoffe

Kapitel 3: Eigenschaften und Grenzen von Modellen (S. 82/83)

2 + 3

Modell	erklärt	erklärt nicht
Einfaches Teilchenmodell	2	1, 3, 4, 5, 6, 7
Atommodell nach Dalton	5	1, 2, 3, 4, 6, 7
Kern-Hülle-Modell nach Rutherford	3	1, 2, 4, 5, 6, 7
Energiestufen-modell	4, 5, 6, 7	1, 2, 3
Kugelwolkenmodell	1, 5	2, 3, 4, 6, 7

Kapitel 3: Atombau und Periodensystem Alles im Griff? (S. 90/91)

1 a Einfaches Teilchenmodell: B ②; Kugelwolkenmodell: C ①; Atommodell (Rutherford): D ④; Atommodell (Dalton): A ③

b *Zum Beispiel:*
- Grenzen des einfachen Teilchenmodells: Damit lassen sich keine chemischen Reaktionen erlären, nur Zustandsänderungen.
- Grenzen des Atommodells nach Dalton: Damit kann man keine Stoffeigenschaften wie die Leitfähigkeit erklären.
- Grenzen des Kern-Hülle-Modells: Damit kann man nicht den räumlichen Bau von Molekülen erklären.
- Grenzen des Kugelwolkenmodells: Damit kann man nicht das Zustandekommen von Aggregatzuständen erklären.

2 a Rutherford schoss positiv geladene α-Teilchen auf eine hauchdünne Goldfolie. Rund um diese Folie war ein Fotoschirm aufgebaut, um aufzuzeichnen, wo die α-Teilchen auftrafen.
b Die meisten α-Teilchen würden den Filmstreifen weit weg von der Mitte schwärzen, da sie die von den massiven Kugeln zurückgeworfen oder zumindest abgelenkt würden.
c Rutherford verwendete positiv geladene α-Teilchen, von denen nur sehr wenige abgelenkt oder zurückgeworfen wurden. Er schloss daraus, dass Atome weitgehend leer sind und sich nur in der Mitte des Atoms ein winziges Massezentrum befindet. Da sich positve und positive Ladung abstoßen, nahm er an, dass dieser Atomkern positv geladen ist. Da Atome nach außen hin neutral sind, folgerte er, dass die Atomhülle negativ geladen ist.

3 *Zum Beispiel:*
Innerhalb einer Periode nimmt ...
... die Zahl der Protonen zu.

... der Atomradius ab.
... die Zahl der Elektronen zu.
... die Zahl der Valenzelektronen zu.
... der Metallcharakter ab.

Innerhalb einer Hauptgruppe nimmt ...
... die Zahl der Protonen zu.
.... der Atomradius zu.
.... die Zahl der Elektronen zu.
... der Metallcharakter zu.
... die Zahl der Energiestufen zu.

4 a Li^{+}, Be^{2+}, O^{2-}, Br^{-}
b Das hängt mit den Anziehungkräften zwischen den positiv geladenen Protonen im Atomkern und den negativ geladenen Elektronen in der Atomhülle zusammen.
Ein Kation hat weniger Elektronen als das zugehörige neutrale Atom, die Anzahl der Protonen ist gleich. Die Protonen können die verbliebenen Elektronen daher stärker anziehen. Darum ist das Kation kleiner als das ungeladene Atom.
Ein Anion hat mehr Elektronen als das zugehörige neutrale Atom, die Anzahl der Protonen ist gleich. Die Protonen können die Elektronen nicht so stark anziehen. Darum ist das Anion größer als das ungeladene Atom.

5 a

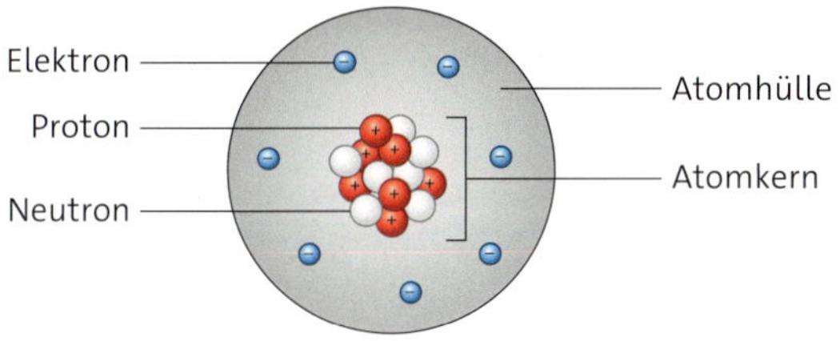

b Stickstoff, $^{14}_{7}N$
c $^{16}_{8}O$

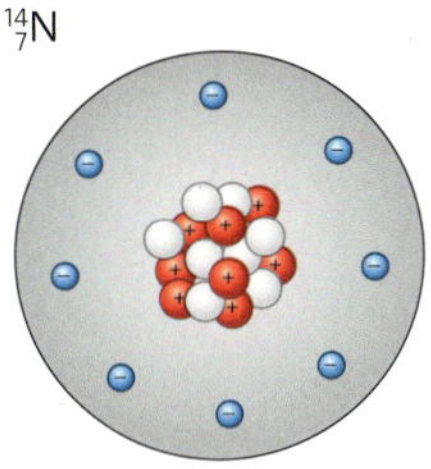

6 a Die innerste Kugelwolke ist zentrisch um den Atomkern angeordnet und enthält zwei Elektronen, sie ist somit voll besetzt. Zwei von den tetraedrisch angeordneten Kugelwolken sind mit zwei Elektronen voll besetzt, deshalb rot gefärbt. Die restlichen Kugelwolken sind nur mit einem Elektron besetzt und deshalb blau gefärbt.
b Es handelt sich um Sauerstoff. Symbolschreibweise: $^{16}_{8}O$, Elektronekonfiguration: $1^2\ 2^6$
c

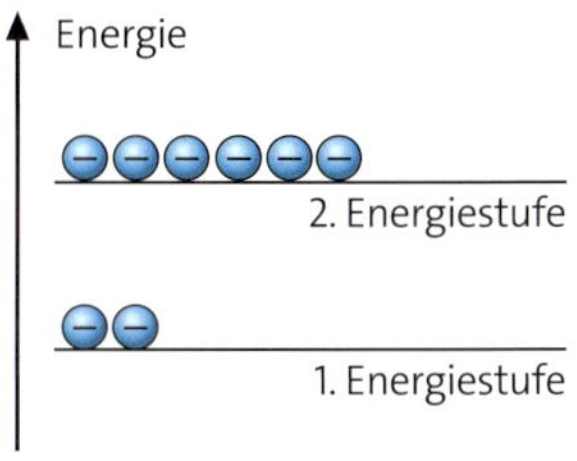

d Das Energiestufenmodell beschreibt den Energiegehalt der Elektronen. Es macht keine Aussage zum räumlichen Bau des Atoms.
Im Kugelwolkenmodell wird die räumliche Verteilung der Elektronen betrachtet.

7

Name	Brom	Argon	Magnesium
Symbol	Br	Ar	Mg
Nukleonenzahl	79	40	24
Ordnungszahl	35	18	12
Neutronenzahl	44	22	12
Elektronenkonfiguration	$1^2\ 2^8\ 3^{18}\ 4^7$	$1^2\ 2^8\ 3^8$	$1^2\ 2^8\ 3^2$

8 a Richtige Reihenfolge: A – D – C – B

Kapitel 4: Chemische Reaktionen
Alles im Griff? (S. 114/115)

1 a Am Minuspol muss das doppelte Gasvolumen (Wasserstoff) entstehen. Die chemische Formel für Wasserstoff lautet H_2, für Sauerstoff O_2 und für Wasser H_2O.

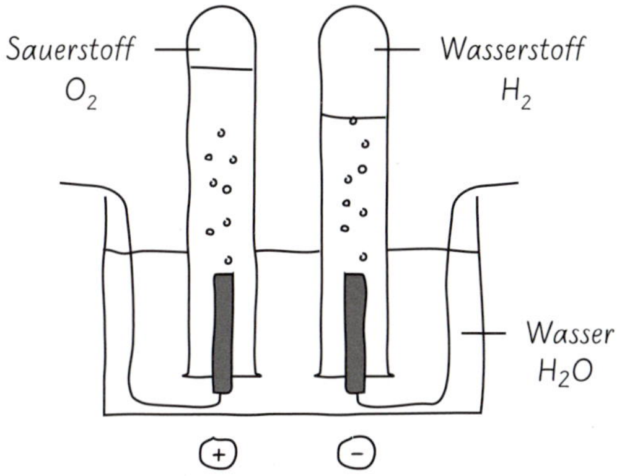

b Analyse von Wasser:
Wasser → Wasserstoff + Sauerstoff | endotherm
$2\ H_2O \rightarrow 2\ H_2 + O_2$ | $+\Delta E$
c Wasserstoff wird mit der Knallgasprobe nachgewiesen: Das Reagenzglas, das den Wasserstoff enthält, wird mit der Öffnung an eine Flamme gehalten. Ein mehr oder weniger lautes Geräusch zeigt, dass der Wasserstoff mit dem Sauerstoff der Luft in einer exothermen Reaktion reagiert. Die Nachweisreaktion für Sauerstoff heißt Glimmspanprobe. Ein glimmender Holzspan wird in eine Gasphase getaucht. Wenn die Sauerstoffkonzentration hoch genug ist, flammt der Span hell auf.

2 a Zersetzung von Wasserstoffperoxid:
Wasserstoffperoxid → Wasser + Sauerstoff | exotherm
$2\ H_2O_2 \rightarrow 2\ H_2O + O_2$ | $-\Delta E$

b Die rohe Kartoffel enthält das Enzym Katalase, also einen Biokatalysator. Dieser ermöglicht, dass die Zerlegung von Wasserstoffperoxid startet, indem er die Aktivierungsenergie senkt.

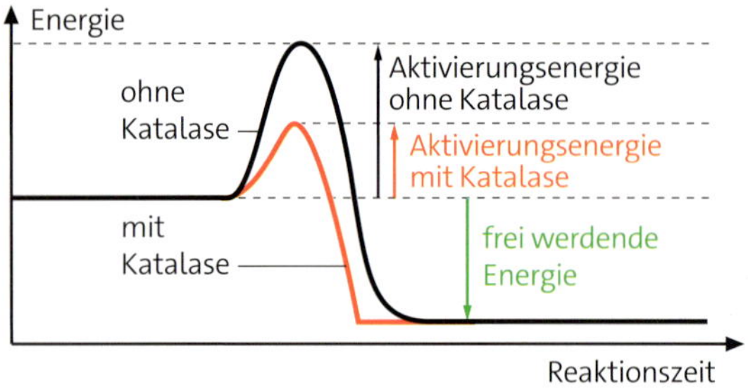

c Hitze und Spiritus zerstören das Enzym Katalase. Da die Aktivierungsenergie nicht mehr gesenkt wird, bleibt der Reaktionsstart aus, auch wenn es sich hier um eine exotherme Reaktion handelt.

3 a

Dampflok:

Kohlenstoff	+ Sauerstoff	→	Kohlenstoffdioxid	|	exotherm
C	+ O_2	→	CO_2	|	$-\Delta E$

Wasserstoffzug:

Wasserstoff	+ Sauerstoff	→	Wasser	|	exotherm
2 H_2	+ O_2	→	2 H_2O	|	$-\Delta E$

b *Bemerkung:* Es sollten mindestens 2 Gemeinsamkeiten und 2 Unterschiede gefunden werden.

Gemeinsamkeiten:
- Es handelt sich jeweils um eine Synthese.
- Beide Reaktionen verlaufen exotherm.
- Sauerstoff ist jeweils ein Ausgangsstoff (Edukt).

Unterschiede:
- Der Sauerstoff hat jeweils einen anderen Reaktionspartner.
- Bei der Dampflok ensteht ein gasförmiges Reaktionsprodukt, beim Wasserstoffzug ist es flüssig.
- Der Kohlenstoff ist in einem Gemisch („Steinkohle") enthalten, während der Wasserstoff als Reinstoff eingesetzt wird.
- In der Dampflok wird die Energie hauptsächlich in Form von Wärme frei, im Wasserstoffzug dagegen als elektrische Energie.

c Dies ist kein Widerspruch zum Gesetz von der Erhaltung der Masse. Das Kohlenstoffdioxid, das bei der Verbrennung der Steinkohle hauptsächlich entsteht, entweicht aus dem Schornstein der Dampflok. Die Feuerbüchse der Lok ist also kein geschlossenes System.

4 a–c A = Analyse; S = Synthese

C + **2** S → CS_2
Kohlenstoff + Schwefel → Kohlenstoffdisulfid (S)

2 HI → H_2 + I_2
Wasserstoffmonoiodid → Wasserstoff + Iod (A)

N_2 + **3** Br_2 → **2** NBr_3
Stickstoff + Brom → Stickstofftribromid (S)

PCl_5 → PCl_3 + Cl_2
Phosphorpentachlorid → Phosphortrichlorid + Chlor (A)

2 SO_2 + O_2 → **2** SO_3
Schwefeldioxid + Sauerstoff → Schwefeltrioxid (S)

N_2O_4 → **2** NO_2
Distickstofftetraoxid → Stickstoffdioxid (A)

5 a

Quecksilber:
m(Hg) = 202 u
M(Hg) = 202 g/mol

Methanol:
$m(CH_3OH) = 12\,u + 3 \cdot 1\,u + 16\,u + 1\,u = 32\,u$
$M(CH_3OH) = 32\,g/mol$

Nitrat:
$m(NO_3^-) = 14\,u + 3 \cdot 16\,u = 62\,u$
$M(NO_3^-) = 62\,g/mol$

b

Stoffmenge n Quecksilber:
$$n(Hg) = \frac{m(Hg)}{M(Hg)} = \frac{0{,}001\,g}{202\,g/mol} = 5 \cdot 10^{-6}\,mol$$

Teilchenzahl N Quecksilber:
$N(Hg) = n(Hg) \cdot N_A$
$= 5 \cdot 10^{-6}\,mol \cdot 6{,}022 \cdot 10^{23}\,1/mol = 2{,}996 \cdot 10^{18}$
$\approx 3 \cdot 10^{18}$

Stoffmenge n Methanol:
$$n(CH_3OH) = \frac{m(CH_3OH)}{M(CH_3OH)} = \frac{0{,}005\,g}{32\,g/mol}$$
$= 1{,}563 \cdot 10^{-4}\,mol$

Teilchenzahl N Methanol:
$N(CH_3OH) = 1{,}563 \cdot 10^{-4}\,mol \cdot 6{,}022 \cdot 10^{23}\,1/mol$
$= 9{,}410 \cdot 10^{19}$
$\approx 9 \cdot 10^{19}$

Stoffmenge n Nitrat:
$$n(NO_3^-) = \frac{m(NO_3^-)}{M(NO_3^-)} = \frac{0{,}05\,g}{62\,g/mol} = 8{,}064 \cdot 10^{-4}\,mol$$

Teilchenzahl N Nitrat:
$n(NO_3^-) = 8{,}064 \cdot 10^{-4}\,mol \cdot 6{,}022 \cdot 10^{23}\,1/mol$
$= 4{,}856 \cdot 10^{20}$
$\approx 5 \cdot 10^{20}$

6 a Synthese von Ammoniak:

Stickstoff	+ Wasserstoff	→	Ammoniak	|	exotherm
3 H_2	+ N_2	→	2 NH_3	|	$-\Delta E$

b

Gegeben:

$m(NH_3) = 1 \cdot 10^6$ g

$M(N) = 14$ g/mol, $M(H) = 1$ g/mol (aus PSE)

$M(N_2) = 2 \cdot 14$ g/mol $= 28$ g/mol

$M(NH_3) = 14$ g/mol $+ 3$ g/mol $= 17$ g/mol

Gesucht: $m(N_2)$

Berechnung:

$$\frac{n(N_2)}{n(NH_3)} = \frac{1}{3}$$

$$n(N_2) = \frac{1}{3} \cdot n(NH_3)$$

$$\frac{m(N_2)}{M(N_2)} = \frac{1}{3} \cdot \frac{m(NH_3)}{M(NH_3)}$$

$$m(N_2) = \frac{1}{3} \cdot \frac{m(NH_3) \cdot M(N_2)}{M(NH_3)}$$

$$m(N_2) = \frac{1}{3} \cdot \frac{10^6\ \text{g} \cdot 28\ \text{g/mol}}{17\ \text{g/mol}}$$

$$m(N_2) = 1{,}647 \cdot 10^6\ \text{g} = 1{,}647\ \text{t}$$

7 a Die Masse hat scheinbar abgenommen.
b Da aus dem Reagenzglas Gase entweichen können, ist es ein offenes System. Somit können die Massen der gasförmigen Produkte nicht durch das Wiegen erfasst werden.
c Über die Reagenzglasöffnung stülpt man einen Luftballon. Das so verschlossene Reagenzglas wird vor und nach der Reaktion gewogen. Die ermittelten Massen müssen identisch sein.

Kapitel 5: Verbrennungsreaktionen
Alles im Griff? (S. 136/137)

1 a

Brandklasse	Stoffe
A	Holz, Autoreifen, Kohle, Papier, Stroh, Textilien
B	Alkohol, Benzin, Teer, Paraffin, Lacke
C	Methan, Ethan, Propan, Wasserstoff, Erdgas
D	Kalium, Magnesium
F	Speiseöl

b

Löschmittel	geeignet für Brandklasse
Wasserlöscher	A
Kohlenstoffdioxid-Löscher für die Brandklasse	B
Pulverlöscher (mit Metallbrandpulver)	D
Schaumlöscher	A, B
ABC-Pulverlöscher für die Brandklassen	A, B, C
Fettbrandlöscher	A, B, F

2 a Das Haarspray hat gemeinsam mit der Luft ein zündfähiges Gas-Luft-Gemisch gebildet, welches durch das Anzünden des Feuerzeuges gezündet wurde. Hätten die beiden Frauen das Haarspray außerhalb des Fahrzeuges gesprüht und dann das Feuerzeug gezündet, wäre vermutlich nichts geschehen.
b Offenbar hat sich genau im falschen Moment die richtige Mischung ergeben. Die Explosion erfolgt nur in einem bestimmten Explosionsbereich. Hier gelten die obere und die untere Explosionsgrenze. Das bedeutet: Wenn es zu wenig Gas ist, passiert nichts, genauso verhält es sich, wenn es zu viel Gas ist.

3 a Reihenfolge: *D, B, A, C*
b Die Kerzenflamme ist eine leuchtende Flamme. Somit handelt es sich um eine unvollständige Verbrennung. Dies kann mithilfe einer weißen Porzellanschale nachgewiesen werden. Diese wird über die Kerzenflamme gehalten und dann geschwärzt, weil bei einer unvollständigen Verbrennung Ruß (= Kohlenstoff) entsteht.

4 a Die Reaktionsgleichungen für die beiden Brennstoffe sowie die Berechnung von Kohlenstoffdioxid sind identisch.
$CH_4 + 2\,O_2 \rightarrow CO_2 + 2\,H_2O \quad | -\Delta E$
b Bei der Verbrennung von 1 mol CH_4 entsteht 1 mol CO_2. Bei der Verbrennung von 1 kg Methan (entspricht 62,5 mol) entstehen 62,5 mol Kohlenstoffdioxid. Das bedeutet, dass bei der molaren Masse von 44 g/mol (62,5 mol · 44 g/mol = 2750 g) 2,750 kg Kohlenstoffdioxid aus einem Kilogramm Methan entstehen.
c individuelle Lösung

5 *1b* Löscharbeiten werden durch Flammen und Rauch behindert, deshalb immer mit dem Wind löschen.
2a Flächenbrände vorne beginnend ablöschen.
3a Feuer wenn möglich miteinander in einer Front mit mehreren Feuerlöschern gleichzeitig löschen.
4b Nicht einfach weggehen, sondern die Brandstelle bewachen und auf darauf achten, ob sich das Feuer wieder entfacht.

6

Situation	brennt	brennt nicht
A		X
B	X	
C		X
D	X	
E		X

Begründung: A Es kommt nicht zu einem Brand, da die Entzündungstemeratur noch nicht erreicht wurde.
B Alle Voraussetzungen für eine Verbrennung sind gegeben.
C Es ist zwar brennbarer Stoff und Sauerstoff vorhanden, jedoch wird die Entzündungstemperatur nicht erreicht.
D Es kann sowohl eine Verbrennung stattfinden, als auch nicht. Hierbei ist die größe des Holzstückes von Bedeutung. Ein Holzspan würde zu brennen anfangen, ein Holzscheit nicht gleich.
E Da kein brennbarer Stoff vorhanden ist, kommt es nicht zum Brand.

7 a *Abgase vom Motor:* Kohlenstoffmonooxid, Kohlenwasserstoffe, Stickstoffoxide;
reagieren zu: Kohlenstoffdioxid, Wasser, Stickstoff
b Ein Autoabgaskatalysator ist Teil des Auspuffs eines Fahrzeugs. Er besteht aus einem Edelstahlgehäuse mit Keramik im Inneren. Auf der Kermikoberfläche ist eine Katalystorschicht aufgetragen. Sie katalysieren die Reaktion der schädlichen Motorabgase Kohlenstoffmonooxid, Kohlenwasserstoffe und Stickstoffoxide zu den weniger schädlichen Stoffen Kohlenstoffdioxid, Wasser und Stickstoff.

8 a Eine Explosion läuft ab, wenn ein fein verteilter Brennstoff mit Sauerstoff gemischt und in einem geschlossenen Raum gezündet wird.
b Ja, weil der fein verteilte Mehlstaub brennbar ist. Wenn dann ein Zündfunke auftritt, zum Beispiel bei der Fehlfunktion eines elektrischen Geräts, sind alle Voraussetzungen für eine Explosion erfüllt.
c Das bedeutet folgendes: Wenn der Volumenanteil von Wasserstoff im Gemisch kleiner als 4 % ist, kommt es zu keiner Reaktion. Bei einem Volumenanteil zwischen 4 und 76 % kommt es zur Explosion. Über 76 % brennt der Wasserstoff ab, es gibt keine Explosion.

Kapitel 6: Chemische Bindungen Alles im Griff? (S. 160/161)

1 a keine Bindung: Helium;
Metallbindung: Lithium, Messing;
Atombindung: Methan, Kohlenstoffdioxid, Brom, Dichlormonooxid
b gasförmig: Helium, Methan, Kohlenstoffdioxid, Dichlormonooxid;
flüssig: Brom
fest: Lithium, Messing

c

Methan: 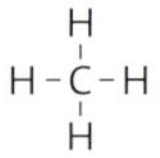

Kohlenstoffdioxid: 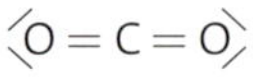

Brom: 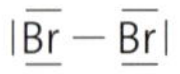

Dichlormonooxid: 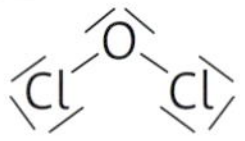

2 a Im Stickstoff-Atom sind die fünf Valenzelektronen wie folgt auf die Kugelwolken des 2. Energieniveaus aufgeteilt: eine Kugelwolke mit zwei Elektronen und drei Kugelwolken mit je einem Elektron:

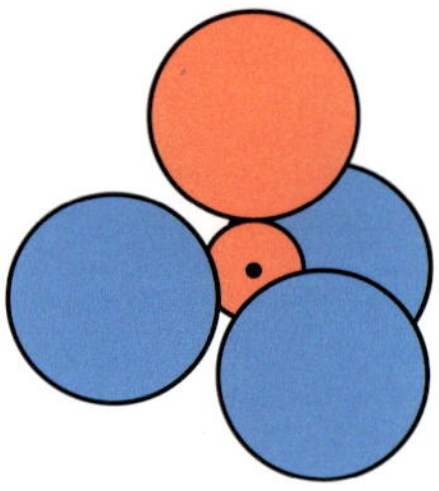

b Die drei einfach besetzten Kugelwolken des einen Stickstoff-Atoms überlappen mit den drei einfach besetzten Kugelwolken des anderen Stickstoff-Atoms zu Elektronenpaaren. So bilden sich zwischen den beiden Atomen drei gemeinsame Elektronenpaare und damit eine Dreifachbindung.
c Damit Stickstoff-Moleküle chemische Reaktionen eingehen können, müssen sie in Atome getrennt werden. Da die Dreifachbindung sehr stabil ist, muss dafür ein hoher Energiebetrag, die Bindungsenergie, aufgebracht werden.

3 a Als Metall für den Glühdraht in einer Glühbirne kommen beispielsweise in Frage: Wolfram, Osmium, Iridium, Platin, Rhenium …
b Diese Metalle sind gute elektrische Leiter – auch bei sehr hohen Temperaturen. Entsprechend besitzen sie sehr hohe Schmelztemperaturen, z. T. über 3000 °C. Wichtig ist weiterhin, dass sie bei diesen hohen Temperaturen nur geringfügig verdampfen.
c Ist die Stromstärke zu hoch oder liegt ein Kurzschluss vor, so schmilzt der Draht tatsächlich, oder es ist im Laufe der Zeit an einer „Schwachstelle" so viel Metall verdampft, dass der Draht unterbrochen wurde. In beiden Fällen kann jedoch aus chemischer Sicht nicht von einer Verbrennung gesprochen werden. Diese Redewendung ist also irreführend.

4 Die Skizze des Metallgitters ist fehlerhaft. Das Metallgitter des Eisens ist nicht aus Atomen aufgebaut, sondern aus Eisen-Kationen, also positiv geladenen Atomrümpfen. Außerdem bewegen sich die Elektronen in die falsche Richtung, sie müssen zum Pluspol fließen.

5 a Im Bild links ist die Elektronenformel für das Methan-Molekül dargestellt. Es besteht aus einem Kohlenstoff-Atom und vier Wasserstoff-Atomen. Die Bindungen zwischen dem Kohlenstoff-Atom und den vier

Wasserstoff-Atomen sind Elektronenpaarbindungen, genauer gesagt Einfachbindungen.
b Das Bild rechts zeigt das Kugel-Stab-Modell des Methan-Moleküls. Die schwarze Kugel symbolisiert ein Kohlenstoff-Atom. Die vier Elektronenpaarbindungen sind in Form von vier Stäbchen verwirklicht, die vom Kohlenstoff-Atom ausgehen und am Ende je ein Wasserstoff-Atom in Form einer weißen Kugel tragen.
c In der Elektronenformel des Methan-Moleküls sind die vier Einfachbindungen in der Papierebene liegend dargestellt. Im Gegensatz dazu zeigt das Kugel-Stab-Modell den räumlichen Bau des Moleküls. Es handelt sich um einen Tetraeder.

6 a Folgende Informationen werden benötigt: Elektronegativitätswerte der Bindungspartner und räumlicher Bau der Moleküle.
b
- NH_3-Molekül: 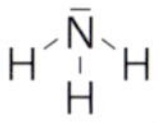
  Dipolmolekül, da deutliche EN-Unterschiede von N und H und Pyramidalstruktur des Moleküls. Außerdem ist ein freies nichtbindendes Elektronenpaar vorhanden.
- HCl-Molekül: $H-\overline{\underline{Cl}}|$
  Dipolmolekül, da deutliche EN-Unterschiede zwischen Cl und H; lineares Molekül.
- O_2-Molekül: $\langle O=O \rangle$
  kein Dipolmolekül, da zwei O-Atome und daher kein EN-Unterschied.

7 a Die beiden Gase Stickstoff und Kohlenstoffmonooxid bestehen aus zweiatomigen Molekülen mit den Molekülformeln N_2 und CO. Die Summe der Valenzelektronen für jedes der beiden Moleküle ergibt sich aus den Valenzelektronen für jedes Molekül:
- N-Atom: 5 VE; also 10 VE für das Molekül
- C-Atom: 4 VE; O-Atom: 6 VE; also 10 VE für das CO-Molekül

Ergebnis: Jedes der beiden Moleküle besitzt 10 Valenzelektronen.
b Mit 10 Valenzelektronen für bindende und nichtbindende Elektronenpaare ergibt sich für das CO-Molekül folgende Elektronenformel

$$\overset{\ominus}{|C}\equiv\overset{\oplus}{O|}$$

Jedes der beiden Atome verfügt im CO-Molekül über ein Oktett an Valenzelektronen.
c In beiden Molekülen wirken starke Dreifachbindungen mit hoher Bindungsenergie. Zwischen den Molekülen sind nur schwache Wechselwirkungen vorhanden. Auch der Unterschied in den Elektronegativitäten zwischen Kohlenstoff und Sauerstoff im CO-Molekül ist kaum wirksam. Folglich liegen die beiden Stoffe auch bei sehr niedrigen Temperaturen als Gase vor.

8 a Wasser besteht aus Wasser-Molekülen, die auf Grund der EN-Unterschiede zwischen den Wasserstoff-Atomen und dem Sauerstoff-Atom sowie des gewinkelten Baus Dipolmoleküle sind. Es gibt also Molekülabschnitte mit positiver Teilladung und Molekülabschnitte mit negativer Teilladung. Zwischen dem negativ geladenen Kunststoffstab und den positiv geladenen Molekülabschnitten der Wasser-Moleküle werden elektrostatische Kräfte wirksam. Der dünne Wasserstrahl wird vom Kunststoffstab angezogen.
b Die Aussage „Wasser besitzt eine hohe Verdampfungswärme" bedeutet, dass viel Energie zugeführt werden muss, um Wasser zum Sieden zu bringen.
Bei offenem Topf diffundieren Wasser-Moleküle zunehmend in die Luft und „nehmen Energie mit". Bei geschlossenem Deckel kondensiert der Wasserdampf innen am Deckel zu Wasser. Dabei wird die Verdampfungswärme (= Kondensationswärme) zusätzlich zur weiter zugeführten Wärmeenergie frei. Fazit: Bei geschlossenem Deckel wird Energie gespart. Außerdem kann sich bei geschlossenem Deckel der Druck über dem erhitzten Wasser erhöhen, die Siedetemperatur steigt und der Garprozess verkürzt sich (vgl. Dampfkochtopf).

Kapitel 7: Organische Verbindungsklassen
Alles im Griff? (S. 184/185)

1

C_2H_6	Ethan	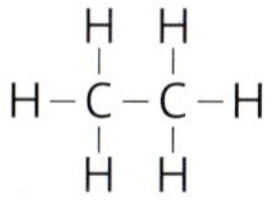
C_2H_4	Ethen	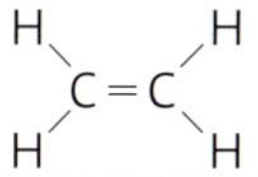
C_3H_8	Propan	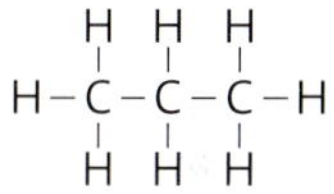
C_4H_8	But-1-en oder 2-Methylpropen	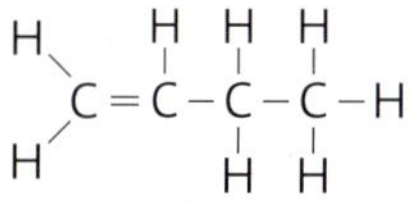 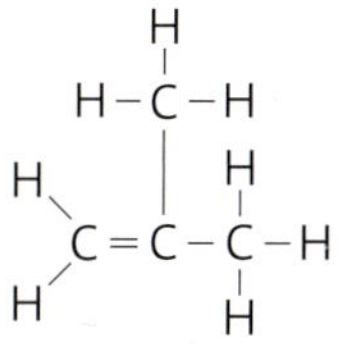

2 a
- 1-Methylpentan: falsch; es handelt sich hier um n-Hexan.
- 2-Methylpentan: richtig
- 3-Ethylbutan; falsch; es handelt sich hier um 3-Methylpentan.
- 2-Dimethylbutan: falsch; der Name muss 2,2-Dimethylbutan lauten.

b Es fehlt 2,3-Dimethylbutan.

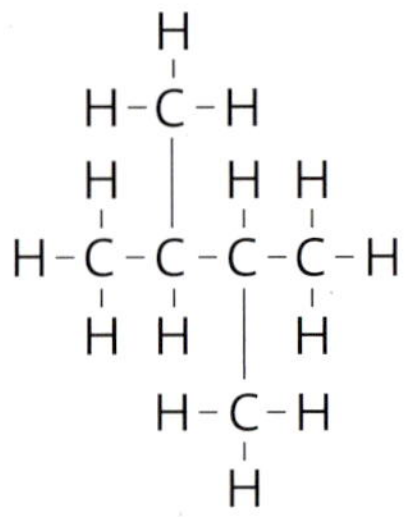

3
- Methanal: ~~CH_3O~~ HCHO
- Propen: Bomwasserprobe ~~negativ~~ positiv
- n-Pentan: bei Raumtemperatur ~~gasförmig~~ flüssig
- Ethansäure: enthält ~~Hydroxygruppe~~ Carboxygruppe

4 a Vermutliche Reihenfolge der Siedetemperaturen: Propan < iso-Butan < n-Butan
Die London-Kräfte nehmen vom Propan zum n-Butan zu. Propan hat die geringste Anzahl an Atomen und damit Elektronen. Zwar besitzen iso-Butan und n-Butan die gleiche Anzahl an Atomen, allerdings hat das iso-Butan eine geringere Oberfläche als das n-Butan.
b Die linke Flasche ist besser geeignet, weil das iso-Butan einen hohen Anteil hat. Aufgrund der niedrigen Siedetemperatur des iso-Butans wird erreicht, dass das Stoffgemisch selbst bei tiefen Temperaturen als Gas aus der Flasche ausströmen kann.

5 a Stelle drei Reagenzgläser in einen Reagenzglasständer. Gib in die Reagenzgläser jeweils ca. 2–3 ml Ethanol, Butanol und Heptan. Pipettiere in jedes Reagenzglas die gleiche Menge destilliertes Wasser. Schütteln!
b Ethanol sollte sich sehr gut in Wasser lösen, Butanol nicht mehr so gut. Heptan löst sich überhaupt nicht in Wasser.
Skizze:

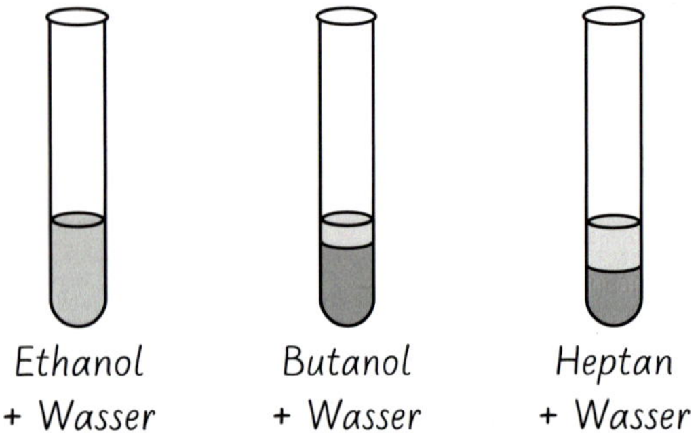

c Ethanol und Butanol gehören zur Stoffklasse der Alkanole, Heptan ist ein Alkan. Alkanolmoleküle bestehen aus einer polaren Hydroxygruppe und einem unpolarem Alkylrest. Mit zunehmender Kettenlänge überwiegt der unpolare Anteil des Alkylrests in den Molekülen, sodass sich Butanol schlechter in Wasser löst als Ethanol. Heptan-Moleküle sind vollkommen unpolar. Daher löst sich Heptan überhaupt nicht in Wasser.

6 a

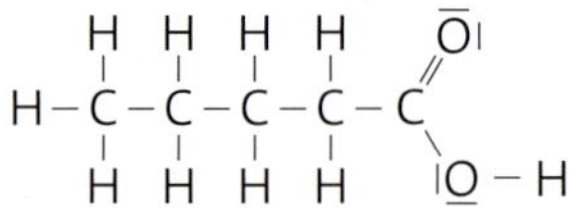
Pentansäure

b Pentansäure ist eine ätzende Flüssigkeit. Sie löst sich schlecht in Wasser, aber gut in Ethanol. Die Siedetemperatur ist höher als bei Ethansäure (186 °C).

7 a Die obere (grüne) Siedekurve zeigt die Siedetemperaturen der Alkansäuren. Die untere (gelbe) Siedekurve zeigt die Siedetemperaturen der Alkanole.
b Alkanolmoleküle bilden wegen der Hydroxygruppe Wasserstoffbrücken untereinander aus. Alkansäuremoleküle besitzen als funktionelle Gruppe die Carboxygruppe. Diese ist wegen dem doppelt gebunden Sauerstoff in der Lage, zusätzliche Wasserstoffbrücken zu bilden. Somit braucht man mehr Energie um die Wasserstoffbrücken zwischen den Alkansäuremolekülen zu lösen als bei den Alkanolmolekülen.
c Die Siedekurve der Alkane liegt unterhalb der anderen Kurven. Alkanmoleküle bilden weder Wasserstoffbrücken aus noch besitzen sie Dipol-Dipol-Wechselwirkungen zwischen den Molekülen. Darum ist der Zusammenhalt zwischen den Molekülen schwächer und damit sind die Siedetemperaturen niedriger.

8 a + b

Formaldehyd	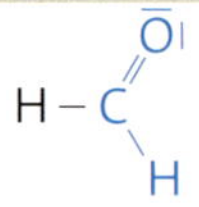	Methanal
Ethanal	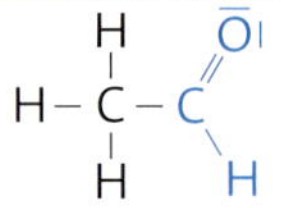	
Ameisensäure	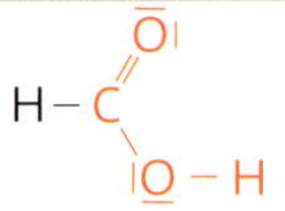	Methansäure
Essigsäure	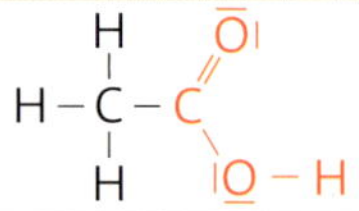	Ethansäure

Aldehydgruppe: blau; Carboxygruppe: rot
c Formaldehyd ist ein Alkanal, man kann es also mithilfe der Benedict-Probe nachweisen. Man zieht den Rauch mithilfe einer Wasserstrahlpumpe durch eine Benedict-Lösung in einer Waschflasche. Es bildet sich ein Farbumschlag von blau zu orangefarben.
d Dazu muss man die GHS-Einfstufung und die Gefahrenhinweise berücksichtigen: Formaldehyd und Ethanal sind besonders gefährlich, da diese Stoffe als gesundheitsschädlich eingestuft sind und im Verdacht stehen, krebserregend zu sein.

Gefahrstoffe und Entsorgung im Chemieunterricht

Einstufung von Gefahrstoffen nach der GHS-Verordnung

In der GHS-Verordnung *(GHS = Globally Harmonised System of Classification and Labelling of Chemicals)* sind die Kriterien für die Einstufung von Gefahrstoffen festgelegt und mit international einheitlichen Piktogrammen versehen. Die Kennzeichnung wird durch ein Signalwort ergänzt: „Gefahr“ bei hoher Gefährdung oder „Achtung“ bei geringerer Gefährdung.

Gefahrenpiktogramm und -code		**Mit dem Gefahrenpiktogramm gekennzeichnete Stoffe und Gemische (Verkürzte Darstellung, weitere Hinweise bitte jeweils den Etiketten und Sicherheitsdatenblättern entnehmen.)**
	GHS01 Explodierende Bombe	explosive und sehr gefährliche selbstzersetzliche Stoffe und Gemische sowie sehr gefährliche organische Peroxide
	GHS02 Flamme	entzündbare, selbsterhitzungsfähige und gefährliche selbstzersetzliche Stoffe und Gemische, pyrophore Stoffe sowie Stoffe und Gemische, die bei Berührung mit Wasser entzündbare Gase entwickeln
	GHS03 Flamme über einem Kreis	Stoffe und Gemische mit oxidierender Wirkung
	GHS04* Gasflasche	Gase unter Druck
	GHS05 Ätzwirkung	Stoffe und Gemische, die schwere Verätzungen der Haut und/oder schwere Augenschäden verursachen.
	GHS06 Totenkopf mit gekreuzten Knochen	lebensgefährliche und giftige Stoffe und Gemische
	GHS07 Ausrufezeichen	gesundheitsschädliche Stoffe und Gemische
	GHS08 Gesundheitsgefahr	Stoffe und Gemische, die bei Verschlucken und Eindringen in die Atemwege tödlich sein können und/oder eine Gefahr für die Gesundheit darstellen. Diese Stoffe und Gemische schädigen bestimmte Organe und/oder können Krebs erzeugen, die Fruchtbarkeit beeinträchtigen, das Kind im Mutterleib schädigen und/oder genetische Defekte und/oder beim Einatmen Allergien, asthmaartige Symptome oder Atembeschwerden verursachen.
	GHS09 Umwelt	Stoffe und Gemische, die sehr giftig oder giftig für Wasserorganismen sind

* Die in den Experimenten verwendeten Gase stehen meist nicht unter Druck, daher wird dort in der Regel auf diese Kennzeichnung verzichtet.

Gefahrenhinweise (H-Sätze)

Gefahrenhinweise für physikalische Gefahren

H200	Instabil, explosiv.
H201	Explosiv, Gefahr der Massenexplosion.
H202	Explosiv; große Gefahr durch Splitter, Spreng- und Wurfstücke.
H203	Explosiv; Gefahr durch Feuer, Luftdruck oder Splitter, Spreng- und Wurfstücke.
H204	Gefahr durch Feuer oder Splitter, Spreng- und Wurfstücke.
H205	Gefahr der Massenexplosion bei Feuer.
H220	Extrem entzündbares Gas.
H221	Entzündbares Gas.
H222	Extrem entzündbares Aerosol.
H223	Entzündbares Aerosol.
H224	Flüssigkeit und Dampf extrem entzündbar.
H225	Flüssigkeit und Dampf leicht entzündbar.
H226	Flüssigkeit und Dampf entzündbar.
H228	Entzündbarer Feststoff.
H240	Erwärmung kann Explosion verursachen.
H241	Erwärmung kann Brand oder Explosion verursachen.
H242	Erwärmung kann Brand verursachen.
H250	Entzündet sich in Berührung mit Luft von selbst.
H251	Selbsterhitzungsfähig; kann in Brand geraten.
H252	In großen Mengen selbsterhitzungsfähig; kann in Brand geraten.
H260	In Berührung mit Wasser entstehen entzündbare Gase, die sich spontan entzünden können.
H261	In Berührung mit Wasser entstehen entzündbare Gase.
H270	Kann Brand verursachen oder verstärken; Oxidationsmittel.
H271	Kann Brand oder Explosion verursachen; starkes Oxidationsmittel.
H272	Kann Brand verstärken; Oxidationsmittel.
H280	Enthält Gas unter Druck; kann bei Erwärmung explodieren.
H281	Enthält tiefkaltes Gas; kann Kälteverbrennungen oder -verletzungen verursachen.
H290	Kann gegenüber Metallen korrosiv sein.

Gefahrenhinweise für Gesundheitsgefahren

H300	Lebensgefahr bei Verschlucken.
H301	Giftig bei Verschlucken.
H302	Gesundheitsschädlich bei Verschlucken.
H304	Kann bei Verschlucken und Eindringen in die Atemwege tödlich sein.
H310	Lebensgefahr bei Hautkontakt.
H311	Giftig bei Hautkontakt.
H312	Gesundheitsschädlich bei Hautkontakt.
H314	Verursacht schwere Verätzungen der Haut und schwere Augenschäden.
H315	Verursacht Hautreizungen.
H317	Kann allergische Hautreaktionen verursachen.
H318	Verursacht schwere Augenschäden.
H319	Verursacht schwere Augenreizung.
H330	Lebensgefahr bei Einatmen.
H331	Giftig bei Einatmen.
H332	Gesundheitsschädlich bei Einatmen.
H334	Kann bei Einatmen Allergie, asthmaartige Symptome oder Atembeschwerden verursachen.
H335	Kann die Atemwege reizen.
H336	Kann Schläfrigkeit und Benommenheit verursachen.
H340	Kann genetische Defekte verursachen *<Expositionsweg angeben, sofern schlüssig belegt ist, dass diese Gefahr bei keinem anderen Expositionsweg besteht>*.
H341	Kann vermutlich genetische Defekte verursachen *<Expositionsweg angeben, sofern schlüssig belegt ist, dass diese Gefahr bei keinem anderen Expositionsweg besteht>*.
H350	Kann Krebs erzeugen *<Expositionsweg angeben, sofern schlüssig belegt ist, dass diese Gefahr bei keinem anderen Expositionsweg besteht>*.
H350i	Kann beim Einatmen Krebs erzeugen.
H351	Kann vermutlich Krebs erzeugen *<Expositionsweg angeben, sofern schlüssig belegt ist, dass diese Gefahr bei keinem anderen Expositionsweg besteht>*.
H360	Kann die Fruchtbarkeit beeinträchtigen oder das Kind im Mutterleib schädigen *<konkrete Wirkung angeben, sofern bekannt>* *<Expositionsweg angeben, sofern schlüssig belegt ist, dass die Gefahr bei keinem anderen Expositionsweg besteht>*.
H360F	Kann die Fruchtbarkeit beeinträchtigen.
H360D	Kann das Kind im Mutterleib schädigen.
H360FD	Kann die Fruchtbarkeit beeinträchtigen. Kann das Kind im Mutterleib schädigen.
H360Fd	Kann die Fruchtbarkeit beeinträchtigen. Kann vermutlich das Kind im Mutterleib schädigen.
H360Df	Kann das Kind im Mutterleib schädigen. Kann vermutlich die Fruchtbarkeit beeinträchtigen.
H361	Kann vermutlich die Fruchtbarkeit beeinträchtigen oder das Kind im Mutterleib schädigen *<konkrete Wirkung angeben, sofern bekannt>* *<Expositionsweg angeben, sofern schlüssig belegt ist, dass die Gefahr bei keinem anderen Expositionsweg besteht>*.
H361f	Kann vermutlich die Fruchtbarkeit beeinträchtigen.
H361d	Kann vermutlich das Kind im Mutterleib schädigen.
H361fd	Kann vermutlich die Fruchtbarkeit beeinträchtigen. Kann vermutlich das Kind im Mutterleib schädigen.
H362	Kann Säuglinge über die Muttermilch schädigen.
H370	Schädigt die Organe *<oder alle betroffenen Organe nennen, sofern bekannt>* *<Expositionsweg angeben, sofern schlüssig belegt ist, dass diese Gefahr bei keinem anderen Expositionsweg besteht>*.
H371	Kann die Organe schädigen *<oder alle betroffenen Organe nennen, sofern bekannt>* *<Expositionsweg angeben, sofern schlüssig belegt ist, dass diese Gefahr bei keinem anderen Expositionsweg besteht>*.
H372	Schädigt die Organe *<alle betroffenen Organe nennen>* bei längerer oder wiederholter Exposition *<Expositionsweg angeben, wenn schlüssig belegt ist, dass diese Gefahr bei keinem anderen Expositionsweg besteht>*.
H373	Kann die Organe schädigen *<alle betroffenen Organe nennen, sofern bekannt>* bei längerer oder wiederholter Exposition *<Expositionsweg angeben, wenn schlüssig belegt ist, dass diese Gefahr bei keinem anderen Expositionsweg besteht>*.

Gefahrenhinweise für Umweltgefahren

H400	Sehr giftig für Wasserorganismen.
H410	Sehr giftig für Wasserorganismen, mit langfristiger Wirkung.
H411	Giftig für Wasserorganismen, mit langfristiger Wirkung.
H412	Schädlich für Wasserorganismen, mit langfristiger Wirkung.
H413	Kann für Wasserorganismen schädlich sein, mit langfristiger Wirkung.

Ergänzende Gefahrenmerkmale

Physikalische Eigenschaften

EUH001	In trockenem Zustand explosionsgefährlich.
EUH006	Mit und ohne Luft explosionsfähig.
EUH014	Reagiert heftig mit Wasser.
EUH018	Kann bei Verwendung explosionsfähige/entzündbare Dampf/Luft-Gemische bilden.
EUH019	Kann explosionsfähige Peroxide bilden.
EUH044	Explosionsgefahr bei Erhitzen unter Einschluss.

Gesundheitsgefährliche Eigenschaften

EUH029	Entwickelt bei Berührung mit Wasser giftige Gase.
EUH031	Entwickelt bei Berührung mit Säure giftige Gase.
EUH032	Entwickelt bei Berührung mit Säure sehr giftige Gase.
EUH066	Wiederholter Kontakt kann zu spröder oder rissiger Haut führen.
EUH070	Giftig bei Berührung mit den Augen.
EUH071	Wirkt ätzend auf die Atemwege.

Umweltgefährliche Eigenschaften

EUH059	Die Ozonschicht schädigend.

Ergänzende Kennzeichnungselemente / Informationen über bestimmte Stoffe und Gemische

EUH201	Enthält Blei. Nicht für den Anstrich von Gegenständen verwenden, die von Kindern gekaut oder gelutscht werden könnten.
EUH201A	Achtung! Enthält Blei.
EUH202	Cyanacrylat. Gefahr. Klebt innerhalb von Sekunden Haut und Augenlider zusammen. Darf nicht in die Hände von Kindern gelangen.
EUH203	Enthält Chrom (VI). Kann allergische Reaktionen hervorrufen.
EUH204	Enthält Isocyanate. Kann allergische Reaktionen hervorrufen.
EUH205	Enthält epoxidhaltige Verbindungen. Kann allergische Reaktionen hervorrufen.
EUH206	Achtung! Nicht zusammen mit anderen Produkten verwenden, da gefährliche Gase (Chlor) freigesetzt werden können.
EUH207	Achtung! Enthält Cadmium. Bei der Verwendung entstehen gefährliche Dämpfe. Hinweise des Herstellers beachten. Sicherheitsanweisungen einhalten.
EUH208	Enthält *<Name des sensibilisierenden Stoffes>*. Kann allergische Reaktionen hervorrufen.
EUH209	Kann bei Verwendung leicht entzündbar werden.
EUH209A	Kann bei Verwendung entzündbar werden.
EUH210	Sicherheitsdatenblatt auf Anfrage erhältlich.
EUH401	Zur Vermeidung von Risiken für Mensch und Umwelt die Gebrauchsanleitung einhalten.

Sicherheitshinweise (P-Sätze)

Sicherheitshinweise – Allgemeines

P101	Ist ärztlicher Rat erforderlich, Verpackung oder Kennzeichnungsetikett bereithalten.
P102	Darf nicht in die Hände von Kindern gelangen.
P103	Vor Gebrauch Kennzeichnungsetikett lesen.

Sicherheitshinweise – Prävention

P201	Vor Gebrauch besondere Anweisungen einholen.
P202	Vor Gebrauch alle Sicherheitshinweise lesen und verstehen.
P210	Von Hitze/Funken/offener Flamme/heißen Oberflächen fernhalten. Nicht rauchen.
P211	Nicht gegen offene Flamme oder andere Zündquelle sprühen.
P220	Von Kleidung/.../brennbaren Materialien fernhalten/entfernt aufbewahren.
P221	Mischen mit brennbaren Stoffen/... unbedingt verhindern.
P222	Kontakt mit Luft nicht zulassen.
P223	Kontakt mit Wasser wegen heftiger Reaktion und möglichem Aufflammen unbedingt verhindern.
P230	Feucht halten mit ...
P231	Unter inertem Gas handhaben.
P232	Vor Feuchtigkeit schützen.
P233	Behälter dicht verschlossen halten.
P234	Nur im Originalbehälter aufbewahren.
P235	Kühl halten.
P240	Behälter und zu befüllende Anlage erden.
P241	Explosionsgeschützte elektrische Betriebsmittel/Lüftungsanlagen/Beleuchtung/... verwenden.
P242	Nur funkenfreies Werkzeug verwenden.
P243	Maßnahmen gegen elektrostatische Aufladungen treffen.
P244	Druckminderer frei von Fett und Öl halten.
P250	Nicht schleifen/stoßen/.../reiben.
P251	Behälter steht unter Druck: Nicht durchstechen oder verbrennen, auch nicht nach der Verwendung.
P260	Staub/Rauch/Gas/Nebel/Dampf/Aerosol nicht einatmen.
P261	Einatmen von Staub/Rauch/Gas/Nebel/Dampf/Aerosol vermeiden.
P262	Nicht in die Augen, auf die Haut oder auf die Kleidung gelangen lassen.
P263	Kontakt während der Schwangerschaft und der Stillzeit vermeiden.
P264	Nach Gebrauch ... gründlich waschen.
P270	Bei Gebrauch nicht essen, trinken oder rauchen.
P271	Nur im Freien oder in gut belüfteten Räumen verwenden.
P272	Kontaminierte Arbeitskleidung nicht außerhalb des Arbeitsplatzes tragen.
P273	Freisetzung in die Umwelt vermeiden.
P280	Schutzhandschuhe/Schutzkleidung/Augenschutz/Gesichtsschutz tragen.
P281	Vorgeschriebene persönliche Schutzausrüstung verwenden.
P282	Schutzhandschuhe/Gesichtsschild/Augenschutz mit Kälteisolierung tragen.
P283	Schwer entflammbare/flammhemmende Kleidung tragen.
P284	Atemschutz tragen.
P285	Bei unzureichender Belüftung Atemschutz tragen.
P231 + P232	Unter inertem Gas handhaben. Vor Feuchtigkeit schützen.
P235 + P410	Kühl halten. Vor Sonnenbestrahlung schützen.

Sicherheitshinweise – Reaktion

P301	BEI VERSCHLUCKEN:
P302	BEI BERÜHRUNG MIT DER HAUT:
P303	BEI BERÜHRUNG MIT DER HAUT (oder dem Haar):
P304	BEI EINATMEN:
P305	BEI KONTAKT MIT DEN AUGEN:
P306	BEI KONTAMINIERTER KLEIDUNG:
P307	BEI Exposition:
P308	BEI Exposition oder falls betroffen:
P309	BEI Exposition oder Unwohlsein:
P310	Sofort GIFTINFORMATIONSZENTRUM oder Arzt anrufen.
P311	GIFTINFORMATIONSZENTRUM oder Arzt anrufen.
P312	Bei Unwohlsein GIFTINFORMATIONSZENTRUM oder Arzt anrufen.
P313	Ärztlichen Rat einholen/ärztliche Hilfe hinzuziehen.
P314	Bei Unwohlsein ärztlichen Rat einholen/ärztliche Hilfe hinzuziehen.
P315	Sofort ärztlichen Rat einholen/ärztliche Hilfe hinzuziehen.
P320	Besondere Behandlung dringend erforderlich (siehe ... auf diesem Kennzeichnungsetikett).
P321	Besondere Behandlung (siehe ... auf diesem Kennzeichnungsetikett).
P322	Gezielte Maßnahmen (siehe ... auf diesem Kennzeichnungsetikett).
P330	Mund ausspülen.
P331	KEIN Erbrechen herbeiführen.
P332	Bei Hautreizung:
P333	Bei Hautreizung oder -ausschlag:
P334	In kaltes Wasser tauchen/nassen Verband anlegen.
P335	Lose Partikel von der Haut abbürsten.
P336	Vereiste Bereiche mit lauwarmem Wasser auftauen. Betroffenen Bereich nicht reiben.
P337	Bei anhaltender Augenreizung:
P338	Eventuell vorhandene Kontaktlinsen nach Möglichkeit entfernen. Weiter ausspülen.
P340	Die betroffene Person an die frische Luft bringen und in einer Position ruhig stellen, die das Atmen erleichtert.
P341	Bei Atembeschwerden an die frische Luft bringen und in einer Position ruhig stellen, die das Atmen erleichtert.
P342	Bei Symptomen der Atemwege:
P350	Behutsam mit viel Wasser und Seife waschen.
P351	Einige Minuten lang behutsam mit Wasser ausspülen.
P352	Mit viel Wasser und Seife waschen.
P353	Haut mit Wasser abwaschen/duschen.
P360	Kontaminierte Kleidung und Haut sofort mit viel Wasser abwaschen und danach Kleidung ausziehen.
P361	Alle kontaminierten Kleidungsstücke sofort ausziehen.
P362	Kontaminierte Kleidung ausziehen und vor erneutem Tragen waschen.
P363	Kontaminierte Kleidung vor erneutem Tragen waschen.
P370	Bei Brand:
P371	Bei Großbrand und großen Mengen:
P372	Explosionsgefahr bei Brand.
P373	KEINE Brandbekämpfung, wenn das Feuer explosive Stoffe/Gemische/Erzeugnisse erreicht.
P374	Brandbekämpfung mit üblichen Vorsichtsmaßnahmen aus angemessener Entfernung.
P375	Wegen Explosionsgefahr Brand aus der Entfernung bekämpfen.
P376	Undichtigkeit beseitigen, wenn gefahrlos möglich.
P377	Brand von ausströmendem Gas: Nicht löschen, bis Undichtigkeit gefahrlos beseitigt werden kann.
P378	... zum Löschen verwenden.
P380	Umgebung räumen.
P381	Alle Zündquellen entfernen, wenn gefahrlos möglich.
P390	Verschüttete Mengen aufnehmen, um Materialschäden zu vermeiden.
P391	Verschüttete Mengen aufnehmen.
P301 + P310	BEI VERSCHLUCKEN: Sofort GIFTINFORMATIONSZENTRUM oder Arzt anrufen.
P301 + P312	BEI VERSCHLUCKEN: Bei Unwohlsein GIFTINFORMATIONSZENTRUM oder Arzt anrufen.
P301 + P330 + P331	BEI VERSCHLUCKEN: Mund ausspülen. KEIN Erbrechen herbeiführen.
P302 + P334	BEI KONTAKT MIT DER HAUT: In kaltes Wasser tauchen/nassen Verband anlegen.
P302 + P350	BEI KONTAKT MIT DER HAUT: Behutsam mit viel Wasser und Seife waschen.
P302 + P352	BEI KONTAKT MIT DER HAUT: Mit viel Wasser und Seife waschen.
P303 + P361 + P353	BEI KONTAKT MIT DER HAUT (oder dem Haar): Alle kontaminierten Kleidungsstücke sofort ausziehen. Haut mit Wasser abwaschen/duschen.
P304 + P340	BEI EINATMEN: An die frische Luft bringen und in einer Position ruhig stellen, die das Atmen erleichtert.
P304 + P341	BEI EINATMEN: Bei Atembeschwerden an die frische Luft bringen und in einer Position ruhig stellen, die das Atmen erleichtert.
P305 + P351 + P338	BEI KONTAKT MIT DEN AUGEN: Einige Minuten lang behutsam mit Wasser spülen. Vorhandene Kontaktlinsen nach Möglichkeit entfernen. Weiter spülen.
P306 + P360	BEI KONTAKT MIT DER KLEIDUNG: Kontaminierte Kleidung und Haut sofort mit viel Wasser abwaschen und danach Kleidung ausziehen.
P307 + P311	BEI Exposition: GIFTINFORMATIONSZENTRUM oder Arzt anrufen.
P308 + P313	BEI Exposition oder falls betroffen: Ärztlichen Rat einholen/ärztliche Hilfe hinzuziehen.
P309 + P311	BEI Exposition oder Unwohlsein: GIFTINFORMATIONSZENTRUM oder Arzt anrufen.
P332 + P313	Bei Hautreizung: Ärztlichen Rat einholen/ärztliche Hilfe hinzuziehen.
P333 + P313	Bei Hautreizung oder -ausschlag: Ärztlichen Rat einholen/ärztliche Hilfe hinzuziehen.
P335 + P334	Lose Partikel von der Haut abbürsten. In kaltes Wasser tauchen/nassen Verband anlegen.

P337 + P313	Bei anhaltender Augenreizung: Ärztlichen Rat einholen/ärztliche Hilfe hinzuziehen.
P342 + P311	Bei Symptomen der Atemwege: GIFTINFORMATIONSZENTRUM oder Arzt anrufen.
P370 + P376	Bei Brand: Undichtigkeit beseitigen, wenn gefahrlos möglich.
P370 + P378	Bei Brand: ... zum Löschen verwenden.
P370 + P380	Bei Brand: Umgebung räumen.
P370 + P380 + P375	Bei Brand: Umgebung räumen. Wegen Explosionsgefahr Brand aus der Entfernung bekämpfen.
P371 + P380 + P375	Bei Großbrand und großen Mengen: Umgebung räumen. Wegen Explosionsgefahr Brand aus der Entfernung bekämpfen.

Sicherheitshinweise – Aufbewahrung

P401	... aufbewahren.
P402	An einem trockenen Ort aufbewahren.
P403	An einem gut belüfteten Ort aufbewahren.
P404	In einem geschlossenen Behälter aufbewahren.
P405	Unter Verschluss aufbewahren.
P406	In korrosionsbeständigem/... Behälter mit korrosionsbeständiger Auskleidung aufbewahren.
P407	Luftspalt zwischen Stapeln/Paletten lassen.
P410	Vor Sonnenbestrahlung schützen.
P411	Bei Temperaturen von nicht mehr als ... °C aufbewahren.
P412	Nicht Temperaturen von mehr als 50 °C aussetzen.
P413	Schüttgut in Mengen von mehr als ... kg bei Temperaturen von nicht mehr als ... °C aufbewahren.
P420	Von anderen Materialien entfernt aufbewahren.
P422	Inhalt in/unter ... aufbewahren.
P402 + P404	In einem geschlossenen Behälter an einem trockenen Ort aufbewahren.
P403 + P233	Behälter dicht verschlossen an einem gut belüfteten Ort aufbewahren.
P403 + P235	Kühl an einem gut belüfteten Ort aufbewahren.
P410 + P403	Vor Sonnenbestrahlung geschützt an einem gut belüfteten Ort aufbewahren.
P410 + P412	Vor Sonnenbestrahlung schützen und nicht Temperaturen von mehr als 50 °C aussetzen.
P411 + P235	Kühl und bei Temperaturen von nicht mehr als ... °C aufbewahren.

Sicherheitshinweise – Entsorgung

P501	Inhalt/Behälter ... zuführen.

Entsorgungsratschläge (E-Sätze)

E1	Verdünnen, in den Ausguss geben (WGK 0 bzw. 1)
E2	Neutralisieren, in den Ausguss geben
E3	In den Hausmüll geben, gegebenenfalls im Polyethylenbeutel (Stäube)
E4	Als Sulfid fällen
E5	Mit Calcium-Ionen fällen, dann E 1 oder E 3
E6	Nicht in den Hausmüll geben
E7	Im Abzug entsorgen
E8	Der Sondermüllbeseitigung zuführen (Adresse zu erfragen bei der Kreis- oder Stadtverwaltung), Abfallschlüssel beachten
E9	Unter größter Vorsicht in kleinsten Portionen reagieren lassen (z. B. offen im Freien verbrennen)
E10	In gekennzeichneten Behältern sammeln: 1. „Organische Abfälle – halogenhaltig“ 2. „Organische Abfälle – halogenfrei“, dann E 8
E11	Als Hydroxid fällen (pH = 8), den Niederschlag zu E 8
E12	Nicht in die Kanalisation gelangen lassen
E13	Aus der Lösung mit unedlem Metall (z. B. Eisen) als Metall abscheiden (E 14, E 3)
E14	Recycling-geeignet (Redestillation oder einem Recyclingunternehmen zuführen)
E15	Mit Wasser vorsichtig umsetzen, frei werdende Gase absorbieren oder ins Freie ableiten
E16	Entsprechend den speziellen Ratschlägen für die Beseitigungsgruppen beseitigen

Entsorgung von Chemikalienabfällen

Nach dem Experimentieren werden die Reste in die dafür vorgesehenen Sammelbehälter gegeben:

nicht gefährliche und wasserlösliche Chemikalien	nicht gefährliche und feste Chemikalien	Säuren und Laugen	giftige anorganische Chemikalien	halogenfreie organische Chemikalien	halogenhaltige organische Chemikalien
z. B. Natriummonochlorid, Natriumdicarbonat, Wasserstoffperoxidlösung	z. B. Eisen, Indikatorpapier	z. B. Salzsäure, Natronlauge	z. B. Kupfersulfat	z. B. Petroleumbenzin, Methanol	z. B. Trichlormethan

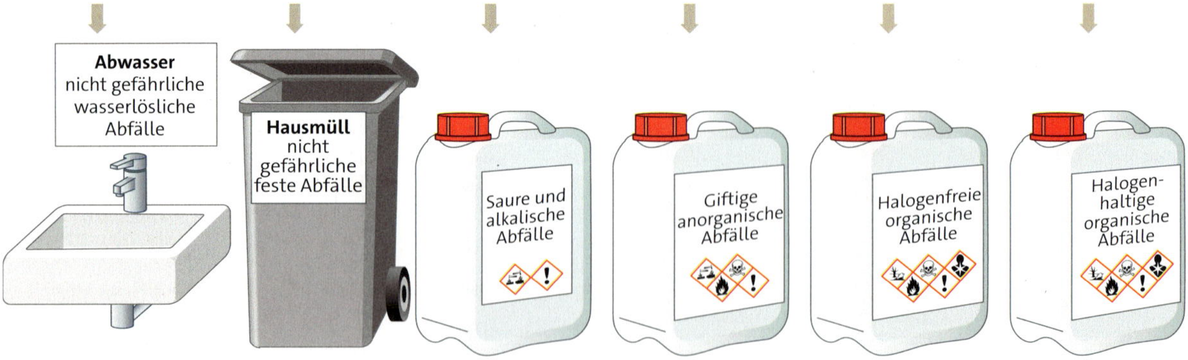

Liste der Gefahrstoffe nach der GHS-Verordnung

Gefahrstoff	Signalwort	Piktogrammcode	H-Sätze und EUH-Sätze	E-Sätze
Aceton (Propanon)	Gefahr	GHS02 GHS07	H225 H319 H336 EUH066	1-10-14
Aluminium, Grieß o. Pulver (stabilisiert)	Gefahr	GHS02	H261 H228	6-9
Aluminiumbromid, wasserfrei	Gefahr	GHS05 GHS07	H290 H302 H314	2
Aluminiumchlorid, wasserfrei	Gefahr	GHS05	H314	2
Aluminiumiodid	Gefahr	GHS05	H314	2
Ameisensäure (Methansäure)				
$w \geq 90\,\%$	Gefahr	GHS02 GHS05	H226 H314	1-10
$10\,\% \leq w < 90\,\%$	Gefahr	GHS05	H314	1-10
$2\,\% \leq w < 10\,\%$	Achtung	GHS07	H315 H319	1-10
Ammoniak, wasserfrei	Gefahr	GHS04 GHS06 GHS05 GHS09	H221 H280 H331 H314 H400 EUH071	2-7
Ammoniaklösung $10\,\% \leq w < 25\,\%$	Gefahr	GHS05	H314 H335	2
$5\,\% \leq w < 10\,\%$	Achtung	GHS07	H315 H319 H335	2
Ammoniumcarbonat	Achtung	GHS07	H302	1
Ammoniumchlorid	Achtung	GHS07	H302 H319	2
Bariumchlorid, wasserfrei	Gefahr	GHS06	H301 H332	1-3
Bariumchloridlösung $3\,\% \leq w < 25\,\%$	Achtung	GHS07	H302	1
Bariumhydroxid, Bariumhydroxid-Octahydrat	Gefahr	GHS05 GHS07	H302 H314 H332	1-3
Bariumoxid	Gefahr	GHS06 GHS05	H301 H314 H332	1-3
Benzoesäure	Achtung	GHS07	H302 H319	10-12
Blei (bioverfügbar)	Gefahr	GHS08 GHS07 GHS09	H360Df H302 H332 H373 H410	8
Blei(II)-acetat	Gefahr	GHS08 GHS09	H351 H360Df H373 H410	8-14
Brom	Gefahr	GHS06 GHS05 GHS09	H330 H314 H400	16
Bromethan (Ethylbromid)	Gefahr	GHS02 GHS08 GHS07	H225 H302 H332 H351	10
Bromthymolblaulösung (ethanolisch, $w = 0{,}1\,\%$)	Gefahr	GHS02	H225	10
Bromwasser $1\,\% \leq w < 5\,\%$	Gefahr	GHS06	H311 H330	16
Bromwasserstoff	Gefahr	GHS04 GHS06 GHS05	H280 H314 H331	2
n-Butan	Gefahr	GHS02 GHS04	H220 H280	7
Butan-1-ol	Gefahr	GHS02 GHS05 GHS07	H226 H302 H335 H315 H318 H336	10
Butansäure (Buttersäure)	Gefahr	GHS05	H314	10
Calcium	Gefahr	GHS02	H261 EUH014	15
Calciumcarbid	Gefahr	GHS02	H260	15-16
Calciumchlorid	Achtung	GHS07	H319	1
Calciumhydroxid (Löschkalk)	Gefahr	GHS05 GHS07	H315 H318 H335	2
Calciumoxid	Gefahr	GHS05 GHS07	H315 H318 H335	2
Chlor	Gefahr	GHS03 GHS04 GHS06 GHS09	H270 H280 H330 H319 H335 H315 H400 EUH071	16
Chlorethan (Ethylchlorid)	Gefahr	GHS02 GHS04 GHS08	H220 H351 H412	16
Chlormethan (Methylchlorid)	Gefahr	GHS02 GHS04 GHS08	H220 H351 H373	7-12
Chlorwasser, gesättigt $w \approx 0{,}7\,\%$	Achtung	GHS07	H332	16
Chlorwasserstoff	Gefahr	GHS04 GHS06 GHS05	H280 H331 H314 EUH071	2
Citronensäure	Gefahr	GHS05	H318	3
Dibenzoylperoxid	Gefahr	GHS02 GHS07	H242 H319 H317	10-12
Diethylether (Ether)	Gefahr	GHS02 GHS07	H224 H302 H336 EUH019 EUH066	9-10-12
Eisen, Pulver	Gefahr	GHS02	H228	3

Gefahrstoff	Signalwort	Piktogrammcode	H-Sätze und EUH-Sätze	E-Sätze
Eisen(III)-chlorid	Gefahr	GHS05 GHS07	H302 H315 H317 H318	2
Eisen(II)-sulfat, Eisen(II)-sulfatlösung $w \geq 25\,\%$	Achtung	GHS07	H302 H319 H315	2
Eisen(II)-sulfid	Achtung	GHS09	H400 EUH031	8
Essigsäure (Ethansäure) $w \geq 90\,\%$	Gefahr	GHS02 GHS05	H226 H314	2-10
$25\,\% \leq w < 90\,\%$	Gefahr	GHS05	H314	2-10
$10\,\% \leq w < 25\,\%$	Achtung	GHS07	H319 H315	2-10
Essigsäureanhydrid	Gefahr	GHS02 GHS05 GHS07	H226 H332 H302 H314 H335	2-10
Essigsäureethylester (Ethylacetat)	Gefahr	GHS02 GHS07	H225 H319 H336 EUH066	10-12
Ethan	Gefahr	GHS02 GHS04	H220 H280	7
Ethanal (Acetaldehyd)	Gefahr	GHS02 GHS08 GHS07	H224 H351 H319 H335	9-10-12-16
Ethanallösung (Acetaldehydlösung) $w \geq 10\,\%$	Achtung	GHS08 GHS07	H351 H319 H335	9-10-12-16
Ethandiol	Achtung	GHS07	H302	1-10
Ethanol (Brennspiritus)	Gefahr	GHS02	H225	1-10
Ethen (Ethylen)	Gefahr	GHS02 GHS04 GHS07	H220 H280 H336	7
Ethin (Acetylen)	Gefahr	GHS02 GHS04	H220 H280 EUH006	7
Fehling'sche Lösung I	Achtung	GHS07	H302 H319 H315 H410	8
Fehling'sche Lösung II	Gefahr	GHS05	H314	2
n-Heptan	Gefahr	GHS02 GHS08 GHS07 GHS09	H225 H304 H315 H336 H410	10-12
Hexan-1-ol	Achtung	GHS07	H302	10
Hex-1-en	Gefahr	GHS02 GHS08	H225 H304	10-12
Hex-1-in	Gefahr	GHS02 GHS08 GHS07	H225 H304 H315 H319 H335	10-12
Iod	Achtung	GHS07 GHS09	H332 H312 H400	1-16
Iodwasserstoff	Gefahr	GHS04 GHS05	H314	1
Isobutanol (2-Methylpropan-1-ol)	Gefahr	GHS02 GHS05 GHS07	H226 H315 H318 H336 H335	10
Kalium	Gefahr	GHS02 GHS05	H260 H314 EUH014	6-12-16
Kaliumcarbonat	Achtung	GHS07	H319 H315 H335	1
Kaliumchlorat	Gefahr	GHS03 GHS07 GHS09	H271 H302 H332 H411	1-6
Kaliumhydroxid (Ätzkali)	Gefahr	GHS05 GHS07	H302 H314 H290	2
Kaliumhydroxidlösung (Kalilauge) $w \geq 5\,\%$	Gefahr	GHS05 GHS07	H302 H314	2
$2\,\% \leq w < 5\,\%$	Gefahr	GHS05	H314	2
$0{,}5\,\% \leq w < 2\,\%$	Achtung	GHS07	H319 H315	2
Kaliumnitrat	Achtung	GHS03	H272	1
Kaliumnitrit	Gefahr	GHS03 GHS06 GHS09	H272 H301 H400	1-16
Kaliumpermanganat	Gefahr	GHS03 GHS07 GHS09	H272 H302 H410	1-6
Kaliumpermanganatlösung $w \geq 25\,\%$	Gefahr	GHS07 GHS09	H302 H410	1-6
Kohlenstoffmonooxid	Gefahr	GHS02 GHS04 GHS06 GHS08	H220 H280 H360D H331 H372	7
Kupfer, Pulver	Gefahr	GHS02 GHS09	H228 H410	3
Kupferacetat	Achtung	GHS07 GHS09	H302 H315 H319 H335 H410	11
Kupfer(II)-chlorid	Achtung	GHS07 GHS09	H302 H319 H315 H335 H400	11
Kupfer(II)-chloridlösung $3\,\% \leq w < 25\,\%$	Achtung	GHS07	H302	11
Kupfer(II)-hydroxidcarbonat (Malachit)	Achtung	GHS07	H302	8-12
Kupfer(I)-oxid	Achtung	GHS07 GHS09	H302 H410	8-16
Kupfer(II)-oxid	Achtung	GHS07 GHS09	H302 H410	8-16

Gefahrstoff	Signalwort	Piktogrammcode	H-Sätze und EUH-Sätze	E-Sätze
Kupfer(II)-sulfat, Kupfer(II)-sulfat-Pentahydrat	Achtung	GHS07 GHS09	H302 H319 H315 H410	11
Kupfer(II)-sulfat-lösung *w*≥25 %	Achtung	GHS07 GHS09	H302 H319 H315 H410	11
Lithium	Gefahr	GHS02 GHS05	H260 H314 EUH014	15-1
Lithiumchlorid	Achtung	GHS07	H302 H319 H315	1
Magnesium, Pulver oder Späne (phlegmatisiert)	Gefahr	GHS02	H228 H261 H251	3
Mangan(IV)-oxid (Braunstein)	Gefahr	GHS03 GHS07	H272 H332 H302	3
Methan	Gefahr	GHS02 GHS04	H220 H280	7
Methanal (Formaldehyd), wasserfrei	Gefahr	GHS06 GHS08 GHS05	H301 H311 H314 H317 H330 H351	10-12-16
Methanallösung (Formaldehydlösung) *w*≥25 %	Gefahr	GHS06 GHS08 GHS05	H351 H330 H311 H301 H314 H317 H335 H370	10-12-16
5 %≤*w*<25 %	Gefahr	GHS06 GHS08	H351 H331 H311 H301 H319 H315 H317 H335	1-10
0,2 %≤*w*<5 %	Gefahr	GHS08 GHS07	H302 H317 H351	1-10
Methanol	Gefahr	GHS02 GHS06 GHS08	H225 H331 H311 H301 H370	1-10
Methansäure s. Ameisensäure				
Natrium	Gefahr	GHS02 GHS05	H260 H314 EUH014	6-12-16
Natriumcarbonat	Achtung	GHS07	H319	1
Natriumfluorid	Gefahr	GHS06	H301 H315 H319 EUH032	5
Natriumhydroxid (Ätznatron)	Gefahr	GHS05	H290 H314	2
Natriumhydroxid-lösung (Natronlauge) *w*≥2 %	Gefahr	GHS05	H290 H314	2
0,5 %≤*w*<2 %	Achtung	GHS07	H315 H319	1
Natriumiodid	Achtung	GHS09	H400	6-12-16
Natriumnitrat	Gefahr	GHS03 GHS07	H272 H302	1
Natriumnitrit	Gefahr	GHS03 GHS06 GHS09	H272 H301 H400	1-16
Natriumoxalat	Achtung	GHS07	H302 H312	
Natriumsulfid	Gefahr	GHS08 GHS07 GHS09	H302 H332 H360Df H373 H410	1
n-Octan	Gefahr	GHS02 GHS08 GHS07 GHS09	H225 H304 H315 H336 H410	10-12
Octan-1-ol	Achtung	GHS07	H319	10
Oxalsäure	Achtung	GHS07	H312 H302	5
Oxalsäurelösung *w*≥5 %	Achtung	GHS07	H312 H302	5
n-Pentan	Gefahr	GHS02 GHS08 GHS07 GHS09	H225 H304 H336 H411 EUH066	10-12
Pentan-1-ol	Achtung	GHS02 GHS07	H226 H315 H332 H335	10-14
Petrolether (Leichtbenzin)	Gefahr	GHS02 GHS08 GHS07 GHS09	H225 H304 H315 H336 H411	10-12
Petroleum	Gefahr	GHS08	H304	10-12
Petroleumbenzin	Gefahr	GHS02 GHS08 GHS07 GHS09	H225 H304 H315 H336 H361f H373 H411	10-12
Phenolphthalein-lösung (ethanolisch) *w*>1 %	Gefahr	GHS02	H225	1-10
Phosphor, rot	Gefahr	GHS02	H228 H412	6-9
Phosphor(V)-oxid	Gefahr	GHS05	H314	2
Phosphorsäure *w*≥25 %	Gefahr	GHS05	H290 H314	2
10 %≤*w*<25 %	Achtung	GHS07	H319 H315	1
Propan	Gefahr	GHS02 GHS04	H220 H280	7

Gefahrstoff	Signalwort	Piktogrammcode	H-Sätze und EUH-Sätze	E-Sätze
Propanal	Gefahr	GHS02 GHS07	H225 H319 H335 H315	9-10-12-16
Propan-1-ol	Gefahr	GHS02 GHS05 GHS07	H225 H318 H336	10
Propan-2-ol	Gefahr	GHS02 GHS07	H225 H319 H336	10
Propanon s. Aceton				
Propansäure (Propionsäure) 10 % ≤ *w* < 25 %	Gefahr	GHS02 GHS05	H326 H314	2
Resorcin (1,3-Dihydroxybenzol)	Achtung	GHS07 GHS09	H302 H319 H315 H400	10
Rohöl (synthetisch)	Gefahr	GHS02 GHS07 GHS09	H224 H315 H336 H411	10-12
Salpetersäure *w* ≥ 65 %	Gefahr	GHS03 GHS05	H272 H290 H314	2
5 % ≤ *w* < 65 %	Gefahr	GHS05	H314	2
Salzsäure *w* ≥ 25 %	Gefahr	GHS05 GHS07	H314 H335	2
10 % ≤ *w* < 25 %	Achtung	GHS07	H315 H319 H335	2
Sauerstoff	Gefahr	GHS03 GHS04	H270 H280	7
Schiffs Reagenz	Achtung	GHS07	H319 H335	2
Schwefel	Achtung	GHS07	H315	3
Schwefeldioxid	Gefahr	GHS04 GHS06 GHS05	H331 H314 H280 EUH071	7
Schwefelsäure *w* ≥ 15 %	Gefahr	GHS05	H290 H314	2
5 % ≤ *w* < 15 %	Gefahr	GHS05	H290 H319 H315	2
Schwefelwasserstoff	Gefahr	GHS02 GHS04 GHS06 GHS09	H220 H330 H400	2-7
Schwefelwasserstoff-lösung 0,1 % ≤ *w* ≤ 1 %	Achtung	GHS07	H332	2
Schweflige Säure *w* ≥ 5 %	Gefahr	GHS05 GHS07	H332 H314	2
0,5 % ≤ *w* < 5 %	Gefahr	GHS07	H332 H314	
Silbernitrat	Gefahr	GHS03 GHS05 GHS09	H272 H314 H410	12-13-14
Silbernitratlösung 5 % ≤ *w* ≤ 10 %	Achtung	GHS07	H319 H315	12-13-14
Silberoxid	Gefahr	GHS03 GHS05	H272 H314 EUH044	12-13-14
Strontiumchlorid	Achtung	GHS07	H319 H315 H335	1-11
Styrol	Achtung	GHS02 GHS08 GHS07	H226 H304 H332 H335 H319 H315 H372	10-12
Wasserstoff	Gefahr	GHS02 GHS04	H220 H280	7
Wasserstoff-peroxidlösung 30 % ≤ *w* < 50 %	Gefahr	GHS03 GHS05 GHS07	H271 H332 H302 H314 H335	1
8 % ≤ *w* < 30 %	Gefahr	GHS05 GHS07	H302 H318	1
5 % ≤ *w* < 8 %	Achtung	GHS07	H332 H302 H319	1
Weinsäure	Gefahr	GHS05	H138	1-10
Zink, Pulver o. Staub (stabilisiert)	Achtung	GHS09	H410	3
Zinkbromid	Gefahr	GHS05 GHS09	H314 H410	1-11
Zinkchlorid	Gefahr	GHS05 GHS07 GHS09	H302 H314 H335 H410	1-11
Zinkchloridlösung 5 % ≤ *w* < 10 %	Achtung	GHS07	H319 H315	1-11
Zinkiodid	Gefahr	GHS07	H319 H315	12-16
Zinkoxid	Achtung	GHS09	H410	3
Zinksulfat, wasserfrei	Gefahr	GHS05 GHS07 GHS09	H302 H318 H410	1-11
Zinn(II)-chlorid	Achtung	GHS07	H302 H315 H317 H319 H335	1-11

Stichwortverzeichnis

Bildquellenverzeichnis

Cover: Science Photo Library/Stefan Diller
Adobe Stock: Africa Studio: S. 20/2; ArtCookStudio: S. 32/o. r.; Bernd Schmidt: S. 161/u. r.; Björn Wylezich: S. 50/o. l.; by-studio: S. 118/A; Composer: S. 82/1A; Coprid: S. 70/M. l.; Dmytro Sukharevskyi: S. 32/1B; eyetronic: S. 5/u. r., S. 72/73; Feng Yu: S. 108/1; Gennadiy Poznyakov: S. 18/o. r.; Goodpics: S. 70/M. r.; hemminetti: S. 70/o. r.; Holger Schultz: S. 100/2; JAH: S. 6/u. r., S. 116/117; Jonas Glaubitz: S. 23/3A; judik: S. 44/E; Libor: S. 100/A; marcel: S. 58/Schwefel; mimadeo: S. 132/1; nmann77: S. 118/2; panthesja: S. 100/D; Patryk Kosmider: S. 108/o. r.; perfectmatch: S. 178/o. r.; Ralph: S. 100/B; RRF: S. 160/u. M.; Schlierner: S. 178/3; Studio Harmony: S. 144/Sauerstoff; T. Michel: S. 133/4, S. 136/o. l.; titipong8176734: S. 174/o. r.; tjsmum: S. 133/5; to2glenn: S. 41/1; Wezzworld/DevilGB: S. 175/6; worradirek: S. 36/1; www.ingo-bartussek.de/Ingo Bartussek: S. 54/1; Aleksandr Ivasenko: S. 37/6 | akg-images GmbH: S. 19/3, S. 105/5A+5B; S. 52/2B; Erich Lessing: S. 54/o. r.; NTB scanpix/Børretzen, Sverre A.: S. 149/5 | Alstom Transport Deutschland GmbH: Alstom Transport Deutschland GmbH: S. 114/B | Cornelsen: Volker Döring: S. 14, S. 51/M. l., S. 58/Chlor, S. 94/2, S. 121/4 r.+5 r.; S. 140/o. M.; Christian Eiblmeier: S. 28/2, S. 78/2, S. 96/o. r., S. 114/M. l., S. 166/1; Markus Gaa Fotodesign: S. 45/u. l.; Xenia Maljusch und Christina Toschka: S. 129/3; Volker Minkus: S. 22/1A, S. 29/3+4, S. 77, S. 78/1, S. 91/u. r., S. 137/u. r., S. 144/Iod; Dr. Matthias Niedermeyer: S. 41/2; Dr. Susanne Schaffer: S. 12/1, S. 21/3+4; Doriano Thiele: S. 174/2, S. 176/2; Sven Wilhelm, Berlin: S. 172/2, S. 176/1 | Dominik Ketz: S. 5/o. r., S. 46/47 | dpa Picture-Alliance: B2800_epa_AFP: S. 128/o. r.; chromorange: S. 114/A; Sueddeutsche Zeitung Photo/Sueddeutsche: S. 34/o. r.; Wolfram Kastl: S. 33/3 | ESA: CNES/Arianespace/Photo Optique vidéo du CSG – Jim Guillon: S. 6 o.r., S. 92 | Heinrich Pniok: vorderer Vorsatz | Image Professionals GmbH: sciencephotolibrary/ANDREW LAMBERT PHOTOGRAPHY: S. 84/o. r.; SCIENCE PHOTO LIBRARY: S. 58/2 r. | imago-images.de: blickwinkel: S. 32/1A, S. 33/6B; Florian Schuh: S. 94/o. r.; United Archives International: S. 52/2A | mauritius images GmbH: alamy stock photo/Adrian Sherratt: S. 160/o. M.; alamy stock photo/Darkened Studio: S. 28/o. r.; alamy stock photo/GIPhotoStock Z: S. 64/9; alamy stock photo/Neiliann Tait: S. 118/B; alamy stock photo/Phil Degginger: S. 58/Phosphor; alamy stock photo/sciencephotos: S. 58/2 M.; alamy stock photo/sciencephotos: S. 154/o. r.; Science Source/GIPhotoStock: S. 105/3; Science Source/LOC: S. 74/1; Westend61/Robert Kneschke: S. 126/2 | Science Photo Library: S. 29/5, S. 51/o. l.; ALFRED PASIEKA: S. 78/o. r.; DRS A. YAZDANI & D.J. HORNBAKER: S. 48/o. r. | Shutterstock GmbH: 3drenderings: S. 82/2; 5 second Studio: S. 23/5 u. r.; Africa Studio: S. 18/1F, S. 104/o. r.; Albert Russ: S. 144; Aleksandr Pobedimskiy: S. 22/1B; AS Food studio: S. 45/C; Bborriss.67: S. 44/C; Bjoern Wylezich: S. 140/o. r.; Bjoern Wylezich: S. 50/o. r., S. 51/M. r., S. 58/Diamant, S. 144; Bobkov Evgeniy: S. 7/o. r., S. 138; Cagla Acikgoz: S. 45/B; CGN089: S. 178/2; Cipariss: S. 20/F; curraheeshutter: S. 136/A; Dejan Dundjerski: S. 18/1E; Dennis Steen: S. 62/o. r.; Dmitrii Kazitsyn: S. 20/1C; DR Travel Photo and Video: S. 86/o. r.; Dutourdumonde Photography: S. 120/o. r.; Fablok: S. 50/M. r.; Georgejmclittle: S. 52/o. r.; Georgios Kollidas: S. 48/1; Gilles Paire: S. 106/o. r.; HandmadePictures: S. 23/3B; Howard Sandler: S. 22/Fluorit; Iakov Filimonov: S. 9, S. 182; Ivan Karpov: S. 62/1; Jakub Zak: S. 18/1B; JaturunThakard: S. 177/1; Jirik V: S. 140/o. l.; Jjustas: S. 23/5 o. r.; Joaquin Corbalan P: S. 22/Pyrit: S. 18/1C; karnizz: S. 122/6; LianeM: S. 118/1, S. 136/B; librakv: S. 44/A; Lukasz Pajor: S. 142/o. r.; M. Unal Ozmen: S. 20/E; Madlen: S. 20/A; Marko Poplasen: S. 23/5 u. l.; Michael J Thompson: S. 153/4, S. 161/o. l.; Michael Kraus: S. 33/4; mtkang: S. 23/5 o. l.; My name is boy: S. 20/G; N. Mitchell: S. 168/1; napocska: S. 124/Samen; Naviya: S. 44/D; Nikitin Mikhail: S. 36/2; Nyura: S. 4, S. 16, S. 17, S. 51/o. r.; Oleksiy Rezin: S. 44/B; Pavel Gabzdyl: S. 49/5 l., S. 68/1 l.; pedphoto36pm: S. 58/2 l.; Phongkrit: S. 100/C; Photo Spirit: S. 80/1; photosbelkina: S. 124/Blüten; Phovoir: S. 177/2; Pigdevil Photo: S. 45/A; Pimgrapher: S. 168/2; RACOBOVT: S. 82/1B; Rob Byron: S. 33/6A; Roman Yastrebinsky: S. 20/1B; Roy Palmer: S. 22/Bergkristall; rsooll: S. 124/Samenkapseln; S.O.E: S. 124/Pflänzchen; Sathit: S. 19/4; Shawn Pecor: S. 18/1A; ShutterStockStudio: S. 152/o. r.; sirtravelalot: S. 18/1D; Slaan: S. 45/E; Stanislav V.: S. 20/D; Stefan Schierle: S. 118/D; Tanya Sid: S. 20/1A; TonLammerts: S. 50/M. l.; valzan: S. 20/C; vchal: S. 36/o. r.; vita pakhai: S. 136/M. l.; Weerapon Nantawisit: S. 45/D; woodthai: S. 118/C; yingthun: S. 20/B; StockFood GmbH: living4media/Siffert, Hans-Peter: S. 7/u. r., S. 162/163; sciencephotolibrary/LAGUNA DESIGN: S. 164/o. r.

Illustrationen:
Cornelsen/Atelier G/Marina Goldberg (Sicherheitssymbole): S. 26, S. 31, S. 39, S. 41, S. 57, S. 61, S. 65, S. 77, S. 99, S. 123, S. 130, S. 156, S. 176, S. 192, S. 195 | Cornelsen/Christian Nusch: S. 8, S. 11, S. 12/3, S. 24/o. r., S. 27/u., S. 30/u., S. 38/u., S. 56/u., S. 74/o. r., S. 80/o. r., S. 102/M. l. + u. r. | S. 132, S. 99/u., S. 131/u. | S. 146/o. r., S. 166/o. r., S. 168/o. r. | Cornelsen/Detlef Seidensticker: S. 6, S. 7, S. 12/2, S. 13/4–6, S. 14/2, S. 15, S. 19/2, S. 21/5, S. 22/2, S. 23/4, S. 24/1+2, S. 25/5+6, S. 26/1, S. 28/1, S. 31/1, S. 33/5, S. 34/1+2, S. 35/3+4+6, S. 37/3–5, S. 39/1+2, S. 40/1, S. 42/1+3+4, S. 44/o. r., S. 45/M.+u. r., S. 48/2, S. 49/3, S. 49/5 r., S. 50/2, S. 52/1, S. 52/3, S. 53/4, S. 55/3+4+6, S. 57/3, S. 58/1, S. 59/3–5, S. 60/6+8, S. 61/1+2, S. 62/2, S. 63/3–5, S. 64/6+7, S. 65/1, S. 67/M., S. 68/1 r.+2–5, S. 70/r.+u., S. 71, S. 74/2, S. 75/3+4+6, S. 76, S. 77/1, S. 78/3, S. 79, S. 80/2, S. 81, S. 83, S. 85, S. 86, S. 87, S. 88, S. 90, S. 91, S. 94, S. 95, S. 96, S. 98, S. 99, S. 100, S. 101, S. 101, S. 102/M. r. | S. 104, S. 105, S. 106, S. 107, S. 109, S. 110, S. 111, S. 112, S. 114, S. 115, S. 119, S. 120, S. 121, S. 122, S. 123, S. 124, S. 125, S. 126, S. 127, S. 128, S. 129, S. 130, S. 133/3, S. 134, S. 137, S. 141, S. 142, S. 143, S. 144, S. 145, S. 146, S. 147, S. 148, S. 149, S. 150, S. 151, S. 152, S. 153, S. 154, S. 155, S. 156, S. 157, S. 158, S. 160, S. 161, S. 164, S. 165, S. 166, S. 167, S. 168, S. 169, S. 170, S. 171, S. 172, S. 173, S. 174, S. 175, S. 178, S. 179, S. 180, S. 181, S. 182, S. 183, S. 184, S. 185, S. 186, S. 187, S. 189, S. 190, S. 191, S. 192, S. 193, S. 194, S. 195, S. 198, hinterer Vorsatz | Studio SYBERG: S. 10, S. 11/o.r., S. 27/o. r., S. 30/o. r., S. 38/o. r., S. 43, S. 56/o. r., S. 69, S. 89, S. 99/o. r., S. 113, S. 131/o. r., S. 135, S. 140/1, S. 159, S. 183

H_2O & Co

Herausgeber: Petra Kring, Prof. Dr. Katrin Sommer, Prof. Dr. Peter Pfeifer
Autorinnen und Autoren: Christian Eiblmeier, Petra Kring,
Dr. Matthias Niedermeier, Prof. Dr. Peter Pfeifer, Dr. Susanne Schaffer,
Prof. Dr. Katrin Sommer, Armin Thefeld
Berater: Martin Römpp

Redaktion: Dr. Kerstin Amelunxen
Bildrecherche: Melanie Becker, Alexandra Germann, Melanie Tönnies,
Moritz Vennemann
Illustration: Christian Nusch
Grafik: Detlef Seidensticker
Technische Umsetzung Gefahren- und Gebotszeichen: Atelier G
Umschlaggestaltung: Corinna Babylon, Berlin
Layout und technische Umsetzung: Studio SYBERG

www.cornelsen.de

Dieses Werk enthält Vorschläge und Anleitungen für Untersuchungen und Experimente. Vor jedem Experiment sind mögliche Gefahrenquellen zu besprechen. Beim Experimentieren sind die Richtlinien zur Sicherheit im Unterricht einzuhalten.

1. Auflage, 2. Druck 2021

Alle Drucke dieser Auflage sind inhaltlich unverändert und können im Unterricht nebeneinander verwendet werden.

Druck und Bindung: Livonia Print, Riga

ISBN 978-3-637-02970-5 (Schülerbuch)
ISBN 978-3-637- 02971-2 (E-Book)

PEFC
PEFC/12-31-006

PEFC zertifiziert
Dieses Produkt stammt aus nachhaltig bewirtschafteten Wäldern und kontrollierten Quellen.

www.pefc.de

Periodensystem der Atomsorten (teilchenbezogen)

Nukleonenzahl im häufigsten natürlichen Isotop → 12
Ordnungszahl → 6
Elementname → Kohlenstoff
$^{12}_{6}\mathrm{C}$ ← **Elementsymbol**

Nukleonenzahl im langlebigsten Isotop → (222)*
$^{(222)*}_{86}\mathrm{Rn}$ Radon
* ← alle Isotop radioaktiv

Periode	I. Hauptgruppe	II. Hauptgruppe	III. Nebengruppe	IV. Nebengruppe	V. Nebengruppe	VI. Nebengruppe	VII. Nebengruppe	VIII. Nebengruppe	VII Neb grup
1	$^{1}_{1}\mathrm{H}$ Wasserstoff								
2	$^{7}_{3}\mathrm{Li}$ Lithium	$^{9}_{4}\mathrm{Be}$ Beryllium							
3	$^{23}_{11}\mathrm{Na}$ Natrium	$^{24}_{12}\mathrm{Mg}$ Magnesium							
4	$^{39}_{19}\mathrm{K}$ Kalium	$^{40}_{20}\mathrm{Ca}$ Calcium	$^{45}_{21}\mathrm{Sc}$ Scandium	$^{48}_{22}\mathrm{Ti}$ Titan	$^{51}_{23}\mathrm{V}$ Vanadium	$^{52}_{24}\mathrm{Cr}$ Chrom	$^{55}_{25}\mathrm{Mn}$ Mangan	$^{56}_{26}\mathrm{Fe}$ Eisen	59 27 C Cob
5	$^{85}_{37}\mathrm{Rb}$ Rubidium	$^{88}_{38}\mathrm{Sr}$ Strontium	$^{89}_{39}\mathrm{Y}$ Yttrium	$^{90}_{40}\mathrm{Zr}$ Zirconium	$^{93}_{41}\mathrm{Nb}$ Niob	$^{98}_{42}\mathrm{Mo}$ Molybdän	$^{(98)}_{43}\mathrm{Tc}$ Technetium	$^{102}_{44}\mathrm{Ru}$ Ruthenium	103 45 R Rhod
6	$^{133}_{55}\mathrm{Cs}$ Caesium	$^{138}_{56}\mathrm{Ba}$ Barium	* 57–71	$^{180}_{72}\mathrm{Hf}$ Hafnium	$^{181}_{73}\mathrm{Ta}$ Tantal	$^{184}_{74}\mathrm{W}$ Wolfram	$^{187}_{75}\mathrm{Re}$ Rhenium	$^{192}_{76}\mathrm{Os}$ Osmium	193 77 I Iridi
7	$^{(223)}_{87}\mathrm{Fr}$ Francium	$^{(226)}_{88}\mathrm{Ra}$ Radium	** 89–103	$^{(267)*}_{104}\mathrm{Rf}$ Rutherfordium	$^{(270)*}_{105}\mathrm{Db}$ Dubnium	$^{(271)*}_{106}\mathrm{Sg}$ Seaborgium	$^{(272)*}_{107}\mathrm{Bh}$ Bohrium	$^{(270)*}_{108}\mathrm{Hs}$ Hassium	(276)* 109 Meitn

* Elemente der Lanthanreihe	$^{139}_{57}\mathrm{La}$ Lanthan	$^{140}_{58}\mathrm{Ce}$ Cer	$^{141}_{59}\mathrm{Pr}$ Praseodym	$^{144}_{60}\mathrm{Nd}$ Neodym	$^{(147)*}_{61}\mathrm{Pm}$ Promethium	152 62 S Sama
** Elemente der Actiniumreihe	$^{(227)*}_{89}\mathrm{Ac}$ Actinium	$^{(232)*}_{90}\mathrm{Th}$ Thorium	$^{(231)*}_{91}\mathrm{Pa}$ Protactinium	$^{(238)*}_{92}\mathrm{U}$ Uran	$^{(237)*}_{93}\mathrm{Np}$ Neptunium	(244)* 94 Pluto